세계화 시대의 기독교 신학

- 편견을 넘어서 소통으로 -

세계화 시대의 기독교 신학

- 편견을 넘어서 소통으로 -

장윤재 지음

이화여자대학교출판부

:: 서문

진정한 신학자는 그가 속한 당대의 가장 고통스런 문제를 정면으로 바라보는 사람이라고 나는 생각한다. 두 차례의 세계대전이라는 암흑기를 살았던 칼 바르트(Karl Barth)가 그랬고, 히틀러의 파시즘에 맞서 온몸을 던진 디트리히 본회퍼(Dietrich Bonhoeffer) 역시 그러했다. 신학이 활자에 갇힌 도그마가 아니라면, 나는 동시대 어떤 문제를 응시하며 그 고통에 정면으로 맞서왔던가.

1997년 말 한국의 IMF 사태 이후 나의 관심은 줄곧 '세계화'와 '신자유주의'였다. 미국 유학 중 태평양 건너편에서 나는 한국의 지인들이 속수무책으로 하루아침에 경제적 몰락을 겪는 것을 지켜봐야 했다. 더욱 참담했던 것은 경제적 파탄으로 인해 돈보다 소중한 목숨을 스스로 놓아버리는 경우들이었다. 나는 절망했고, 이런 비참한 상황에서 과연 기독교 신학이 무엇인가 고뇌하지 않을 수 없었다. 벼랑 끝으로 내몰려 뚝뚝 떨어져버리는 생명들을 보며 나는 충격을 받았고, 동시에 기독교 신학이 이 문제에 대해 어떤 발언도 할 수 없다는, 혹은 하지 않고 있다는 무기력함 때문에 그 당시 나는 쉽게 잠들지 못했다.

'신학' 하면 뭔가 고귀한 세계를 나누는 학문이고, 신비롭고 영적인 어떤 형이상학적 분야를 다루는 것이라는 일반적 관념이 있다. 그래서 신학은 현실 세계와 동떨어진 그 무엇이라고 생각하는 사람들이 많다. 그렇기 때문에 신학은 '영적인' 문제이고, '물질적인' 문제를 다루는 경제학과는 무관한 학문이라는 이분법적 사고가 은연중에 일반화되어 있다. 더불어 '전문가'라는 학자들은 각자 인식의 칸막이를 만들어놓고 자기 영역 안에 머물렀다. 하지만 나는 잠 못 이루는 밤을 보내며 생각했다. 그리고 결심했다. 적어도 내가 공부하고 연구하는 신학은 교회 안의 익숙한 언어에 안주하지는 않겠다고. 신학이라는 학문이 동어 반복적인 자기 순환의 논리에 빠져 있거나 예쁜 미학적 완결성을 추구하는 독백이 되어서는 안 된다고. 힘겹고 고통스럽더라도 이 시대 가장 처절한 아픔을 외면해선 안 된다고.

신학은 분명 영적인 문제를 다루는 동시에 세상과 소통하고 변화를 이끌어갈 수 있는 공공의 담론이어야 한다. 생명의 총체적 위기로 신음하는 오늘날 하나님의 우주적 사랑을 증언하기 위해서는 기독교 신학이 과감히 구체적이고 실질적인 '오늘의 문제' 속으로 파고들어가야 한다. 샐리 맥페이그(Sallie McFague)의 말처럼, 기독교가 "사랑, 사랑" 이야기하지만, "경제학 없는 사랑은 공허한 미사여구에 불과하다." 21세기 기독교 신학이 막연히 '좋은 소리'가 아니라 현실에서 '리얼리티의 힘'을 갖기 위해선 그동안 가장 상관없는 듯 여겼던 경제학과의 적극적인 간(間) 학문적 대화를 시도해야 한다고 본다. 경제 문제를 신앙의 중심적 문제에서 주변적 사안으로 밀어낸 기독교 신학 사상의 불행한 유산을 깨끗이 청산하고, 부와 가난, 돈과 부채, 금융과 자본 등 경제 문제를 다시금 기독교 신학의 중심적 의제로 끌어와야 한다.

이 책은 바로 이런 문제의식에서 출발했고 1997년 말 한국의 외환위기 이후 2008년 월가의 금융 위기로 신자유주의가 붕괴하기까지 약 10년 동안 나의 신학적 고민과 성찰을 담았다. 여기에는 성서와 예수 그리고 고대 교회의 주요 사상가들에 대한 연구도 있고, 또 20세기 중반 이후 지금까지 서로 다른 신학적 방법론과 윤리적 대안을 가지고 갑론을박 논쟁을 벌여온 현대 기독교 주요 신학 학파들에 대한 세밀한 분석과 비평도 있다. 아울러 이 책을 마무리하는 동안 갑자기 눈앞의 현실로 닥

쳐온 신자유주의의 종말과 그 이후의 대안에 대한 나의 제안도 들어 있다. 어찌 보면 나는 행운아일지도 모른다. 왜냐하면 혼신을 다해 비판해온 그것이 스스로 몰락하는 것을 눈으로 직접 보게 되었기 때문이다.

이 책의 구성과 내용은 다음과 같다. 제1장은 본래 신학적으로 중요한 문제였던 '부와 가난'의 문제가 언제, 누구에 의해, 그리고 어떻게 신학의 비본질적인 사안으로 그리고 부차적이고 (잘못된 의미에서의) 윤리적 문제로 다뤄지게 되었는지를 추적하는 글이다. 여기서는 부와 가난에 대한 예수의 '급진적' 가르침이 어떻게 클레멘트, 헤르마스, 암브로시우스, 크리소스토무스 등과 같은 초대 교부들에 의해 서서히 완화되어갔는지, 그리고 결국 성 아우구스티누스에 이르러 부와 가난의 문제가 끝내 "하나님에 의해 만들어진 자연적 질서의 한 부분"으로 탈바꿈하여 신학적 변두리로 밀려나게 됐는지, 그 전 과정을 연구해보았다. 이를 통해 오늘날 그리스도의 교회와 신학이 어떻게 아우구스티누스의 '불행한 유산'으로부터 벗어날 수 있는지를 함께 모색해보고 싶었다.

제2장은 독일의 신학자 위르겐 몰트만(Jürgen Moltmann)이 "자본주의에 대한 첫 신학적 대안"이라 불렀던 남미 해방신학에 관한 연구다. 1960년대 후반 남미에서 시작하여 전 세계적으로 커다란 영향력을 끼쳤으나 1989년 베를린 장벽 붕괴 이후 '대중성'을 상실한 남미 해방신학의 기원과 배경 그리고 핵심적 메시지를 되돌아본 것이다. 여기서 나는 특별히 남미 해방신학에 대한 기존의 우파적 편견이나 좌파적 환상을 모두 거부하고 주요 해방신학자들의 핵심적 저서들을 충실히 따라가면서 그 속에 담긴 깊은 신학적 고뇌와 성찰을 드러내기 위해 노력했다. 이를 통해 세계화 시대 남미 해방신학이 남긴 신학적 유산이 무엇인지를 함께 찾아보고 싶었다.

제3장과 제4장은 가난한 대륙 남미에서 해방의 신학이 불같이 일어날 때 그것에 반발해 일어난 북미의 신보수주의 신학 사상을 소개하는

글들이다. 제3장에서 먼저 필자는 반(反)사회주의 신학으로서 그리고 미국 자본주의와 기업을 위한 '경제의 신학'으로서 북미 신보수주의 신학이 가진 공통적 문제의식과 방법론을 고찰한 다음, 최근 한국 신학계의 주목을 받기 시작한 맥스 스택하우스(Max L. Stackhouse)의 이른바 '공공의 신학'을 비판적으로 검토했다. 이를 통해 나는 그토록 신의 초월성을 강조하는 스택하우스의 신학 안에 어떻게 매우 역설적으로, 초월적인 신이 부재하는지를 논증하고 이를 비판했다.

제4장은 북미 신보수주의 신학 학파를 대표한다고 할 수 있는 마이클 노박(Michael Novak)의 신학 사상과 경제 윤리에 관한 글이다. 과거 로마 제국의 황실에 유세비우스라는 어용 신학자가 있었다면, 오늘날 미국의 수도 워싱턴 D.C.에는 마이클 노박이라는 제국의 경제신학자가 있다. 경제에 대한 로마 교황청의 가르침을 '우향우'시키는 데에도 크게 기여한 가톨릭 신학자 노박의 신학과 윤리는 그동안 한국의 주류 경제학계와 언론 그리고 가톨릭 교회에 의해 피상적으로 소개됐을 뿐, 한 번도 그의 사상과 윤리가 어떤 원리와 구조 그리고 신학적 방법론 위에 세워져 있는지 심도 있게 분석되고 비평된 바가 없다. 필자는 이 글에서 인간의 '창조성'을 강조하는, 소위 노박의 '창조'신학이 어떻게 역설적으로 인간의 창조적 역사 변혁에 가장 냉소적 메시지를 던지는 보수적 신학이 되었으며, 또한 어떻게 인간을 지구의 적으로 만드는 극단적 반(反)생태 신학이 되었는지를 차례로 논증해보았다.

제5장은 남미의 해방신학, 북미의 신보수주의 신학과 더불어 현대 신학 사상사에서 일어난 또 하나의 중요한 신학 학파에 관한 탐구다. 이 학파는 북미 신보수주의 신학자들은 물론 남미 해방신학자들조차도 당연시하던 전제, 즉 '무한한 경제 성장의 가능성'에 대해 정면으로 의문을 던진 학파였다. 이 학파는 자본주의든 사회주의든 인간의 경제 성장을 위해 자연에 대한 무제한적 수탈을 합리화하는 모든 주장은 인간을

지구의 적으로 돌리고, 나아가 '지구의 사탄'으로 만드는 것이라고 강력하게 비판하는 생태신학 학파다. 특별히 나는 이 글에서 그간 국내에 제대로 소개된 적 없는 미국의 생태경제학자 허먼 데일리(Herman E. Daly)의 사상을 비교적 자세히 소개하고, 또 그와 함께 대안적 종교 비전을 제안하는, 과정신학자 존 캅(John B. Cobb, Jr.)의 사상과 윤리를 살펴보았다.

제6장은 우리 시대 가장 독창적 사상운동의 하나인 에코 페미니즘에 관한 연구다. 생태 남성신학은 인간 중심주의에서의 탈출을 주장했으나, 생태 여성주의는 인간 중심주의를 극복하는 것만으로는 충분치 않고 '자연에 대한 인간 지배'의 기본적 원형인 '여성에 대한 남성의 지배', 즉 가부장제가 극복되어야 한다고 강력히 요청한다. 우리들이 이런 여성들의 목소리를 경청하지 않고는 생태신학 진영 전체의 주장을 완전히 이해했다고 말하기는 어려울 것이다. 필자는 여기서 생태 여성주의 사상과 신학의 기원 및 역사적 발전, 그리고 내부 논쟁과 정치 경제에 관한 몇 가지 독창적 제안들을 탐구해보았다.

제7장에서는 경제 세계화를 떠받치고 있는 지배 이념이자 지난 40년간 세계를 지배한 신자유주의 사상을 비판한다. 이를 위해 1974년 노벨 경제학상 수상자이자 '신자유주의의 아버지'로 알려진 프리드리히 아우구스트 폰 하이에크(Friedrich August von Hayek)의 사회철학을 집중적으로 분석하고 비평한다. 나는 이 글에서 '개인의 자유'를 모든 것의 근간으로 삼았던 하이에크의 자유주의 사상이 어떻게 역설적으로 인간의 창조적 역사 변혁 노력을 '치명적 자만'이라고 비판하며, 지독한 사회적 보수주의와 문화적 전통주의로 귀결됐는지를 논증했다. 나아가 예수의 이웃 사랑 윤리는 현대 자본주의 사회에 적용할 수 없는 '씨족 사회의 윤리'라고 맹공을 퍼부으며 '자생적 질서'인 시장의 진화에 모든 것을 맡기라고 주장한 그의 사상이 결국 어떻게 역사의 갱신과 희망

의 초월적 원리들을 포기한 자폐적 세속주의로 귀착되고 말았는지를 비판했다.

제8장에서는 예수의 하나님 나라 정치경제학을 탐구한다. 먼저 서구 성서학계가 지난 230년 이상 이끌어온 '역사적 예수' 탐구의 과정과 논쟁의 결과를 상세히 소개하고, 오늘날 이른바 '제3의 탐구'가 우리에게 제시하는 새로운 역사적 예수상과 그의 하나님 나라 운동의 의미를 진지하게 검토해보았다. 이를 통해 예수를 '믿는 것'과 예수의 삶을 '사는 것'이 분리된 오늘날의 한국 교회 현실에서, 예수의 하나님 나라 운동이 우리에게 어떤 대안적 문명의 원칙과 방향을 제시해주는지 진지하게 검토해보았다.

마지막으로 제9장에서는 지난 2008년 월가의 금융 위기로 종언을 고한 신자유주의의 몰락 속에서 새로운 대안적 문명의 길과 방향을 탐구한다. 나는 특히 과거 '신자유주의 40년 역사' 동안 세계화의 주역으로 나선 초국적 금융 자본의 특성을 분석하면서, 이 추진력에 의해 실행된 세계화가 오늘날 지구의 환경과 인간, 여성에게 어떤 영향을 끼쳤는지를 규명하고, 신자유주의 이후의 대안이 무엇인지 탐구해 보았다. 나는 구체적으로 신자유주의 세계화의 대안으로 경제의 '지역화', 석유 문명에서의 탈피, 그리고 생태 경제 체계의 수립을 주장하면서, 어떻게 하면 교회가 진정한 의미의 '지역 교회'로 거듭날 수 있는지, 그리하여 어떻게 하면 새로운 인류 문명을 잉태하는 종말론적 대안 공동체로 살아갈 수 있을지를 제안해볼 것이다.

이 책의 맨 끝을 장식하는 후기에서는 바로 이러한 새로운 문명의 길을 상상하고 실천하는 데 필요한 새로운 '신-인간-자연'의 신학적 구성을 제안해보려고 한다. 기독교가 오늘날 생태계 파괴의 주범이라는 주장 앞에서 어떤 현대 신학적 반성과 응답이 있었는지를 정리하면서, 이 광활한 우주 안에서 우리 인간이 서야 할 새로운 '신학적 자리'를 제안해보려고 하는 것이다.

이 책의 특징은 차례에 열거된 순서대로가 아닌, 어느 장에서든 독자가 읽고 싶은 부분에서 시작해도 된다는 점이다. 각각의 글들은 하나의 독립된 완결성을 지니며 동시에 전체적으로 일관된 주제 의식으로 이어지고 있다. 아홉 편의 글 가운데 이미 기존 학술지에 발표한 내용들도 있고 이번에 새로 소개하는 원고들도 있다. 한 권으로 묶으며 전체적인 통일성을 위해 원고의 일부를 수정, 보완한 부분이 있음을 밝혀둔다.

이 책은 '생태', '경제', '여성', '신학'이라는 네 가지 주제어에 각각 관심이 있거나 혹은 상호 연결에 의미 부여를 하는 사람이라면 어렵지 않게 읽을 수 있을 것이다. 특히 기독교 신학을 가르치는 각 대학과 대학원의 '조직신학', '기독교 윤리' 분야에서 토론 교재가 된다면 기쁘겠다. 필자 나름대로는 한 개의 각주조차 양보하지 않으며 정통 학문성을 지키기 위해 노력했다.

이 책은 현실 비판적이다. 우리 시대의 타성과 관습적 사고에 대해 비판적인 것이다. 얼마 전 선종하신 김수환 추기경도 그의 삶 전체를 통해 불의한 권력에 정면으로 맞섰고 교회로 하여금 가난하고 억눌린 사람들의 피난처가 되도록 힘썼다. 생전에 추기경은 "이념이나 정치적 의도를 갖고 한 일은 없었으며, 오로지 사회적 약자의 편에서 그들의 존엄성을 지키려 했을 뿐"이라고 말했다. 이 책을 관통하는, 낡은 고정관념을 비판하는 나의 목소리도 이와 같다.

돌아가신 아버지께 이 책을 바치고 싶다. 아버지가 의도하지 않으셨지만 아버지의 힘든 상황은 열한 살 어린 나를 너무도 슬프게 했고, 나는 방과 후 집에 들어가기 싫어 매일 텅 빈 교회에 가 혼자 밤늦도록 외롭게 피아노를 쳤다. 그때, 내 슬픈 연주를 하나님이 들으셨을까. 생의 고통과 비의(悲意)를 통해 가까스로 희망의 빛을 보았기에 나는 너무 일찍 '신과 인간의 문제'를 고뇌하게 됐고, 그 바람에 지금 와 돌아보니 나는 너무 어린 나이에 신학의 길로 접어들고 말았던 것 같다. 이제는 그 것조차 하나님의 은혜라고 고백하지만 분명, 뼈저린 고통은 고통이었고 서글픈 눈물은 눈물이었다. 우연히도, 내 아버지와 김수환 추기경의 얼굴 외모가 흡사할 정도로 닮았다. 두 사람의 삶은 너무도 달랐지만, 내 가슴에는 두 분을 잃은 슬픔이 종종 겹쳐서 밀려오기도 한다. 또한 아내에게도 이 책을 바치고 싶다. 가정에 안주하지 않고 알을 깨고 나오는 새처럼 창조적으로 자신의 삶을 치열하게 사는 아내에게 나는 자주 영감을 받고 있고, 그녀의 맑고 뜨거운 사랑이 없었다면 오늘의 나도 없었을 것이다. 아울러 기독교 신학의 발전에 깊은 애정과 관심을 가지고 이 책을 출판해준 이화여자대학교출판부에 깊이 감사드린다.

모쪼록 이 책이, 기존 전통과 텍스트에 집착하던 기독교 신학이 고루함과 자기 폐쇄성을 극복하고, '우리 시대'의 가장 중심적 문제에 답할 수 있는 흥미진진한 학문이 되는 데 일조하기를 바란다. 필자가 이 책을 통해 간절히 바라는 바는, 그간 '교회 안의 학문'으로 축소되어온 기독교 신학이 스스로 인식의 칸막이를 허물고 당대 가장 첨예한 문제와 소통함으로써 어느새 이 나라의 '권력 종교'가 돼버린 기독교 교회로 하여금 진정한 '역사의 빛'과 '세상의 소금'이 될 수 있도록 돕는 것이다. 그리하여 지구 온난화, 다양한 생물종의 급속한 멸종 등 눈앞의 현실로 닥친 전 지구적 생명의 위기 앞에서, 세계화 시대의 '기독교 신학'이 많은 사람들이 귀 기울여 경청하고픈 사랑의 참된 메시지를 전달할 수 있기를 꿈꿔본다.

2009년 눈부신 가을 하늘을 바라보며
인문관 연구실에서
장윤재

:: 차례

제1장

부와 가난에 대한 신학적 성찰

성 아우구스티누스가 남긴 불행한 유산

> 하나님은 그들 안의 인간됨을 시험하기 위해 가난한 자들을 지으셨고, 가난한 자들을 통해 그들을 시험하기 위해 부자를 지으셨다. 하나님은 모든 일을 온당하게 처리하셨다.
>
> — 성 아우구스티누스[1]

부와 가난의 문제는 신학적으로 매우 중요한 문제다. 구약 성서의 계약 법전과 신명기 법전, 성결 법전과 예언서, 그리고 성문서에 나타난 부와 가난에 대한 70여 구절은 말할 것도 없고, 공관 복음과 바울 서신 그리고 그 외 신약 성서에 나타난 부와 가난에 대한 30여 구절은 이 문제가 얼마나 중요한 성서적 · 신학적 관심사인지를 잘 말해준다.[2] 하지만 언제부턴가 교회는 부와 가난의 문제를 신학의 '본질적' 문제로 다루지 않고 부차적이고 (그리고 잘못된 의미에서의) 윤리적 문제로 다루기 시작했다. 도대체 언제, 누구에 의해, 어떻게 그렇게 되었을까?

이 글에서는 부와 가난에 대한 예수의 '급진적' 가르침이 어떻게 클

1 Justo L. Gonzalez, *Faith & Wealth: A History of Early Christian Ideas on the Origin, Significance, and Use of Money* (New York: Harper & Row, Publishers, 1990), p. 218에서 재인용.

2 이 구절들에 관해서는 강사문 엮음, 『가난 배우기』(장로회신학대학교 출판부, 2006), 제1장을 참조하라.

레멘트, 헤르마스, 암브로시우스, 크리소스토무스 등과 같은 초대 교부들에 의해 서서히 완화되어갔는지, 그리고 성 아우구스티누스에 이르러 결국 "하나님에 의해 만들어진 자연적 질서의 한 부분"으로 탈바꿈하면서 신학적으로 변두리의 문제로 밀려나게 되었는지, 그 전 과정을 추적해나갈 것이다. 이를 통해 오늘날 그리스도의 교회와 신학이 어떻게 아우구스티누스의 '불행한 유산'으로부터 벗어날 수 있는지를 모색해보려 한다.

교부들

부와 가난에 대해 예수는 아주 '급진적' 새 기준을 설정했다. "아무도 두 주인을 섬기지 못한다…… 너희는 하나님과 맘몬을 함께 섬길 수 없다."(마태 6:24) 그는 조금도 모호하지 않은 언어로 부자들이 구원받을 가능성에 관해 이렇게 이야기했다. "너희 부요한 사람은 화가 있다. 너희가 너희의 위안을 이미 받았기 때문이다. 너희 지금 배부른 사람은 화가 있다. 너희가 굶주릴 것이기 때문이다."(누가 6:24-25a) 또한 "재산을 가진 사람은, 하나님의 나라에 들어가기가 참으로 어렵다…… 부자가 하나님의 나라에 들어가는 것보다 낙타가 바늘귀로 지나가는 것이 더 쉽다."(마가 10:23, 25) 대신 그는 가난한 사람들이 하나님 나라를 소유하게 될 것임을 강조했다. "너희 가난한 사람은 복이 있다. 하나님의 나라가 너희의 것이다. 너희 지금 굶주리는 사람은 복이 있다. 너희가 배부르게 될 것이다."(누가 6:20-21a) 그리고 그는 부의 문제가 그의 제자가 되는 문제와 별개가 아님을 한 부자 청년에게 이렇게 이야기했다. "가서, 네가 가진 것을 다 팔아서, 가난한 사람들에게 주어라…… 그리고 와서, 나를 따라라."(마가 10:21b/누가 18:22b) 한마디로 예수는 부에 대해 극도로 민감한 경계심을 드러냈고, 소유한 것을 모두 포기할 것을 가르쳤으며, 부의 분배를 신앙의 핵심적 행위로 요구했다고 할 수 있다.

하지만 교부(敎父) 시대에 이르러 우리는 이러한 예수의 가르침을 받아들이기 어려워하는 상당수의 교부들을 만나게 된다. 사실 예수의 '과격한' 가르침에서 이탈하기 시작한 증거는 이미 그의 제자들로부터 나타나기 시작한다. 토머스 슈미트(Thomas E. Schmidt)의 말처럼, "예수라고 하는 강력하고도 모범적인 존재를 박탈당한 후, 제자들은 소유의 포기를 실행하는 일을 점점 멀리하게 되었으며 예수의 가르침을 보존하고 증명하는 데에서 점점 멀어져갔다."[3] 신약 성서의 저자들 사이에서도 예수의 가르침에 대한 해석과 적용이 달라지기 시작했다.[4] 상당수의 교부들은 부가 저주받아야 한다거나 가난이 칭송받아야 한다는 것을 받아들이기 어려웠다. 그래서 그들은 우의적(allegorical) 해석이나 다른 방식의 성서 해석을 통해, 혹은 스토아주의 원리의 채용을 통해 예수의 받아들이기 어려운 가르침들을 순화시키거나 다르게 설명하기 시작했다.[5]

교부들 가운데 교회에서 부유한 교인들의 입장을 합리화한 최초의 인물은 알렉산드리아의 클레멘트(Clement, 150-215)다. 그는 『구원받을 부자는 누구인가(*Who Is the Rich Man that Shall Be Saved?*)』라는 저술에서 가난과 부의 문제에 대한 '온건한' 방식의 접근 모델을 제

3 Thomas E. Schmidt, *Hostility to Wealth in the Synoptic Gospels* (Sheffield, England: JSOT Press, 1987), p. 165.

4 대표적인 예가 마가 10:21b와 누가 18:22b의 구절을 마태가 19:21에서 어떻게 변형시켰는가 하는 것이다. 이에 관해서는 이 글의 후반에 다시 상세히 논의한다.

5 Redmond Mullin, *The Wealth of Christians* (Maryknoll, New York: Orbis Books, 1983), p. 50.

시했다. 아마도 클레멘트는 구원받기 위해서 자신의 모든 재산을 정말로 다 팔아야 하는지 걱정하는 알렉산드리아의 많은 부자 교인들을 구출하려 했던 것 같다.[6] 그에 의하면 예수는 "성스럽고 신비한 지혜를 가르쳤고" 따라서 "우리는 그의 말씀을 문자적으로 이해해서는 안 된다."[7] 클레멘트는 마태복음 19장의 '부자 청년 이야기'에서 예수가 실제로 가진 것을 팔라고 가르쳤다고 주장한 오리게네스(Oregenes, 185-254)와는 달리 다음과 같이 주장한다.

> [부자 청년에게] "너에게 속한 것을 팔아서"(마태 19:21/마가 10:21)라고 말씀하신 것은 그에게 속한 물질을 내버리고 부에서 손을 떼라는 명령이 아니다. 그것은 그의 영혼에서 부에 대한 소신과 집착, 과도한 욕망과 병적 흥분, 그리고 마음을 죄게 하는 관심과 참 생명의 씨앗을 숨 막히게 하는—우리의 지상의 실존이라는—가시를 내버리라는 뜻이다.[8]

그렇다면 문제는 부 그 자체가 아니다. 그것에 대한 우리의 집착이, 과도한 욕망이, 병적인 흥분이, 혹은 마음을 죄게 하는 관심이 문제가 된다. 달리 말하면, 클레멘트에게 우리를 타락시키는 것은 '소유' 그 자체가 아니라 '소유욕'이 되는 것이다. 클레멘트는 오히려 부가 필요하다고 주장한다. "우리가 어떻게 가난한 자를 먹이고, 목마른 자를 마시게 하며, 헐벗은 자를 입히고, 집이 없는 자들을 대접할 수 있겠는가…… 만약 우리 각자가 이러한 것들을 필요로 하는 사람들이라면 말이다."[9] 사실 클레멘트의 이러한 논리는 고대 교회에서 사적 자산을 옹

6 Boniface Ramsey, O. P., *Beginning To Read the Fathers* (New York, Mahwah: Paulist Press, 1987), pp. 182, 194.

7 Mullin, *The Wealth of Christians*, p. 52.

8 Mullin, *Ibid.*에서 재인용.

호하는 가장 일반적인 논리이기도 하다.

클레멘트의 뒤를 이은 사람은 헤르마스(Hermas)다. 그는 그의 저서 『목자서(*The Shepherd*)』(140년경)에서 포도나무와 느릅나무의 비유를 가지고 어떻게 부자와 가난한 자가 서로를 필요로 하며 또한 서로 도울 수 있는지를 말한다. 여기서 포도나무는 '하나님의 가난한 종들'을, 느릅나무는 '부자 신도들'을 의미한다. 만약 포도나무가 느릅나무를 감고 자라날 수 있다면 둘 다에게 이득이 되는 것이다. 헤르마스는 이러한 상호적 관계를 "하나님이 받아들일 만한 위대한 거래"라 부르면서, 자선을 위해 사용한다면 부유함도 기독교인에게 합법적인 것이라 주장했다.[10] 헤르마스는 한 천사가 나타나 자신에게 이렇게 새로운 산상수훈을 알려주었다고 말한다. "자신의 부가 하나님에게서 온 것임을 아는 부자는 복이 있나니."[11] 물론 헤르마스의 이 새로운 산상수훈은 예수가 평지에서 한 다음의 설교와 사뭇 비교된다. "너희 부요한 사람은 화가 있다. 너희가 너희의 위안을 이미 받았기 때문이다."(누가 6:24)

이제 클레멘트와 헤르마스에게서 부는 적절하게 사용되는 한 그 자체로 나쁜 것이 아니게 되었다. 그런데 밀라노의 교부 암브로시우스(Ambrosius, 339-397)는 여기서 한 걸음 더 나아가 부의 반대편, 즉 가난을 문제시하기 시작한다. "모든 가난이 성스러운 것이 아닌 것처럼, 모든 부가 다 죄는 아니다."[12] 그렇다면 무엇이 죄인가? "죄는 이 세상의 물질을 소유한 것이 아니라 그것들을 어떻게 사용할지를 모르

9 Mullin, *Ibid.*, p. 55에서 재인용.

10 J. A. McGuckin, "The Vine and the Elm Tree: The Patristic Interpretation of Jesus' Teachings on Wealth," in *The Church and Wealth*, eds., W. J. Sheils and Diana Wood (Oxford: Blackwell, 1987), p. 9.

11 McGuckin, *Ibid.*, p. 10.

12 Ramsey, *Beginning To Read the Fathers*, p. 185에서 재인용.

는 것이다."[13] 물론 그는 "호사스러운 삶이 부를 부패시키듯, 거룩한 삶은 가난을 권고한다"고 인정하지만, 모든 가난이 다 성스러운 것이 아님을 주장하면서 모든 부에 대한 부정을 철회할 것을 주장하는 것이다.

콘스탄티노플의 감독 요한 크리소스토무스(Johannes Chrysostomus, 347-407)는 부의 뿌리와 기원에 대해서는 깊은 의심을 가지고 있지만, 부 자체가 아니라 '올바로 사용되지 못하는 부'를 공격한다. 먼저 그에게 모든 부의 시작은 결코 선한 것이 아니다.

> 그렇다면 나에게 말해보라. 부자가 어디서 왔는지를. 그대는 누구에게서 부를 물려받았으며, 당신에게 그것을 물려준 사람은 또 누구에게서 그것을 물려받았는가? 그의 아버지와 그의 할아버지일 것이다. 그런데 많은 세대를 거슬러 올라가면 당신은 그 부의 취득이 정당했던 것이라고 말할 수 있겠는가? 아닐 것이다. 그것의 뿌리와 기원은 분명 불의였을 것이다. 왜 그런가? 왜냐하면 하나님께서는 처음에 아무도 부자로, 아무도 가난한 자로 만들지 않으셨기 때문이다…… 하나님은 모든 사람이 땅을 공평하게 사용하도록 하셨다. 그런데 어떻게 당신은 지금 그렇게 넓은 땅을 가지고 있는가? 당신의 이웃은 단 한 뼘의 땅도 가지고 있지 않은데 말이다.[14]

크리소스토무스는 이렇듯 부의 획득의 뿌리를 깊이 의심했지만, 부가 "축재되지 않고 필요한 사람들에게 나누어지는 한" 그것은 악이 아니며, 오직 "나누어지지 않았을 때, 부는 악이 되고 덫이 된다"고 생각했다.[15] 그는 자신이 공격하는 것이 부 그 자체가 아니라 그것을 잘못 사

13 Ramsey, *Ibid.*에서 재인용.

14 Mullin, *The Wealth of Christians*, p. 55에서 재인용.

용하는 사람들임을 다음과 같이 분명한 어조로 말한다.

> 나는 종종 사람들한테 쉬지 않고 부자들을 공격한다고 비난받는다. 사실이다. 왜냐하면 부자들이 쉬지 않고 가난한 사람들을 공격하기 때문이다. 그러나 내가 공격하는 것은 부 자체가 아니라 그것을 잘못 사용하는 사람들이다. 내가 계속해서 고발하는 사람들은 부자가 아니라 욕심이 많은 사람들이다. '부'와 '탐욕'은 서로 다른 것이다. 이 둘을 구별하는 법을 배우라.[16]

한 걸음 더 나아가 크리소스토무스는 부는 소유도 아니고 자산도 아니며 오직 '사용을 위한 대여(loan for use)'라고 말한다. 때문에 기독교인들은 부를 절대적인 소유로서가 아니라 사회 공동체의 한 구성원으로서 필요한 사람을 대신해 행사하고 있는 '위탁물(trust)'로 간수해야 한다는 것이다.[17]

이렇듯 클레멘트, 헤르마스, 암브로시우스, 그리고 크리소스토무스와 같은 교부들은 이런 저런 방식으로 예수의 급진적 가르침을 순화시키려 노력했다. 하지만 모든 교부들이 그렇게 한 것은 아니었다. 안디옥의 유스타시우스(Eustathius)는 재산을 버리지 않는 부자들은 구원의 희망이 없다고 가르쳤으며, 이레네우스(Irenaeus)는 어떤 한 사람이 소유한 모든 것은 근본적으로 부정한 행위의 맘몬으로부터 온 것이라고 주장했다. 제롬(Jerome, Hieronymus, 342-420)은 이렇게 단언한다. "모든 부는 부정한 행위로부터 오는 것이며, 이떤 사람이 빼앗김의 고통을

15 Ramsey, *Beginning To Read the Fathers*, pp. 189-190에서 재인용.

16 McGuckin, "The Vine and the Elm Tree," p. 13에서 재인용.

17 Mullin, *The Wealth of Christian*, p. 55에서 재인용.

당하지 않는다면 다른 사람이 취득할 수 없는 것이 바로 부"이며, "부자는 그 자신이 부도덕한 자이거나 혹은 다른 사람의 부도덕함에서 이득을 취한 자"일 뿐이다.[18] 리옹의 에우케리우스(Eucherius)에게 부는 다름 아닌 "나쁜 짓의 증거"였다.[19] 또한 오리게네스는, 클레멘트와 달리, 예수의 가르침을 문자적으로 읽었고 그래서 그리스도인은 실제로 그의 소유를 팔아 가난한 사람들에게 주어야 한다고 주장했다.[20] 펠라기우스 주의자들 역시 같은 의견을 가졌다. "부의 주된 원천은 불의와 강도질 외에 다른 것이 없다"는 말 속에 그들의 입장이 잘 표현되어 있다.[21] 이 입장은 부의 뿌리와 기원이 불의일 것이라고 말한 크리소스토무스의 말과 한편 상통하는 것이다. 하지만, 나누는 한 부는 악이 아니라고 주장한 크리소스토무스와 달리, 펠라기우스(Pelagius)는 다음과 같이 부의 존재 그 자체를 문제시했다.

> 누군가 가난한 것은 다른 누군가 과도하게 재물을 가지고 있기 때문이다. 부자들을 이 세상에서 없애보라. 그러면 당신은 가난한 사람들을 찾아보지 못할 것이다. 아무도 필요 이상 소유해서는 안 되며, 모든 사람들이 필요한 것을 소유해야 한다. 소수의 부자들의 존재는 바로 왜 이렇게 가난한 사람들이 많이 존재하는지의 이유인 것이다.[22]

18 McGuckin, "The Vine and the Elm Tree," p. 14에서 재인용.
19 Ramsey, *Beginning To Read the Fathers*, p. 191에서 재인용.
20 Mullin, *The Wealth of Christians*, p. 52.
21 Mullin, *Ibid.*, p. 53.
22 Mullin, *Ibid.*, p. 54에서 재인용.

아우구스티누스

사실 부와 가난의 문제는 이 땅에 그리스도의 교회가 시작된 이후 줄곧 교회를 괴롭혀온 곤혹스런 주제였다. 앞서 살펴보았듯이 가난과 부의 문제를 정신적 의미로 해석하려는 경향은 이미 신약 시대로부터 시작되어 클레멘트, 헤르마스, 암브로시우스, 크리소스토무스와 같은 교부들에 의해 굳어졌는데 이제 우리는 아우구스티누스에 이르러 그 완성을 보게 된다. 그에 이르러 부와 가난은 하나님에 의해 만들어진 자연적 질서의 한 부분이 되고, 그 결과 부와 가난의 문제는 더 이상 기독교 신학의 중심적 자리를 지키지 못하고 변두리로 밀려나게 되고 만다. 과연 아우구스티누스는 어떻게 그렇게 했을까?

"모든 것이 선하다. 아무것도 그 자체로 악이 아니다"

이 세계에 대한 아우구스티누스의 인식은 신플라톤주의적인 견해로부터 커다란 영향을 받았다. 신플라톤주의는 그로 하여금 이 세계를 물질성이라는 최하위 단계로부터 합리성과 영성이라는 최고의 단계로 이루어진 하나의 계층적 존재 구조로 보게 만들었다. 그런데 이 위계적 존재 구조는 하나님에 의해 만들어진 자연적 질서이며 모든 것은 선한 것이다. 어느 것도 그 자체로 악이 아니다. 악은 어떤 실체가 아니라 본래 선한 것이 부패했거나 오용된 것이다. 바로 이런 관점 때문에 아우구스티누스 역시 이전 교부들처럼 부를 구성하는 물질 그 자체에 대해서는 긍정적인 태도를 취한다. 물질의 창조를 악으로 간주하는 영지주의자들의 도전 앞에서 아우구스티누스를 포함한 교부들에게 '모든' 것이 ―즉 부를 포함한 모든 것이 ― 선하다고 주장하는 것은 필수적인 일이었다.[23] 그래서 아우구스티누스는 이렇게 말한다.

나는 '당신이 소유한 것 때문에 지옥에 떨어질 것이다'라고 말하지 않는다. 나는 '당신이 소유한 것들에 편승하면, 그것들 때문에 마음이 우쭐해지면, 그것들 때문에 당신이 중요한 사람이라고 여기면, 그것들 때문에 당신이 가난한 사람을 무시하면, 그리고 당신이 덧없는 것들을 더 많이 가졌다고 해서 보편적인 인간애를 잊어버린다면, 그때 당신은 지옥에 떨어질 것이다'라고 말할 것이다.[24]

그는 여기서 악은 부 그 자체에 있는 것이 아니라 대개 부와 동반하는 탐욕(avarice)에 있다고 말하고 있다. 그렇다면 그에게 탐욕이란 무엇인가? "탐욕이란 금이 본래 가지고 있는 어떤 본래적 결함이 아니다. 그것은 금보다 훨씬 더 높게 간주되어야 할 정의가 손상을 입기까지 금을 사랑하는 사람 안에 있는 어떤 선천적인 결함이다."[25]

때문에 아우구스티누스에게 중요한 것은 부 자체가 아니라 부에 대한 우리의 영적 태도 혹은 영적 관계다. 그렇다면 이제부터 중요해지는 것은 '행위'가 아니라 '태도'다. 즉 물질에 대한 영혼의 태도가 중요하며, 영혼은 물질로부터 초연해야 하는 것이다. 때문에 아우구스티누스는 이런 결론에 도달한다. "[지상의] 것들에 집착하지 않으면서 그것을 소유하는 것은 아무것도 소유하지 않는 것보다 훨씬 더 칭송받을 만한 일이다."[26]

23 Gonzalez, *Faith & Wealth*, p. 226.

24 McGuckin, "The Vine and the Elm Tree," p. 13에서 재인용.

25 Gonzalez, *Faith & Wealth*, p. 215에서 재인용.

26 Peter C. Phan, *Social Thought: Messages of the Fathers of the Church* (Wilmington, Delaware: Michael Glazier, Inc., 1984), p. 203f에서 재인용.

'사용(use)'과 '향유(enjoy)'의 구분

이러한 주장을 뒷받침하기 위해 아우구스티누스는 한 가지 대단히 중요한 구분을 시도한다. 이 세상에는 향유할 것들과 사용될 것들이 있으며, 향유되고 동시에 사용될 것들이 있다는 것이다. 그는 다음과 같이 '사용(*uti*)'과 '향유(*frui*)'를 구별한다.

> 어떤 것을 '향유'한다는 것은 그것 자체의 목적 혹은 이익을 위해 그것에 집착하는 것을 의미한다. 어떤 것을 '사용'한다는 것은 우리가 원하는 어떤 것을 얻기 위해 쓰는 것을 의미한다. 물론 우리가 원하는 것이 옳은 것이라는 것을 전제로 말이다.[27]

그렇다면 이제 아우구스티누스에게 악이란 '향유'되어야 할 것을 '사용'하거나, 반대로 '사용'되어야 할 것들을 '향유'하는 것이다. 문제는 대개 우리가 '사용'되어야 할 것들을—즉 세상의 재물들을— '향유'한다는 것이고, '향유'되어야 할 것을—즉 하나님을— '사용'한다는 것이다.[28] 이것을 아우구스티누스는 그의 저서 『신의 도성(*City of God*)』

27 Phan, *Ibid.*, pp. 216-217에서 재인용. 곤잘레스에 의하면 여기서 아우구스티누스는 고대 로마법이 사유 재산과 동등하게 취급했던 세 가지 기본권, 즉 사용권, 향유권, 그리고 오용권을 다루고 있다. 곤잘레스에 의하면 아우구스티누스는 세 번째의 권리, 즉 오용권을 완전히 거부하고 있으며, 두 번째의 권리, 즉 향유권도 거부하고 있다. 물질은 사유 재산이든 아니든 향유되어서는 안 되는 것들이다. 그것들은 하나님을 진실로 향유하기 위한 목적으로 사용되어져야 하는 도구들이다. 그래서 아우구스티누스는 사용권의 의미를 근본적으로 다시 규정한다. 이제 그것은 어떤 목적이든 소유자가 정하는 목적을 위해 사용될 수 있는 권리가 아니라, 하나님의 향유라는 바람직한 목적을 위해서만 사용될 수 있는 권리를 의미한다. (Gonzalez, *Faith & Wealth*, p. 216.)

28 J. Philip Wogaman, *Christian Ethics: A Historical Introduction* (Louisville,

에서 '역용(perversion)'이라 불렀다.[29] 악덕(vice)은 사용되어야 할 것들을 향유하는 것이고, 또 향유해야 할 것들을 사용하는 것이다. 그렇다면 반대로 미덕(virtue)은 향유되어야 할 것들을 향유하고, 사용되어야 할 것들을 사용하는 것이다.

그렇다면 '사용'과 '향유'에 대한 이러한 구분은 부에 대해 어떤 함의를 가지는가? 그것은 부는 '사용'되어져야 한다는 것, 즉 부는 우리가 사랑하는 것을 얻기 위한 수단으로 쓰여야 한다는 것이다. 여기서 우리는 아우구스티누스의 부에 대한 '도구적 인식'을 엿볼 수 있다. 그런데 앞으로 우리가 살펴보겠지만, 가난 역시도 아우구스티누스에게는 하나의 도구에 불과하다. 그러니까 부와 가난은 모두 영적인 복이라고 하는, 보다 높은 목표에 이르기 위한 단순한 도구에 불과한 것이다. 이렇게 이 둘은 '그 자체로' 중요한 신학적 문제가 아니게 된다.

'필요'와 '여분'의 구분

앞서 살펴보았듯이 아우구스티누스에게 중요한 것은 물질적 재화의 합당한 '사용'이었다. 그런데 거기에는 '필요(necessary)'와 '여분(superfluous)'에 대한 또 하나의 구분이 요청되었다. 사실 아우구스티누스는 매우 엄격한 '필요'의 개념을 가지고 있었다. 그는 삶에 필요한 음식과 의복 그 이상의 것은 모두 '여분'이라고 가르쳤다. "하나님이 주신 것만 구하고, 거기에서 필요한 것만 취하라. 나머지 모든 것들은 여분이다."[30]

Kentucky: Westminster/John Knox Press, 1993), p. 59.

29 Wogaman, *Ibid.* 여기서 '역용'은 '왜곡', '곡해', '오용', '악용', '일탈' 등으로도 번역할 수 있다.

30 Phan, *Social Thought*, p. 196에서 재인용.

그런데 아우구스티누스에게 '여분'은 내가 아닌 다른 사람들을 위한 것이었다. 특히 "부자들의 여분은 가난한 사람들의 필요다."[31] 당연히 '여분'을 나누는 것은 의무고, 엄격한 도덕이 된다. 사실 지상의 재물들을 나누라고 한 아우구스티누스의 주장은 그의 사회적 가르침에서 가장 특징적인 요소다. 그는 이렇게 말한다. "만약 당신이 여분을 소유하고 있다면 그것은 당신이 다른 사람의 재산을 소유하고 있다는 말이다."[32] 때문에 아우구스티누스에게 있어서 궁핍한 자에게 여분을 나누어주지 않는 것은 사기이거나 도둑질과 마찬가지다. 그래서 그는 여분의 것을 주더라도 이것을 '베풂(liberality)'으로 여기지 말고 정당한 소유자에 대한 단순한 '환원(restitution)'으로 여겨야 한다고 가르쳤다. 왜냐하면 아우구스티누스에게 있어서 만물은 그 어떤 경우라도 결국 하나님에게 속한 것이기 때문이다.

"네 보화를 하늘에 쌓으라"

이러한 엄격한 나눔의 의무는 "네 보화를 하늘에 쌓으라"는 마태복음 6장 20절에 대한 그의 해석과 이해에 의해 뒷받침되고 있다. 아우구스티누스는 이렇게 말한다.

> 당신은 당신이 이미 가진 것을 지키기를 원한다. 그렇다면 내가 그것을 어디에 보관해야 하는지 알려주겠다. 보화를 땅 위에 저장하지 말라. 누구를 위해 그것을 모으는지, 또 그 주인이나 관리자가 그것을 어떻게 탕진할지도 모르면서 땅 위에 저장하지 말라…… "네 보물을 하늘에 쌓아두

31 Phan, *Ibid.* 에서 재인용.

32 Phan, *Ibid.* 에서 재인용.

라"…… 하나님은 보물을 절대로 잃어버리지 않을 거대한 창고를 가지고 계시다.[33]

하지만 '어떻게' 하늘에 보화를 쌓아두나? 아우구스티누스는 "너희 중에 가장 작은 자 하나에게 한 것이 곧 나에게 한 것이라"는 예수의 가르침을 상기시키면서, "보화를 가난한 사람들의 손에 맡기고 궁핍한 자에게 주라"고 말한다.[34] 가난한 자에게 줌으로써 우리는 썩기 쉬운 이 땅의 부를 썩지 않는 하늘의 보화로 쌓아올릴 수 있게 된다는 것이다. 여기서 아우구스티누스는 자연스럽게 가난한 자에 대한 그의 독특한 생각을 발전시키게 된다.

가난한 자는 "우리의 부를 하늘로 운반하는 자"

앞서 언급했지만 아우구스티누스에게 가난한 자는, 부와 마찬가지로, 하나의 수단에 불과하다. 즉 가난한 자는 "우리를 지상에서 천상으로 데려가는 운반자"다.[35] 다시 말해 그들은 우리의 부를 하늘로 운반해주는 자들인 것이다. 이렇게 되면 가난한 자는 하나의 디딤돌, 즉 구원이라는 목적을 향해 사용되어야 할 수단 그 이상도 이하도 아니게 된다.

모든 피조물은—가난한 자를 포함하여—하나님을 향유하는 수단이다. 그리고 이러한 사상은 기본적으로 만물이 계층적으로 질서를 이루고 있다는 신플라톤주의적인 견해에서 비롯된 것이다. 이 견해 때문에 아우구스티누스는 낮은 계층에 있는 물질적 부를 높은 계층에 있는 영적

33 Phan, *Ibid.*, p. 223에서 재인용.

34 Phan, *Ibid.*, p. 224.

35 Gonzalez, *Faith & Wealth*, p. 217에서 재인용.

축복을 얻는 데에 사용할 것을 강조하는 것이다. 그는 이렇게 말한다.

> 금을 찾는가? 그가 그것을 만드셨다. 은을 찾는가? 그가 그것을 만드셨다. 가족을 찾는가? 그가 그것을 만드셨다. 양떼를 찾는가? 그가 그것들을 만드셨다. 무엇을 소유하길 원하는가? 그가 그것들을 만드셨다. 그런데 왜 당신은 그가 만든 것만 구하는가? 이 모든 것들을 만드신 바로 그분을 구하라.[36]

바로 이렇게 아우구스티누스가 오로지 가장 높은 곳에 있는 것만 추구할 것을 강조한 결과, 이제 가난과 부와 같은 문제는 별로 중요한 신학적 의제가 아니게 되었다. 왜냐하면 그 문제는 '물질적'인 그리고 아래의 것들에 관련된 것이고, 우리의 '영적' 목표는 그것보다 훨씬 높은 것이어야 하기 때문이다. 사실 이것이, 후스토 곤잘레스(Justo L. Gonzales)가 지적하듯이, 아우구스티누스의 견해에서 가장 큰 신학적 결함이다.[37]

"주께서 부자와 가난한 자 모두를 지으셨다"

아우구스티누스에 의하면, 부자와 가난한 자는 모두 영적 구원이라는 더 고귀한 목적에 이르기 위한 수단으로 하나님의 계획에 따라 각자의 자리를 가지고 있다. 각자는 서로를 위해 존재하며 각각에게는 고유한 역할이 있다. 사실 부자와 가난한 자가 서로를 어떻게 필요로 하며 어떻게 서로를 도울 수 있는 존재인지를 처음으로 제안한 사람은 교부

36 Phan, *Social Thought*, pp. 229-230에서 재인용.

37 Gonzalez, *Faith & Wealth*, p. 218.

헤르마스였다. 아우구스티누스보다 몇 세기 이전에 그는 포도나무와 느릅나무의 비유로 둘의 '상생적' 관계를 이야기했었다. 아우구스티누스는 이렇게 말한다. "누가 그들을 지으셨나? 주님이시다. 그가 가난한 자를 돕게 하기 위해 부자를 지으셨으며, 부자를 시험하기 위해 가난한 자를 지으셨다."[38] 그리고 그는 이 모티브를 한 단계 더욱 발전시킨다. "하나님은 그들 안의 인간됨을 시험하기 위해 가난한 자들을 지으셨고, 가난한 자들을 통해 그들을 시험하기 위해 부자를 지으셨다. 하나님은 모든 일을 온당하게 처리하셨고, 따라서 비록 우리가 왜 그것이 그렇게 되었는지 이해하지 못하더라도, 우리는 그 일이 잘된 일임을 믿어야 한다."[39] 필립 보가만(Philip Wogaman)이 지적하듯이, 아우구스티누스는 한 번도 부자와 가난한 자가 공존하는 것이 신학적이고 도덕적인 '걸림돌(scandal)'이라고 간주하지 않았던 것이다.[40] 그것은 단지 우리가 의문을 품어서는 안 되는 하나님의 계획의 일부일 뿐이다.

하지만 여전히 의문은 남는다. 하나님은 왜 누구는 부자로, 또 누구는 궁핍한 자로 만드셨는가? 특히 왜 불의하고 사악한 부자가 이 세상에서 활개치도록 내버려두시는가? 아우구스티누스는 이 괴로운 질문에 답해야 했고, 그는 그것을 이렇게 조금은 복잡하게 설명했다.

> 부는 선한 사람이나 악한 사람을 가리지 않고 무차별적으로 분배되었다. 부가 선한 사람들에게 나누어진 이유는 그들의 삶을 위로하기 위해서다. 하지만 부가 선한 사람들에게만 나누어지지 않은 이유는 악한 자들이 그 이유 때문에 하나님을 예배해야 한다고 생각하지 않게 하기 위해서다. 그

38 Ramsey, *Beginning To Read the Fathers*, p. 184에서 재인용.

39 Gonzalez, *Faith & Wealth*, p. 218에서 재인용.

40 Wogaman, *Christian Ethics*, p. 60.

럼 왜 악한 사람들에게도 부를 주셨는가? 하나님이 악한 사람들에게도 부를 주신 이유는 선한 사람들에게 부가 얼마나 중요하지 않은 것인가를 보여주고 또 그들로 하여금 부가 아닌 다른 것들을 바라보게 하기 위해서이다. 하지만 악한 사람들에게만 부를 주지 않으신 이유는 선한 사람들이—그들은 약한 사람들인데—이 땅에서 그들의 소유를 잃지 않을까 하는 두려움 때문에 회개를 망설이지 않게 하기 위해서다.[41]

다시 설명하면 부가 '선한' 사람들에게 나누어진 이유는, 첫째, 그들을 위로하고, 둘째, 부를 잃을까 봐 신앙에 귀의하는 것을 망설이지 않게 하기 위함이고, 부가 '악한' 사람들에게도 나누어진 이유는, 첫째, 악한 사람들이 부 때문에 회개하지 않게 하기 위함이고, 둘째, 선한 사람들에게는 부가 중요한 것이 아님을 보여주기 위함이라는 것이다. 그는 한마디로 하나님은 이 모든 것들을 악한 사람들에게 주어 선한 사람들로 하여금 더 고상한 것들을 바라도록 가르치셨다고 말하고 싶었던 것이다. 결국 부는 중요한 것이 아니며, 우리는 그보다 더 높은 것들을 바라보아야 하는 것이다.

하지만 불행히도 부자와 가난한 자에 대한 아우구스티누스의 이런 견해는 이 땅에 존재하는 빈부의 차이를 신학적으로 합리화하는 우를 범하고 있다. 굳이 한 가지 긍정적인 것을 찾자면, 그것은 가난한 자들을 단지 불쌍한 구제의 대상으로가 아니라 다른 사람에게 무언가를 줄 수 있는 어떤 적극적인 주체로 보게 했다는 점이다. 흥미롭게도, 아우구스티누스의 사상에서 가난한 자의 역할은 부자의 그것보다 더 우월하다. 왜냐하면 가난한 자는 부자가 주는 '물질적' 재화에 대한 답례로 그것보다 더욱 고귀한 '영적' 재화를 부자에게 제공하기 때문이다.[42]

41 Ramsey, *Beginning To Read the Fathers*, p. 192에서 재인용.

부자에게 무엇이 결여되어 있는가를 고려해볼 때 가난한 자가 부자보다 더 우월하다고 할 수 있다. 부자가 받아들인 가난한 자는 의롭다. 가난한 자에게는 빵이 결핍되어 있지만, 부자에게는 진리가 결여되어 있다. 가난한 자에게는 지붕이 없지만, 부자에게는 하늘이 없다. 가난한 자에게는 돈이 없지만, 부자에게는 정의가 결여되어 있다.[43]

아우구스티누스는 가난한 자를 단지 부자로부터 무언가 받기를 기다리는 소극적인 수혜자로 보지 않았다. 오히려 무언가를 줄 수 있는 적극적인 공여자로 보았다. 부자의 재산은 부자가 하늘나라로 가는 것을 방해하는 짐이다. 하지만 가난한 자의 가난 역시 짐이다. 그렇다면 부자가 가난한 자에게 자신의 재물을 나누어줄 때 두 짐이 모두 가벼워지는 것이고, 이런 의미에서 가난한 자 역시 부자에게 무언가를 주는 것이다.[44]

'계명'과 '완전에의 권고'의 구별

아우구스티누스는 가진 것 때문에 걱정하는 사람들을 구하기 위해 또 다른 중요한 구별을 시도한다. 마태복음 19장 16절-22절에 나오는 부자 청년의 이야기를 거론하면서, 아우구스티누스는 '계명(commandments)'과 '완전에의 권고(counsels of perfection)'를 구별한다. 그에 따르면 그리스도는 '모든 사람들'에게 가진 것을 다 팔아 가난한 자에게 주라는 명령을 하지 않았다. 단지 '완전하게 되고자 하는 자'에게만 그렇게 하라고 말씀하셨을 뿐이라는 것이다.

42 Ramsey, *Beginning To Read the Father*, p. 184.

43 Phan, *Social Thought*, p. 218에서 재인용.

44 Gonzalez, *Faith & Wealth*, p. 218.

그 부자 청년이 주님께서 율법 가운데 인용한 계명들을 다 지켰노라고 이야기했을 때, 그리고 아직 무엇이 부족하냐고 물었을 때 예수께서는 이렇게 대답하셨다. "만일 네가 완전하기를 원한다면, 가서 네가 가진 것을 모두 팔아 가난한 자에게 주라"…… 선한 주님께서는 율법의 '명령'과 그보다 더 고상한 '완전'을 구별하신 것이다…… 그렇다면 우리는 비록 부자가 완전과 거리가 멀더라도 계명을 지킨다면 생명으로 들어갈 수 있다는 것을 받아들이기를 거부해서는 안 된다.[45]

믿기지 않지만, 정말로 놀라운 사실은 아우구스티누스가 종종 성서를 잘못 인용하고 해석한다는 것이다. 원죄의 교리를 이끌어낸 로마서 5장 12절에 대한 오역도 그렇지만,[46] 분명 아우구스티누스는 그가 여기서 사용한 마태복음의 본문과 달리 마가와 누가에는 "만일 네가 완전하기를 원한다면"이라는 조건절이 없다는 것을 분명 알았을 것이다. (몰랐을까?) 이 조건절은 마태에만 나오는 것이다. 뿐만 아니라 아우구스티누스의 마태복음 인용도 정확하지가 않다. 마태는 '모든' 것을 다 팔라고 말하지 않는다. 공관복음서 가운데 마가와 누가만 가진 것을 '모두' 팔라고 말할 뿐이다.[47] 더구나 아우구스티누스는 그의 다른 저서에

45 Phan, *Social Thought*, pp. 210-211에서 재인용.

46 그의 '원죄' 교리의 근거가 된 로마서 5장 12절에서 바울은 이렇게 말한다. "그러므로 한 사람을 통하여 죄가 세상에 들어오고, 또 그 죄를 통하여 죽음이 들어온 것과 같이, 모든 사람이 죄를 지었으므로, 죽음이 모든 사람에게 이르게 되었습니다."(표준새번역) 하지만 King James Version이 잘못 읽고 있듯이("Wherefore, as by one man sin entered into the world, and death by sin; and so death passed upon all men, for that all have sinned"), 아우구스티누스는 이 구절을 아담의 죄가 모든 인류에게 (생물학적으로) '전해진(passed upon)' 것으로 읽었다. 다른 영어 성경들은 이 부분을 "이와 같이(in this way)"로 읽는다. 즉 아담이 죄를 지어 죽음에 이르게 된 것처럼, 이와 같이 모든 사람도 죄를 지어 죽음에 이르게 된 것이다.

서 우리가 실제로 가진 것 '모두'를 주어야 한다고 말하지도 않는다. "당신은 당신이 정직하고 공정하게 줄 수 있는 것을 주어야 한다…… 당신은 당신에게 요구하는 모든 사람들에게 주어야 하겠지만, 그들이 원하는 것을 항상 주지는 않을 것이다."[48] 한마디로, 모든 사람에게 주어야 하지만 모든 것을 줄 필요는 없다는 말이다.

이렇게 아우구스티누스는 '계명'과 '완전에의 권고'를 구별하면서, 모든 것의 포기를 의미하는 수도사적 공동생활은 모든 기독교인들에게 요구되는 의무는 아니라고 말한다.[49] 그는 이 땅에서 가장 높은 삶의 서열이 자신의 부를 포기하고 수도원에 들어가 사는 것이라고 믿지 않았다. 비록 자신은 수사였지만, 아우구스티누스는 서구 역사에 수도원적 삶이 나타난 지 겨우 30년이 지난 후 쓴 자신의 저서 『규율서(*Rule*)』에서 '금욕주의'에 관해서는 거의 한마디도 강조하지 않았다.[50]

47 다음의 세 구절을 비교해보라. 마가 10:21, "너에게는 한 가지 부족한 것이 있다. 가서, 네가 가진 것을 다 팔아서, 가난한 사람들에게 주어라. 그리하면, 네가 하늘에서 보화를 차지하게 될 것이다. 그리고 와서, 나를 따라라" / 누가 18:22, "네게는 아직도 한 가지 부족한 것이 있다. 네가 가진 것을 다 팔아서, 가난한 사람들에게 나누어 주어라. 그러면 네가 하늘에서 보화를 차지하게 될 것이다. 그리고 와서 나를 따라라" / 마태 19:21, "네가 완전한 사람이 되고자 하거든[새로 추가됨], 가서 네 소유를 [다가 없음] 팔아서, 가난한 사람에게 주어라. 그리하면, 네가 하늘에서 보화를 차지하게 될 것이다. 그리고 와서, 나를 따라라."

48 Phan, *Social Thought*, pp. 216-217에서 재인용.

49 Gonzalez, *Faith & Wealth*, p. 219.

50 Tarsicius J. Van Bavel, *The Rule of Saint Augustine: Masculine and Feminine Versions* (Kalamazoo, Michigan: Cistercian Publications, 1984), pp. 3, 4, 7, 42를 참조하라.

“신앙 있는 부자에게 구원이 있다”

‘계명’과 ‘완전에의 권고’의 구별은 결국 아우구스티누스로 하여금 부자의 구원의 가능성을 보장하고 확언하게 만드는 길을 열었다. 힐라리우스(Hilarius)에게 보낸 편지에서 그는 이렇게 주장한다.

> 어떤 사람들은 순교의 왕관을 얻지 못했고, 가진 재물을 팔아 높고 고귀한 완전에의 권고에도 이르지 못했지만, 그들은 천벌을 받아야 마땅한 행위로부터 자유롭다. 그들은 굶주린 그리스도를 먹였다. 그가 목말랐을 때 마실 것을 드렸다. 그가 헐벗었을 때 옷을 입히고, 떠돌아다닐 때 맞아들였다. 그리고 비록 그들은 그리스도가 심판하러 오실 때 그리스도와 함께 보좌에 앉지는 못하겠지만, 그의 오른편에 서서 자비의 판정을 받을 것이다.[51]

아우구스티누스는 또한 예수의 ‘부자와 거지 나사로’의 비유를 사용하면서 ‘신앙심이 있는 부자(godly rich)’에게도 구원의 가능성이 있음을 이렇게 주장한다.

> 비록 그 도도한 부자가 고운 자색 옷을 입고 매일 사치스러운 잔치를 벌이다 죽어서 지옥에 가 형벌을 받았다고 할지라도, 만약 그가 그의 집 문 앞에 앉아 온 몸을 긁으며 모멸당하는 그 거지 나사로에게 자비를 베풀었다면 그도 자비를 받을 자격이 있다. 그리고 만약 그 거지 나사로의 공로가 그의 선함이 아니라 그의 가난이었다면, 그는 살아 있는 동안 부자로 살았던 아브라함의 품에 안기지 못하게 되었을 것이다. 이 이야기는 한편으로는 우리에게 가난 그 자체가 성스러운 명예가 아니며, 다른 한편으로는 우

51 Phan, *Social Thought*, p. 214에서 재인용.

리에게 부 그 자체가 비난받을 어떤 것도 아니라는 것을 말해주려는 것이다. 부자와 거지 나사로의 이야기는 한 사람의 신앙심과 다른 사람의 불신앙이 각각의 합당한 결말을 보았다는 이야기며, 또한 지옥불의 고통이 신앙이 없는 부자의 운명이었던 것처럼, 신앙이 있는 가난한 자가 부자 아브라함의 품에 안긴 것도 그의 운명이었다는 것을 말해주려는 것이다.[52]

이 구절을 읽다 보면 오늘날 일부 한국 교회에서 설교되는 '청부론(淸富論)'의 원조가 바로 아우구스티누스가 아니었을까 하는 생각이 들 정도다. 그런데 분명한 것은, 예수는 이 비유에서 그 부자나 거지 나사로에게 신앙심이 있었는지 없었는지에 관해 한마디도 언급하지 않았다는 사실이다. 그것은 예수의 비유에 조금도 등장하지 않는 기준이다. 하지만 성서 읽기에 있어서 종종 부정확성과 인위성을 보여준 아우구스티누스는 이 유명한 본문에 이르러서도 성서 기자가 전혀 의도하지 않았던 결론을 도출하는 '과감성'을 유감없이 발휘한다. 그에게 이르러 예수의 이 유명한 비유는 '신앙심 없는 부자'와 '신앙심 있는 나사로'의 이야기로 변질되고 만 것이다. 그 결과 이제 누가 구원받고 누가 구원받지 못하는가의 기준은 더 이상 가난이나 부 그 자체가 아니게 되었다. 부자와 가난한 자의 운명을 결정하는 것은 이제 신앙심 혹은 불신앙의 여부가 되었다. 그래서 부자도 가난한 자에게 자비를 베푼다면 구원받을 자격이 생기는 것이다.

"하나님은 황제와 왕들을 통해 재산권을 분배하셨다"—도나티스트 논쟁

'신앙 있는' 부자들에게도 구원이 있다는 아우구스티누스의 확신은

52 Phan, *Ibid.*, pp. 209-211에서 재인용.

도나티스트(Donatist) 논쟁을 거치면서 황제와 왕을 통한 사유 재산권의 보증으로까지 확장되게 된다.

곤잘레스에 의하면, 로마의 영토인 북부 아프리카는 경제적 상황이 좋지 않았다.[53] 아우구스티누스의 고향인 타가스테(Thagaste)는 고트족 등의 침입과 반란 때문에 로마에서 쫓겨나온 부유한 난민들이 안전하게 기거할 곳이 되어주었던 것 같다.[54] 하지만 부유한 귀족들의 유입은 이 지역에 살고 있던 하층민들의 삶에는 아무런 도움이 못 되었을 것이다. 더구나 교회가 가난한 사람들에게 신뢰를 받지 못하고 있었는데, 가난한 사람들은 무거운 세금에 허리가 휘고 있었고, 교회가 너무 많은 것을 소유하고 있다고 여겼으며, 사제들은 착취하는 자들과 한편이라고 느끼고 있었다. 콘스탄티누스 황제와 그의 후계자들의 용인 덕택에 교회의 사제들은 지속적인 국가의 지원을 받을 수 있었고 점점 더 사회적 의무로부터 많은 면제의 특권을 누리고 있었다. 설상가상으로 교회의 주교들은 땅을 소유한 귀족들과 결탁하여 특권과 영예를 누리고 있었다.[55]

이러한 상황에서 도나티스트들과 같이 사회적으로 하층에 속한 일군의 기독교인들은 기성 교회와 기성의 사회 경제 질서에 도전하기 시작했다. 도나티스트들은 그들의 경쟁자인 가톨릭 교회가 탐욕과 경제적 성공에 눈이 멀었다고 공격했다. 그들은 가톨릭 교회의 길을 따르는 것은 영혼보다 물질적 부를 더 선호하는 길이라 선언했다. 그리고 보다 급진적 도나티스트들은 가난의 가치를 주장했으며, 얼마 되지 않는 자신

53 Gonzalez, *Faith & Wealth*, pp. 159-161.

54 Peter Brown, *Augustine of Hippo: A Biography* (Berkeley: University of California Press, 1969), p. 351.

55 당시 교회의 상황에 대해서는 Gonzalez, *Faith &Wealth*, 159-161 및 Jane E. Merdinger, *Rome and the African Church in the Time of Augustine* (New Haven: Yale University Press, 1997), p. 110을 참조하라.

들의 재산을 포기하거나 가난한 자들에게 나누어주었다.

이러한 도나티스트들의 도전은 아우구스티누스로 하여금 여러 차원에서 정치 권력과 교회 사이의 관계에 대해 심사숙고하게 만들었다. 그리고 그는 재산권을 정하고 결정하는 권세는 하나님이 국가 권력에 부여한 것이라고 말하기 시작했다. 성경 안에는 '신의 권리'가 있고 왕들의 법에는 '인간의 권리'가 있다고 가정하면서, 그는 이렇게 주장한다.

> 어떤 권리로 사람들은 자신이 소유한 것을 소유할 수 있는가? 인간의 권리에 의해서다…… [그런데] 인간의 권리에 의해서라면 황제의 권리에 의해서다. 왜 그런가? 하나님은 이 세상의 황제와 왕들을 통해 인류에게 그러한 인간의 권리를 나누어주셨기 때문이다.[56]

요지는, 황제 말고는 그 누구도 재산권을 지정할 권위를 갖지 않는다는 것이다. 여기서 아우구스티누스는 도나티스트들이 그 어디에도 자신의 주장을 호소할 권위가 없다는 것을 넌지시 암시하고 있는데, 왜냐하면 아우구스티누스에 의하면 황제의 권위는 하나님에게서 나온 것이고 모든 것들은 그러한 법들을 지정한 자에게 속해 있기 때문이다.

물론 아우구스티누스는 이자를 받지 말고 돈을 빌려줌으로써 부를 나누라고 가르쳤다. 그러나 가난한 자들이 자신들을 속박하고 있는 부자들의 강탈에 반기를 들고 그것을 무너뜨리고자 했을 때, 그는 그것이 중죄라고 생각했다. 아우구스티누스는 가난한 자나 부자나 그들이 입은 옷과 관계없이 평등하다고 설교했지만, 교양 있고 땅을 소유한 귀족들이 도나티스트들에 의해 가혹한 취급을 받자 국가가 무력을 통해 질서를 회복해줄 것을 요청했고, 가난한 자들은 그들이 행한 것과 똑같은 가

56 Gonzalez, *Ibid.*, p. 220에서 재인용.

혹한 취급을 받도록 만들었던 것이다.

* * *

정말이지 부와 가난의 문제는 이 땅에 그리스도의 교회가 시작된 이후 줄곧 교회를 괴롭혀온 곤혹스런 주제였다. 바로 이 '곤혹스러움'이 고전적인 기독교 전통의 바탕이 되었다고 추론할 정도로 그것은 매우 중요하고 힘든 주제였다.[57] 그리고 부와 가난에 대한 서구 교회의 근본적 입장의 형성에 아우구스티누스보다 지대한 영향을 미친 신학자는 없다. 아우구스티누스 이후 그리스도의 교회는 국가와 지주 및 전주들과 제휴하면서 점점 더 강력하고 '능률적'인 기관으로 변모해갔다. 하지만 그와 동시에 교회는 가난한 사람들에게 점점 더 이상하고 낯선 존재가 되어갔다.[58] 이러한 점에서 아우구스티누스는 확실히 고대 교회에서 중세 교회로의 실질적 전환을 이룬 사람이라고 말할 수 있을 것이다.

하지만 부와 가난이 하나님에 의해 만들어진 '자연적' 질서의 한 부분이 된 이상, 교회는 가난한 자와 부자 사이에 점점 더 벌어지는 격차에 대해 어떤 근본적이고도 지속적인 방법으로도 개입할 수 없게 되었다. 오히려 교회는 경제적 불평등이 너그럽게 용인되도록 도왔다. 부와 가난이 하나님에 의해 만들어진 자연적 질서의 한 부분이라는, 아우구스티누스가 남긴 이 불행한 신학적 유산 때문에 오늘날까지도 그리스도의 교회에서 부의 기원과 사용과 같은 문제는 신학의 본질적 문제로 간주되지 않는다. 오히려 교회는 그런 문제들을 변두리에 위치 지움으로써 간편하게 그 문제들을 피해갔다. 그리고 신학자들은, 곤잘레스가 예리하게 지적하는 것처럼, 그 문제를 (잘못된 의미로) '윤리'의 문제로

57 McGuckin, "The Vine and the Elm Tree," p. 14.

58 Mullin, *The Wealth of Christians*, p. 67.

규정함으로써 — 즉 '신학'과 별개의 문제인 것처럼 취급함으로써 — 그 문제를 살며시 피해갔다.[59] 우리는 참으로 아프리카 히포의 주교 아우구스티누스에게 많은 빚을 지고 있는 것이다.

만약 오늘날에도 신학은 가장 '영적인' 문제를 다루는 학문이고, 경제학은 가장 '물질적'인 문제를 다루는 학문이어서, 그 둘은 전적으로 무관한 것이라고 생각하는 사람이 있다면, 그는 성 아우구스티누스가 우리에게 전해준 '불행한' 신학적 유산을 너무도 아무 생각 없이 무비판적으로 받아들이는 것은 아닌지 냉철히 자신을 돌아보아야 한다.

59 Gonzalez, *Faith & Wealth*, pp. 230-231.

제2장

"가난한 자들은 항상 너희와 함께 있으리라"

세계화 시대, 남미 해방신학의 유산

> 오늘날의 세계 안에서 그리스도가 말씀하신 대로 굶주린 자를 먹이고, 헐벗은 자를 입히며, 병들고 옥에 갇힌 자를 돌볼 수 있는 길은 오직 한 가지뿐이다. 바로 그러한 일을 만들고 매일 증폭시키는 사회의 구조를 바꾸는 것, 즉 혁명이다.
>
> — 호세 미구에즈 보니노[1]

1989년 11월 9일 베를린 장벽이 붕괴했다. 그날 사람들은 사회주의가 죽었으니 해방신학도 함께 사망할 것을 예견했다. 하지만 1990년대 이후 이른바 '자본주의 승리의 시대'에 인류는 더욱 극심한 부의 편중과 가난의 확산 그리고 생태계의 파괴를 경험하고 있다. 과연 위르겐 몰트만(Jürgen Moltmann)이 "자본주의에 대한 첫 신학적 대안"[2]이라고 말한 남미의 해방신학은 오늘날 우리들에게 여전히 유효한가? 우리는 이 글에서 1960년대 후반 남미에서 시작하여 전 세계적으로 커다란 영향

1 Jose Miguez Bonino, *Doing Theology in a Revolutionary Situation* (Philadelphia: Fortress Press, 1974), p. 44.

2 Jürgen Moltmann, "Political Theology and Theology of Liberation," in *Liberating the Future: God, Mammon and Theology*, ed., Joerg Rieger (Minneapolis: Fortress Press, 1998), p. 61.

력을 미쳤으나, 1989년 베를린 장벽의 붕괴 이후 '대중성'을 상실한 남미 해방신학의 기원과 배경 및 핵심적 메시지를 되돌아보고, 그것의 현재적 의미를 고찰할 것이다. 필자는 이 글에서 남미 해방신학이 기독교를 마르크시즘의 하나로 변화시키려는 의도에 불과하다는 '우파적 편견'도, 혹은 그것이 이 세계의 혁명적 변화를 위한 실천적 이론이라는 '좌파적 환상'도 모두 거부하고, 주요 남미 해방신학자들의 핵심적 저술 속에 나타난 그들의 깊은 신학적 질문과 고뇌 그리고 신앙 고백들을 성찰할 것이다. 필자는 이 글에서 남미 해방신학의 핵심은 '사회주의에 대한 정치적 선택(political option for socialism)'이 아니라 '가난한 자들에 대한 신학적 선택(theological option for the poor)'이었기 때문에 오늘날과 같이 가난한 자들의 고난이 전 지구적으로 확산·심화되고 있는 신자유주의 경제 세계화 시대에도 여전히 유효한 유산임을 주장하게 될 것이다.

해방신학의 '해방'

해방신학의 기원은 대단히 '목회적'이며 동시에 '신학적'인 다음의 한 질문이다. "사랑이 거절된 상황 속에 사는 가난한 사람들에게 어떻게 하나님이 그들을 사랑한다고 말할 수 있는가?"[3] 하나님은 사랑이시다. 그런데 지금 사랑이 없어 굶어 죽어가는 사람들에게 어떻게 하나님이 사랑이라는 것을 말할 수 있는가? 유럽에서 교육받고 돌아온 남미의 신학자들이 자기 나라의 강단에 섰을 때, 그들은 유럽에서 배워온 신학이 자기의 상황에 잘 맞지 않음을 깨닫게 되었다. 그런데 왜 남미의 신

3 Gustavo Gutierrez, *A Theology of Liberation: History, Politics, and Salvation* (Maryknoll, New York: Orbis Books, 1973), p. xxxiv.

학자들은 자신들의 신학을 '사랑'의 신학이라 부르지 않고 굳이 '해방'의 신학이라 이름 붙였을까?

남미 해방신학은 1950-60년대 남미라고 하는 독특한 상황 속에서 탄생했다. 칠레의 신학자 구스타보 구티에레즈(Gustavo Gutierrez)의 증언대로, 1950년대의 남미는 "자족적 경제 개발의 가능성에 대한 낙관주의"가 팽배하던 시기였다.[4] 하지만 1968년 남미의 가톨릭 주교들이 메데인(Medellin)에서 모임을 가질 때가 되면 근 20년에 걸친 남미의 경제 개발 계획들이 실패로 판명되기 시작한다. 자본주의적 발전 정책들은 기대했던 결과를 가져오지 않았다. 그것은 실망을 넘어 깊은 불신과 비관주의를 팽배하게 만들었다. 호세 미구에즈 보니노(Jose Miguez Bonino)는 이때 남미가 북미에 '종속'되어 있다는 기초적인 사실을 발견하게 되었다고 말한다.[5] 즉, 약 20년 간에 걸친 '자본주의적 개발주의(*desarrollismo*)'를 실험한 이후, 남미인들은 "개발의 종착역이 저개발이며", "자본주의 경제의 역학은 중심부와 주변부를 창출하고", "남미는 애초부터 (북미에) 구조적으로 종속되어 있었다"는 사실을 깨닫게 된 것이다.[6] 이것은 매우 충격적인 발견이었다. 우리는 여기서 '종속 이론'이 남미 해방신학의 태동에 매우 중요한 역할을 했다는 점을 인식해야 한다.[7] 물론 이 말은 남미의 해방신학자 모두가 똑같이 자본주의 중심부

4 Gutierrez, *Ibid.*, 49. UN은 1950년에 남미에 대한 '제1차 10개년 발전 계획'을 발표했다. 그리고 이에 뒤이어 케네디는 1961년에 북미와 남미 사이에 '진보를 위한 동맹(Alliance for Progress)'을 발족시켰다.

5 Jose Miguez Bonino, *Doing Theology in a Revolutionary Situation*, pp. 14-15. 그에 의하면, "스페인으로부터의 정치적 해방은 오직 앵글로 색슨의 식민지, 신식민지로의 이전을 의미했다."

6 Gutierrez, *A Theology of Liberation*, pp. 51-54.

7 종속 이론은 신고전주의 경제 이론의 국제 경제 관계론에 대한 비판으로, 또한 전통적인 근대화 모델에 대한 반발로 발전된 이론이다. 레닌의 제국주의론이 이 종속 이

로부터의 혁명적인 방법을 통한 탈출을 희망했다는 것을 의미하지는 않는다.[8] 하지만 종속 이론은 왜 남미의 단 한 국가도 그렇게 오랜 노력에도 불구하고 자본주의 개발의 사다리를 오르는 데 성공하지 못했는가를 설명해주는 강력하고 호소력 있는 도구로 자리 잡게 되었다.

만약 자본주의적 경제 발전이 오직 북미에 대한 구조적 종속만을 심화시킬 뿐이라면 과연 남미의 선택은 무엇이어야 하는가? 미구에즈 보니노에 따르면, "오늘날 주린 자를 먹이고, 헐벗은 자를 입히며, 병든 자와 옥에 갇힌 자를 돌보는 유일한 방법은 혁명뿐" 이다.[9] 구티에레즈에 의하면 그것은 곧 "기존 질서로부터의 근본적인 단절, 곧 사유 재산 제도의 근본적 변혁과 사회혁명" 뿐이다.[10] 그리고 바로 "이런 점에서 '해방'을 이야기하는 것이 보다 더 적절한데, 왜냐하면 이 용어는 '개발' 혹

론의 형성에 큰 영향을 미쳤다. 남미에서는 종속의 외적 요소를 강조하는 프랑크(Andre Gunder Frank)의 보다 강경하고 단순한 이론과, 내적 즉 국내 계급적 요소를 강조하는 카르도소(Fernando Henrique Cardoso)의 이론이 서로 대립했다. 유명한 프랑크의 종속 이론에 관해서는 Frank, *Capitalism and Underdevelopment in Latin America*(1967)를 참조하라.

8 미구에즈 보니노는 종속 이론 중 프랑크의 모델을 따라 남미의 저개발은 "북미 개발의 이면" 이며 북미의 발전은 남미와 제3세계의 저개발을 전제로 하고 있다고 말한다. (Miguez Bonino, *Doing Theology in a Revolutionary Situation*, pp. 14-16.) 하지만 호세 콤블린은 종속 이론이 "해방을 생각하는 가장 쉬운 길" 이라고 비판하는데, 그 이유는 중심부로부터의 탈출이 남미에 자치는 주겠지만 기술발달 이전의 시대로 돌아가게 할 것이기 때문이다. (Jose Comblin, "Freedom and Liberation as Theological Concepts," in *Concilium* [1974], pp. 101-103.) 레오나르도 보프는 미국에 대한 캐나다의 종속과 같은 모델이 그가 속한 브라질이 따를 수 있는 실용적이며 실행 가능한 길이라고 보았다. 구티에레즈는 카르도소의 모델을 따라 외세에 의한 종속보다는 국내 계급적 지배를 더 강조했다. (Gutierrez, "Liberation Praxis and Christian Faith," in *Frontiers of Theology in Latin America*, ed., Rosino Gibellini [Maryknoll, New York: Orbis Books, 1979], p. 17.)

9 Miguez Bonino, *Doing Theology in a Revolutionary Situation*, p. 44.

10 Gutierrez, *A Theology of Liberation*, pp. 16-17.

은 '발전'이라는 용어가 주지 못하는 메시지, 즉 (남미에) 무언가 근본적인 변화가 필요하다는 메시지를 아주 명확하게 전달해주기 때문"이다.[11] 이렇듯 남미 해방신학에서 '해방'이라는 단어는 남미가 북미와 서유럽의 종속으로부터 벗어나지 못한다면 진정한 발전을 이룰 수 없다는 확신에서 매우 의식적으로 선택된 용어라 할 수 있다. 다시 말해서, 남미 해방신학에서의 '해방'은 남미의 국가들이 세계 자본주의 체제에서 주변부에 속하며, 그 안에 머물러 있는 한 아무런 희망도 없다는 시대적 인식과 합의에 의해 의식적으로 사용된 것이었다. 물론 남미 해방신학자들은 '완전한 해방'이 궁극적으로는 "그리스도의 자유로운 선물"이라고 주장했고, 나아가 기독교 복음의 메시지를 단순한 혁명 이데올로기로 축소시키는 것에 철저히 반대했지만, 남미 해방신학에서의 '해방'은 원래 '사회적 해방' 즉 '가난한 자들의 물질적 해방'을 의미한다.[12] 가난한 자들을 해방하시는 하나님에 대한 성서적 성찰과 고백은 늘 있었지만, 해방신학의 '해방'이라는 용어는 특별히 수탈적인 세계 자본주의 체제에 대한 종속성으로부터의 사회적 · 경제적 · 정치적 출애굽을 강조하는 용어였던 것이다.

그런데 이처럼 남미 해방신학이 종속 이론과 더 깊은 연관성이 있음에도 불구하고, 왜 남미 해방신학에 대한 비판가들은 남미 해방신학의

11 Gutierrez, *Ibid.*, pp. 24-25. 여기서 구티에레즈는 또한 '해방'이라는 단어가 '개발' 혹은 '발전'보다도 성서에서 예수 그리스도가 우리에게 주시는 것('죄에서의 해방')을 더 잘 표현해주기 때문에 해방이라는 용어를 선호하게 되었음을 밝힌다.

12 Gutierrez, *Ibid.*, pp. 24, 271. 보프 형제는 심지어 "해방신학의 핵심은 신학이 아니라 해방"이라고까지 말한다. (Leonardo and Clodovis Boff, *Introducing Liberation Theology* [Maryknoll, New York: Orbis Books, 1988], p. 9; Clodovis Boff, "Methodology of the Theology of Liberation," in *Systematic Theology: Perspectives from Liberation Theology* eds., Jon Sobrino and Ignacio Ellacuria [Maryknoll, New York: Orbis Books, 1993], pp. 4, 6, 11.)

마르크시즘 사용에 그들의 비판을 집중했는가?[13] 흥미로운 점은, 우리가 남미 해방신학의 저서들을 하나하나 깊이 읽다 보면 우리는 그 안에 마르크스주의적 사회 분석의 '과다'에 놀라는 것이 아니라 도리어 그것의 '부재'에 놀라게 된다는 사실이다. "해방신학이 가장 빚지고 있고 또 해방신학과 가장 가까운 신학자"로 불리는 몰트만은,[14] 남미 해방신학자들은 마르크스로부터 아주 소수의 기본 개념만 빌려갔고, 그것도 아주 표피적으로 사용했다고 비판한다.[15] 흥미롭게도 알리스테어 키

13 남미 해방신학에 대한 대표적 비판가들로는 남미의 알폰소 트루히요(Alfonso Lopez Trujillo) 주교, 로저 베케만스(Roger Vekemans, S.J.), 보나벤투어 클로펜버그(Bonaventure Kloppenburg)와 유럽의 조세프 라트징어(Joseph Ratzinger) 주교(이 사람이 바로 교황 요한 바오로 2세를 이어 새로운 교황이 된 베네딕트 16세이다), 그리고 북미의 리처드 느하우스(Richard Neuhaus), 마이클 노박(Michael Novak), 데니스 맥캔(Dennis P. McCann) 등이 있다. 이들의 비판의 요지는 (1) 해방신학이 실천(praxis)을 진리의 규범으로 삼으며, (2) 인간 개발을 사회적 · 정치적 변화로 국한시키고, (3) 오직 한 역사만을 이야기함으로써 구속사(salvation history)를 일반사로 축소시키며, (4) 신앙을 정치로 축소시키고, (5) 하나님의 나라를 인간의 진보와 해방운동과 동일시하며, (6) 개인의 죄를 부인하고 구조적 죄만 강조하고, (7) 성서가 말하는 가난한 자를 사회 · 정치적 계급과 동일시한다는 점 등이다. (Arthur F. McGovern, *Liberation Theology and Its Critics: Toward an Assessment* [Maryknoll, New York: Orbis Books, 1989], pp. 99-101에서 정리함.) 구체적으로 노박은 남미 해방신학이 "기독교를 마르크시즘의 하나로 변화시키려는 의도"라고 비판한다. (Michael Novak, *Will It Liberate?* [New York: Paulist Press, 1986], p. 273.) 맥캔도 해방신학의 '가난한 자에 대한 선택'을 완전히 거부하지는 않지만, 해방신학이 마르크스주의 분석을 사용함으로써 성서를 환원주의적으로 읽게 하고, 현대 계급투쟁을 합법화하며, 또 복음을 정치화한다는 이유에서 해방신학을 거부한다. (McCann, "Option for the Poor: Rethinking a Catholic Tradition," in *The Preferential Option for the Poor*, ed., Richard J. Neuhaus [Grand Rapids, Michigan: William B. Eerdmans Publishing Co., 1988], p. 39.)

14 Miguez Bonino, *Doing Theology in a Revolutionary Situation*, p. 144; Moltmann, "Political Theology and Theology of Liberation," p. 60.

15 Moltmann, "An Open Letter to Jose Miguez Bonino," in *Liberation Theology: A*

(Alistair Kee)나 알프레도 피에로(Alfredo Fierro)와 같은 좌파 이론가들이 볼 때 남미 해방신학의 문제점은 마르크스주의적 방법론 사용이 "너무 적다"는 것이다.[16] 때문에 '정통 마르크스주의자'를 자처하는 키는 남미 해방신학이 겉으로는 진보적이고 좌파적이나 "장기적으로는 진정한 혁명의 전략적 적대자"라고 단정한다. 실제로 남미 해방신학의 고전(古典)으로 간주되는 구티에레즈의 『해방신학(*A Theology of Liberation*)』을 분석해보면 마르크스주의적 사회 분석의 내용은 극히 일부분이고 나머지 대부분은 성서적 · 신학적 성찰에 할애되고 있다.[17] 혼 소브리노(Jon Sobrino)의 책 안에는 마르크스주의 이야기가 한 줄도 안 나온다. 호세 콤블린(Jose Comblin)에 가면 오히려 마르크스주의에 대한 강력한 비판과 만나게 되는데, 그는 마르크스주의를 "국가안보 이데올로기와 동일한 반민주적 이데올로기"라고 맹공을 퍼붓는다.[18] 유일하게 프란츠 힌켈라메르트(Franz J. Hinkelammert)에 가서야 우리는 마르크스주의 방법론을 가지고 자본주의의 물신성을 비판하는 제대로 된 연구를 만나게 된다.[19] 그렇다면, 콤블린의 말대로, 남미 해방신학자들이 마

Documentary History (Maryknoll, New York: Orbis Books, 1990), p. 199.

16 '전통' 마르크스주의자인 키는 남미 해방신학이 "충분히 마르크스적이지 않으며" 특별히 종교에 대한 마르크스의 비판에 귀를 기울이지 않는다고 비판한다. (Alistair Kee, *Marx and the Failure of Liberation Theology* [Philadelphia: Trinity Press International, 1990], *passim.*) 피에로는 구티에레즈 신학을 논하면서 그의 신학이 "사회적 진보주의와 신학적 보수주의의 결합"이라고 비판한다. (Robert McAfee Brown, *Theology in a New Key: Responding to Liberation Themes* [Philadelphia: The Westminster Press, 1978], pp. 121-123에서 재인용.)

17 총 13장 가운데 제2장과 6장만 그 내용을 담고 있으며, 이것의 분량은 전체 170페이지 중 약 20페이지뿐이다.

18 Comblin, *The Church and the National Security State*, pp. 140-142, 220.

19 Franz Hinkelammert, *The Ideological Weapons of Death: A Theological Critique of Capitalism* (Maryknoll, New York: Orbis Books, 1977)을 참조하라.

르크시즘으로부터 빌려간 것은 "그것의 자본주의에 대한 비판이며, 누구라도 마르크스주의자가 되지 않고도 그렇게 할 수 있었다" 고 말할 수 있지 않을까.[20] 해방신학자들은 마르크스의 아이디어를 사용했는데, 그 이유는 그것이 '자본주의에 대한 가장 분명한 비판의 도구' 였기 때문이며, 그들은 마르크스주의의 무신론이나 철학적 유물론에 빠지지 않고도 그것을 사용할 수 있었다고 믿었던 것이다. 그런데도 왜 비판가들은 남미 해방신학이 마르크스주의 신학이라고 비판하고, 대중적으로도 그렇게 알려졌는가? 보프는 이렇게 말한다.

> 그들은 해방신학의 가난한 자들에 대한 선택이 기독교 신앙의 중심에서, 즉 성서의 하나님에 대한 핵심적 가르침에서 나온 것이라는 것을 인정하고 싶지 않았을 것이다. 그들은 그것이 좌파 이데올로기나 마르크시즘에서 나온 것이라고 주장하고 싶었을 것이다.[21]

하지만 남미의 해방신학자들이 실제 마르크스주의적 사회주의를 선호하고 그것을 역사적 대안으로 선택한 것은 사실이 아닌가? 필자의 연구에 의하면, 남미 해방신학자들의 사회주의에 대한 '정치적 선택' 은 기존의 질서에 대한 "저항의 수사학" 일 뿐 그 실제 내용은 공허하다.[22] 구

20 Comblin, *Called for Freedom: The Changing Context of Liberation Theology* (Maryknoll, New York: Orbis Books, 1998), p. 214.

21 Leonardo Boff, *Ecology and Liberation* (Maryknoll, New York: Orbis Books, 1995), p. 99. 이에 더하여 맥가번은 종속 이론이 실제로 정당의 건설이나 대중적 운동으로 나아가지는 않는 반면, 마르크스주의는 변화를 위한 구체적인 전략과 전술 그리고 운동에 연결되기 때문에 비판가들이 이를 예민하게 받아들였을 수 있다고 설명한다. (McGovern, *Liberation Theology and Its Critics*, pp. 99-101.)

22 존 캅 역시 남미 해방신학자들이 마르크스주의를 "주요 대화 파트너" 로 삼고 기독교를 마르크스주의 쪽에 위치지운 것은 그것이 "기존의 [자본주의] 질서에 반하기 때

티에레즈나 미구에즈 보니노와 같은 일부의 해방신학자들이 사회주의를 대안으로 생각한 것은 분명한 사실이지만, 그 이유는 그들이 자본주의가 스스로 개혁될 수 있는 가능성이 없다고 보았기 때문이다.[23] 하지만 남미의 모든 해방신학자들이 다 같이 사회주의를 지지한 것은 아니었다. 콤블린은 사회주의를 "기술적 진보를 가로막는 지배 체제"라 비판했다.[24] 보프 형제는 비록 자본주의가 "최대의 악이며, 대중의 가난과 굶주림과 질병과 죽음과 같은 열매를 맺는 썩은 뿌리"이고 또 "도덕적인 시장 제도를 만드는 것은 기독교인 창녀를 만드는 것과 똑같이 불가능한 것"일지라도, 그것에 대한 대안은 "자본주의와 동시에 사회주의를 넘어서는 어떤 것"이어야 한다고 주장했다.[25] 더욱 중요한 것은 사회주의를 자본주의의 대안으로 말한 미구에즈 보니노나 구티에레즈와 같은 해방신학자들도 그들이 의미한 사회주의는 언제나 동유럽에 존재하고 있던 그런 현실 사회주의가 아니라 언제나 어떤 토착적이고 자주적인 '남미식' 사회주의였던 것이다.[26]

문"이라고 인정한다. (John B. Cobb, Jr., "Liberation Theology and the Global Economy," in *Liberating the Future: God, Mammon and Theology*, p. 34.)

23 예를 들어 미구에즈 보니노는 사회주의를 유일한 실제적 대안이라고 보았는데, 왜냐하면 "자본주의는 결코 개혁될 수 없기 때문이다." (Miguez Bonino, *Doing Theology in a Revolutionary Situation*, p. 52). 구티에레즈도 "개혁이 아니라 혁명, 발전이 아니라 해방, 근대화가 아니라 사회주의"를 말했는데 이도 같은 이유에서다. 만약 자본주의가 개혁되어 가난한 사람들의 생존을 위한 기본적인 필요를 충족시켜줄 수 없다면, 당시의 상황에서는 사회주의가 유일한 실제적 대안이 되는 것이다. (Gutierrez, *The Power of the Poor in History: Selected Writings* [Maryknoll, New York: Orbis Books, 1983], p. 45.)

24 우고 아스만(Hugo Assmann)은 '자본주의 대 사회주의'라는 이분법은 남미 신학의 '원죄'라고까지 말한다. (Michael Novak, ed., *Liberation Theology and the Liberal Society* [Washington D.C.: American Enterprise Institute for Public Policy Research, 1987], pp. 59-60을 참조하라.)

25 Leonardo and Clodovis Boff, *Introducing Liberation Theology*, p. 93.

남미의 해방신학에 있어서 사회주의에 대한 정치적 선택이 그리 중요한 것이 아니었다는 필자의 주장의 또 다른 근거는, 해방신학자들이 사회주의를 말할 때 그것이 구체적으로 어떤 체제를 말하는 것인지 상세히 설명하지도 또 설명하려 노력하지도 않았다는 사실이다. 사회주의에 대한 남미 해방신학자들의 개념 정의는 아주 단순하다. "생산 수단의 사적 소유의 제거", 이것이 전부다. 하지만 이것은 경제학적으로 수없이 많은 다른 어떤 체제를 의미할 수 있다.[27] 때문에 좌파와 우파를 막론하고 남미 해방신학에 봇물처럼 쏟아진 비판은 그들이 말하는 사회주의가 "구체적이지 않고", "모호하며", "잘해봐야 표피적" 이라는 것이었다.[28] 뜻밖에도 이 점에 관한 가장 강력한 비판가는 다름 아닌 몰트만인

26 사회주의 혁명을 이야기한 구티에레즈가 그 예다. 그는 페루의 전설적인 인물인 호세 마리아테기(Jose Carlos Mariategui)의 영향을 많이 받았는데, 마리아테기는 유럽 마르크스 정당들의 무신론과 과학적 도그마주의를 거부한 마르크스주의 이론가다. 그는 남미에서 기독교와 마르크스주의 간의 대화를 주도한 사람이며 1920년대에 '페루 공산당'을 창당하는 데 중심적 역할을 했다. 이 마리아테기를 따라 구티에레즈는 언제나 '사회주의로 가는 토착적 길' 혹은 '인도-아메리카(Indo-American) 사회주의'를 주장하곤 했다. (Gutierrez, *A Theology of Liberation*, pp. 54-57; McGovern, *Liberation Theology and Its Critics*, p. 149; Gary Dorrien, *Reconstructing the Common Good: Theology and the Social Order* [Maryknoll, New York: Orbis Books, 1990], p. 104를 참조하라.)

27 게리 도리언(Gery Dorrien)이 지적하듯이 사회주의에 대한 그와 같은 정의는 대기업과 소기업 사이의 가장 기본적인, 나아가 경제적 사회화의 다양한 형태 간의 차이를 무시하는 것이다. (Dorrien, *Reconstructing the Common Good*, pp. 110-113). 해방신학자 후안 루이스 세군도(Juan Luis Segundo)는 이렇듯 사회주의에 대한 구체적 모델을 제시하지 않는 (혹은 못하는) 이유가 "미래를 예측하거나 통제할 수 없기 때문" 이라고 강변하나 이는 문제의 핵심을 피해간 것으로 보인다.

28 남미 해방신학에 우호적인 도리언은 이 때문에 남미 해방신학이 말하는 사회주의가 사실상 '관료적 권위주의', '국가 집체주의', 혹은 '집단적 노예로의 길'을 의미할 수도 있다고 비판한다. 남미 해방신학에 비판적인 노박은, 남미 해방신학에서 사회주의란 말은 "최고의 이상향" 을 가리키는 것이며 자본주의는 이와 정반대로 "최고의 이

데, 그는 과연 이제까지 남미에 토착적인 사회주의의 길이 단 한번이라도 존재한 적이 있었는지, 나아가 남미 해방신학자들은 사회 변혁의 '필요성'에만 급급한 나머지 그것의 실제적 '가능성'을 너무 안이하게 판단하고 있는 것은 아닌지 강력히 비판했다.[29]

이러한 점들을 모두 고려할 때 우리는 남미의 해방신학자들에게 있어서 사회주의란, 콤블린이 말하는 것처럼, "구체적인 내용이 없는 하나의 유토피아"에 불과했다고 결론내릴 수 있다.[30] 그것은 어떤 경제적 전략도, 구체적인 사회적 프로그램도 아니었다. 그것은, 보프나 미구에즈 보니노의 말처럼, "공동의 선을 이룰 수 있는 어떤 정치적 제도" 혹은 "인류의 역사에서 '신인간(新人間, *hombre nuevo*)'이 탄생하는 거대한 역사적 프로젝트"의 다른 말에 불과했다.[31] 말하자면 그것은 기존질서에 대한 부정과 부인을 핵으로 하는 일종의 '저항의 수사학' 혹은 '기

상향의 부재"를 가리키는 것으로, 이는 자본주의에 대한 "제국주의적 개념 정의"라고 비판한다. (Novak, *Will It Liberate?*, p. 172.)

29 Moltmann, "An Open Letter to Jose Miguez Bonino," pp. 199-202. 몰트만은 정치적 자유와 민주주의를 강조하는 민주적 사회주의자다. 그는 이 두 가지를 의식적으로 강조하지 않는 남미 해방신학자들을 위험하게 보았다. 하지만 이와 달리 구티에레즈는 정치적 자유와 민주주의를 강조하는 전통이 서구 자유주의의 전통일 뿐이고, 이것이 지난 200년 동안 자유의 이름으로 약탈적인 자본주의를 전 세계에 확장시켜나갔기 때문에 이를 비판할 수밖에 없다고 말한다. 그는 '민주적'이라는 수사도 종종 경제적 수탈과 심지어 군사적 개입을 정당화하는 수사로 사용되는 점을 상기시킨다. 때문에 구티에레즈에게 중요한 것은 부르주아 정치학의 개혁주의적 수사학으로부터의 결연하고 완전한 분리인 것이다. (Dorrien, *Reconstructing the Common Good*, pp. 108-109에서 재인용.)

30 Comblin, *Called for Freedom*, pp. 99, 112-113, 207.

31 Leonardo Boff, "Salvation and Liberation," in *Concilium* (1974), pp. 88-90; Segundo, "Capitalism-Socialism: A Theological Crux," in *Ibid.*, p. 115; Miguez Bonino, "Love and Social Transformation in Liberation Theology," in *The Future of Liberation Theology: Essays in Honor of Gustavo Gutierrez*, eds., Marc H. Ellic and Otto Maduro (Maryknoll, New York: Orbis Books, 1989), p. 124.

독교적 이상주의의 수사학'이라고 말할 수 있는 것이다. '기독교적 이상주의(Christian Idealism)'란, 루벰 알베스(Rubem A. Alves)의 정의에 따르면, "하나의 완벽한 사회의 가능성에 대한 믿음(a belief in the possibility of a perfect society)"이 아니라 "지금의 불완전한 질서가 반드시 숙명적일 필요는 없다는 믿음(the belief in the non-necessity of this imperfect order)"이다.[32] 남미 해방신학자들에게 사회주의란 "무언가 새로운" 그리고 "무언가 남미에 적합한" 어떤 막연한 것을 의미했다. 그것은 그것이 '무엇인가'보다 그것이 '무엇이 아닌가'에 의해 정의되었다. 그것은 현재의 질서에 대한 '확고한 종말론적 부정'이었다. 사실 남미 해방신학의 기본적인 방법론에 비추어볼 때도 남미 해방신학자들이 사회주의에 대한 구체적 이론 제시에 관심을 기울이지 않은 것은 어쩌면 매우 자연스런 일인지도 모른다. 구티에레즈에 의하면 남미 해방신학의 기본 과제는 "사회주의 이론을 제시하는 것이 아니라, 믿음의 눈으로 현재 역사 안에서 벌어지고 있는 해방을 향한 실천의 의미를 성찰하는 것"이다.[33] 보프는 다음과 같이 남미 해방신학에서 사회주의에 대한 정치적 선택이 실제로 무엇을 의미했는지를 우리에게 잘 말해준다.

> 해방신학이 사회주의에 관심을 가졌던 이유는 사회주의가 자본주의에 대한 역사적 대안의 하나가 될 수 있다고 보았기 때문이다…… 하지만 구체적으로 따라야 할 모델로서 사회주의가 제시된 적은 없었다…… 사회주의는 순전히 하나의 역사적 참고 사항이었을 뿐, 해방신학의 진정한 뿌리는 다른 곳에 놓여 있었다.[34]

32 Rubem A. Alves, "Christian Realism: Ideology of the Establishment," in *Christianity and Crisis*, September 17, 1993, p. 175.

33 Gutierrez, *The Power of the Poor in History*, p. 101.

이 '다른 곳'이 바로 남미 해방신학의 '신학'이라고 필자는 생각한다. 그리고 이 '신학'을 바로 이해하지 않고서는 누구도 남미 해방신학을 제대로 이해했다고 말할 수 없을 것이라고 필자는 믿는다.

해방신학의 '신학'

남미 해방신학을 기존의 정통신학과 구분 짓는 특징은 여러 가지가 있다.[35] 하지만 필자는 여기서 그것을 세 가지로 요약해보려 한다. 첫째로, 구티에레즈가 말하다시피, 해방신학은 기독교 신학에 어떤 새로운 주제를 도입했다기보다는 신학을 하는 '새로운 방법론'을 소개했다. 다른 모든 신학과 마찬가지로 해방신학 역시 신학의 모든 주제들, 예를 들어 하나님, 삼위일체, 그리스도, 성령, 은혜, 죄, 교회 등에 관해 이야기한다. 하지만 해방신학이 다른 모든 신학과 구별되는 독창성은 이 모든 주제들을 가난하고 억압된 사람들의 관점에서 이야기한다는 점이다.[36] 즉 구티에레즈의 말대로, 이 세계를 '가난한 자', '역사의 패배자', 혹은 '역사의 하부(underside of history)'의 눈으로 보고 이야기한다는 점이다.[37] 바로 이 '가난한 자에 대한 우선적 선택(preferential option for

34 Boff, *Ecology and Liberation*, pp. 96-98.

35 로버트 브라운은 기존의 전통적 신학과 남미 해방신학의 차이점이, (1) 다른 출발점: 가난한 자, (2) 다른 매개점: 비인간(non-person), (3) 다른 도구: 사회과학, (4) 다른 분석: 갈등의 현실, (5) 다른 방식의 개입: 실천(praxis), 그리고 (6) 다른 신학: 후속 행동(second act)이라고 정리한다. (Robert MacAfee Brown, *Theology in a New Key* [Philadelphia: The Westminster Press, 1978], pp. 60-74.)

36 Boff, "The Originality of the Theology of Liberation," in *The Future of Liberation Theology*, pp. 41-43.

37 Alfred T. Hennelly, *Liberation Theology: A Documentary History* (Maryknoll, New York: Orbis, 1990), p. xvi에서 재인용.

the poor)'이라는 신학적 방법론이 남미 해방신학의 가장 중요한 특징이다. 사실 그렇기 때문에 가난한 자들의 문제를 직시하지 않고, 또 가난한 사람들이 겪는 고통을 이해하지 못하면서 해방신학을 논한다는 것 자체는 어불성설이다.

둘째로, 남미의 해방신학은 '강한 성서적 색채'를 띠고 있다. 놀랍게도 이 점을 남미 해방신학에 대한 열정적인 옹호자나 냉소적인 비판자 모두가 자주 놓치곤 하는데, 남미의 해방신학은 그것에 대한 반발로 일어나 북미의 신보수주의 신학이나 오늘날의 생태신학과 비교할 때 대단히 '성경적'이다.[38] 해방신학은 한마디로 인간의 고난과 억압의 한가운데에 함께 하시며 역사하시는 하나님에 관해 이야기하는 방법을 찾으려는 시도다. 보프 형제의 말을 빌리면, "[정치경제적] 억압이라는 상황 속에서 기독교 신앙이 무엇을 의미하는지 성찰하려는 것"이 바로 해방신학이다.[39] 달리 말하면, 인간에 대한 억압과 또한 그로부터 해방의 과정을 "성서 안에서 구체적으로 발견되는 신앙의 눈으로" 보려고 한 것이 해방신학인데,[40] 해방신학자들에게 있어서 '신앙의 눈'이란 언제나 '하나님의 말씀의 시각' 즉 성서적 관점과 동의어였다. 성서에 계시된 하나님이 '가난한 자들의 하나님(God of the poor)'이라는 사실은 해방신학자들에게 있어서 한마디로 기독교 신앙의 근본적인 논거였다. 그래서

38 실제로 남미 해방신학의 강력한 반대자인 북미 신보수주의 신학자 마이클 노박은 오래 전에 쓰인 성서의 정치경제학을 현대 사회에 적용하는 것은 '성서적 근본주의(biblical fundamentalism)'의 하나며, 하나님은 성서 밖에 일반 계시로도 존재하고, 아무도 성서에서 한 가지의 특정한 정치경제 체제를 유추해낼 수 없다고 주장한다. (Novak, *The Spirit of Democratic Capitalism* [New York: A Touchstone Book, 1992], p. 21; Novak, "Political Economy in Our Time," in *Three In One: Essays on Democratic Capitalism, 1976-2000* [New York: Rowman & Littlefield Publishers, Inc., 2001], p. 182.)

39 Leonardo and Clodovis Boff, *Introducing Liberation Theology*, p. 3.

40 Clodovis Boff, "Methodology of the Theology of Liberation," p. 15.

구티에레즈는, "우리가 성서를 통해 알게 된 하나님은 해방의 하나님이시며, 그 하나님은 불의한 구조를 부수기 위해 역사에 개입하시는 분이다"라고 확언한다.[41] 실제로 성서의 수많은 곳에서 우리는 하나님이 가난한 자들의 하나님이며, 이스라엘은 과부나 고아나 나그네에게 특별한 책임을 가지고 있고, 권세자들은 부와 권력을 오용하지 말아야 한다는 것을 경고하는 예언자들의 목소리를 들을 수 있다. 사실 하나님은 가난한 사람들이 단지 가난하다는 이유만으로 그들에게 특별한 관심을 쏟으신다는 성서의 시각은 다른 모든 종교의 가르침과 비교할 때 독특하고 유일한 것이다.[42] '가난한 자들에 대한 우선적 선택'은 일부 급진적 경제학자들의 주장이 아니라 성서의 중심적 메시지인 것이다.

셋째로, 이러한 신학적 방법론과 성서적 논거를 가지고 남미 해방신학자들이 탐구하려 했던 핵심적 주제는 이 '지상에서의 해방(earthly liberation)'과 '하늘에서의 구원(heavenly salvation)' 사이의 연관성이다. 해방신학에서 가난한 자들의 하나님은 곧 역사의 하나님이며, 역사는 하나님의 활동의 무대이자 길이다. 그런데 여기서 중요한 것은 남미의 해방신학자들이 인간의 해방을 어떤 우연하고 일시적인 사건으로서가 아니라 하나의 역사적 필연으로 이해하고 있었다는 점이다. 남미 해방신학자들에게 '해방'은 언제나 사회적 · 경제적 · 정치적인 것을 넘어서는 어떤 것이었다.[43] 그리고 역사는 "자유의 정복으로서의 역사

41 Gutierrez, *A Theology of Liberation*, p. 116.

42 스리랑카의 신학자 알로이시우스 피에리스가 지적하다시피 하나님과 맘몬 사이의 화해할 수 없는 적대 관계에 대한 가르침은 기독교뿐만 아니라 다른 모든 종교에서도 찾아볼 수 있는 것이지만, "하나님과 가난한 자들 사이의 돌이킬 수 없는 계약 관계"를 가르치는 것은 오직 기독교의 성서뿐이다. (Aloysius Pieris, "Monastic Poverty in the Asian Context," in *Love Meets Wisdom: A Christian Experience of Buddhism* [New Delhi: Intercultural Publications, 1988], p. 90.)

43 구티에레즈에 의하면, "우리 대륙에서의 해방은 경제적 · 사회적 · 정치적 종속을 극

(history as conquest of freedom)" 였다.[44] 이 말은 해방신학자들이 해방을 단순히 경제적 · 사회적 · 정치적 종속 관계에서 벗어나는 일시적이고 우연한 정치적 사건으로서가 아니라 인류의 역사 안에서 인간의 자유가 확대되어 "인류가 자기를 실현하는 과정(the becoming of humankind)" 으로 이해했다는 것을 의미한다. 독자들이 이미 간파했다시피, 이러한 역사관은 데카르트와 칸트와 헤겔을 거쳐 완성된 19세기 유럽의 역사철학이다.[45] 말하자면 남미 해방신학은 철학적으로 역사를 자유의 정복으로 보는 헤겔의 역사철학(이것은 역사의 주체로서의 인간의 창조성을 강조한다)과 유대-기독교 전통에서 온 유신론적 해석학(이것은 역사를 신의 활동의 현장이자 신에 이르는 길로 강조한다), 이 둘 사이의 변증법적 결합이라고 말할 수 있다.

그렇다면 이제 이런 질문이 제기된다. 만약 역사가 자유를 향한 정복의 과정이라면, 그리고 하나님은 역사를 통해 활동하시고 구속하신다면, 도대체 '자유의 정복'으로서의 역사와 역사 안에서의 '하나님의 현

복하는 것 이상을 의미하는데, 역사 속에서 인간 해방의 과정은 인류가 자기됨(the becoming of humankind)을 실현하는 것을 의미한다." 그는 역사의 목표가 단지 "보다 나은 삶의 조건의 창출이나 급진적인 사회 혁명"이 아니라 "인간이 되는 새로운 길의 지속적인 창출, 또는 영구적 문화 혁명, 혹은 새로운 인간됨의 건설"로 보았다. (Gutierrez, *A Theology of Liberation*, pp. 17-19, 21-22, 24-25, 56.)

44 구티에레즈는 상당 부분 인간의 역사를 '자아해방(self-liberation)'의 과정으로 이해하고 있다. 미구에즈 보니노도 같은 주장을 한다. "해방은 현재의 체제에 의해 왜곡된 개인주의적 인간이 연대와 창조성을 가진 '새로운 인간(*hombre nuevo*)'으로 형성되는 과정을 의미한다." (Miguez Bonino, *Doing Theology in a Revolutionary Situation*, p. 40.)

45 헤겔의 『역사철학(*Philosophy of History*)』(1837)을 보면 "세계의 역사는 자유 의식의 진보 과정 외에 다름 아니며 자유는 역사의 절대적 목표"다. (G.W.F. Hegel, *The Philosophy of History* [New York: Dover Publications, 1956], p. 225.) 이러한 19세기 역사철학에 기초하여 해방신학자들은 가난한 사람들을 집단적이고 주체적인 역사의 활동 주체로 보았던 것이다.

현' 사이에는 어떤 관계가 존재하는가? 구티에레즈는 이 질문을 이렇게 묻는다. "문제가 단순히 이 지상에서의 행동을 아는 것이 아니라 인간해방의 의미를 신앙의 관점에서 이해하는 것이라면" 그리고 "기독교 신학은 현재의 시대적 징조인 인간의 해방에 직면하여 그것의 의미를 성찰하는 것이라면" 과연 "하나님의 나라와 인간의 해방 사이에는 어떤 관계가 존재하는가?"[46] 이것이 바로 구티에레즈에게 있어서 핵심적이고도 최종적인 신학적 질문이었다. 그러니까 콤블린의 증언대로 남미 해방신학의 핵심적 주제는 그 시작부터 "일시적인 해방과 영원한 구원 사이의, 그리고 하늘에서의 구원과 땅 위에서의 해방 사이의 관계를 어떻게 연결하느냐" 하는 것이었다.[47] 남미 해방신학에 비판적인 북미의 신보수주의 신학자 데니스 맥캔(Dennis P. McCann)은 남미 해방신학 안에서 이렇게 동시에 작동하는 헤겔의 역사철학과 유신론적 해석학 사이의 변증법적 긴장에 주목하여, 남미 해방신학의 문제는 " '해방자 하나님'과 '역사의 주체로서의 인간' 사이의 존재론적 화해의 문제"라고 비판했지만,[48] 해방신학자들은 이 문제를 '존재론적' 철학의 문제로서

46 Gutierrez, "Toward a Theology of Liberation," in *Liberation Theology: A Documentary History*, ed., Hennelly, pp. 67-69.

47 Comblin, *Called for Freedom*, p. 50.

48 Dennis P. McCann, *Christian Realism & Liberation Theology: Practical Theologies in Creative Conflict* (Eugene, Oregon: Wipf and Stock Publishers, 2001), pp. 184-185, 194, 197을 참조하라. 맥캔은 해방신학이 인상적이고 화려한 문체를 사용하나 사실은 서로 양립할 수 없는 '현현의 비전(epiphanic vision)'과 '변증법적 비전(dialectical vision)'의 종합을 시도하기 때문에 철학적으로 모호하다고 지적한다. 특히 해방신학에 대한 구티에레즈의 정의, 즉 해방신학은 "하나님의 말씀의 빛으로 역사적 실천(praxis)을 성찰하는 것"이라는 정의가 매우 모호하다고 주장하는데, 왜냐하면 여기에서는 실천(praxis)이 궁극적 표준이 되어 있고 하나님의 말씀은 단순히 그 실천을 위한 신학적 합리화로 축소되었다고 보기 때문이다. 맥캔은 오직 기독교 현실주의(Christian Realism)가 해방신학보다 더 기독교 신앙에 일치한다고 주장한다. 현실주의에서 하나님은 자신에게 마음을 여는 인간을 통해 숨겨진 방식으로 활동

가 아니라 '종말론적' 신학의 문제로 풀어나갔다. 그리고 그들은 이 문제의 답을 '하나님 나라'라고 하는 종말론에서 찾았다.

남미 해방신학에서 하나님의 나라는, 소브리노가 지적하듯이, 해방신학의 "중심적 목표"일 뿐만 아니라 "해방신학 전체를 조직하는 대원리"다.[49] 남미 해방신학에서는 '이 세계에 대한 부정(world negation)'으로서의 종말론이 핵심적 역할을 수행하고 있는데, 이는 남미 해방신학에 대한 반발로 일어난 북미 신보수주의 신학이 은혜의 성육신과 편재성을 강조하는 것과 가장 뚜렷이 구분되는 중요한 특징이다.[50] 따라서 우리는 해방신학의 종말론, 즉 해방신학이 말하는 하나님 나라를 제대로 이해하지 않고는 남미 해방신학의 '신학'을 이해했다고 말할 수 없다. 해방신학의 하나님 나라 이해는 다음과 같은 다섯 가지 특징으로 요약할 수 있다.

첫째, 해방신학은 미래의 저 세상에 있는 하나님 나라가 아니라 이 땅 위에 역사적 변혁을 통해 이루어지는 현재의 하나님 나라에 더 관심을 가졌다.[51] 둘째, 하나님 나라는 철저하게 가난한 자들의 나라이고 그들

한다. 하지만 해방신학에서는 하나님이 숨겨진 방식으로 활동하지 않고 역사 안에서 억압받는 자들의 투쟁을 통해 드러난다. 맥캔에 의하면 기독교 신앙은 "미래에 대한 개방된 헌신이 아니라 영원과 역사의 역설적 관계에 대한 이해"다. 따라서 그에 의하면 오직 라인홀드 니버가 강조하는 수직적 초월이 구티에레즈의 수평적 초월 안에 함축된 종교적 광신주의를 몰아낼 수 있다. (McCann, *Ibid.*, pp. 200-201, 206, 228, 236.)

49 Jon Sobrino, "Central Position of the Reign of God in Liberation Theology," in *Systematic Theology*, p. 72.

50 다음 장에서 살펴보겠지만, 북미 신보수주의 신학은 유토피아적 사상에 대한 반발로 은혜의 성육신을 강조하는데, '은혜는 모든 곳에 있고' 따라서 현대 자본주의의 핵심적 기관인 기업 안에도 있다는 것이다.

51 Boff, "Salvation and Liberation," in *Concilium* (1974), pp. 80-82, 87; Gutierrez, *A Theology of Liberation*, p. 133; Gutierrez, *The God of Life* (Maryknoll, New

에게 속해 있다. 즉, "하나님의 다스림은 곧 가난한 자들의 다스림" 이다.[52] 셋째, 해방신학의 하나님 나라는 매우 현실주의적이다. 왜냐하면 하나님 나라에 대한 반대 세력과 죄의 힘을 인정하기 때문이다. 하나님 나라는 백지 상태에 주어지는 것이 아니라 반(反)하나님 나라 세력과의 투쟁에서 생기고, 때문에 그것은 후퇴하기도 하고 전진하기도 한다.[53] 넷째, 하나님의 나라는 근본적으로 하나님의 선물이다. 소브리노에 의하면 하나님 나라는 "완전히 하나님의 주도에 의한 선물이자 은혜" 며, 구티에레즈에 의하면 그 나라는 "하나님의 자유롭고 공로에 의존하지 않는 사랑이고 이것은 인간의 도덕적이거나 종교적인 노력에 의존하지 않는다."[54] 이런 하나님의 나라는 결코 일시적인 역사의 진보로 축소되거나 그것과 동일시될 수도 없다. 사실 여기까지는 별다른 논쟁적 내용이 없다. 만약 해방신학자들이 하나님 나라에 대해 여기까지만 말했더라면 독일의 정치신학자들과 그렇게 심한 논쟁을 벌일 필요는 없었을 것이다. 그러나 남미의 해방신학자들은, 다섯째로 하나님 나라가 하나님의 선물임을 강조함과 동시에 그것이 인간에 의해 이루어지는 것임을, 즉 '인간의 인과성(human causality)'을 강조했다. 하지만 이것은

York: Orbis Books, 1998), pp. 92, 101; Sobrino, *Spirituality of Liberation: Toward Political Holiness* (Maryknoll, New York: Orbis Books, 1985); Sobrino, *Jesus the Liberator: A View from the Victims* (Maryknoll, New York: Orbis Books, 2001), pp. 99, 129를 참조하라.

52 Sobrino, *Systematic Theology*, pp. 62, 67, 79-80, 82를 참조하라.

53 Sobrino, *Spirituality of Liberation*, pp. 125, 131; Sobrino, *Jesus the Liberator*, pp. 99, 129; Gutierrez, *A Theology of Liberation*, pp. 99, 103; Gutierrez, *The God of Life*, pp. 99, 107; Gutierrez, *The Truth Shall Make You Free* (Maryknoll, New York: Orbis Books, 1991), p. 146을 참조하라.

54 Sobrino, *Jesus the Liberator*, p. 7; Gutierrez, *A Theology of Liberation*, p. 104; Gutierrez, *The God of Life*, p. 115; Gutierrez, *The Truth Shall Make You Free*, p. 144를 참조하라.

하나님 나라가 근본적으로 하나님의 선물이라는 주장과 모순되는 것은 아닌가? 구티에레즈는 이렇게 설명한다.

> 하나님 나라는 선물(gift)이지만 그것은 또한 요구(need)다. 그것은 하나님께서 우리에게 자유롭게 주시는 선물이기에 우리가 생명을 주시려는 하나님의 의지에 복종하도록 요구한다. 이것이 바로 그리스도의 제자됨이 요구하는 바인데, 제자됨이란 값없이 주시는 무상의 은혜와 윤리적 요청 사이의 경계선에 사는 것을 말한다. 우리가 하나님의 나라를 오게 만든다(We cause the kingdom to come). 우리가 카이로스의 시간이 도래하게 만든다. 어떤 운명적인 것으로서가 아니라 하나님의 선물을 받아들이기로 자유롭게 결정한 결과로서 말이다.[55]

필자가 보기에 이 주장은 바울이 로마서 3장에서 펼치고 있는 '정통적' 구원관과 크게 다를 바 없다.[56] 그리고 사실 이 주장은 "만약 해방이 '하나님의 선물'이라면 그것은 어떤 면에서 '인간의 투쟁'으로 얻어야 하는 것인가?"라는 신보수주의 신학자 맥캔의 질문에 대한 답변이기도 하다. 하지만, 흥미롭게도, 하나님 나라에 대한 '인간의 인과성 대 하나님의 자유로운 주권'을 둘러싼 본격적인 논쟁은 남미 해방신학자들과 북미 신보수주의 신학자들 사이에서가 아니라 스스로를 "남미 해방신학의 친족"이라고 여기는 몰트만과의 사이에서 치열하게 전개되었다.

남미 해방신학자들과 독일 정치신학자들 사이의 논쟁은 한마디로 '하나님의 종말적 질서와 역사 안에서 인간의 정치적 행위 사이의 관

55 Gutierrez, *The God of Life*, p. 118.

56 바울은 우리가 "하나님의 은혜로 값없이 의롭다 하심을 얻"는다 말하면서 그렇다고 "우리가 믿음으로 말미암아 율법을 파기하느냐 그럴 수 없느니라 도리어 율법을 굳게 세우느니라"라고 말한다. (로마서 3:23-31 참조.)

계'에 관한 논쟁으로 요약될 수 있다. 몰트만은 남미 해방신학자들에게 보낸 공개 서한에서 기독교 신학이 특정한 이데올로기나 권력 구조를 신성화시키는 것을 피하기 위해서 역사 안에서 하나님의 현존을 '유형화' 하는 것을 피해야 하며, 그리스도의 복음과 이 세상의 질서 사이에 '비판적 자유'를 유지해야 한다고 말했다.[57] 하지만 남미 해방신학자들에게 이 말은 결국 서구의 사회민주주의라고 하는 특정 자본주의 체제와 이데올로기를 합리화하는 것으로밖에 들리지 않았다. 즉 하나님의 종말론적 질서에 대한 모든 인간적 원인성을 부정하고, 또한 모든 정치 질서의 상대성을 강조한다는 명분으로 중립 지대에 섬으로써, 결과적으로 서구 자본주의의 기존 체제를 이데올로기적으로 합리화하게 된다는 것이었다. 아무것도 선택하지 않음으로써 결국 기존의 것을 옹호하게 된다는 것이 해방신학자들의 비판의 요지였다. 그래서 독일의 정치신학은 "이름만 혁명적인" 신학이라고 비난받아야 마땅했던 것이다.[58]

하지만 몰트만에게 있어서 남미의 해방신학자들은 "현실의 뒤꽁무니를 좇는(limp after reality)" 우를 범하고 있었다. 잘 알다시피 몰트만은, 기독교를 현대 사상과 흐름에 일치시키는 것에 반발하여, 그의 '희망의 신학'에서 이 세계의 진보와 질적으로 다른 미래의 힘으로서의, 그리고 새로운 초월의 패러다임으로서의 '희망의 하나님'을 이야기한다. 몰트만의 종말론에서는 현실로부터 발전되어 이어지는 시간적 미래가 아니라 '하나님의 미래'가 중요하며, 이 하나님의 미래의 현재로의 '도래'가 중요하다. 때문에 억압과 해방으로 점철된 현재로부터 하나님 나

57 Moltmann, "An Open Letter to Jose Miguez Bonino," pp. 197-200.

58 몰트만의 비판에 대한 해방신학자들의 반론에 대해서는 Miguez Bonino, *Doing Theology in a Revolutionary Situation*, pp. 144-150; Cluade Geffre, "Editorial: A Prophetic Theology," in *Concilium* (1974), p. 9f.; Segundo, "Capitalism-Socialism: A Theological Crux," pp. 111-113, 117을 참조하라.

라가 '자라나온다'는 남미 해방신학자들의 생각은 당연히 "현실의 뒤꽁무니를 좇는" 것으로 보였던 것이다.[59] 하지만 남미 해방신학자들에게 희망은 현재 안에 잉태되어 있었다. 보프에게 있어서 하나님 나라는 "현재 안에 있는 미래의 현존"이었다.[60] 세군도는 복음서의 구절을 근거로 '예수의 신학'을 거론하면서 예수는 비록 불완전한 것이지만 지금 여기에서 이루어지고 있는 해방의 사건에 초점을 두었음을 상기시키며, "비록 인간의 인과성이 부분적이고 연약한 것이라 하더라도 그것은 (독일의 정치신학자들이 말하는) 하나님 나라에 대한 '기대(anticipation)' 혹은 '유비(analogy)'보다 더 중요한 것"이라고 주장했다.[61] 구티에레즈 역시 현재는 미래를 잉태하고 있는 자궁과도 같은 것이라 보았고, 따

59 20세기 기독교 신학에서의 종말론 부흥의 역사는 Carl E. Braaten, "The Kingdom of God and Life Everlasting," in *Christian Theology: An Introduction to Its Traditions and Tasks*, eds., Peter C. Hodgson and Robert H. King(Minneapolis: Fortress Press, 1994)을 참조하라. 그리고 몰트만의 종말론에 관해서는 특별히 Moltmann, *The Coming of God: Christian Eschatology*(Minneapolis: Fortress Press, 1996); Moltmann, "Liberating and Anticipating the Future," in *Liberating Eschatology: Essays in Honor of Letty M. Russell*, eds., Margaret A. Farley and Serene Jones (Louisville, Kentucky: Westminster John Knox Press, 1999) 등을 참조하라.

60 Boff, "Salvation and Liberation," pp. 80-82, 87.

61 Segundo, "Capitalism-Socialism: A Theological Crux," passim을 참조하라. 그는 마태 11:2-5와 누가 7:18-22를 근거로 '예수의 신학'을 말한다. 세례요한이 예수가 하는 일을 듣고 자기의 제자들을 보내어 "당신이 오실 그이인가"라고 물었을 때, 예수는 직접적 답변을 하지 않고 단지 자신이 하고 있는 일, 즉 "맹인이 보고, 못 걷는 사람이 걷고, 나병 환자가 깨끗함을 받고, 귀먹은 사람이 듣고, 죽은 자가 살아나며, 가난한 자에게 복음이 전파되는 것"을 보고 들은 대로 말하라고 한다. 즉 세례요한의 '종말론적' 질문에 대해 예수는 지극히 역사적이고 상대적이며 모호한 '시대의 징조들'을 가지고만 답했을 뿐이었다는 것이다. (왜 상대적이고 모호하냐 하면, 다시 보게 된 맹인은 후에 노안으로 다시 못 보게 되었을 수도 있고, 다시 살아난 자도 다시 죽었을 것이기 때문이다.)

라서 몰트만의 종말론은 '희망의 가현설'에 빠질 위험이 있는 것으로 보였다. 그는 이렇게 비판한다.

> 몰트만은 인간의 구체적인 역사적 경험에 뿌리를 내린, 즉 억압받고 수탈당하나 잠재성으로 가득한 인간의 구체적인 역사적 경험에 뿌리를 내린 언어를 발견하지 못하고 있다. 희망은 역사적 실천(praxis)에 그 뿌리를 내려야 한다. 그렇지 않으면 그것은 도피 혹은 한낱 미래파의 환상에 불과하게 된다. 몰트만은 '저 세상의 기독교(Christianity of the Beyond)'를 '미래의 기독교(Christianity of the Future)'로 바꿔치지 않도록 조심해야 한다. 만약 전자가 이 세계를 잊어버리곤 한다면 후자는 현재의 비극적이고 불의한 상황에서 해방의 투쟁의 중요성을 간과하게 한다.[62]

30여 년 전에 남미와 북유럽 사이에 오고간 이 논쟁을 돌이켜보면서, 필자는 몰트만에 대한 구티에레즈의 비판에 일리가 있다고 생각한다. 엔리케 두셀(Enrique Dussel)이 말하는 것처럼, 오늘 우리의 삶과 실천이 바로 "종말적 진보의 진정한 표적"이며 "이와 같은 구체적인 매개물이 없이는 기독교적 희망이 헛된 꿈을 꾸게 할 수도 있기 때문"이다.[63] 하지만 독일의 정치신학이 자신의 상황에서 역사적 실천의 중요성을 무시했다고는 보지 않는다. 이후에 몰트만 스스로가 밝히고 있듯이, 독일의 정치신학은 반전 · 반핵 · 평화 · 환경운동과 같은 유럽인들의 실천적 저항과 운동에 뿌리를 내리고 있었다.[64] 남미의 해방신학과 독일의 정치신학 둘 다 나름의 역사적 상황과 경험에 기초하고 있었던 것이다. 필자가 보기에, 차이는 '경험의 밀도' 차이이다. 구티에레즈는 그의 고전

62 Gutierrez, *A Theology of Liberation*, p. 124.

63 Dussel, "Domination-Liberation: A New Approach," in *Concilium* (1974), p. 69.

64 Moltmann, "Political Theology and Theology of Liberation," p. 69.

적인 『해방신학』을 집필할 당시, "지금 우리는 혁명의 기운이 가득한 상황의 한복판에 살고 있다"고 말한다.[65] 미구에즈 보니노는 "심지어 지금 맹인도 남미가 사회주의로 나아가고 있다는 것을 (눈으로) 볼 수 있으며" 쿠바 혁명은 "변화가 가능하다는 표적을 분명히 보여주었다" 고 말한다.[66] 실제로 1960년대의 남미와 제3세계는 희망과 꿈과 혁명의 용광로 안에 부글부글 끓고 있었다. 만약 그러한 상황에 살고 있었다면 사람들은 과연 어디에서 희망을 기대할 것인가? 구티에레즈의 말처럼, "인간의 구체적인 역사적 경험, 즉 억압되고 수탈당하고 있으나 거대한 잠재성으로 가득 찬 인간의 구체적인 역사적 경험" 안에서 기대하려 하지 않겠는가?[67] 바로 이러한 상황에서 남미의 해방신학자들에게 하나님 나라는 애타게 기다려야 하는 어떤 '유토피아(u-topia)', 즉 '어디에도 없는 곳(no where)'이 아니라 '지금 여기(now here)' 이루어지는 '토피아(topia)'였던 것이다.[68]

1989년과 그 이후

하지만 1960년대를 휩쓸었던 혁명의 시대는 지나갔다. 그리고 1989년 동유럽 현실 사회주의의 붕괴 이후 남미의 해방신학은 새로운 도전과 시련에 직면해 있다. '베를린 장벽의 붕괴(Wende)'에 대한 해석은 실로 다양하지만,[69] 사람들은 '실제로 존재하는 사회주의'의 붕괴가 곧

65 Gutierrez, *A Theology of Liberation*, pp. 54-57.

66 Miguez Bonino, *Doing Theology in a Revolutionary Situation*, pp. xxiii, 38, 195.

67 Gutierrez, *A Theology of Liberation*, p. 124.

68 영어로 'no where'에서 w 한 글자만 앞으로 당기면 'now here'가 된다.

69 이에 관해서는 크게 네 가지의 서로 다른 견해가 존재한다. (1) 비관적인 견해, 즉

해방신학의 파산을 의미한다고 생각했다. 콤블린에 의하면, 해방신학의 잘못은 "실제로 존재하는 사회주의에 대한 공개적인 비판을 하지 않음으로써 침묵이 그에 대한 승인을 의미하는 것으로 비쳐졌고, 이것이 바로 사회주의의 붕괴가 곧 해방신학의 몰락을 의미한다는 인상을 준 것"이다.[70] 하지만 남미 해방신학자들은 해방신학의 미래에 대해 아직도 낙관적이다. 물론 분명한 것은 오늘날 남미에서 사회주의는 더 이상 무조건적으로 해방의 대안으로 받아들여지지 않고 있으며, 또한 오늘날의 남미인들은 기존의 체제로부터의 급진적인 혁명보다는 해방에 관해 보다 실용적 입장을 가지게 되었다는 점이다.

앞서 살펴본 것처럼 1989년 이전에도 남미의 해방신학자들은 해방의 목표와 방법에 대해 서로 다른 입장을 가지고 있었지만, 1989년 이후 그들은 해방의 목표와 방법에 대해 두 가지 서로 다른 궤도를 걷기 시작했다고 말할 수 있다. 한편으로는 콤블린(Jose Comblin), 리처드(Pablo Richard), 아스만(Hugo Assmann)과 같은 사람들이 보다 개혁주의적 방향으로 나아가는 반면, 구티에레즈(Gustavo Gutierrez)나 보프(Leonardo Boff)는 여전히 혁명적 열정을 버리지 않았다고 할 수 있다. 콤블린은 개혁주의(reformism)가 더 이상 나쁜 말로 간주되어서는 안되며, 이제 시장 경제의 수용은 불가피하고, 나아가 "기존의 국제 관계의 틀 속에서도 남미는 상당한 정도의 자치를 지킬 수 있"을 것으로 기

'혁명의 죽음' (로즈마리 류터가 여기에 속함). (2) 낙관적 견해, 즉 "people power"의 승리로 보는 견해 (폴트만이 여기에 속함), (3) '예언적' 견해, 즉 서구의 승리가 아니라 근대화의 모델에 기초한 서구 전체의 붕괴의 시작으로 보는 견해 (John Gray, *False Down: The Delusion of Global Capitalism* [New York: The New Press, 1998]), 그리고 마지막 (4) 가장 대중적 견해로 자본주의의 마르크스주의에 대한 승리로 보는 견해 등 — 이상 George Katsiaficas, ed., *After the Fall: 1989 and the Future of Freedom* (New York: Routledge, 2001), pp. 35, 48-49 참조.

70 Comblin, *Called for Freedom*, p. 214.

대한다.[71] 리처드 역시 같은 선상에서 근본적인 사회 변혁은 더 이상 가능하지 않으며, 따라서 이제 해방신학은 정치적 신학에서 '시민의 신학'으로, 주변부 신학에서 '교회 안의 신학'으로, 그리고 대결을 추구하는 신학에서 '화해를 추구하는 신학'으로 변신해야 한다고 주장한다.[72] 아스만 역시 이제 반자본주의적 태도에서 벗어나 자유주의 사상과의 동맹을 추구해야 한다고까지 주장한다.[73] 이 첫 번째 그룹의 신학자들은 자본주의와의 일정한 협상과 타협을 추구한다고 볼 수 있다.

이에 반해 구티에레즈와 보프는, 현실의 변화를 인정하면서도, 여전히 근본적인 사회 변혁에 대한 혁명적 열정을 버리지 않고 있다고 말할 수 있다. 구티에레즈는 이제 생산 수단의 사적 소유와 시장 경제를 수용할 수 있다고 말하지만(국가나 사회에 의해 통제될 수 있다는 것을 조건으로), 오늘날의 신자유주의 경제를 '시장 우상'이자 현대판 '맘몬 예배'라고 강력히 비판한다.[74] 그는 사회주의가 더 이상 역사의 대안이 아

71 Comblin, *Ibid.*, pp. 113-118. 때문에 그는 해방을 통한 사회주의로의 구조적 변혁 없이 '시장 경제 안에서의 사회복지적 개혁'을 주창한다. 흥미롭게도 그는 아시아의 네 마리 호랑이 모델을 따라 수출 지향적 산업화가 남미가 나아갈 길이라고 말한다. 그리고 그는 이제 '해방'이라는 말 대신에 남미의 신학이 '자유'라는 말을 써야 하며 그래서 해방의 신학이 아니라 '자유의 신학(theology of freedom)'이라고 이름까지 바꿀 것을 제안한다.

72 Pablo Richard, "Liberation Theology in Latin America in Dialogue with Theologies from Africa, Asia, and the Minorities in the United States: A Historical Perspective," in *Voices from the Third World*, Vol. XVIII No. 2, December 1995, pp. 38-43.

73 Hugo Assmann, "The Improvement of Democracy in Latin America and the Debt Crisis," in *Liberation Theology and the Liberal Society*, pp. 59-60.

74 Gutierrez, "Liberation and Development," in *The Density of the Present: Selected Writings* (Maryknoll, New York: Orbis Books, 1999), p. 130f.; Gutierrez, "New Things Today," in *Ibid.*, pp. 50-52, 54; Gutierrez, "Liberation Theology and the Future of the Poor," in *Liberating the Future*, pp. 15-16, 108, 116f. 구티에레즈의

니라고 인정하지만, 사회주의를 대신할 어떤 새로운 대안을 제시하고 있지는 않으며, 40년 전 새로운 역사적 시대를 갈망했던 '온전한 해방'에 대한 깊은 열망은 아직도 유효하다고 강조한다.[75] 보프는 여전히 기존의 종속적인 자본주의 체제에서는 가난한 자들에게 구원과 희망이 없다고 본다. 따라서 그는 우리가 이 체제를 과감히 버려야 하며, 비록 해방이라는 단어가 과거와 같은 의미를 상실했다 하더라도 절대 다수의 인류가 처하고 있는 곤경에서 근본적인 탈출이 필요하다는 의미를 강조하기 위해 계속 해방이라는 용어가 사용되어져야 한다고 말한다.[76] 그리고 그는 이제 사회주의에 대한 대안으로 '생태 경제'를 이야기하기 시작한다. 이 두 번째 노선은 과거의 비타협적인 혁명적 정신을 보존하고 자본주의에 대한 반대를 유지하면서 사회주의를 넘어서는 새로운 대안을 모색하는 노선이라 말할 수 있겠다.

이처럼 두 가지 뚜렷한 노선의 분화에도 불구하고, 1989년 이후 남미 해방신학은 세 가지의 공통적인 변화를 보여준다. 첫째, 과거에 해방신학자들은 가난의 문제에 대한 사회 경제적 분석을 지나치게 강조했으나 이제는 인종적, 문화적, 그리고 여성의 문제로 관심의 지평을 확대하고

이와 같은 변화는 1991년 5월 1일 발표된 교황 요한 바오로 2세의 「100주년(*Centesimus Annus*)」에 영향 받은 바 크다. 「레룸노바룸(*Rerum Novarum*)」 발표 100주년을 기념해 발표된 이 교황의 문서는 그동안 자본주의 시장 경제에 비판적이었던 전통적인 교황청의 입장에서 '우향우' 하고 있다. 사실 이렇듯 교황청의 경제 윤리를 '우향우' 하는 데 크게 기여한 사람이 바로 이 책의 제4장에서 살펴볼 미국의 신보주수의 신학자 마이클 노박이며, 그도 역시 같은 문서로부터 그의 '민주적 자본주의'의 정당성을 입증하기 위해 많은 것을 인용한다. (Novak, *The Catholic Ethic and the Spirit of Capitalism* [New York: The Free Press, 1993], pp. 136-138을 참조하라.)

75 Gutierrez, "New Things Today," in *The Density of the Present*, pp. 51, 54; Gutierrez, "Expanding the View," in *A Theology of Liberation*, pp. xvii, xx.

76 Boff, *Ecology and Liberation*, pp. 101-104, 124-125.

있다.[77] 둘째로, 이제 해방신학자들은 인간 실존의 복잡성과 모호성을 인정하면서, 심지어 '가난한 자들에 대한 우상화'를 경계하기 시작한다. 구티에레즈는 가난한 자들 역시 인간이며, 때문에 그들도 은혜와 죄에 참여한다고 말하는데, 과거 가난한 자들에 대한 그의 태도에 비추어볼 때 이는 실로 대단한 변화다. 과거 구티에레즈는, 세군도와 달리, 해방의 신학이 가난한 사람들의 경험으로부터 '직접' 나와야 한다고 줄기차게 주장했었다.[78] 하지만 이제 그는 "우리가 가난한 자들이 항상 선하며, 관대하며, 깊이 종교적이며, 따라서 가난한 자들로부터 오는 모든 것은 참되고 어떤 면에서 거룩하다고 생각하는 것" 이 바로 가난한 자들을 우상으로 만들 수 있다고 경고한다. 그에 의하면 또 이와 같은 가난한 자들에 대한 우상화는 해방에 아무런 공헌을 하지 않는데, 왜냐하면 "그리스도인들에게 가난한 자들과의 연대의 궁극적 이유는 가난한 사람들이 도덕적이거나 종교적인 자질을 갖고 있어서가 아니라 우리의 행위를 일깨우시는 하나님의 선함에 있기 때문" 이다.[79] 셋째로, 해방신학자들은 이제 생태 문제를 해방에 대한 신학적 성찰을 위한 중요한 주제로 인식하기 시작했다. 구티에레즈는 사회적 연대의 개념을 자연에까지 확장하면서 "창조와 생명의 신학은 정의를 위한 우리들의 투쟁에 커다란 활력소가 되어줄 것" 이며, "의심의 여지없이 이것은 해방에 대한 우리의 신학적 성찰에 비옥한 토양을 제공할 것" 이라고 말한다.[80] 사실 지금 그 누구보

77 구티에레즈는 "가난의 사회 경제적 측면이 기본적인 것이나 모든 것을 다 포괄하는 것은 아니다" 라고 인정한다. (Gutierrez, "Expanding the View," pp. xxi, xxiii.)

78 그래서 세군도는 구티에레즈의 신학이 대중에 대한 비판 정신을 잃고 있다고 비판한 적이 있다. (Segundo, "Two Theologies of Liberation," in *Liberation Theology: A Documentary History*, p. 353.)

79 Gutierrez, "Liberation Theology and the Future of the Poor," in *Liberating the Future*, pp. 117-118, 123.

80 Gutierrez, *Ibid.*, pp. 121-122.

다도 남미 해방신학자 가운데 해방신학의 관점에서 생태신학을 확대·발전시켜나가고 있는 사람은 다름 아닌 레오나르도 보프다.[81]

남미 해방신학의 유산과 한계

반세기 전 남미의 해방신학은 '자본주의적 발전주의(capitalist developmentalism)'를 비판했다. 하지만 남미 해방신학자들이 경제적 '발전주의' 그 자체를 비판한 것은 아니라는 점을 우리는 유념해야 한다. 그들은 자본주의적 발전주의가 남미의 자주적 발전을 가져다주지 못할 것이기에 그것을 반대했을 뿐이지, 경제의 발전 그 자체 혹은 무한한 발전은 당연한 것으로 전제하고 있었다.[82] 그들은 자본주의적 근대화 모델에 반대하면서, 자신들의 시대적 제약 안에서, 사회주의적 근대화 모델이 역사적 대안이 될 것으로 생각했던 것이다.

그러나 마르크스적 사회주의 역시 또 하나의 전형적인 서구 이데올로기의 하나일 뿐이다. 그리고 그것의 모델은 다름 아닌 '19세기 자본주의 공장'이다. 자본주의나 사회주의는 모두 유럽 계몽주의의 자식들로서, 다양한 인간의 역사와 문화를 단일한 보편 문명으로 통합하려 했던 근대 유럽의 열정을 공유하며, 따라서 자본주의와 사회주의의 충돌은, 존 그레이(John Gray)의 주장처럼, "서양 이데올로기 가족 내의 분

81 해방신학을 생태신학과 연결시키려는 그의 노력은 특히 Boff, *Ecology and Liberation*; Boff, *Cry of the Earth, Cry of the Poor*에서 잘 나타나 있다.

82 구티에레즈는 "보다 보편적이고, 심오하며, 그리고 급진적인 해방의 관점"에 발전을 재위치시킨다면 아무 문제가 없을 것으로 보았다. 즉 '사회주의 혁명'의 틀 안에서 경제 발전은 "그의 진정한 의미와 무언가 가치 있는 것을 이룰 수 있는 가능성"을 발견하게 해줄 것이라 믿었다. (Gutierrez, *A Theology of Liberation*, pp. 24-25.)

쟁"으로 이해되어도 좋다.[83] 바로 이 때문에 몰트만이 남미의 해방신학이 "충분히 남미적"이지 않으며 "지나치게 유럽적"이라고 비판했던 것이다. 사실 이 점에 관해서는 아메리카 대륙 원주민들의 비판이 더욱 따갑다. 조지 팅커(George Tinker)는 "남미 해방신학의 '해방의 복음'에 비추어서도 우리 원주민들은 여전히 비인간일 뿐"이라고 비판하는데, 왜냐하면 생산 수단을 가난한 사람들 손에 쥐어준다 하더라도 그들은 원주민과 자연에 대한 새로운 수탈자로 변모할 수 있기 때문이다.[84] 그래서 바인 들로리아(Vine Deloria, Jr.)는 남미의 해방신학이 "억압의 뿌리"는 뽑으려 하지 않고 단시 "억압의 방식"만 바꾸려 하는, 그래서 결국은 피억압자들에 대한 억압을 영구화시킬 수 있는 "최신 계략(the latest gimmick)"이라고까지 비난한 바 있다.[85]

남미의 해방신학자들이 철학적으로 빚지고 있던 19세기 유럽의 역사철학은 철저히 기계론적이고, 인간 중심적이며, 또한 남성 중심적인 역사관이다. 이 역사 안에서 인간의 '자유의 정복(conquest of freedom)'은 곧 '자연에 대한 정복(conquest of nature)'을 의미하는 것이었다. 실제로 구티에레즈가 이해한 '자유의 정복'의 역사는 '자연의 정복'을 당연한 것으로 전제하고 있다. 그에 따르면, "인간은 노동을 통해 세계/자연을 변화시킴으로써 진정한 자유를 축적하고 그를 통해 스스로를 해방한다."[86] 하지만 이러한 자유관은, 생태여성주의자들이 즉각 자리를 박차고 일어나 지적하겠지만, "이성(reason)과 합리성(rationality)의 힘

83 John Gray, *False Dawn*, pp. 102, 215.

84 George Tinker, "The Full Circle of Liberation," in *Ecotheology: Voices from South and North*, ed., David G. Hallman (Geneva, Switzerland: WCC Publications/Maryknoll, New York: Orbis Books, 1994), p. 220.

85 Vine Deloria, Jr. "A Native American Perspective on Liberation," in *Mission Trends*, No. 4, p. 262.

86 Gutierrez, *A Theology of Liberation*, pp. 17-20을 참조하라.

으로 자연으로부터 해방되는 과정이 곧 자유라고 인식하는, 전형적인 남성적 자유관"인 것이다.[87] 그와 같은 자유는 인간이 자연을 변화시키는 행위를 무한한 진보의 행위로 이해함으로써 자연 자체의 내적 논리를 전혀 고려하지 않는 문제가 있다. 그래서 몰트만은 구티에레즈가 말하는 해방이 "유럽이 말하는 자유의 역사의 연속이자 그 절정"이라고 힐난했던 것이다.[88] 이렇게 본다면 남미의 해방신학은, 한때 해방신학에 헌신했던 남미의 여성신학자 이본느 게바라(Ivone Gebara)가 꼬집어 비판하듯이, 하나의 혁명적 신학이기는 하나 "서양 가부장적 전통 안에서의 혁명적 신학"이었다고 냉정하게 결론지을 수 있을 것이다.[89] 그렇다면 이제 해방신학은 자신과 인류의 미래를 위해 19세기 유럽의 역사철학에 지고 있던 그들의 지적 부채를 청산해야 할 것이다. 사실 해방신학자들의 논거였던 성서 안에서의 해방은 억압된 사람들뿐만 아니라 억압된 땅까지도 포함하며, 성서의 신앙은 인간의 구속과 전 창조 세계의 구속을 별개로 보지 않는다는 점을 그들은 다시금 인식해야 할 것이다.[90] 40년 전 남미의 해방신학자들을 한껏 고무시켰던 쿠바의 사회주의 혁명이 1989년 동유럽 사회주의 붕괴 이후의 절대적 위기 상황에 처했으나 오히려 오늘날 모든 생태학자들이 부러워하는 '생태 혁명'으로 거듭난 역사의 아이러니를 그들은 어떻게 해석할 것인가.[91]

87 Maria Mies and Vandana Shiva, *Ecofeminism* (New Jersey: Fernwood Publications, 1993), p. 6.

88 Moltmann, "An Open Letter to Mose Miguez Bonino," pp. 197-198.

89 Ivone Gebara, "The Face of Transcendence as a Challenge to the Reading of the Bible in Latin America," in *Searching the Scripture: Vol. I, A Feminist Introduction*, ed., Elizabeth S. Fiorenza (1993), p. 178.

90 구약 성서의 희년법이 가난한 자의 해방뿐만 아니라 땅의 해방을 이야기한 것만 보아도 잘 알 수 있다. 사실 환경의 문제는 새로운 근대의 발견이라기보다 성서로 돌아가는 오래된 주제일 수도 있다.

* * *

1960년대 남미 대륙을 휩쓸었던 혁명적 열정은 들풀처럼 시들었다. 하지만 남미의 해방신학이 우리에게 남긴 소중한 유산이 한 가지 있다. 그것은 그들의 '사회주의에 대한 정치적 선택'이 아니라 '가난한 자들에 대한 신학적 선택'이다. 보프 형제의 말처럼, 남미의 해방신학은 "(기독교) 신앙이 가난한 자들에게 가해진 불의와 만날 때" 탄생했다.[92] 그런 의미에서 해방신학은 "억압이 있는 곳 어디서나" 존재한다.[93] 때문에 우리는 해방신학이 한 시대와 함께 사라지는 신학이 아니라 '보편성을 갖는 하나의 상황신학'이라고 정의할 수 있겠다. 몰트만의 말처럼 그것은 "모든 인류를 위한 상황신학"이다.[94] 예수께서 우리에게 이렇게 말씀하시지 않았던가? "가난한 자들은 항상 너희와 함께 있으리라." (마가 14:7)

가난한 사람들이 우리와 함께 있는 한 '해방의 신학(theology of liberation)'은 기독교 신학이 포기할 수 없는 중요한 신학이다. 특히 오늘날과 같은 신자유주의 경제의 세계화 시대에 해방신학의 유산은 무척 소중한 '살아 있는' 유산이다. 콤블린은 이렇게 말한다. "우리들의 헌신은 마르크시즘이 아니라 가난한 자들을 향한 것이었고, 오늘날처럼 신

91 쿠바의 생태 혁명에 관해서는 요시다 타로, 『생태도시 아바나의 탄생: 작은 나라 쿠바의 커다란 도전』(서울: 들녘, 2004)을 참조하라.

92 Leonardo and Clodovis Boff, *Introducing Liberation Theology*, p. 3.

93 Robert McAfee Brown, *Liberation Theology: An Introductory Guide* (Louisville, Kentucky: Westminster/John Knox Press, 1993), p. ix.

94 몰트만은 이렇게 말한다. "해방신학은 하나의 상황신학이나 남미만을 위한 상황신학이 아니라 모든 인류를 위한 상황신학이다." (Moltmann, "Political Theology and Theology of Liberation," pp. 77-79.) 보프 형제 역시 남미 해방신학은 "변방에서 제기된, 그러나 보편적 의미를 갖는 문제들 위에 세워진 신학"이라고 정의한다. (Leonardo and Clodovis Boff, *Introducing Liberation Theology*, p. 88.)

자유주의가 가난을 더 악화시키고 있을 때 해방의 신학은 더욱 긴급하게 요구된다."[95] 구티에레즈의 말대로, 비록 사회주의의 붕괴가 지구촌의 형세를 바꾸었다 하더라도 해방신학이 여전히 필요한 이유는, "마르크시즘의 위기가 인간에 대한 불의와 낡은 억압의 문제를 결코 해결한 것은 아니기 때문"이다.[96] 해방의 신학은, 보프의 주장대로, 사회주의에 대한 정치적 선택에 의해서가 아니라 자신의 가장 독창적인 신학적 통찰, 즉 "생명의 하나님, 가난한 자, 그리고 해방, 이 삼자 사이의 친밀한 관계의 발견"에 의해 사는 것이다.[97]

한 세대 전, 광활한 남미 대륙과 제3세계에 엄청난 영향을 미쳤던 남미 해방신학의 미래는 과연 무엇일까? 구티에레즈는 이렇게 담담하게 말한다.

> 나는 해방신학이 앞으로 살아남을 건지 아닌지에 사실 별로 관심이 없습니다. 나의 관심은 내가 속해 있는 사람들이 겪는 고난과 희망에 관한 것입니다. 특히 예수 그리스도의 구원의 메시지와 경험에 관한 것입니다. 이것이 우리의 사랑과 우리의 믿음의 골자입니다. 신학은 바로 이 메시지와 경험을 심화시켜주는 매개에 불과합니다. 신학이란 희망의 해석학입니다. 하나님의 선물로 살아낸 희망의 해석학이 바로 신학인 것입니다. 그리고 그것은 이 세계에 해방하는 희망을 선포하는 것을 의미합니다.[98]

구티에레즈는 우리에게 '해방신학의 우상화의 가능성'에 대해서도 경고한다. 신학이 신앙보다 더 중요해질 때 그는 신학의 우상화가 시작

95 Comblin, *Called for Freedom*, pp. vii, 203.

96 Gutierrez, "New Things Today," pp. 45, 47.

97 Boff, *Ecology and Liberation*, pp. 96-98, 120.

98 Gutierrez, "Liberation Theology and the Future of the Poor," pp. 117-118, 123.

된다고 말한다.[99] 비록 1960년대의 혁명의 열기는 사라졌어도 우리는 아직도 한 노(老)신학자의 가슴 속에 타오르고 있는, 믿음에 기초한 심오한 희망의 열정을 발견한다. 바로 이 예수 그리스도 안에 있는 구원의 메시지와 희망의 열정이 바로 40년 전 남미에서 하나의 해방의 신학을 탄생하게 했고, 앞으로도 다른 많은 해방의 신학들을 탄생하게 할 것이다. 물론 이러한 신학들은, 구티에레즈의 말처럼, "귀에 좋게 들리지도 코에 좋은 냄새로 맡아지지도 않을 것" 이다. '역사를 변혁시키는 신앙'을 기본적 통찰력으로 갖는 이러한 신학들은 물론 모두에게 받아들여지지는 않을 것이다. 알프레드 헤넬리(Alfred T. Hennelly)가 지적하듯이, "가난한 사람들의 관점에서 접근하는 이러한 신학은 시작부터 반대와 갈등에 부딪히는 운명을 타고났기 때문" 이다.[100] 우리는 다음 장에서 바로 이 반대와 갈등을 다룰 것이다.

99 Gutierrez, *Ibid.*.
100 Hennelly, ed., *Liberation Theology: A Documentary History*, p. xxv.

제3장

이름뿐인 초월, 허울 좋은 성육신

맥스 스택하우스의 '공공의 신학' 비판

하나님과 맘몬은 신학적으로 서로 다른 것이며 그 둘을 완전히 분리함으로써만 하나님을 가장 잘 섬길 수 있다고 보는 견해는 정당화하기 힘들다. 사회학적으로 지구상 어느 문명이 그렇게 하나님과 맘몬을 분리해왔다는 말인가?…… 물론 하나님은 이 세계가 아니고 세계와 구별되어야 한다. 하지만 우리의 관심을 받을 만한 초월은 우리가 이 땅 위에서 무엇을 생각하는지와 긴밀히 연결된 초월이어야 한다.

— 맥스 스택하우스[1]

지난 20세기 후반, 하나의 아메리카 대륙 안에서는 두 개의 서로 다른 신학이 탄생해 상호 논쟁하며 발전했다. 하나는 우리가 바로 앞에서 살펴본 남미의 해방신학이고, 다른 하나는 이에 대항해 일어난 북미의 신보수주의(neo-conservative) 신학이다. 남미의 해방신학이 반(反)자본주의 신학이라면 북미 신보수주의 신학은 반(反)사회주의 신학이다.[2]

1 Max L. Stackhouse, *Public Theology and Political Economy: Christian Stewardship in Modern Society* (Grand Rapids, Michigan: Wm.B. Eerdmans Publishing Co., 1987), pp. x-xi.

2 스택하우스는 이렇게 말한다. "개신교 사회 복음, 초기 기독교 현실주의, 많은 신정통주의, 많은 형태의 가톨릭 근대주의, 급진적이고 사회적인 포용을 향한 근대 에큐메니칼 운동, 그리고 현대 해방 이론들 모두는 민주주의와 인권 그리고 사회주의를 도래하는 하나님 나라의 표적이라고 주장했다. 많은 영역에서 이들이 제기한 예언자

북미 신보수주의 신학이 하나의 뚜렷한 학파를 형성하고 있는 것은 아니다. 하지만 우리는 특별히 미국 자본주의와 기업을 위한 '경제의 신학(theology of economics)'을 발전시키고 있는 개신교 신학자 맥스 스택하우스(Max L. Stackhouse)와 가톨릭 신학자 마이클 노박(Michael Novak) 및 데니스 맥캔(Dennis P. McCann)을 통해 북미 신보수주의 신학의 실체를 접할 수 있다. 1989년 동유럽 현실 사회주의의 몰락으로 해방신학의 영향력은 크게 퇴조했지만, 이후 세계 유일의 초강대국이 된 미국이라는 자본주의 국가의 '제국의 신학'으로서 신보수주의 신학의 영향력은 날로 확대되고 있다. 이 장에서는 우선 북미 신보수주의 신학의 공통적 특징과 주제 및 방법론을 개괄적으로 정리한 다음, 맥스 스택하우스의 '공공의 신학'을 집중적으로 소개하고 비평할 것이다. 북미 신보수주의 신학을 대표한다고 할 수 있는 마이클 노박의 신학 사상은 다음 장에서 상세히 다루게 될 것이다.

북미 신보수주의 신학

북미의 신보수주의 신학은 남미의 해방신학에 반대해 일어난 신학이다. 스택하우스는 사회주의를 "하나님 없는 자본주의" 혹은 "관료적 전체주의로 나아가는 길"로 정의한다.[3] 노박에게 사회주의란 "노예로의

적 증언 가운데 사회주의에 대한 그들의 생각만큼은 틀렸다." (Max L. Stackhouse, Dennis P. McCann, and Shirley J. Roels, eds., *On Moral Business: Classical and Contemporary Resources for Ethics in Economic Life* [Grand Rapids, Michigan: William B. Eerdmans Publishing Co., 1995], pp. 949, 954.)

3 Stackhouse, *Creeds, Society, and Human Rights: A Study in Three Cultures* (Grand Rapids, Michigan: Wm.B. Eerdmans Publishing Co., 1984), p. 129; Stackhouse, "The Hindu Ethic and Development: Western Views," in *On Moral*

길" 혹은 "속임수" 일 뿐이다.[4] "아직도 많은 종교 지도자들이 자본주의는 탐욕적이고 개인주의적이며 착취적인 반면, 사회주의는 관대하고 공동체 지향적이며 공평하고 또한 미래가 밝은 것이라고 믿지만", 스택하우스와 맥캔은 자본주의만이 인간의 탐욕에 물든 경제 체제는 아니라고 주장한다.[5] 한마디로 북미 신보수주의 신학의 가장 중요한 특징은 자본주의와의 '건설적인(constructive)' 종교적 대화의 시도라 할 수 있다.

북미 신보수주의 신학자들은 남미 해방신학자들과 달리 가난을 "개혁에 의해 구제될 수 있는 비대립적 후진성" 으로 이해한다.[6] 그리고 가난의 원인은 "자본주의적 착취" 의 결과가 아니라 오히려 "자본주의적 발전의 결여" 다.[7] 노박에 의하면 가난은 가난한 사람들을 실질적으로 도와줄 수 있는 "자유주의 제도의 결여" 때문에 발생한다.[8] 그런데 가난

Business, p. 381.

4 Michael Novak, *The Experience of Nothingness* (New Brunswick: Transaction Publishers, 1970), p. 127; Novak, *The Denigration of Capitalism: Six Points of View* (Washington, D.C.: American Enterprise Institute for Public Policy Research, 1979), p. 4.

5 Stackhouse and McCann, "A Postcommunist Manifesto," in *On Moral Business*, p. 950.

6 Clodovis and Leonardo Boff, *Introducing Liberation Theology* (Maryknoll, New York: Orbis Books, Second Printing, 1988), p. 27을 참조하라. 보프 형제는 여기에서 가난을 설명하는 세 가지 서로 다른 방식이 있다고 말한다. 첫째는 경험적 설명, 둘째는 기능적 설명, 그리고 셋째는 변증법적 설명이다. 남미 해방신학의 입장은 이 중 세 번째의 것인데, 이 입장은 가난을 집단적이고 대립적인 현상으로 보며, 오직 기존의 사회 제도를 대안적인 제도로 대체함으로써만 극복될 수 있는 것으로 본다. 남미 해방신학자들은 북미 신보수주의 신학자들의 것과 같은 가난에 대한 기능적 설명을 "자유주의적이며 부르주아적인 해석" 이라고 거부한다.

7 Dennis P. McCann, "Where Do We Go from Here?: Some Thoughts on Geo-economics," in *On Moral Business*, p. 960.

8 Novak, *The Spirit of Democratic Capitalism* (New York: A Touchstone Book, 1992), p. 292; *This Hemisphere of Liberty: A Philosophy of the Americas*

을 이런 방식으로 이해하게 되면 자연스럽게 중요해지는 것이 '분배의 윤리'가 아니라 '생산의 윤리'가 된다. 스택하우스는 경제 활동의 목적이 분배가 아니라 부의 창출이라고 주장한다.[9] 노박 역시 분배의 윤리가 잘못된 것이라고 주장한다. 왜냐하면 결핍이라는 조건 하에서 "생산되지 않은 것은 분배될 수 없기 때문"이다.[10] 그렇다면 자본주의적 발전과 부의 생산은 이제 "도덕적 의무", "도덕적 명령", 나아가 "창조주를 닮기 위한 신학적 명령"으로 새롭게 이해되기 시작한다.[11]

이렇듯 분배의 정의가 아니라 부의 창출이 새로운 신학적 관심사로 부상함에 따라, 사회적 불평등이나 정의의 문제는 더 이상 신학적으로 중요한 의제가 아니게 되었다. 노박에 의하면 "개인의 자유는 불가피하게 불평등으로 인도하는데", 왜냐하면 인간은 존엄성의 면에서 평등하지만 재능의 면에서는 불평등하기 때문이다. 그러므로 절대적 평등에 대한 열정은 사악한 것이거나 자기 파괴적이며, 획일성으로서의 평등은 "평등을 가장한 폭군(egalityranny)"일 뿐이다. 그렇다면 많은 종교인들이 주장하는 사회적 정의에 대한 요구는 무엇인가? 그것은 고귀한 열정의 이름 뒤에 숨은 "가장 파괴적인 사회적 악"이며 오로지 "질투의 표현"일 뿐이다.[12]

(Washington, D.C.: The AEI Press, 1990), p. 237.

9 Stackhouse and McCann, "A Postcommunist Manifesto," p. 952.

10 Novak, *Toward a Theology for the Corporation* (Washington, D.C.: The AEI Press, 1981), p. 24f.

11 Novak, *Will It Liberate?* (New York: Paulist Press, 1986), passim.

12 이상 정의를 반대하는 노박의 논의는 Novak, *Will It Liberate?*, passim; *The Spirit of Democratic Capitalism*, p. 84; Novak, *Business As a Calling: Work and the Examined Life* (New York: The Free Press, 1996), pp. 11, 57; Novak, *On Corporate Governance: The Corporation As It Ought To Be* (Washington D.C.: The AEI Press, 1997), pp. 22, 26; Novak, *The Catholic Ethic and the Spirit of Capitalism* (New York: The Free Press, 1993), p. 184를 참조하라. 노박에 의하면

생산 윤리의 정당성을 옹호하기 위해 북미 신보수주의 신학자들은 또한 공통적으로 교역(commerce)에 대한 아리스토텔레스의 도덕적 회의론을 거부하고 그것에 새로운 신학적 가치를 부여한다. 노박에게 있어서 교역은 "신이 주신 소명을 이행하는 길"이고 또한 "신이 의도한 창조를 완성하는 데 협력하는 수단"이며, 나아가 "인간 사이의 확실한 연대를 상징하는 가장 견고하고 실질적인 표시"이고, 따라서 그것은 신학적으로 "그리스도의 몸이라는 신비의 실질적 표현"이기도 하다.[13] 이렇게 교역 활동이 자연스럽다 못해 신성한 것으로 부상함에 따라 뒤를 이어 이윤(profit)에 대한 이해도 바뀌게 된다. 스택하우스에 의하면 이윤은 탐욕의 충동에서 비롯된 것으로 터부시되어서는 안 된다. 오히려 이윤은 탐욕의 충동이 아니라 탐욕의 제한 때문에 얻어진 것으로 보아야 마땅하다. 왜냐하면 이윤은 부를 창출하기 위한 새로운 자본으로 사용될 것이기 때문이다.[14] 이렇듯 교역과 이윤 추구 행위가 모두 자연스럽고 신성한 것으로 새롭게 이해되자 이에 뒤이어 시장 활동에 참여하는 행위도 "세계를 구원하기 위한 거룩한 소명"(스택하우스와 맥캔)으로, 혹은 "우주적 소명을 수행하는 길"(노박)로 재규정된다.[15] 이제 세

사회적 정의는 국가가 실천해야 할 미덕이 아니라 개별 시민이 실천해야 할 미덕 혹은 부속물에 불과하다. 이와 비슷한 맥락에서 스택하우스와 맥캔도 사회적 정의와 번영에 이르는 길은 시장에 대한 그리고 생산수단에 대한 정치적 통제의 방법으로 이루어져서는 안 된다고 주장한다.

13 Novak, *Toward a Theology for the Corporation*, p. 29; Novak, *Business As a Calling*, pp. 47-48.

14 Stackhouse, *Public Theology and Political Economy*, pp. 127-128. 맥캔은 돈의 생산성을 통해 이익을 취하는 것 그 자체는 아무것도 부자연스러운 것이 아니라고 말한다. (McCann and M. L. Brownsberger, "Management as a Social Practice," in *On Moral Business*, p. 513.)

15 Stackhouse and McCann, "A Postcommunist Manifesto," p. 952; Novak, ed., *Capitalism and socialism: A Theological Inquiry* (Washington, D.C.: The AEI

계 시장은 인류에게 구원을 베푸는 존재가 되는 것이며, 따라서 시장의 세계화에 거스르는 모든 주장은 거짓 예언으로 비난받아야 마땅한 것이 되는 것이다.[16]

그런데 무엇보다도 북미 신보수주의 신학자들 사이의 가장 중요한 공통점은 '기업' 특히 사기업에 대한 각별한 신학적 관심이다. 스택하우스는 기업을 "세상적인 교회" 혹은 "보존과 창조성의 도구", 나아가 "신의 은총의 근거"라고 소개한다.[17] 맥캔은, "당신이 받아들이든 안 받아들이든, 원래 서구 기업의 주형(鑄型)은 성서적이고 계약적"이라고 주장한다.[18] 노박에게 기업은 단지 세계 경제를 이끌어가는 대표적 행위자가 아니라 "가난한 사람들의 가장 좋은 친구", "신의 은총의 대행자", "구원의 도구", 심지어 "이 세계 안의 하나님의 성육신"이다.[19] 사실 이러한 '기업의 신학(theology of the corporations)'을 가장 잘 발전시키고 있는 사람은 노박인데, 그에 의하면 기업은 "그리스도의 몸에 대한 가장 훌륭한 은유"며, 또한 "교회에 대한 최고의 세속적 유사체"다.[20] 물론 신보수주의 신학자들의 관심은 '미국의' 기업들임을 잊어서는 안 된다.[21]

그렇다면 북미 신보수주의 신학자들은 어떤 방법론을 사용하는가?

Press, 1978), p. 109.

16 Stackhouse, *Christian Social Ethics in a Global Era* (Nashville: Abingdon, 1995), p. 32.

17 Stackhouse and McCann, "A Postcommunist Manifesto," passim.

18 McCann, "Reforming Wisdom from the East," in *Christian Social Ethic in a Global Era*, p. 110.

19 Novak, *Toward a Theology of the Corporation*, passim; *On Corporate Governance*, p. 31.

20 Novak, ed., *Democracy and Mediating Structures: A Theological Inquiry* (Washington, D.C.: The AEI Press, 1980), p. 199; Novak, *Toward a Theology of the Corporation*, p. 2.

공통적으로 그들은 마르크스의 경제학이 아니라 막스 베버의 사회학을 적극 수용한다. 스택하우스에 의하면, 비록 베버에게 일부 오류가 있었지만, "개신교의 청교도적 유산이 경제 생활의 주요한 촉매라고 확인한" 베버의 주장은 근본적으로 옳았다.[22] 노박에 의하면, 비록 베버가 어떤 '고귀한 정신'을 개신교와 연결시킨 것은 잘못된 것이지만(노박은 가톨릭 신학자다), 자본주의 안에는 무언가 도덕적이고 문화적인 측면이 있다는 베버의 주장 자체는 틀린 것이 아니다.[23] 베버주의자들로서 북미의 신보수주의 신학자들은 모두 정신이 물질을 제한하며, 따라서 문화가 믿음을 형성하기보다 반대로 믿음이 문화를 형성한다고 믿는다. 때문에 그들에게 기독교 신학과 윤리의 기본적 과제는 기업 윤리를 뒷받침할 수 있는 종교적 자원(resource)을 찾는 것이다.

내용적으로 북미 신보수주의 신학의 공통적 특징은 '비성서적'이고 '비교파신학적'인 면이다. 앞장에서 살펴본 것처럼 강한 성서적 색채를 띤 남미의 해방신학과 달리, 북미 신보수주의 신학은 성서의 도움을 거의 요청하지 않는다. 노박에 의하면 그 이유는, "민주주의와 자본주의 그리고 성장의 시대가 도래하기 이전에 쓰인 성서의 본문을 부풀려서 그것으로부터 오늘날 어떤 바람직한 경제가 무엇인지 결론내리는 것은 일종의 성서적 근본주의이기 때문"이다.[24] 또한 북미 신보수주의 신학

21 미국적인 것, 특히 '미국 정신(Americanism)'에 대한 강력한 믿음은 맥캔에게서 가장 강하게 나타난다. McCann, *New Experiment in Democracy: The Challenge for American Catholicism* (Kansas City, MO: Sheed & Ward, 1987), p. 13을 참조하라.

22 Stackhouse, *Creeds, Society, and Human Rights*, p. 111. 맥캔 역시 베버에 완전히 동의하지는 않지만 모든 경제 체제는 여러 종교들의 독특한 역사들 안에 그 뿌리를 내리고 있다는 베버의 가설에 기본적으로 동의한다. (McCann, "Reforming Wisdom from the East," p. 96.)

23 Novak, *The Catholic Ethic and the Spirit of Capitalism*, p. 7f.

은 비교파적(non-confessional) 신학이다. 앞으로 자세히 살펴보겠지만, 스택하우스에 의하면 신학이 경제적 권력 및 부와 같은 세속적 문제들을 다루기 위해서는 사적인 특정 교파의 믿음, 즉 '신앙고백(confession)'의 합리화를 넘어선 공공의 담론이 되어야 한다는 것이다.[25] 사실 북미 신보수주의 신학의 일차적 관심은 교회가 아니라 사회 체제 전반이기 때문에 언제나 비기독교인을 포함할 수 있는 보다 포괄적 윤리와 담론에 지대한 관심을 기울인다.

교리적으로 북미 신보수주의 신학자들은 종말론보다는 성육신을 선호하며 하나님의 은혜의 편재성(遍在性)을 강조한다. 이는 그들이 사회의 '변혁'보다는 '보존'에 더욱 관심을 쏟기 때문이다. 스택하우스는 "세계의 한가운데 존재하는 거룩함과 은총"을 강조하면서 이것과 분리된 자유에의 요구를 급진적 주장이라 비난한다.[26] 노박은 맥캔과 함께 라인홀드 니버(Reinhold Niebuhr)의 기독교 현실주의(Christian Realism)를 적극 수용하면서 "우리의 지식인들과 종교인들을 휩쓸고 지나간 이상주의, 완전주의, 그리고 도덕적 열정을 깨뜨리기 위해" 열정을 바쳐 싸울 것을 다짐한다.[27] 맥캔에 의하면, 남미 해방신학은 일종의 종교적 광신주의 혹은 정치적 종교라는 악령에 불과한데, 이를 몰아내기 위해서 니버의 냉혹한 현실주의가 반드시 필요하다.[28] 북미 신보수주의

24 Novak, *Will It Liberate?*, p. 37. 그는 성서가 보편적인 힘을 가진 책이기 때문에 그 책을 어떤 특정한 체제와 연결시키는 것은 잘못이라고 주장하며, 자신은 "성서를 사회주의와 한데 묶는" 남미 해방신학자들과 달리 "성서 본문에서만 특정한 경제 체제를 연역해내는 동일한 실수를 반복하지 않겠다"고 선언한다. (Novak, *The Spirit of Democratic Capitalism*, p. 335; "Political Economy in Our Time," in *Three In One* [New York: Rowman & Littlefield Publishers, Inc., 2001], p. 182.)

25 Stackhouse, *Public Theology and Political Economy*, pp. xi, 75, 94.

26 Stackhouse, "Christian Social Ethics in a Global Era," pp. 22-24, 41.

27 Novak, *The Spirit of Democratic Capitalism*, pp. 314, 332.

신학자들에게서 공통적으로 느껴지는 '기풍(ethos)'은 이렇듯 사회적 변혁보다는 보존에 대한 지대한 관심이다. '신보수'라는 이름이 붙여진 것도 바로 이 이유 때문일 것이다.

결론적으로 북미 신보수주의 신학의 핵심적 주장을 요약하면 다음과 같다. 자본주의는 정통 개신교 신학의 칼뱅주의-청교도 전통과 함께 갈 수 있는 것이거나(스택하우스), "올바로 이해된" 가톨릭 신앙과 조화롭게 양립될 수 있는 것이다(노박). 물론 이들은 각론에 들어가면 서로 완벽하게 일치하지 않는다. 예를 들어 노박은 자본주의의 본질을 조명하는 데 있어서 개신교 윤리보다 가톨릭 신학이 더 우월하다고 주장한다. 즉 "새롭게 이해된" 가톨릭 전통은 그 안에 과거 개신교 청교도 1세들이 가졌던 윤리보다 더 강력하고 완전한 자본주의적 윤리를 가지고 있다는 것이다.[29] 뿐만 아니라 자본주의 경제를 변호하는 신보수주의 신학자들의 신학적 접근 방식도 상이하다. 노박에게 있어서 자본주의를 지탱할 수 있는 신학적 자원은 "우리 안에", 즉 인간의 창조적인 지성 안에 숨어 있다. 하지만 스택하우스에게 그것은 절대적으로 초월한 "저 밖에", 즉 "초문화적이고 초역사적이며 초경험적인 범주"로 놓여 있다. 그래서 앞으로 살펴보겠지만 노박은 "우리 안에" 있는 인간의 창조성이 꽃피우게 하기 위해 도덕적-문화적 시스템과 관습이 중요하다고 강조하는 반면, 스택하우스는 세계 문명의 기풍(ethos) 안에 '초상황적인 규범'이 성육신되어야 한다고 말하는 것이다. 하지만 이렇게 서로 상반된 방법론을 가지고도, 흥미롭게도, 그들은 미국 기업을 위한 친자본주의 신학이라는 동일한 결론에 이르게 된다. 이제 북미 신보수주의 신학에

28 McCann, *Christian Realism & Liberation Theology: Practical Theologies in Creative Conflict* (Eugene, Oregon: Wipf and Stock Publishers, 2001), pp. 200-201, 206, 228.

29 Novak, "The Silent Artillery of Communism," in *Three In One*, p. 291; Novak, *The Catholic Ethic and the Spirit of Capitalism*, p. 232.

대한 이러한 개괄적 이해를 가지고 스택하우스의 '공공의 신학'을 집중적으로 분석해보도록 하자.

스택하우스의 '공공의 신학'

2007년 아프간 피랍 사태 이후 한국 개신교회의 배타성과 사회적 소통 능력의 부족이 큰 문제로 제기되면서 한국에서는 기독교의 신학과 윤리를 현대 사회의 공적 영역과 접목하기 위해 노력하는 스택하우스의 신학과 방법론이 주목받기 시작했다.[30] 즉 기독교의 교리가 독단적 주장이 되거나 종파적 입장으로 전락하는 것을 막고 사회 변혁의 문제까지도 교회의 선교적 과제로 아우를 수 있는 폭넓은 실천신학으로서 스택하우스의 '공공의 신학(Public Theology)'에 대한 관심이 높아진 것이다. 하지만 북미 신보수주의 신학으로서의 스택하우스의 공공의 신학, 즉 미국의 기업과 자본주의를 옹호하는 경제의 신학으로서의 스택하우스의 공공의 신학에 대해서는 아직까지 제대로 소개되거나 논의된 적이 없다. 필자는 여기서 경제의 신학으로서 스택하우스의 공공의 신학이 어떤 신학적 가설과 전제 및 방법론에 근거해 반(反)생태적 생산 윤리와 보수적 사회 윤리로 귀결되었는지를 분석하고 비평할 것이다. 사실 하

30 문시영 지음, 『공공신학이란 무엇인가?』(북코리아, 2007)를 참조하라. 새세대교회윤리연구소가 주관하여 총 8명의 신학자가 참여한 이 책에서는 맥스 스택하우스의 신학 윤리 사상을 집중적으로 조명하고 있다. 또한 기독교윤리실천본부(기윤실) 창립 20주년을 기념하여 2007년 7월에는 공공신학 전문가 집담회가 열리기도 했으며, 2008년 6월 미국산 쇠고기 파동으로 촛불 시위가 한창인 와중에 개최된 한국기독교목회자협의회(한목협) 수련회에서는 한국 사회에 강력히 부상하는 시민 사회와 소통하기 위해서라도 한국 교회가 공공의 신학에 깊은 관심을 가져야 한다는 주장이 제기되기도 했다.

나님과 맘몬은 날카롭게 구분할 수 없다는, 서두에 인용된 스택하우스의 말 속에 그의 신학과 윤리의 모든 것이 다 드러나 있다.

스택하우스의 공공의 신학의 출발점은 "거대 제도의 도덕적 기초" 혹은 "큰 윤리적 체계" 에 대한 신학적 관심이다. 즉 그의 신학과 윤리의 기본적 과제는 거대 제도나 구조의 '기풍(ethos)' 안에 어떤 특성이 있는지를 규명하고 이를 평가 · 교정 · 재교정하는 일이다.[31] 스택하우스의 기본적 전제는, 모든 역사적 형태의 정치 경제 체제는 특정한 기풍을 지니고 있으며, 그 기풍의 핵심에는 특정한 신학적 원리가 작동하고 있고, 따라서 우리는 그 신학적 원리를 규명 · 평가 · 교정함으로써 한 체제의 중추적 논리, 즉 "형이상학적-도덕적 기반" 을 변화시킬 수 있다는 것이다. 그는 종교가 정치 경제에 결정적인 역할을 수행해왔고 또 앞으로도 그럴 것이라 믿는다. 그러므로 종교가 정치 경제의 '영적 기반'을 재발견하여 이를 정련(精鍊)하고 개조하는 것은 중요하고 또 실제로 가능한 일이라고 믿는다.[32]

이러한 출발점과 전제 위에 세워진 신학이 스택하우스의 '공공(公

31 Stackhouse, *The Ethics of Necropolis: An Essay on the Military-Industrial Complex and the Quest for a Just Peace* (Boston: Beacon Press, 1971), p. x.; Stackhouse, *Ethics and the Urban Ethos: An Essay in Social Theory and Theological Reconstruction* (Boston: Beacon Press, 1972), pp. 5, 22. 그는 '기풍'을 "하나의 문화가 작동하는 규범을 구성하는 가치, 의미, 목적, 기대, 의무, 합법화의 교묘한 망" 이라고 정의한다.

32 Stackhouse, *Ethics and the Urban Ethos*, pp. 5, 142; Stackhouse, *Public Theology and Political Economy*, pp. 90-95를 참조하라. 사실 이 이유 때문에 스택하우스는 미국 경제에 대해 비판적이다. 왜냐하면 미국 경제는 자신을 낳은 도덕적 신학과 철학으로부터 스스로 멀어졌다고 보기 때문이다. 그에 의하면 오직 "가난하고 굶주린 사람들에 대한 에큐메니칼적 관심과 결합된 청교도적 검약 정신의 회복" 만이 실용주의적 자유주의와 소비주의라는 문제를 극복할 수 있다. (Stackhouse, *Creeds, Society, and Human Rights*, pp. 116, 118, 280.)

共)의 신학(public theology)'이다. 이 신학은 "교회를 인도할 수 있고, 문명의 구조를 형성할 수 있으며, 사람들로 하여금 공공의 활동을 유지하게 만드는 여러 제도들 안에 적극적으로 참여하도록 요청하는" 신학이다.[33] 공공의 신학은 후기 산업주의와 하이테크 그리고 점차 전문화되고 세계화되는 현대인의 삶에 대한 하나의 비전인데, 그가 '사적인(private)' 신학이 아니라 '공공의(public)' 신학을 말하는 이유는, "구원은 비교적(秘教的)이거나, 일부 특권층만의 것이거나, 비이성적이거나, 혹은 가까이 다가갈 수 없는 어떤 것이 아니"라고 믿기 때문이다.[34] 스택하우스는 정교 분리의 원칙을 지지한다. 하지만 그렇다고 해서 기독교 신학이 공공의 영역으로부터 분리·소외되어야 한다고 생각하지는 않는다.[35]

스택하우스의 공공의 신학은 다음과 같은 다섯 가지의 특징을 가지고 있다. 첫째로 공공의 신학은 '비교파적(non-confessional)' 신학이다. 스택하우스는 대부분의 기독교 신학이 교파적이고 오직 개인의 구원과 저 세상적인 것 그리고 교회의 일에만 집중하는 것에 매우 비판적이다(이 점이 일부 한국 교계와 신학계가 그에 대해 관심을 가진 이유다). 하지만 교회가 정치 권력이나 경제적 부(富)와 같은 '이 세상적'이고 세속적인 문제들을 다룰 수 있기 위해서는 기독교 신학이 개인적이

33 Stackhouse, *Christian Social Ethics in a Global Era*, p. 13.

34 Stackhouse, *Public Theology and Political Economy*, pp. x-xi, 34, 94.

35 스택하우스에 의하면 이러한 공공의 신학은 기독교 사회학(Christian sociology)의 범주 아래 들어올 수 있는 것이고, 샤일러 매튜스(Shailer Matthews)와 월터 라우쉔부시(Walter Rauschenbusch)가 발전시킨 근대 경제 신학의 맥을 잇는 것이다. 스택하우스에 의하면 '기독교 사회학'에서 가장 중요한 것은 다음과 같은 상대적 합의들이다. 첫째, 예수 그리스도의 복음은 우리가 공동체 안에 살면서 또 하나님의 법 아래서 그의 나라를 향해 살면서 이웃과의 계약 속에 우리에게 주어진 소명에 최선을 다하는 것이고, 둘째 물질적인 측면뿐만 아니라 영적인 측면, 사회적인 존재의 역동성, 나아가 개인적인 것에도 관심을 쏟는 것이다. (Stackhouse, *Ibid.*, pp. 30, 52, 75, 95.)

고 특정한 교파적인 신앙, 즉 '신앙고백(confession)'을 넘어설 수 있어야 하며, 나아가 공공의 영역에서 비기독교인을 포함하여 모든 사람들을 인도할 수 있는 보다 보편적 담론과 규범을 제시할 수 있어야 한다는 것이다. 이런 의미에서 스택하우스에게 종교란 하나의 "의미 체계"이며, 기독교는 기본적으로 "형이상학적-도덕적 비전"인 것이다.[36]

둘째로 스택하우스의 공공의 신학은 '비상황적(non-contextual)' 신학이다. 즉 그는 신학의 '맥락화(contextualization)'를 거부한다.[37] 스택하우스에 의하면 신학이 현대인들의 공공의 삶을 인도할 수 있는 "의미와 도덕성의 초월적인 근거"를 제공하기 위해서는 특정한 상황(context)에 속박되지 않아야 하고 오히려 그것을 초월하는 원천과 규범이 필요하다는 것이다.[38] 그는 이러한 초월적 원천과 규범이 개신교의 청교도 전통에서 가장 잘 발견될 수 있다고 믿는다. 이 전통에 의하면 하나님은 이 세계가 아니며 또한 이 세계로 환원될 수도 없다. 말씀(Word)은 모든 상황을 초월하고, 그렇기 때문에 각각의 삶의 물질적 상황 속에 숨겨진 의미를 드러내줄 수 있다. 오직 이렇게 특정하고 개별적인 상황을 초월하는 어떤 절대적인 것만이 각개의 상황을 평가 · 교정할 수 있는 지렛대를 제공할 수 있다는 것이다. 하지만 이 말은 말씀(Word)과 세계(world), 절대와 상대, 그리고 초월과 내재 사이에 이원

36 Stackhouse, Ibid., pp. xi, 75, 94; Stackhouse, "The Hindu Ethic and Development: Western Views," in *On Moral Business*, p. 376; *Creeds, Society, and Human Rights*, p. 111.

37 맥락화 혹은 상황화(contextualization)는 "추상적이고 보편적이라고 여겨지는 신학으로부터, 신학은 그것이 그 일부를 이루는 구체적 · 지역적 · 역사적 실천에 의존하고 있다는 주장으로의 전의를 의미한다." (레티 M. 러셀, J. 샤논 클락슨 엮음, 『여성신학사전』[이화여자대학교출판부, 2003], p. 114.)

38 Stackhouse, *God and Globalization Volume 2: The Spirit and the Modern Authorities* (Harrisburg, Pennsylvania: Trinity Press International, 2001), pp. 14, 36.

론적 사고를 도입하는 것은 아닌가? 이에 대한 스택하우스의 답변은 분명하다. "이 세계 및 실증주의를 넘어선 실재를 보장하기 위해서는" '기독교적 이원론', '궁극적 이원론', 혹은 '기초적 이원론'이 적극적으로 "요청된다(required)"는 것이다.[39] (앞으로 우리가 살펴보겠지만, 바로 이러한 이원론에 대한 요청 때문에 스택하우스는 과정신학이나 생태신학과 같은 반이원론적인 신학을 '타자성'을 상실한 일원론적 신학이라고 비난한다.)

셋째로, 스택하우스의 공공의 신학은 하나님과 세계 사이의 형이상학적 이원론의 필요성을 요청하기에 그가 '자연주의적 물질주의(natural materialism)'라 부르는 것을 강력히 반대한다. 스택하우스에 의하면 아담 스미스에 의존하는 '신학적 우파'나 마르크스에 의존하는 '신학적 좌파' 모두 틀렸다. 왜냐하면 그들은 모두 '자연주의적 물질주의'를 선호하면서 공통적으로 '형이상학적 이원론'을 거부하기 때문이다.[40] 신학적 우파란 구체적으로 '자유방임적 신보수주의자들'로서 그들은 사회적 정의의 필요성을 거부하는 사람들이다. 스택하우스는 사회적 정의가 여전히 근대 경제학의 필요한 부분이라고 주장하며 이들을 비판한다.[41] 또한 신학적 좌파란 구체적으로 남미의 해방신학자들로서 그들의 신학은 "마르크스주의 변증법과의 구별이 불가능한, 그리고 역사에 대한 일원론적 철학과 신학을 결합한 것"이라 비판한다.[42] 사실 노

39 Stackhouse, "Christian Social Ethics in a Global Era," pp. 42, 44-45, 65.

40 스택하우스에 의하면 아담 스미스의 '자유방임 이데올로기'가 틀린 이유는 그것이 정치 경제적 부문과의 연결을 허용하지 않아 결과적으로 정치와 경제 사이의 실제적 관계성을 왜곡하기 때문이다. 마르크스 경제 역시 틀린 이유는 이와 반대로 정치와 경제를 완전히 하나로 통합하기 때문이다. (Stackhouse, *Public Theology and Political Economy*, p. 100; Stackhouse, "What Then Shall We Do? On Using Scripture in Economic Ethics," in *On Moral Business*, p. 110.)

41 Stackhouse and McCann, "A Postcommunist Manifesto," p. 950.

박이나 맥캔과 같은 다른 신보수주의 신학자들과 비교하면 스택하우스는 상대적으로 남미 해방신학에 대해 보다 동정적이다. 왜냐하면 그는 해방신학의 핵심적 주장인 '가난한 자에 대한 우선적 선택'이 여전히 유효한 신학적 원리라고 믿기 때문이다. 그래서 그는 "우리의 예배를 받기에 합당한 유일한 하나님은 오직 억압받는 자들을 편드는 사랑으로 치우친 분"이라고까지 말한다.[43] 그럼에도 불구하고 스택하우스에게 있어서 해방신학의 문제는 해방신학이 한 사회나 제도로 하여금 스스로를 갱신할 수 있게 하는 — 혁명적 변혁이 아니라 — '재건적(reconstructive)' 비전을 소홀히 하는 것이다. 스택하우스는 해방신학이 가진 유효한 관점이 "보다 지속 가능하고 덜 이데올로기적인 맥락"으로, 즉 마르크스에서 베버로 대체되어야 한다고 믿는다.[44] 사실 스택하우스와 해방신학자들 사이의 가장 큰 차이점은 해방신학자들이 미국 중심적인 종속적 자본주의 안에서는 남미의 가난한 사람들에게 아무런 희망이 없다고 본 반면, 스택하우스는 인간의 탐욕과 착취에 제약을 가할 수 있는 신학과 윤리를 발전시키면 자본주의도 개량이 가능하다고 보는 것이다.

넷째로, 스택하우스의 공공의 신학은 아담 스미스와 마르크스의 자연주의적 물질주의뿐만 아니라 그가 '일원론적 자연주의(monistic naturalism)'라고 부르는 모든 생태적 사상에 대해서도 철저히 반대한

42 Stackhouse, *Public Theology and Political Economy*, pp. 21-22.

43 그는 또한 해방신학이 "가난한 자를 착취하기 위해 신앙적 주장을 이용하는 모든 종교적 시도에 대한 중요한 교정책"이라고 인정한다. (Stackhouse, "Protestantism and Poverty," in *The Preferential Option for the Poor*, ed., Richard J. Neuhaus [Grand Rapids, Michigan: William B. Eerdmans Publishing Co., 1988], pp. 32-33.)

44 Stackhouse, *Public Theology and Political Economy*, pp. 23, 91f. 스택하우스는 베버의 작업이 비록 정치 경제의 종교적이고 윤리적인 가치들에 대해 오직 서술적인 분석만을 제공한다는 한계점에도 불구하고 아담 스미스와 마르크스의 함정을 모두 피할 수 있는 길이라고 생각한다.

다. 스택하우스는 생태신학에 대해 매우 비판적이다. 왜냐하면 생태신학은 자연의 '되어감(becoming)'과 신을 동일시하고, 이원론적 초월성을 피하려다 "자연주의적 · 지구 중심적 · 진화론적 일원론에 빠져들어" 결과적으로 신학적 (따라서 인간적) 깊이와 넓이를 잃어버렸다고 보기 때문이다.[45] 스택하우스에 의하면 많은 생태여성주의와 과정사상은 순전히 내재적인 세계관, 혹은 개신교 종교 개혁의 신학적 전통과는 결코 양립할 수 없는 일원론적 자연주의에 깊이 물들어 있다. 하지만 스택하우스에게는 자연을 보는 자신의 독특한 견해가 있다. 그가 '생물리학적 우주(biophysical universe)'라고 부르는 자연은 자신을 넘어선 어떤 초월적 규범과 목적에 복속된 '일시적 실재'에 불과하며, 따라서 하나님의 창조와 구별되어야 할 어떤 '하위의 실재'이고, 무엇보다도 인간의 기술에 의해 변화되기를 기다리는 '타락한 실재'라는 것이다.[46] 따라서 우리는 결코 이러한 자연에 의존해서는 안 되고, 대신 하나님이 원래 의도했던 대로 자연을 변화시키기 위해 인간의 기술을 사용해야 한다는 것이다.[47] 스택하우스에 의하면 반(反)기술적인 현대 생태운동은 인간이 자연의 논리에 따라 살아야 한다고 주장하지만, "인간은 사물을 변화시킬 수 있는 존재이기 때문에" 그것은 절대로 받아들일 수 없는 것이

45 Stackhouse, "Christian Social Ethics in a Global Era," pp. 52-53.

46 Stackhouse, *Public Theology and Political Economy*, p. 145; "Christian Social Ethics in a Global Era," p. 54. 스택하우스에 의하면 자연은 타락했는데, 그 이유는 자연 자체가 가지고 있는 유한성이 악이어서가 아니라 그 유한성이라는 실재가 자신의 본래적 의도와 목표와 기능을 가로막기 때문이다.

47 스택하우스에 의하면 기술은 천사도 악마도 아니지만 기술 그 자체를 넘어선 형이상학적이고 도덕적인 비전에 의해 인도될 때 "창조를 보존하고 공동체의 새로운 가능성을 증진시킬 수 있다." 비록 "우리의 확신을 기술에 두어서는 안 되고, 계시만으로 우리에게 알려진 하나님의 자유의지에 전적으로 의존해야 하지만" 기술은 여전히 "새로운 형식의 복음주의"이며 일종의 "베일을 쓴 천사"다. (Stackhouse, *Ibid.*, pp. 1, 13, 50, 52-53, 146.)

다.[48] 대신 스택하우스는 "무언가 자연이 아닌 것"을 강조한다. 그에 의하면, 우리는 무언가 자연이 아닌 어떤 것에 대한 확고한 지식을 가질 때에만, 우리가 경험하는 눈앞의 현상이 원래 반드시 그래야 하는 것이 아님을 깨닫게 된다는 것이다. 즉, 우리가 오직 '자연을 넘어선 무언가'를 붙잡을 수 있을 때에만 우리는 "이전의 유기체적 원상태로 회귀하려 하거나 혹은 영속적인 과정의 흐름 안으로 몰입하는 오류"에 저항할 수 있다는 것이다.[49] 그래서 흥미롭게도 스택하우스는 우리가 "자연을 '요리(cook)'해서" 변화시켜야 하며, 그렇게 하기 위해서는 우리가 자연을 초월한 형이상학적-도덕적 비전을 가져야 한다고 주장한다.[50] 한마디로 "존재의 거대한 그물망"을 강조하는 고전적 가톨릭 교회나 루터 교회, 성공회나 생태운동의 형이상학적-도덕적 비전은 잘못된 것이다. 스택하우스에 의하면, 우리는 이미 주어진 자연이나 사회의 질서로부터가 아니라, 오직 초월적인 하나님으로부터 오는 소명을 강조하는 개신교의 청교도적 전통 안에서만 자본주의 경제를 위한 가장 훌륭한 노동 윤리를 발전시킬 수 있다는 것이다.[51]

마지막 다섯 번째로 스택하우스의 공공의 신학의 특징은 "세계의 한가운데 있는 거룩함과 은총"에 대한 강조이며 이러한 거룩함과 분리된, 자유에 대한 과격한 요구에 대한 강력한 비판이다.[52] 스택하우스에 의하

48 Stackhouse, "The Ten Commandments," in *On Moral Business*, p. 60. 스택하우스는 인간을 수동적인 존재로서가 아니라 신의 창조성에 참여한다는 점에서 적극적인 존재로 본다.

49 Stackhouse, "Christian Social Ethics in a Global Era," p. 52.

50 Stackhouse, *Public Theology and Political Economy*, p. 142.

51 Stackhouse, *Creed, Society, and Human Rights*, p. 112.

52 Stackhouse, "Christian Social Ethics in a Global Era," pp. 22-24, 41. 스택하우스는 개신교회 일반에 대해 비판적인데 왜냐하면 그가 보기에 그것은 종종 거룩함으로부터 분리된, 인간의 자아를 찬양하는 자유에 대한 급진적 요구들(르네상스, 계몽주의, 낭만주의, 자유주의, 그리고 해방운동)과 긴밀히 연결되어 있다고 보기 때문이다.

면 하나님의 은총은 독재로부터 자유의 경험만이 아니라 하나님의 공의에 따라 이 세상을 살아가는 경험, 보다 구체적으로는 공공의 삶을 형성하고 유지하는 데 책임 있게 참여하기 위해 우리에게 주어진 능력들을 사용하는 경험에서 더 잘 드러난다. 즉 자유를 위한 투쟁만으로는 충분하지 않고 오직 하나님의 거룩함과, 하나님의 법과, 하나님의 목적에 복종하는 것을 통해서만 우리의 자유라는 실재 뒤에 숨어 있는 진정한 의미를 발견할 수 있다는 것이다. 그는 이것이 바로 개신교 종교 개혁의 가장 심오한 신학적 통찰이라고 주장한다. 그러면서 자유에 대한 추구를 "자유 너머에 있는 거룩함의 심판 아래", 즉 하나님의 법과 목적과 소명 아래 복속시킬 것을 강력히 요청한다. 사실 스택하우스가 남미의 해방신학자들을 비판했던 가장 큰 이유도 해방신학이 하나님의 법과 목적과 소명을 인간의 자유에 복속시킨다고 보았기 때문이다. 스택하우스에게 하나님의 법은 너무도 중요하다. 왜냐하면 그것은 "혼란을 방지하고 자유에게 정의와 진리라는 틀을 제공하는 질서의 원칙"이기 때문이다. 그런데 왜 질서가 자유보다 더 중요한가? 스택하우스에 의하면 우리는 마침내 자유를 얻었다. 따라서 오늘날 우리의 핵심적 문제는 어떻게 더 많은 자유를 쟁취할 것인가가 아니라 이미 우리 손에 들어온 자유를 가지고 우리가 무엇을 할 것인가이다. 말하자면 지금 우리는 '후기 자유의 시대'를 살고 있고, 따라서 이제부터 중요한 신학적 문제는 더 이상 좌냐 우냐가 아니라 "말씀의 힘과 자유 그리고 질서"라는 것이다.[53] (아직도 자유의 쟁취를 위해 힘들게 싸우고 있는 남미와 이 지구상의 많은 사람들에게 이 말이 어떻게 들릴지 궁금하다.)

이상에서 살펴보았듯이 스택하우스는 자신의 공공의 신학을 다른 많은 신학들로부터 날카롭게 구분했다. 즉 '내재적 역사주의'(해방신학)

53 Stackhouse, *Ibid.*, pp. 22, 25-26, 37, 43, 58.

에 반대하면서 초문화적(transcultural) · 초역사적(transhistorical) · 초경험적(transexperiential) 범주를 강조했고, '자연주의적 · 지구 중심적 · 진화론적 일원론'(생태신학)에도 반대하면서 자연 자체를 초월하는 형이상학적-도덕적 비전을 강조했다. 뿐만 아니라 그는 자신의 공공의 신학을 '신자유주의'와도 구별한다. 그에 의하면 신자유주의의 인간관인 '경제 인간(*homo ecnomicus*)'은 환원주의적 추상화에 불과하다. 더 나아가 그는 자신의 신학을 '신보수주의'와도 분리시키려 노력한다. 자신의 공공의 신학은 변화를 반대하지 않기 때문에 그것과 양립할 수 없다는 것이다.[54] 이렇듯 다른 많은 신학과 사상으로부터 자신의 신학을 철저히 구분하면서 스택하우스는 자신의 공공의 신학이 이 모든 것들의 대안이라고 주장한다. 즉 지금까지의 많은 근대 개신교 신학은 사회주의, 해방주의, '제3세계', 좌파 및 우파, 그리고 녹색주의 등 온갖 잘못된 경로와 방법으로 세계와의 연관성(relevance)을 추구했지만,[55] 하나의 전 지구적 문명이 출현하는 지금 자신의 공공의 신학은 기독교인들로 하여금 사적이고 교파적인 신앙에서 벗어나 이 세계 한가운데 있는 하나님의 은총과 거룩함에 복종하면서 각자에게 주어진 재능을 사용하여 공공의 삶을 형성하고 유지하는 일에 책임 있게 참여할 수 있게 만들 수 있다는 것이다.

54 Stackhouse, "Protestantism and Poverty," p. 32.

55 스택하우스는 심지어 "제1, 2, 3세계"라는 표현이나 "발전, 발전도상, 저개발" 같은 용어의 사용도 거부한다. 왜냐하면 이러한 유형학 안에는 초월의 것에 대한 관심이 조금도 나타나 있지 않다고 보기 때문이다. (Stackhouse, "Christian Social Ethics in a Global Era," pp. 13, 19, 38f, 47, 54, 58.)

기업의 신학으로서의 공공의 신학

그런데 이렇게 에큐메니칼적이고 책임적인 사회 참여 신학이 어떻게 미국 자본주의를 위한 기업의 신학이 되었는가? 사실 스택하우스는 구체적으로 어떤 정치 경제 체제가 바람직한 체제인지 언급하지 않는다. 다만 "기독교인들이 정치와 경제의 문제들에 대해 가장 잘 생각할 수 있는 방법" 으로서의 사회 민주주의를 이야기할 뿐이다.[56] 그는 다만 자신의 공공의 신학과 사회 민주주의 사이, 말씀과 세계 사이, 그리고 에큐메니칼 신학과 정치경제학 사이를 연결할 수 있는 다리로서 '청지기(stewardship)'라는 개념을 제시할 뿐이다. 그런데 바로 이 청지기에 대한 그의 이해와 강조 때문에 스택하우스의 공공의 신학은 다른 신보수주의 신학자들이 공통적으로 이르렀던 곳, 즉 미국의 자본주의와 기업을 위한 신학과 윤리라는 자리에 도달하게 된다.

스택하우스에 의하면 "근대 사회의 책임적인 청지기 의식은 우리로 하여금 기업과 새롭게 씨름할 것을 요구한다."[57] 왜 기업과 씨름해야 하는가? 그는 우리에게 가난한 사람들을 돌볼 영적 · 도덕적 의무가 있다는 점을 부인하지 않는다. 하지만 문제가 있다. 기독교 신학이 가난한 사람들에만 관심을 쏟느라 현대 사회 속에서 생산의 결정적 중심인 기업에는 거의 아무런 신학적 관심도 쏟지 않았다는 것이다. 사실 스택하우스도 다른 신보수주의 신학자같이 '전향'을 경험했다. 즉 분배의 불평등의 문제에 대한 강조로부터 부의 생산의 문제로 그의 관심사가 바뀐 것이다. 그는 이렇게 말한다. "나는 내가 대단히 중대한 오류를 저질렀음을 발견했다…… [그것은] 과거 농업의 세계와 현대 경제 사이에 일

56 Stackhouse, *Public Theology and Political Economy*, p. xii.

57 Stackhouse, *Ibid.*, p. 114.

어난 무언가 새로운 변화를 포착하지 못한 오류다."[58] 과거에는 농업이 기본적 생산 양식이었고, 분배의 문제가 중심적 문제였으며, 무역과 상업과 금융은 도덕적으로 의심받았고, 기업은 기껏해야 필요악으로 여겨졌을 뿐이다. 하지만 농업 경제에서 근대 경제로 넘어오면서 "무언가 중요한 일이 일어났고", 그 무언가 중요한 일이란 다름 아닌 "근대 경제적 삶의 핵심적 작동 단위가 된 기업의 발전"이었다는 것이다.[59]

그렇다면 기독교 신학은 이 '무언가 중요한 일'에, 즉 근대 기업에 자신을 개방해야 한다. 즉 기업이 더 이상 "가장 영적이고 윤리적이며 사회적 문제에 관심이 많은 사람들의 적"으로 남아 있어서는 안 된다는 것이다.[60] 그러기 위해서는 기독교 신학이 고전적인 분배의 윤리로부터 근대적인 생산 윤리로 전환해야 한다는 것이다. 하지만 이것은, 그가 자기 자신에게 묻듯, 혹 "양키 기업 자본주의에 대한 축성(祝聖)은 아닌가?"[61] 스택하우스는 아니라고 단언한다. 왜냐하면 결국 가난을 비(非)신성화하고 노동, 상업, 무역, 제조업 및 은행을 구속적인 것으로 신성시하면서 분배의 윤리로부터 생산의 윤리로 옮겨간 사람은 다름 아닌 개혁주의 신학자 칼뱅 그 자신이었기 때문이다.[62] (스택하우스는 프린스턴 신학교에서 가르치는 장로교 신학자다.) 스택하우스는 기업이라는 경제적 현상의 뿌리는 단연코 종교라고 강조한다. 심지어 그는 기독교의 기원도 생산과 무역에 종사하던 도시화된 사람들과 관련되어 있었을 것이라 추정한다. 즉 초대 교회는 "최초의 '초윤리적' 그리고 '초민족적' 기업"이었다는 것이다.[63] 하지만 모든 위대한 종교들의 핵심은 언제나 이

58 Stackhouse, *Ibid.*, p. 120.

59 Stackhouse, "Christian Social Ethics in a Global Era," p. 70.

60 Stackhouse, *Public Theology and Political Economy*, p. 124.

61 Stackhouse, *Ibid.*, p. 130.

62 Stackhouse, "Protestantism and Poverty," pp. 14-15.

득보다는 희생을, 지배보다는 순종을, 그리고 생산보다는 나눔을 강조하지 않았던가? 이에 대해 스택하우스는, 자신이 말하고자 하는 바의 요지는 근대 신학과 윤리가 간과해온 한 가지 맹점을 극복하여 "잠재적으로 도덕적이고 영적인 실재인 기업"을 붙잡고 신학적으로 씨름하자는 것일 뿐이라고 답한다.[64]

필자는 자본주의 기업에 대한 스택하우스의 관심이 정당하지 않다고 생각하지 않는다. 신학과 경제의 연관성을 논하면서 그동안 간과해온 근대 사회의 중요한 기관에 신학적 관심을 확장시킨 것은 분명히 공헌이다. 하지만 필자는 왜 그가 그렇게 기업의 '도덕적이고 영적인 가능성'을 낙관적으로 생각하는지 이해할 수 없다. 스택하우스에 의하면, 기업은 "자신만의 내적 '영혼' 혹은 '성격'과 법적 대리인으로서의 자격을 가지고 있으며", 그렇기 때문에 기업은 개혁되고 갱신될 수 있는 속성을 가지고 태어났다는 것이다.[65] 물론 그는 기업 활동 한가운데 악마적 요소가 있을지도 모른다고 인정한다. 하지만 만약 신학자들이 새로운 소명 의식을 불러일으켜 기업을 교화하면 기업은 개혁되고 갱신될 수 있으며, 기업의 심장 안에는 "신학적으로 견고한 영성"으로 채워질 수 있다고 믿는 것이다.[66] 즉 기업의 주주와 경영자 및 노동자들 사이에 어떤 새로운 소명 의식만 자라날 수 있다면 그는 기업의 모습이 달라질 것이라고 확신하고 있는 것이다. 사실 이러한 확신은 스택하우스의 공공의 신학의 핵심적 주장과 잘 어울리는 것이기도 하다. 그는 "본래 신학적이고

63 Stackhouse, *Public Theology and Political Economy*, pp. 115, 126; Stackhouse, "What Then Shall We Do? On Using Scripture in Economic Ethics," p. 113.

64 Stackhouse, *Public Theology and Political Economy*, p. 133.

65 Stackhouse, *Ibid.*, p. 132.

66 스택하우스는 이를 위한 다섯 가지 영적 자원을 제안하는데 그것은 소명, 도덕법, (가난으로부터의) 해방, 죄, 그리고 계약이다. 이것들 중에서 그가 특별히 강조하는 것은 물론 소명이다. (Stackhouse, *Ibid.*, pp. 132-135.)

윤리적이며, 그 뿌리에 있어서 기독교적이고, 성격상으로는 공적이며, 관련성에 있어서는 보편적인 어떤 공동의 지침" 만이 서구 사회가 가진 기술주의적 가정(假定)의 문제를 해결할 수 있다고 보고 있는 것이다.[67]

확실히 스택하우스는 자본주의와 기업에 대해 '낙관적'이다. 하지만 조에르그 리거(Joerg Rieger)가 잘 지적하듯이, 스택하우스의 주장 속에는 기업이 "전 세계적인 문명을 형성하는" 자신의 과제를 잊지 않는 한, 자본주의 시장 경제의 전 지구적 팽창 속에서 기업이 현재 수행하는 역할에는 아무런 문제가 없으며, 단지 기업에 필요한 것은 "의식적인 도덕적 방향타" 일 뿐이라는 생각이 들어 있다.[68] 실제로 우리가 이미 살펴본 대로, 스택하우스의 공공의 신학의 기본적 관심은 전 지구적 문명의 영적인 재활성화(revitalization)이기 때문에, 전 지구적 자본주의가 가진 다른 여러 측면들, 즉 권력의 불균형 분배라든지 빈부 격차의 심화 같은 문제들은 처음부터 중요한 의제로 제기되지 않았다. 어쩌면 스택하우스는 자본주의와 자본주의의 기업 문화가 기독교의 기본 정신과 근본적으로 불화할 수도 있다는 생각을 한 번도 안 해봤는지 모를 일이다. 그는 마치 기독교 신학과 경제학을 연결시키는 데 있어서 도덕적이고 정신적인 문제만 다루면 충분하다고 생각하는 것 같다. 하지만 자본주의 시장 경제는, 리거가 주장하듯이, 단지 어떤 특정 가치관들의 묶음을 넘어선 것이며, 인간이 가진 경제적 이해관계는 결코 길들이기가 쉽지 않은 것이다.[69] 차라리 그런 의미에서 "권력은 권력을 통해서만 견제될 수 있다" 는 니버의 생각이 스택하우스의 기업의 변화 가능성에 대한 낙관보다 훨씬 더 설득력 있다. 기업의 신학으로서의 스택하우스의 공공의 신

67 Stackhouse, *Ibid.*, p. 29; Stackhouse, *God and Globalization (Volume 2)*, p. 22.

68 Joerg Rieger, "Theology and Economics," in *Religious Studies Review*, Vol. 28, No. 3 / July 2002, p. 217.

69 Rieger, *Ibid.*, p. 218.

학은 지나치게 낙관적이며, 수많은 경제적 이해관계와 사회적 계층으로 이루어진 우리의 엄중한 세계에 대한 그의 인식은 불철저하다.

그런데 우리가 여기서 한 가지 더 깊이 검토해보아야 할 것은 현대 자본주의와 기업에 대한 스택하우스의 불철저성이 혹시 그의 신학적 전제와 방법론의 결함에서 비롯된 것은 아닌가 하는 것이다. 필자가 보기에 전 지구적 자본주의 경제에 대한 스택하우스의 '유연한' 접근은 신학적으로 '초월적인 것(the transcendental)'과 '성육신적인 것(the incarnational)'에 대한 인위적이고 자기 모순적인 결합에서 나온다. 이미 살펴보았듯이 스택하우스는 형이상학적-도덕적 비전과 초문화적·초역사적·초경험적 범주를 강조한다. 하지만 그는 이와 동시에 그러한 초월적인 것이 "근대적, 다원주의적, 상호의존적, 전 세계적, 생산적 사회의 기초 안으로 성육신해야 한다"고 강력히 주장한다.[70] 그는 하나님과 이 세계를 날카롭게 구분하지만, 이 장의 맨 앞에 인용한 대로, "우리의 관심을 받을 만한 초월은 우리가 이 땅에서 무엇을 생각하는지와 긴밀히 연결된 초월"이어야 한다고 강조하는 것이다.[71] 한편으로 그는 분명 오늘날의 지구화된 문명 속에서 모든 권력과 체제 그리고 기구 위에 있는 그리스도의 주권을 확언하기 위해 노력하면서도, 다른 한편으로는 그리스도 사건이 인류의 문명 구조 안으로 특히 '문명의 기풍(ethos)' 안으로 성육신되어야 한다고 강조하고 있는 것이다.[72]

그런데 참으로 믿기 어려운 점이 있다. 그것은 스택하우스가 하나님의 성육신을 강조할 때 성육신의 목적과 방향을 지극히 자의적으로 지시하고 제한하고 있다는 점이다. 그가 문명의 기풍 안으로 그리스도 사

70 Stackhouse, "What Then Shall We Do?," p. 113.

71 Stackhouse, *Public Theology and Political Economy*, pp. x-xi.

72 Stackhouse, *God and Globalization (Volume 2)*, p. 36; Stackhouse, "Protestantism and Poverty," p. 27; "Christian Social Ethics in a Global Era," p. 43.

건의 성육신을 강조하면서 내세우는 한 가지 전제가 있는데, 그것은 "인간의 문명 질서는 보존되어야 할 어떤 것"이며, 묵시주의적이거나 유토피아적인 방안은 문명의 보존에 결코 바람직하지 못하고, 따라서 우리는 문명의 보존을 위해 "지속적이고 질서정연한 개혁을 추구해야 한다"는 것이다.[73] 참으로 놀랍게도 이러한 스택하우스의 성육신에 대한 주장은, 다음 장에서 우리가 살펴보겠지만, 성육신의 목적이 "이 세계를 있는 그대로 존중하기 위한 것이었으며, 어떤 유토피아적 해결도 믿지 않는 것을 의미하는 것" 이라고 주장하는, 미국의 또 다른 신보수주의 신학자 마이클 노박의 성육신 이해와 아주 정확히 맞아떨어지는 것이다. (사실 '보존'보다 '변혁'을 더 강조한 해방신학에 대한 반발로 일어난 신보수주의 신학의 공통성은 거꾸로 '변혁'보다는 '보존'에 대한 강조다.) 물론 필자도 묵시주의적이고 유토피아적인 해결책만이 유일한 사회 변혁의 방안이라고는 생각하지 않는다. 하지만 그 반대로 성육신의 목적이 인간 문명의 질서를 보존하기 위한 것이어야 한다고도 생각하지 않는다. 왜 하나님의 성육신의 목적과 방향이 인위적으로 제약되어야 하는가? 그것이 과연 신의 절대적 주권과 자유를 강조하는, 스택하우스가 그토록 신봉하는 칼뱅주의-청교도 신학적 전통과 양립할 수나 있는 일인가?

그래서 우리는 스택하우스가 초지일관 강조하는 '초월성'에 대해 의문을 제기하지 않을 수 없다. 우리가 초월성에 대해 이야기할 때, 그것은 하나님으로부터 오는, 무언가 기대하지 않았고 또 생각할 수도 없었던 것에 우리를 전적으로 개방하는 열린 신앙을 의미한다고 생각한다. 그리고 2,000년 전 그리스도의 성육신 사건이 로마 제국이라는 당대의

73 Stackhouse, "Protestantism and Poverty," p. 28; Stackhouse, *Ethics and Urban Ethos*, p. 142.

문명 질서를 '보존'하기 위한 것은 아니었던 것처럼—아니 그 반대였던 것처럼—2,000년이 지난 오늘날에도 그리스도 사건의 성육신은 결코 특정한 인간의 문명과 체제를 보존하기 위한 것은 아니라고 믿는다. 그렇다면 우리는 성육신의 목적을 '보존'으로 제한하고 있는 스택하우스 신학 안에서 스택하우스가 그토록 강조하는 초월은 사실상 '이름뿐인 초월', '허울 좋은 초월'이라고 결론내릴 수밖에 없다. 그것은 인간의 문명에 신의 자유를 복속시킨, 사이비 초월이고 거짓 초월이다. 불행히도 이에 관한 또 다른 결정적 증거가 있다. 스택하우스가 강조하는 초월적 하나님은 서구문명의 속박에서 초월하지 못한 하나님인 것이 분명하다. 왜냐하면 그는, 놀랍게도, 기독교를 제외한 다른 종교나 영성이 인류의 미래를 만들게 해서는 안 된다고 주장하면서, 오직 기독교라는 종교만이 이 세상적인 활동을 위한 보편적 윤리를 가지고 있다고 강변하고 있기 때문이다.[74] 과연 이런 하나님이 그가 힘주어 말하는 "초상황적 · 초문화적 · 초역사적인 하나님"인가?

* * *

참으로 역설적으로 스택하우스의 비상황적(non-contextual) 공공의 신학은 그가 그토록 강조하는 초월적 규범 바로 그것이 결여되었기에 또 하나의 특정한 상황신학으로 귀결되고 말았다. 그는 자신이 이 지구상의 한 특정한 상황 속에 살면서 그 안에서 초월과 보편을 이야기하는, 아주 유한한 존재임을 잠시 잊은 듯하다. 그는 기독교 신학과 윤리가 이

74 Stackhouse and McCann, "A Postcommunist Manifesto," pp. 951-952; Stackhouse, "The Hindu Ethic and Development," p. 38. 스택하우스는 '물질주의적이고 이성주의적이며 반초월주의적인' 마르크스-레닌주의뿐만 아니라 인간을 온전하고 영적이며 영지주의적으로 이해하는 동양의 종교들도 반대한다고 말한다. (Stackhouse, *Creeds, Society, and Human Rights*, p. 3.)

세상의 권력과 기구들을 분석하고 조정하고 안내할 수 있는 영적인 힘과 도덕적인 통찰력을 가지고 있다고 주장했지만, 그는 그가 그렇게 강조하는 이른바 초월적인 것이 과연 이러한 세상의 권력과 기구들이 하나님의 나라에 저항할 때에 그것에 저항할 힘 또한 갖추고 있는 초월인지 스스로에게 물어야 한다. 스택하우스가 해방신학을 비판했던 이유는 해방신학이 하나님의 초월성을 오직 유토피아적 미래의 가능성으로서만 바라봄으로써 "영속적인 과정의 흐름이라는 덧없음"으로부터 우리를 보호하지 못했다는 것이었다. 그래서 그는 우리의 삶 한가운데에 있는 신의 은총과 족적을 발견하도록 노력하라고 촉구했던 것이며, 또한 우리의 공공의 생활 안에 이미 나타난 신의 은총에 주목하라고 강조했던 것이다. 그래서 그는 현대 경제 활동의 가장 중요한 단위가 된 기업에 따뜻한 눈길과 관심을 보낼 것을 주문했고, 이를 위해 기업을 "세속적 교회(worldly ecclesia)", "은총의 근거(occasions of grace)"로까지 한없이 추켜세웠던 것이다. 그리고 이 모든 주장을 펼치면서 스택하우스는 자신이 강조하는 초문화적 · 초역사적 · 초경험적인 범주를 비역사적이고 추상적인 개념으로 이해하지 말아달라고 호소했다. 물론 그렇게 보이지는 않는다. 왜냐하면 그것은 결국 인간 문명의 기풍 안으로 성육신될 것이기 때문이다. 하지만 그것은 오직 문명의 '보존'을 위해서만 성육신될 것이고, 특정한 문명의 보존을 위해서만 성육신될 것이기에, 필자는 감히 스택하우스의 공공의 신학의 밑바닥에는, 다른 북미 신보수주의 신학자들과 똑같이, 반유토피아적 · 반종말론적 · 반완전주의적 충동이 숨어 있다고 결론내릴 수밖에 없다. 그런 점에서 자신의 신학을 특별히 신보수주의 신학과 구분하려는 그의 힘겨운 노력에도 불구하고, 필자는 스택하우스를 '신보수주의' 신학의 주요한 공헌자로 분류할 수밖에 없는 것이다. 두말할 필요도 없이, 이러한 보수적 기풍의 신학은 특정한 인간의 질서가 반드시 절대적일 필요가 없다는 믿음, 즉 기독교적 이상주의의 결여라는 문제에 시달린다. 결국 필자가 스택하우스의 공공의 신학에서 — 그리고 다음 장에서 살펴볼 노박의 신학에서—눈을 씻고도 찾을 수 없었던 것은 바로 "우리의 주어진 조건과 관습을 넘어서 '하늘의 가능성(heavenly possibilities)'을 열어주시는 하나님" 바로 그 분이다.[75] 참 초월자 하나님 바로 그분이다. 그토록 초월을 강조하는 스택하우스의 신학 안에서 바로 이분을 뵙지 못했다는 것은 참으로 서글픈 역설이다.

75 Walter Wink, *The Human Being: Jesus and the Enigma of the Son of the Man* (Minneapolis: Fortress Press, 2002), p. 37.

제4장

제국을 움직이는 경제의 신학

마이클 노박의 '창조성 신학' 비판

> 자유의 여신상은 북미 자유주의 사회에 잘 어울리는 상징이다. "그대의 지치고 가난한 자들을 나에게 보내주오"라고 자유의 여신상은 말한다. …… 세대를 이어 가난한 사람들이 미국으로 흘러 들어왔고 그들은 가난으로부터 벗어났다. '이런' 해방신학이 실제로 해방할 수 있다.
>
> – 마이클 노박[1]

로마 제국의 황실에 유세비우스(Eusebius of Caesarea)라는 신학자가 있었다면, 오늘날 미국의 수도 워싱턴 D.C.에는 마이클 노박(Michael Novak)이라는 경제 신학자가 있다. 북미 신보수주의 신학자의 한 사람인 노박은 미국 자본주의를 위한 '경제의 신학(theology of economics)', 구체적으로는 '기업의 신학(theology of the corporations)'을 발전시키는 데 가장 크게 기여한 사람이다. 가톨릭 신학자로서 경제에 대한 교황청의 가르침을 '우향우'시키는 데에도 크게 기여한 노박은, 미국 '네오콘(neocon)'의 싱크 탱크라 할 수 있는 미국기업연구소(American Enterprise Institute)에서 상임연구원으로 재직하면서 활발한 연구와 저술 및 강연 활동을 벌이고 있다.[2] 하지만 노박의 신학 사상

1 Michael Novak, *Will It Liberate?: Questions about Liberation Theology* (New York: Paulist Press, 1986), p. 35.

과 경제 윤리는 한국의 주류 경제학계와 언론 그리고 가톨릭 교회에 의해 피상적으로 소개되고 일방적으로 칭송되었을 뿐, 한 번도 구체적으로 그의 신학 사상과 윤리 전체가 어떤 원리와 구조 및 방법론 위에 세워져 있는지 심도 있게 분석 · 비평된 바 없다.[3] 우리가 노박의 사상을 올바로 이해하는 것은 오늘날 세계를 지배하는 제국의 경제가 어떤 철학적 · 신학적 · 윤리적 바탕 위에 세워져 있는지를 이해하는 지름길이 될 것이다. 그리고 그것을 넘어서는 새로운 길을 찾는 첫 걸음이 될 것이다.

2 워싱턴 D.C.에는 포토맥 강을 사이에 두고 백악관과 가까운 곳에는 미국기업연구소(AEI)가 위치해 있고 버지니아 쪽에는 국방부가 위치해 있다. 이 둘 사이에는 눈에 보이지 않는 벨트, 이른바 '네오콘 벨트'로 연결되어 있었다. 딕 체니 전(前) 부통령의 부인 린 체니가 연구원으로 있던 이 AEI에는 2002년 1월 부시 대통령의 연두교서에 북한과 이라크, 이란에 대해 '악의 축'이라는 용어를 집어넣은 데이비드 프롬도 근무했었다. 이 AEI의 고문으로 있는 어빙 크리스톨은 전 국방부 부장관 폴 울포위츠와 함께 네오콘의 사상적 교조라는 시카고 대학의 유대계 정치사상가 레오 슈트라우스의 제자들이다. 이렇듯 백악관과 국가안보회의(NSC), 국방부와 국무부, AEI 등의 싱크 탱크, 그리고 *National Review*, *Contemporary*, *Weekly Standard*, *New Republic*, *National Interest*, *Public Interest* 등과 같은 언론계와 존스홉킨스 대학의 프랜시스 후쿠야마 등 학계가 서로 긴밀히 연결되어 미국의 신보수주의 벨트를 형성하고 있었다. (이상 『중앙일보』 2003년 10월 25일자 보도 참조.)

3 한국에서 노박은 경제학자이면서도 철학자, 신학자로서 깊은 통찰력을 가진 사람으로 소개되곤 한다. 『한국경제신문』은 노박의 대표적 저서인 『민주자본주의의 정신(*The Spirit of Democratic Capitalism*)』을 출간하면서 그를 "경제학자들보다 자본주의의 위대성을 더 잘 간파한 신학자"라고 칭송해 마지않았다. 한국에는 다음과 같은 마이클 노박의 책이 번역되어 나왔다. 『제3의 길 이야기』(자유기업센터, 1999), 『소명으로서의 기업』(한국경제신문사, 1997), 『가톨릭 윤리와 자본주의 정신』(한국경제신문사, 1994), 『민주자본주의의 정신』(인간사랑, 1990).

인간의 창조성과 민주적 자본주의

마이클 노박의 신학은, 이 장 맨 앞의 인용구에 잘 드러나 있듯이, 남미의 해방신학에 대한 반발로 일어난 북미 신보수주의 신학의 하나다. 그것은 말하자면 '북미식' 해방신학이다. 노박에게 있어서 남미 해방신학의 문제는, 그것이 신학에 대해서는 많은 이야기를 했으나 정작 경제에 관해서는 너무 적게 말했다는 점이다. 또한 가난에 관해서는 많이 이야기했으나 부의 창출에 관해서는 아무런 이야기도 하지 않았다는 점이다.[4] 또한 노박이 볼 때 남미의 해방신학자들의 문제는, 그들이 문제가 무엇인지는 알았으나 그에 대한 답은 제시하지 못했다는 것이다. 해방신학자들이 내린 '가난한 자들에 대한 우선적 선택(preferential option for the poor)'은 올바른 신학적 선택이지만, 가난한 자를 위한 진정한 선택은 단지 '가난한 자! 가난한 자!'를 말로 외치는 것이 아니라, "우리가 가진 창조성(creativity)을 총동원하여" 그리고 "실질적으로 가난한 사람들을 도울 수 있는 제도의 수립을 통하여" 가난한 자들의 운명을 실제 개선시킬 수 있는 것이어야 한다고 그는 주장한다.[5]

노박에 의하면 가난한 자들의 해방은 자본주의적 착취로부터의 사회주의 혁명에 의해서가 아니라, 봉건적 수탈로부터의 자본주의 혁명을 통해서 이뤄질 수 있다.[6] 노박에게 사회주의란 오직 "노예로의 길" 혹은

4 Novak, *The Spirit of Democratic Capitalism* (New York: A Touchstone Book, 1992), p. 293f.

5 Novak, *Freedom with Justice: Catholic Social Thought and Liberal Institutions* (New York: Harper & Row Publishers, 1984), p. 164; *This Hemisphere of Liberty: A Philosophy of the Americas* (Washington, D.C.: The AEI Press, 1990), p. 237.

6 사실 이러한 노박의 주장은 아시아의 가난이 '자본주의의 수탈' 때문이 아니라 '전(前)자본주의적 불의'와 '전통적/봉건적인 수탈' 때문이라고 주장했던 라인홀드 니버의 주장과 닮았다. (Niebuhr, "The Poverty of Asia and Communism," in *Christia-*

"속임수" 일 뿐이며, "생산이 없으면 분배가 있을 수 없기 때문" 에 사회주의의 분배 윤리는 잘못된 것이다.[7] 그리고 만약 가난이 자본주의적 수탈의 결과가 아니라 오히려 자본주의적 발전의 결여로 인한 것이라면, 당연히 자본주의적 발전과 부의 생산은 "창조주를 닮으려는 신학적 명령이자 윤리적 의무" 로 새롭게 이해되어야 한다. 지속적인 물질적 진보의 비밀이 밝혀졌기에 이제 가난과 기아의 해결은 하나님의 책임이 아니라 인간의 책임이 되었다는 것이다.[8]

그런데 여기서 노박이 특별히 강조하는 점은 하나님이 가난한 사람들을 '창조적' 으로 만들었다는 것이다. 때문에 가난한 자들의 해방은 그들이 가진 거대한 창조성을 발휘할 수 있는 제도의 수립을 통해서 가장 잘 이루어질 수 있다는 것이다.[9] 그리고 가난한 사람들의 창조성이 가장 잘 발현되도록 도울 수 있는 제도는 다름 아닌 '자유의 제도(institution of liberty)' 이며, 이는 구체적으로 '민주적 자본주의(democratic

nity and Society, Vol. 16, Winter 1950-51.) 노박은 남미 국가들이 엄격한 의미에서 자본주의 국가들이 아니라고 본다. 오히려 남미의 경제 시스템은 유럽의 귀족주의 전통의 존속 때문에 '중상주의' 혹은 베버의 표현을 빌리면 '세습경제'라고 본다. 남미의 경제는 국가의 통제와 가족의 유산에 의해 지배되기 때문에 자유 시장이나 산업은 좀처럼 존재하지 않는다. 중산층도 두텁지 못하며, 집을 소유하는 전통이 자리 잡지도 못했고, 오직 의존적인 소농들만 존재한다는 것이다. (Novak, ed., *Liberation South, Liberation North* [Washington, D.C.: The AEI Press, 1981], p. 2.)

7 Novak, *The Experience of Nothingness* (New Brunswick: Transaction Publishers, 1970), p. 127; Novak, *The Denigration of Capitalism: Six Points of View* (Washington D.C.: American Enterprise Institute for Public Policy Research, 1979), p. 4.

8 Novak, *The Spirit of Democratic Capitalism*, pp. 17, 28.

9 Novak, *This Hemisphere of Liberty*, pp. 47, 95. 때문에 노박은 부가 축적되면 양동이의 물처럼 아래로 흘러내릴 것("trickle down")이라는 이른바 '적하 이론'을 거부한다. 대신 그는 경제적 부가 가난한 사람들의 창의성에 의해 아래로부터 창출되어 위로 스며 올라간다("percolate")고 주장한다. (Novak, *Freedom with Justice*, p. 216.)

capitalism)'라는 것이다.

노박의 정치 경제적 대안이라 할 수 있는 민주적 자본주의는 일종의 '삼위일체적' 제도다.[10] 그것은 정치적으로 개인의 권리를 존중하고, 경제적으로는 시장 경제가 주가 되며, 문화적으로는 개인의 자유(liberty)와 모두를 위한 정의(justice)를 이상향으로 하는 제도다.[11] 노박은 자본주의가 모든 경제 체제 가운데 가장 뛰어난 경제 체제라고 확신한다. 하지만 불행히도 이 좋은 체제가 "윤리적 비전의 결여"로 심한 의심과 비판의 대상이 되어왔다고 개탄한다.[12] 다시 말해 자본주의의 유일한 문제는 그것을 뒷받침할 수 있는 충분한 도덕적 비전이 제시되지 못한 점이고, 그 결과 미국의 훌륭한 기업들이 이념적으로 '자의식의 결핍'에 시달리고 있는 것이다.[13] 그렇다면 이제 가톨릭 신학자인 노박의 사명은 분명해진다. 그것은 자본주의의 "고귀한 정신 혹은 문화적 영감"을 개

10 Novak, ed., *Capitalism and Socialism: A Theological Inquiry* (Washington D.C.: American Enterprise Institute for Public Policy Research, 1978), pp. 112-113. 노박이 '삼위일체적'인 것을 강조하는 이유는 사회주의가 획일주의적인 '일원론적' 제도라고 보기 때문이다.

11 Novak, *The Spirit of Democratic Capitalism*, p. 14; *Capitalism and Socialism*, pp. 112-113. 노박은 자신의 민주적 자본주의가, 시장에 대한 실질적인 통제를 요구하는 '민주적 사회주의(democratic socialism)'도 아니고, 그렇다고 그 반대편에서 시장에 대한 모든 통제를 거부하는 '자유방임주의(libertarianism)'도 아닌, 제3의 길이라고 주장한다. 사실 노박은 언제나 자신이 우파의 '급진적 개인주의'도 좌파의 '집단주의'도 모두 반대한다고 강조한다. 하지만 자신은 시장보다 국가에 대해 더 두려움을 갖고 있기 때문에 국가-시장 논쟁에서 언제나 '신보수주의' 입장에 섰음을 인정한다. (Novak, *Will It Liberate?*, p. 177; Novak, *The Catholic Ethic and the Spirit of Capitalism* [New York: The Free Press, 1993], pp. 134-135.)

12 Novak, ed., *Democracy and Mediating Structures: A Theological Inquiry* (Washington D.C.: The AEI Press, 1980), p. 204; *The Future of the Corporation* (Washington D.C.: The AEI Press, 1996), p. 3.

13 Novak, ed., *Democracy and Mediating Structures*, p. 204; Novak, *The Future of the Corporation*, p. 3.

신교 안에서 발견해낸 막스 베버와 달리, (하지만 그의 방법론을 따라) 가톨릭 신앙 안에도 자본주의를 지탱할 수 있는 훌륭한 윤리적 비전이 있다는 것을 밝혀내는 것이다. 한마디로 노박의 주장은 이것이다. "올바로 이해되면" 가톨릭 신앙은 결코 자본주의와 모순되지 않으며, "새롭게 이해되면" 가톨릭 전통은 오히려 개신교의 청교도 전통보다 더욱 심오하고 풍부한 자본주의 윤리와 비전을 제시할 수 있다는 것이다.[14] 그런데 거꾸로 자본주의는 "가톨릭이 가지고 있는 공동체성과 초월 의식 그리고 현실주의적 감각"을 필요로 하고, 가톨릭은 "인간의 존엄성을 실현하기 위한 경제적 자유주의의 제도와 관습"을 필요로 한다.[15] 그렇다면 이제 가톨릭 신학자로서의 노박의 평생 임무가 정해진다. 그것은 "경제적 자유주의 전통과 가톨릭 전통의 혼인"을 성사시키는 것이다.[16] 실제로 그는 이러한 결합을 위해 자신의 평생을 바쳤다.

"허무의 경험" 그리고 전향

신보수주의 신학자로 전향하기 이전의 젊은 노박은 급진적 신학 사상가였다. 자본주의 제도의 열렬한 옹호자로 돌아서기 전의 노박은, 미국의 자본주의는 자연을 정복한 대가로 물질적 진보를 이뤄나가는 '전지구적 악몽'이라고 거침없이 쓴소리를 내뱉던 청년이었고, 1960년대

14 Novak, "The Silent Artillery of Communism," in *Three In One: Essays on Democratic Capitalism, 1976-2000-Michael Novak* (New York: Rowman & Littlefield Publishers, Inc., 2001), p. 291; Novak, *The Catholic Ethic and the Spirit of Capitalism*, p. 232.

15 Novak, *Freedom with Justice*, p. 33.

16 Novak, *Free Persons and the Common Good* (New York: Madison Books, 1989), p. xi.

뜨거웠던 미국 학생운동의 일원이었던 그는, 당시 미국의 신좌파를 지원하기 위한 '급진적 기독교 신학'을 구성하고 이를 책으로 펴내기도 했다.[17] 하지만 서구 지성사에서 한 획을 그은 1968년, "실제적이고 긴박하게 보였던 많은 일들이 들풀처럼 시들어버리자" 그는 심각한 "허무의 경험(experience of nothingness)"에 시달렸으며, 10년에 걸친 칩거 기간을 거치면서 자신이 한때 '급진적'이라 불렀던 많은 것들이 사실은 특정한 도덕적 특권을 차지하기 위해 날조된 용어라고 생각하기 시작했다. 급기야 1979년 세상에 다시 모습을 나타낸 그는 "가톨릭의 중요한 금기 사항을 깨고" 공개적으로 자본주의를 옹호하기 시작했으며, "자본주의가 가진 '종교적 가능성'을 끌어안음으로써 우리 자신을 변혁할 필요성"에 대해 설파하기 시작했다. 그리고 자신을 '가톨릭 좌파'로부터 스스로 파문시키고 민주적 사회주의자에서 민주적 자본주의자로 전향했던 것이다.[18]

노박은 매우 극적인 사상적 전향의 길을 걸었다. 그런데 필자가 보기에 노박의 이러한 전향은 그의 신학적 보수성 때문에 이미 예정되어 있었다. 노박 자신도 자신의 "종교적 신앙의 근본들"은 전향에도 불구하고 변하지 않았다고 말한다. 노박은 자신이 과거 한때 미국의 급진적 좌

17 Novak, *The Experience of Nothingness*, pp. 104-105; Novak, *Ascent of the Mountain, Flight of the Dove: An Invitation to Religious Studies* (New York: Harper & Row, Publishers, 1978), p. 203. 그는 당시 미국의 체제를 "인종차별주의적, 반혁명적, 군국주의적인 것"으로 비판했으며 성교(性交) 행위를 "종교적 언어가 새로운 의미로 이해될 수 있게 만드는 경외와 환희와 거룩함의 행위"라고 말하기도 했다. (Novak, *A Theology for Radical Politics* [New York: Herder and Herder, 1969], pp. 69, 104). 초기 노박의 이런 급진적 기독교 신학은 『급진적 정치를 위한 신학(*A Theology for Radical Politics*)』(1969)이라는 책에 고스란히 담겨 있다.

18 이러한 전향에 관해서는 Novak, *The Experience of Nothingness*, pp. xii, xvi; Novak, "Controversial Engagements," in *Three In One*, p. 317을 참조하라.

파에 집착했던 이유는 단지 "지적 확신 때문이었으며 그것은 나의 보수적인 기질과 어긋나는 것이었다" 고 술회한다. 과연 그가 여기서 말하는 '보수적인 기질'과 변치 않았다는 '종교적 신앙의 근본들'은 무엇이었을까?[19] 노박은 이렇게 말한 적이 있다. "나에 대해 잔소리를 늘어놓는 많은 비판가들은 나의 신학적 일탈을 문제 삼지 않는다. 그들은 내가 정치적 전열을 흐트러뜨렸다고 비난한다."[20] 하지만 필자는 여기서 그가 어떻게 '신학적으로도' 일탈했는지 드러내보고자 한다. 다작가(多作家)인 노박의 모든 저서를 하나씩 읽어나가면서, 필자는 젊고 급진적인 노박이 보수적이고 반생태적인 노박으로 전향할 것을 예고하고 있다는 것을 느꼈는데, 그것은 그의 신학 '에도 불구하고(in spite of)'가 아니라 그의 신학 '때문(because of)'이다.

"불신앙의 위기"

마이클 노박의 신학적 탐구의 출발점은 그가 "불신앙의 위기(crisis of unbelief)" 라고 부르는 어떤 것이다. 이것은 계몽주의가 불러온 이른바 '신앙의 위기(crisis of belief)'에 대한 일종의 역발상이다. 노박에 의

19 노박은 자신의 신학적 작업에 다음과 같은 여섯 가지 변치 않는 주제가 있다고 말한다. 첫째, 계몽주의의 맹공격 하에서의 휴머니즘의 죽음, 둘째, "어둡고 끔찍한 현실주의의 형태" 로 이해되는 '카리타스(caritas)'로서의 신의 사랑, 셋째, 질문을 제기하는 인간의 무제한적이고 억누를 수 없는 충동(drive) 혹은 탐구에 대한 갈망(eros of inquiry), 넷째, 종말론보다 성육신에 대한 강조, 다섯째, '몸, 육신, 감각'의 중요성, 마지막 여섯째, '지적인 주체'로서의 인간이다. (이상 Novak, "Controversial Engagements," passim.)

20 Novak, *Confession of a Catholic* (New York: Harper & Row, Publishers, 1983), p. 11.

하면, 우리 세대 이전에 '신앙의 위기'가 존재했다면 우리 세대에는 '불신앙의 위기'가 존재한다. 그가 말하는 불신앙의 위기란 "계몽주의의 맹공격으로 초래된 휴머니즘의 죽음", 즉 프랑스의 철학자 알베르 카뮈(Albert Camus)가 우리 시대의 핵심적 윤리적 문제라고 말한 '의미 없음의 문제' 혹은 '허무주의(nihilism)'를 가리킨다.[21] 노박은 "신이 죽은 것이 아니라 우리가 죽었다"고 말한다.[22]

만일 노박에게 가장 중요한 문제가 '신의 죽음'이 아니라 '인간의 죽음'(허무주의, 의미 없음)이라면, 그의 가장 중요한 관심사는 '종교적 신앙'이 아니라 '철학적 신앙'이 된다. 이것은 노박에게 있어서 대단히 중요한 구분이다. 그에게 철학적 신앙이란 "인간의 지적 능력을 사용해, 그리고 인간 자신이 가지고 있는 경험과 자기 정체성에 대한 성찰을 통해 살아 있는 신에게 이를 수 있는 길"이다.[23] 노박에게는 신에 이르는 두 가지 길이 있다. 하나는 손에 성서를 들고 신이 누구인지 이야기하면서 이를 수 있는 길이고, 다른 하나는 우리 삶의 경험에 대한 성찰을 통해 철학적으로 이를 수 있는 길이다.[24] 노박은 후자의 길을 걸었다. 노박은 믿음이나 계시에 근거해서만 신을 알 수 있다는 전통적 신론에 만족할 수 없었다. 대신 그는 신을 종교적 신앙과 별개로 알 수 있어야 하고 또 그렇게 알아야 한다고 주장한다. 왜냐하면 신에 대한 종교적 신앙은 사람들로 하여금 쉽게 신을 "이 세상적인 욕망의 도구로 전락시키

21 Novak, *Belief and Unbelief* (New York: Macmillan, 1965), pp. 20, 164; Novak, "Controversial Engagements," p. 314; Novak, *The Experience of Nothingness*, p. x.

22 Novak, *Belief and Unbelief*, p. 6.

23 Novak, *Ibid.*, pp. 44, 52.

24 Michael Novak and Jana Novak, *Tell Me Why: A Father Answers His Daughter's Questions About God* (New York: Pocket Book, 1998), p. 68.

며" 신에 대한 성서적 신앙은 "오직 성서를 받아들이는 사람들에게만 제한적으로 유효하고" 나아가 신에 대한 그리스도론적 접근은 "비기독교인을 포함시킬 수 있는 보편적 도덕률을 만들기에 너무나 특수한 것"이기 때문이다.[25] 그래서 노박에 의하면 신학적 탐구는 절대로 종교적 · 성서적 · 기독론적 방법을 사용해서는 안 되고 오로지 철학적 신앙의 길을 통해야만 하는 것이다.

그런데 여기 한 가지 문제가 있다. 철학적 신은 종교적 신과 달리 숨어서 자신을 계시하지 않는 신이기 때문이다. 도대체 자신을 드러내지 않고 숨어 있는 신을 우리가 어떻게 알 수 있는가? 바로 이 문제가 노박의 신학에 있어서 가장 근본적인 문제다. 그리고 이제부터 자세히 살펴보겠지만, 노박은 그렇게 신에게 이르는 길을 나의 '밖' 저 멀리에서가 아니라 인간 내면의 '안' 깊은 곳에서 찾았다. 그는 인간이 신의 가장 강력한 유비(analogy)임을, 곧 인간이 "우주와 신의 존재 및 그의 활동을 푸는 해석학적 열쇠" 임을 주장하면서 지금 여기 있는 나에 대한 성찰로부터 신에 이르는 길을 찾은 것이다.

인간의 창조성 — 해석학적 열쇠

'인간론'이 노박의 신학의 핵이다. 노박의 신학 사상의 전체적 구조

25 Novak, "Truth and Liberty: The Present Crisis in Our Culture," in *A Free Society Reader: Principles for the New Millennium* (New York: Lexington Books, 2000), p. 280. 사실 노박은 "자유 사회를 지키기 위해서 신에 대한 믿음이 반드시 필요한 선행조건은 아니다"라고 말한다. 비록 그는 무신론적 전제 위에 세워진 자유 사회는 자신을 유지할 지속적인 지적 기반을 찾기 어렵다고 보지만, 그는 유신론자들만이 자유 사회의 대의를 위해 헌신할 수 있다고 보지 않는다.

와 원리는 노박의 인간론을 알아야 비로소 이해된다. 노박은 인간을 "지구 위에 존재하는 존재 중 가장 난해한 존재"로, 그리고 "신에 대한 가장 강력한 유비"로, 나아가 "역사 안에 있는 신의 표적"으로 그리고 "역사 안에서 반짝이는 신의 생명"으로 이해한다.[26] 그래서 그는 다음과 같이 말한다.

> '신이 무엇과 같은지'를 알게 해주는 최고의 길라잡이는 '인간이 무엇과 같은지'다. 이 광활한 우주 안에서 인간 현상은 가장 중요한 현상이다…… 우리 자신에 대한 지식과 신에 대한 지식은 나선처럼 얽혀 상승한다. 우리는 우리가 누구인지 발견하는 것에 비례해서 신이 누구인지 발견한다…… 나 자신의 정체성에 대한 성찰이 믿음으로 이끈다…… 나 자신의 고유한 정체성을 발견하면서 우리는 신을 발견한다.[27]

노박의 신학에서 가장 기본적인 관심사는 신이 아니라 인간이다. 그래서 노박에게 신학이라는 학문의 정의도 "인간과 인간의 궁극적 헌신에 관한 비전" 혹은 "인간의 존엄성, 인간 공동체, 그리고 인간과 세계의 관계에 대한 대안적 이미지"다.[28] 사실 이것은 신학에 대한 매우 독특한

26 Novak, *The Catholic Ethic and the Spirit of Capitalism*, p. 109; Novak, "Free Persons and the Common Good," in *Three in One*, p. 85.

27 Novak, *Belief and Unbelief*, pp. 81, 122, 158, 182. 인간의 정체성에 대한 노박의 관심은 그가 직접 겪은 경험에서 비롯됐다. 1964년 수많은 미국의 급진적 청년들이 미국 남부의 미시시피라고 하는, "미국 한가운데 있는 저개발 국가"를 방문하면서 비롯됐다. 미국 한가운데 있는 가난과 고통의 상황 속에서 당시 피 끓는 미국의 젊은이들은 '나는 도대체 누구인가'라는 심각한 자기 정체성의 질문에 빠졌다고 노박은 회상한다. (Novak, *A Theology for Radical Politics*, p. 34.)

28 Novak, *Ibid.*, p. 19; Novak, *American Philosophy and the Future: Essays for a New Generation* (New York: Scribner, 1968), p. 17. 다른 곳에서 노박은 신학을 "실재와 이야기와 상징에 대한 감각, 바로 그것에 대한 조직적이고 명료한 표현"이라

견해다. 그런데 구체적으로 인간 안의 무엇이 '신의 표적'이란 말인가?

노박에 의하면 우리 인간 안에 있는 것 가운데 가장 신적인 것은 인간의 "성찰하고 선택하는 능력"이며, 바로 이 두 가지의 독특한 능력 덕분에 비로소 인간은 신의 형상대로 창조되었다고 말할 수 있다. 왜냐하면 이 두 특별한 능력은 곧 우리 인간이 자유롭고 책임적인 존재라는 것을 말해주고 있기 때문이다.[29] 노박은 우리 인간이 항상 질문을 던지는 지적인 존재라는 점을 대단히 강조한다. 그에 의하면, 우리 인간에게 근본적인 것은 "이해하려는 충동(drive to understand)"인데, 그것은 "우리의 의식 한가운데 있는 급진적이고 구조화되지 않은 '왜(why)?'"이며, 인간의 다른 어떤 본능보다 더 깊은 영적 본능이고, 특별히 "우리를 한 곳에 안주하지 못하게 만드는 초월성의 씨앗"이다.[30]

> 진리는 우리 안에 있는 신의 빛이다. 그 빛이 겸손하게 나타나는 방식이 질문이고, 탐구며, 쉬지 않는 물음이다. 비록 어린 아이들이라 할지라도 인간의 중심 가장 깊숙한 곳에는 억누를 수 없이 질문을 던지는 충동이 존재한다. 그 제한할 수 없는 충동이 바로 우리 안에 있는 신의 역동적 현존이다. 그것이 우리로 하여금 무한하지 않은 모든 것에 만족하지 못하게 만드는

고 정의한다. 사실 노박의 이러한 신학에 대한 이해는 자신의 제자이자 여신(女神)을 연구하는 학자가 된 캐럴 크리스트(Carol P. Christ)에게 깊은 영향을 미쳤다. (Novak, *Ascent of the Mountain, Flight of the Dove*, p. 181.) 하지만 후에 크리스트는 스승 노박의 보수적 여성관 때문에 그와 결별하게 된다.

29 Novak, *The Catholic Ethic and the Spirit of Capitalism*, p. 109; Novak, *This Hemisphere of Liberty*, 115. 여기 "자유롭고" "책임적인" 존재는 바로 토마스 아퀴나스가 신의 속성으로 간주했던 것임을 기억하라. (Novak, "Free Persons and the Common Good," p. 85.)

30 Novak, *Belief and Unbelief*, p. 102; *Confession of a Catholic*, p. 27. 노박은 '묻고 싶은 충동'이라는 개념을 그의 스승인 버나드 로너건(Bernard Lonergan)에게서 배웠다고 말한다. (Novak, *Ascent of the Mountain, Flight of the Dove*, p. 215.)

[초월의] 씨앗인 것이다.[31]

그렇다면 신은 유령처럼 우주 저 먼 어딘가에 우리로부터 멀리 떨어져 있는 존재가 아니다. 신에 대한 그런 이해는 근대가 저지른 실수며, 이는 근대가 지적으로나 상상력의 차원에서 모두 실패한 것을 의미한다. (이것이 바로 '불신앙의 위기'의 요체다.) 노박은 우리의 '몸'과 '감정'과 '감각'을 통해 신에 이를 수 있다는 것을 부인한다. 왜냐하면 "신은 몸으로 체현(體現, embodied)되지 않았기 때문이다."[32] 하지만 우리는 우리가 가지고 있는 "끝없이 이해하고 질문하고 탐구하는 욕구"에 의해 신에 이를 수 있다. 아니, 신은 다름 아닌 바로 그 "이해하려는 충동과 그 충동의 격려 자체"며, 그리고 신앙이란 다름 아닌 "질문을 던지는 힘 그 자체"다.[33]

사실 이것은 매우 흥미로운 주장이다. 노박에 의하면 하나님은 '저 멀리'가 아니라 '우리 안에' 깊이 내재해 있다. 하지만 그 하나님은 우리의 몸과 감정과 감각에는 체현되어 있지 않다. 말하자면 내재해 있으나 육화되지는 않은 하나님이라는 것이다. 노박은 그의 저서 어디에서도 이 문제에 대해 더 이상 언급하지 않는다. (대신, 앞으로 살펴보겠지만, 그는 이러한 신-인간관 때문에 끊임없이 여성신학 및 생태신학과 분쟁을 일으킨다.) 하지만 한 가지 분명한 것은 그의 이러한 신-인간관이 그가 말하는 민주적 자본주의의 대전제가 된다는 사실이다. 신의 내재성에 대한 강조 때문에 노박에게 있어서 인간의 윤리적 행동의 가능성은 (맥스 스택하우스처럼) 어떤 조월적이거나 추상적인 영역에 대한 직관으로부터가 아니라 우리 자신의 내재적인 본성에 대한 성찰로부터 나온

31 Novak, *The Experience of Nothingness*, p. 129.

32 Novak, *Tell Me Why*, p. 70.

33 Novak, *Belief and Unbelief*, p. 109; Novak, *Confession of a Catholic*, p. 27.

다. 그래서 노박에 의하면, 한 인간은 자신의 정체성을 스스로 창안해야 하며, 윤리란 "자아 해방의 윤리" 혹은 "자아 정복의 윤리"가 되어야 하는 것이고, 그리고 이러한 성격의 윤리를 가리키는 대표적인 은유는 "장인 정신", "예술적 기술", 혹은 "수월성" 등이다. 때문에 윤리적 행동의 원천은 '발명' 혹은 '창조'와 같은 인간 안의 내적 원동력과 자발성이 되어야 한다는 것이다.[34] 놀랍게도 이러한 노박의 신-인간-윤리 이해는 그의 민주적 자본주의에 대한 이해, 즉 민주적 자본주의는 "발전, 위험, 실험, 그리고 모험의 정신에 기초한 것"이라는 주장과 아주 잘 맞아떨어진다.[35]

노박의 인간론의 핵심은 인간의 '지성(intelligence)'이 인간의 창조성의 모든 것이라는 것이다. 이러한 인간론을 가지고 있기 때문에 노박은 자본주의를 "인간의 두뇌에서 나오는 창조성에 관한 어떤 시스템"이라고 누누이 강조한다. 노박에게 있어서 인간의 노동과 자연 그리고 기타 경제적 요소들은 언제나 부차적 요소일 뿐이다. 대신 그에게 자본주의가 새롭고 위대한 이유는 그것이 "인간의 정신을 중심에 놓은 [인류] 최초의 시스템"이며, "인간의 창조성을 지원하는 인류 최초의 사회 제도"이기 때문이다.[36] 노박은 '자본(capital)'이라는 말의 어원이 라틴어

34 Novak, *The Experience of Nothingness*, pp. 71, 77, 79. 노박은 윤리적 행동에 있어서 '의무'나 '책임' 혹은 '신의 명령'에 호소하는 것을 거부했던 아리스토텔레스를 따른다고 볼 수 있다. 실제로 노박은 칸트의 규범적인 윤리나 개신교도들의 책임의 윤리를 거부한다. 따라서 같은 북미 신보수주의 신학자이면서도 개신교의 청교도 전통에 따라 초월적인 규범에 인간의 윤리적 행동을 호소하는 스택하우스와 달리, 노박은 아리스토텔레스가 '프로니모스(*phronimos*)'라고 부른 '선하고 현명한 사람' 혹은 '민감하고 지적인 대리자'가 내리는 판단이 윤리적 행동의 규범이 되어야 한다고 주장한다. (Novak, *Ibid.*, pp. 73, 75, 77.)

35 Novak, *The Spirit of Democratic Capitalism*, p. 48.

36 Novak, "The Love That Moves the Sun," in *A Free Society Reader*, p. 102f. 노박의 이러한 자본주의에 대한 개념 정의를 마르크스의 그것과 비교해보라. 마르크스는

'caput(머리)'에서 온 것임을 누누이 상기시키면서, 자본의 첫 번째 되는 요소는 아이디어이며, 따라서 자본주의는 발견, 발명, 지성, 창작, 상상력과 같은 '돈키호테적 요소들'에 의존한다고 주장한다.[37] 당연히 이런 자본주의 체제 하에서 가장 중요한 부의 원천은 물질적인 것이 아니라 지식, 기술, 그리고 노하우와 같은 정신적인 것들이 된다. 당연히 이런 식의 자본주의 이해 안에는 부의 원천을 설명하기 위해 '계급'이니 '착취'니 '식민지'니 '노예 제도'니 하는 설명을 끌어올 필요가 조금도 없게 된다.

스티븐 롱(D. Stephen Long)은 자본주의에 대한 노박의 열정적 변호가 기독교의 창조 교리에 입각한 것이라고 말했다.[38] 노박의 『민주적 자본주의의 정신』을 번역한 허종열도 "하느님의 모상으로 창조된 인간은 하느님과 공동 창조자이며 경제 발전의 원동력은 인간의 창조력이라는 것을 강조하는" 노박의 신학은 자신이 이전에 번역한 도로테 죌레의 『노동과 사랑: 창조신학』에 나오는 사상과 일치하는 것이라고 말한다.[39] 하지만 우리가 지금까지 살펴보았듯이, 노박의 돈키호테식 자본주

자본주의가 첫째 사유 재산, 둘째 시장 교환, 그리고 셋째 사적 축적 혹은 이익 이 세 가지에 의해 규정된다고 보았다. 노박은 마르크스의 이와 같은 자본주의에 대한 정의에 대해 그것은 인간 역사의 모든 경제 체제, 심지어는 성서 시대의 경제 체제에도 적용될 수 있는 것이기 때문에 맞지 않다고 주장한다. 노박은 인간의 노동이 경제적 가치의 원천이 아니라고 주장한다. 대신 경제적 가치의 근원은 인간의 지적 능력이라는 것이다. 그는 마르크스의 노동가치설이 근본적으로 잘못되었다고 생각한다.

37 Novak, *Toward a Theology of the Corporation* (Washington D.C.: American Enterprise Institute for Public Policy Research, 1981), p. 41; Novak, *Business As a Calling: Work and the Examined Life* (New York: The Free Press, 1996), p. 120; Novak, ed., *Democracy and Mediating Structures*, p. 197.

38 D. Stephen Long, *Divine Economy: Theology and the Market* (New York: Routledge, 2000), p. 36.

39 마이클 노박 지음, 허종역 번역, 『가톨릭 윤리와 자본주의 정신』(한국경제신문사, 1994), p. 4.

의에 대한 열렬한 옹호는 하나님의 '창조(creation)'에 근거한 것이 아니라 인간의 '창조성(creativity)'에 근거한 것이다. 이 점을 구분하는 것은 대단히 중요하다. 곧 살펴보겠지만 노박의 '창조'신학은 도저히 창조신학이라 보기 어려운 기이한 형태를 취하고 있다. 오히려 자연을 인간의 적이라 말하는 반생태적인 모습을 띠고 있다. 그래서 같은 가톨릭 신보수주의 신학자이면서도 노박의 신학을 '창조신학(creation theology)'이 아니라 인간 '창조성의 신학(theology of creativity)'이라고 공격한 맥캔의 비판은 아주 정확하고 타당한 것이다.[40] 사실 맥캔과 다른 신학자들이 보기에 인간의 창조성과 그 창조성이 잘 발현될 수 있는 실질적 제도를 강조하는 노박의 신학은 '미국적 실용주의(American pragmatism)'의 한 표현에 불과하며, 비록 노박이 실천(praxis)이라는 용어의 사용을 극구 꺼리지만, '앵글로 미국적 실천'에 대한 노박의 강조는 남미 해방신학자들의 실천(praxis)에 대한 강조와 기본적으로 닮았다.[41]

"창조는 미완성"

노박의 신학이 '창조신학'이 아니라는 주장의 또 다른 근거가 있다. 그것은 "하나님의 창조가 미완성"이라는 노박의 아주 독특하고 진기한 주장이다. 노박에 의하면 하나님의 "창조는 미완성"이고 "자연은 완벽하지도, 아직 성취되지도, 혹은 완성되지도 않았다."[42] 어떤 의미에서

40 Dennis P. McCann and Charles R. Strain, *Polity and Praxis: A Program for American Practical Theology* (New York: Winston Press, 1985), p. 170.

41 McCann and Strain, *Ibid.*

42 Novak, *The Spirit of Democratic Capitalism*, p. 73.

그런가? 물론 몰트만처럼 하나님의 창조를 '계속적 창조(*creatio continua*)'로 보기 때문은 아니다. 창조와 자연에 어떤 진화적 의미를 부여하기 때문은 더더욱 아니다. 노박에게 창조란 "창조주가 설계하여 이 세계가 소유하게 된 모든 부(富)의 가능성"일 뿐인데, 그것이 아직 미완성인 이유는 "창조주께서 자연 속에 거대한 부를 넣어주실 때 오직 인간의 노력에 의해서만 점진적으로 발견되게 하셨기 때문"이다.[43] 즉 창조라는 경제적 부의 가능성은 인간이 자신의 이익을 위해서 그것의 일부를 풀어내기까지 수천 년 간 숨겨져 있었다는 것이다. 노박은 이러한 '미완성의 창조'라는 개념이 안정적인 질서를 선호하던 중세의 세계관을 무너뜨렸다는 점에서 도덕적이고 신학적인 돌파구라고 믿는데, 그것은 다음과 같은 방식으로 자본주의 경제 체제를 옹호하는 신학적 원리로 작동한다

> 자본주의 질서는 가치 증여의 질서다. 자본주의가 들어서면서 이전에는 아무런 가치도 인정받지 못하던 자연에 엄청난 가치가 증여됐다. 검은 액체(석유), 금속, 미네랄, 음파 그리고 광선과 같은 자연의 요소들은 과거에 가치가 없는 시시한 것들로 여겨졌다. 하지만 이제 그것들은 가치의 대상이 되었고, 인간의 삶을 개선시킬 수 있는 재화가 되었다. 이런 면에서 신의 창조는 미완성의 상태로 남겨져 있으며, 우리 인간은 이제 자연 스스로가 낭비하고 오염시키고 파괴하고 분별없이 폐기했던 것들의 가치를 발견하여 신의 공동의 창조자가 되도록 부르심을 받았다고 할 수 있다.[44]

노박의 생각은 매우 흥미로운 것이다. 그는 지금 인간이 자신의 '지

43 Novak, *Toward a Theology of the Corporations*, p. 37.

44 Novak, ed., *Capitalism and Socialism*, p. 118f.

능'을 사용하여 하나님의 창조 세계를 금전적 가치를 가진 재화로 개발하기 전까지는 하나님의 창조가 그 자체로 미완성이라고 말하고 있는 것이다. 노박은 매우 분명한 어조로 하나님의 창조를 인간의 경제 행위에 복속시키고 있다. 그는 이렇게 직설적으로 말한다. "역사 안에서 하나님이 일하는 방법은 진보적이고 개방적이며, 인간의 자유와 근면에 복속되어 있다."[45] 사실 노박에게 인간의 개인적 자유(liberty)란 "민주적 자본주의의 가장 심오한 비밀"일 뿐만 아니라 "우주의 축"이며, 바로 이러한 자유에 신도 복속되어 있다고 말하는 것이다.[46] 어떻게 이것이 가능한가? 노박에 의하면 그것은 우리의 자유에 대한 신의 전적인 존중 때문이다. 그는 이렇게 말한다. "하나님은 우리가 하나님의 빛의 힘에 우리를 맞추도록 강요하지 않으신다…… 이 겸허함이, 이 가난함이, 그리고 우리의 자유에 대한 이 전적인 존중이 하나님의 가장 중요한 특징이다."[47] 물론 노박은 인간이 신과 '창조의 동역자(co-creator)'라고 하면서, 인간은 무로부터 무엇을 창조할 수 없기에 신과 똑같은 의미의 창조자는 아니라고 종종 해명하곤 한다. 하지만 노박의 많은 저서들을 통틀어 그가 지속적으로 그리고 열정적으로 강조하는 바는 인간이 '제작자', '발견자', 혹은 '창조자(*homo creator*)'라는 그의 열정적인 주장들이다.[48] 그는 언제나 모든 인간이 창조성의 원천이요, 인간은 스스로

45 Novak, *The Spirit of Democratic Capitalism*, p. 40.

46 Novak, *Ibid.*, p. 248; Novak, *One Two Wings: Humble Faith and Common Sense at the American Founding* (San Francisco: Encounter Books, 2002), p. 10. 노박은 개인의 자유의 중요성을 다음과 같이 말한다. "역사의 원칙은 자유다." (*Capitalism and Socialism*, p. 110); "우리에게 생명을 주신 하나님은 우리에게 자유를 주셨다."(*Will It Liberate?*, p. 50); "자유에 의해 인간은 별들과 자연 세계의 모든 것을 초월한다."(*This Hemisphere of Liberty*, p. 123); "자유의 효력을 최대화하는 것이 인간 해방에 가장 중요하다. 자유는 또한 경제적 창의성의 비밀이기도 하다." (*Will It Liberate?*, p. 217.)

47 Novak, *Confession of a Catholic*, p. 95.

의 계획에 따라 창조적이고 지적인 방법으로 행동한다는 것을 강조한다. 이처럼 인간의 창조성과 주체성, 자유와 책임에 대한 강조는 노박의 사상에서 가장 중요한 것이며, 그것은 거의 선험적(*apriori*) 주장에 가깝다.

이제 '창조가 미완성'이라는 노박의 주장은 자연스럽게 자연에 대한 무제한적 착취를 옹호하는 전투적인 반(反)생태신학으로 발전한다. 사실 전향하기 이전 한때 카뮈에 심취했던 젊은 노박은 카뮈를 따라 인간 실존에 대한 깊은 생태학적 이해를 가지고 있었다. "사과나무가 사과를 맺듯 이 우주도 인간을 맺는다"는 말에 깊은 감명을 받았던 젊은 시절의 노박은, 인간은 "자연의 일부며 한 나무의 열매처럼 우주로부터 생성되어 나온 존재"라고 말할 정도였다.[49] 하지만 진보적인 생태신학으로 발전할 수도 있었던 노박의 신학은 카뮈의 철학적 궤도에서 이탈하면서부터 자연에 대한 인간의 무제한의 착취를 옹호하는 폭력적 반(反)생태신학으로 변모하게 된다.[50] 그 전형적인 본문이 여기 있다.

48 Novak, *Business As a Calling*, p. 177; Novak, *Freedom with Justice*, p. 161; *Business As a Calling*, p. 124; "The Love That Moves the Sun," p. 101 등을 참조하라.

49 노박에 의하면, 1960년대 미국 젊은이들의 우상이었던 카뮈는 인간을 "자연의 유기적 열매"로 보았으며 우리가 인간의 역사에 너무 중독되어 자연을 억압해왔다고 비판했다. 이런 카뮈를 따라 노박은 한때 인간의 역사적 의식을 강조하며 미래를 강조하는 독일의 사상가들을 의심했으며, 특히 몰트만의 종말론에 강한 회의를 품었다. 그래서 노박은 기독교인들이 미래를 위해 현재를 희생하기를 거부해야 한다고 믿었으며, 미래에 대한 비전은 우리의 감각과 감성을 포함한 전체적 경험의 일부가 되어야 한다고 믿었다. 카뮈와 마찬가지로 당시 노박의 기본적 과제는 인간의 역사와 자연을 화해시키는 것이었으며, 또한 기독교가 보다 더 자연에 개방적이게 만드는 것이었다. (이상 Novak, *Ascent of the Mountain, Flight of the Dove*, p. 211; Novak, *A Theology for Radical Politics*, pp. 92-94, 110f.)

50 Novak, *Ibid.*, pp. 94, 96, 98, 100. 필자가 보기에 젊고 급진적이던 노박의 사상 안에는 유대교-기독교의 역사관도 중요하게 자리 잡고 있었다. 즉 카뮈에 이끌리면서

오늘날의 생태주의는 모든 영지주의적 종교의 특징을 다 보여준다. 마치 신의 죽음을 실제로 목격이나 한 것처럼, 어머니 지구(Mother Earth)가 새로운 우상으로 세워졌다…… 그녀 앞에서 이 세계의 가난한 자들은 넙죽 엎드려 절해야 한다. 경제 성장은 그녀의 제단 앞에 희생 제물로 드려진다. 이 어머니 자연은 예쁘게 화장까지 하고 있다. 그녀가 인류의 역사를 통해 인간의 생존에 가한 모진 위협들, 즉 지진, 허리케인, 역병, 가뭄 그리고 오염된 물 등은 우리의 뇌리에서 잊혀졌다. 하지만 이 새로운 근본주의의 여신(女神)이 얼마나 많은 아기들의 생명을 출생 시에 앗아갔던가! 이 여신이 얼마나 많은 도시를 천연두로 휩쓸었으며, 인간의 평균 수명을 80세 이하로 낮추기 위해 얼마나 많은 사람들의 생명을 그녀의 무시무시한 큰 낫으로 베어버렸는가 말이다![51]

노박은 동시에 역사와 인간의 운명에 "목적 의식과 진보의 개념"을 준 유대-기독교의 시간관에도 이끌렸었던 것으로 보인다. (Novak, "What the World Owes Judaism," in *Morals and Markets*, ed., Jonathan Sacks [London: The Institute for Economic Affairs, 1999], p. 44.) 1964년에 출판된 그의 저서 『세울 때(*A Time to Build*)』 (New York: Macmillan, 1967)에서 그는 이미 역사 안에서 인간의 책임을 주장하는 유대교 전통을 많이 언급하고 있다. 그래서 "선해지는 것은 창조적이 되는 것이며, 관습이 요구하는 것 이상을 행하는 것이고, 현재 자신의 안전에 모험을 거는 것이다" (p. 324)라고 말한다. 1969년 출판된 『급진적 정치를 위한 신학(*A Theology for Radical Politics*)』에서 그는 유대교의 시간 이해가 "현재와 다른 미래에 대한 기대를 요구한다" (p. 20)고 말한다. 1971년 출판된 『산의 솟아오름, 비둘기의 비상(*Ascent of the Mountain, Flight of the Dove*)』에서 노박의 말은 보다 강해졌다. "현재라는 폭군보다 더 간교하고 사람의 눈을 속이는 폭군은 없다." (p. 198) 하지만 과연 이러한 유대-기독교의 역사관과 그리스적 자연관으로 돌아가라는 카뮈의 세계관이 한 사람의 생각 속에 공존할 수 있었다는 것을 어떻게 설명할 수 있을까? 필자가 보기에 전향하기 전의 노박의 사상 안에는 이것들이 서로 뒤섞여 있었으며, 마치 에서와 야곱이 한 어머니의 뱃속에서 서로 먼저 나오려 다투었듯이, 두 사상은 서로 먼저가 되기 위해 갈등하고 있었던 것으로 보인다.

51 Novak, *This Hemisphere of Liberty*, p. 123.

여기서 자연과 지구는 인간 생존의 '적'으로 묘사되어 있다. 인간은 어머니 지구라는 적과 맞서 장하게 생명의 역사를 이어왔다. 이러한 적대적 자연관에 따라 노박은 오늘날 환경 붕괴의 원인이 인간의 탓이 아니라 오히려 자연 자신의 탓이며,[52] 경제 성장과 지구의 한계라는 주장은 근거 없는 정치적 선동에 불과하고,[53] 인간이 기본적인 필요 안에서 살아야 한다고 강조하는 자급자족의 경제철학은 천진난만한 것에 지나지 않는다고 주장한다.[54] 오히려 노박은 인간이 자연을 "길들여야 한다"고 주장하며 그것이 바로 구원이라고 말한다. 즉 노박에게 구원은 "가혹한 자연에 대한 승리", 그리고 "지구를 인간화하여, 이전에 인류에게 적대적으로 인식되었던 지구라는 행성을 인간에게 친근한 것으로 만드는 것"이다.[55] 우리는 이러한 내용의 구원관을 가진 주장을 정녕 창조신

52 노박에 의하면, "자연은 인간이 개입하기 훨씬 이전에 자기 자신에게 지독하고 잔인했기 때문에" 환경의 붕괴가 인간의 개입이나 산업화에 의해 초래된 것으로 믿는 것은 잘못된 것이다. (Novak, ed., *Capitalism and Socialism*, p. 119.)

53 경제 성장에 제한을 가하라는 어떤 주장에도 노박은 수긍하지 않는다. 그래서 노박은 경제 성장과 팽창과 착취라는 우상을 비난한 몰트만을 비판하면서, 소위 '지구의 한계'라는 것은 한 시대의 기준에 비추어본 것에 불과하기 때문에 불확실한 것이며, 다른 시대에 비추어볼 때 오늘날 우리에게 한계인 것은 오히려 미개척의 영역을 가리킬 수 있다고 주장한다. (Novak, *The Spirit of Democratic Capitalism*, pp. 71, 265.) 이런 이유에서 노박은 지구의 한계를 이야기한 로마 클럽이 틀렸는데, 그들의 오류는 인간의 지식이 자연 자원보다 더 중요한 부의 원천이라는 것을 간과한 것이며, 자원의 희소성만 강조했지 지구가 "질문과 창조성과 발명이라는 인간의 힘을 행사할 장소"라는 점을 무시한 것이다. (Novak, *Business As a Calling*, pp. 123-124.)

54 노박에게 있어서 경제란 본질적으로 자연의 에너지와 물자를 인간에게 복무하는 에너지와 물자로 변환시키는 것을 말한다. (Novak, *Toward a Theology of the Corporation*, p. 41.) 따라서 '자급자족적 삶' 혹은 '기본적인 필요'를 강조하는 경제철학은 노박에게 천진난만한 것에 불과한데, 왜냐하면 간단히 말해서 "인간은 가축이 아니기 때문이다." (Novak, *Freedom with Justice*, pp. 163, 173; *The Catholic Ethic and the Spirit of Capitalism*, p. xiv.)

55 Novak, *The Spirit of Democratic Capitalism*, p. 269 ; Novak, ed., *Capitalism*

학이라고는 부르지 않는다.

노박은 교황 요한 바오로 2세가 가톨릭 교회의 노동헌장 반포 100주년을 기념하여 발표한 회칙 「100주년(*Centesimus Annus*)」에서 "자연과 인간의 운명에 관하여 현저하게 '미국적' 방식의 접근을 택했다"며 이를 찬양했다.[56] 사실 이 회칙에서 교황은 자유 시장 만능주의를 "급진적 자본주의 이데올로기"로 비판하면서 자유 시장이 가지는 도덕적 한계를 지적했었다.[57] 그러나 이와 동시에 이 회칙에서 교황은 "모든 자연은—물질적, 도덕적, 그리고 지적 세계 전체는—하나의 광산이며, 아담

and Socialism, p. 110.

56 Novak, *Freedom with Justice*, p. 150. 1991년 5월 1일에 교황 요한 바오로 2세는 「100주년」을 발표했는데 이 날은 교황 레오 13세에 의해 1891년 보수적인 가톨릭 신자들에게 혁명적으로 간주되는 노동헌장 「레룸 노바룸(Rerum Novarum)」이 발표된 지 100주년이 되는 날이었다. '남미 해방신학의 아버지'라 불리는 구티에레즈는 이 문서에 근거하여, 비록 조건적이지만 생산 수단의 사적 수단과 시장 경제를 받아들인다. 그는, "하나님께서는 모든 인간에게 생존에 필요한 것들을 나누어주셨다. 지구의 재화들은 몇몇 사람들에게 배타적으로 속한 것이 아니다…… 그 재화는 보편적인 목적을 가지고 있는 것이다. 이런 조건 하에서만 우리는 사회 질서의 존속과 개선을 위해 필요한 것들의 사유화를 받아들일 수 있다. 사적 소유는 절대적 권리가 아니다. 생산 수단의 소유권은 유익한 목적을 위해 사용되어질 때에만 정당하고 합법적인 것이다"라고 말한다. (Gustavo Gutierrez, "New Things Today," in *The Density of the Present* [Maryknoll, New York: Orbis Books, 1999], pp. 50-52, 54.) 노박 역시 같은 문서에서 자신의 민주적 자본주의를 옹호하기 위해 많은 것을 인용하는데, 노박은 이 문서가 "아주 잘 균형 잡힌 문서여서 나와 같은 신보수주의자도 그것을 열정적으로 사용하게 만든다"고 말한다. 사실 교황의 「100주년」은 좌파, 중도파, 그리고 우파 모두를 격려한 문서였다고 평가되기도 한다. (Novak, *The Catholic Ethic and the Spirit of Capitalism*, pp. 136-138을 참조하라.)

57 교황은 자유 시장의 세 가지 도덕적 한계를 다음과 같이 지적한다. 첫째, 인간의 많은 필요들은 시장에 의해서가 아니라 그 너머의 것에 의해 충족되며, 둘째, 어떤 미덕은 사거나 팔 수 없는 또 그래서도 안 되는 것들이고, 셋째, 모든 사람들이 시장에 들어갈 자원을 가지고 있지 않으며 비시장적 자원을 필요로 한다는 것이다. (이상 Novak, *Ibid.*, p. 135에서 참조.)

의 후손에게 주어진 하늘의 뜻은 이 광산에 숨겨진 보화를 발견하고 발명하고 개발하는 것이다"라고 말하고 있다.[58] 노박의 영향력과 문투가 강하게 느껴지는 대목이다. 남미의 대표적 해방신학자 구티에레즈에 의해서도 중요하게 인용된 바 있는 이 회칙에 대해 노박은 이렇게 평가한다.

> 교황 요한 바오로 2세는 사회 질서를 위한 근본적인 은유로서 성서의 창조 이야기를 선택함으로써 해방신학을 넘어섰다. 교황의 비전 안에서 창조주는 창조 세계 안에 엄청난 부와 자원과 가능성들을 숨겨두었으며, 그것들을 발견하고 실현시키는 것을 인간의 소명으로 만들었다…… 막스 베버에 의하면, 자본주의의 뿌리는 창조 세계에 대한 개신교도들의 부정적인 태도, 즉 자아 부정과 금욕주의 그리고 인간의 타락성에 대한 강조에 있었다. 하지만 이와 대조적으로 교황은 인간이 일상적이고 잡다한 미덕들을 창조의 기본적인 선함이라는 맥락 안에 다시 위치 지웠고, 그것들을 인간의 본성에 날인된 하나님의 형상이라는 관점에서 새롭게 보았던 것이다.[59]

노박에 의하면 하나님의 창조는 인간이 그것을 완성시키기 전까지 미완성이고 불완전하다. 그리고 구원이란 인간에게 적대적인 자연을 '길들이는' 것이다. 여기까지도 소화하기 참 힘들다. 그런데 여기서 우리는 한 가지 또 다른 노박의 색다른 주장과 만나게 된다. 창조의 세계는 미완성이나 이 세계는 "이미 선하고, 이미 은혜로 가득 차 있으며, 이미 구원된 세계"라는 것이다. 어떻게 이것이 가능한가?

58 Novak, *The Fire of Invention: Civil Society and the Future of the Corporation* (New York: Rowman & Littlefield Publishers, Inc., 1997), p. 61에서 재인용.

59 Novak, *Freedom with Justice*, pp. 227-228 ; "Two Moral Ideals for Business," in *Three In One*, p. 229.

"이미 구원된 세계"

'미완성의 창조' 대 '이미 구원된 세계'라는 상호 모순적인 주장 뒤에는 노박 나름의 그리스도론이 작동하고 있다. 엄밀히 말해 노박의 신학 사상에서 그리스도론은 어떤 적극적인 역할을 수행하지는 않는다. 왜냐하면 노박은 그리스도론이 비그리스도인들을 포함할 수 있는 보편적 윤리의 기반이 되기에는 너무 특수한 것이라 보기 때문이다.[60] 실상 노박에게 예수는 매력적인 인물이 아니다. 왜냐하면, "너무나 많은 무고한 사람들이 그 사람 때문에 죽었고, 너무나 많은 끔찍한 일들이 오랫동안 그의 이름으로 자행되었기 때문"이다. 특히 '역사적 예수'가 문제인데, 왜냐하면 이 예수는 "어떤 윤리적 행동을 불러일으키기 위한 신비로운 모델"로 이용되어 그리스도의 편재성을 심하게 훼손시켰기 때문이다.[61]

노박이 유일하게 기독론적 근거로 인용하는 것은 요한복음 1장이다. 여기서 만물은 말씀(로고스)을 통해 만들어졌기 때문에 로고스로서의 예수는 모든 인간과 사물과 역사의 사건 속에, 나아가 그의 이름이 불리지 않는 곳에도 이미 현존한다. 바로 이러한 로고스의 편재성 덕분에 노박은 "모든 사물이 은총 속에 있고", "모든 창조가 구속되었으며", 그리고 "존재하는 모든 것은 이미 선하고, 이미 은혜로 충만하며, 이미 구속되었다"고 말하는 것이다.[62] 그런데 사실상 죄와 악의 문제에 대해 침묵하는 노박이 이런 그리스도론을 언급하는 목적은 무엇인가? 그것은 다름 아니라 '기업의 신학'을 뒷받침하기 위함이다. 만약 '모든' 사물이 하나님의 은총 속에 있고, 존재하는 '모든' 것이 이미 하나님의 은혜로 충만

60 노박은 예수가 하나님의 '특별한 계시'인 점은 부인하지 않지만 "그리스도가 신의 유일한 계시는 아니다"라고 강조한다. (Novak, *A Time to Build*, pp. 6-7.)

61 Novak, *Ibid.*, p. 287; *A Theology for Radical Politics*, p. 108.

62 Novak, *A Time to Build*, pp. 6-7; *A Theology for Radical Politics*, pp. 108, 118.

하다면, 자연스런 논리적 귀결로 인간의 경제와 기업도 그 '모든' 것 안에 포함되어야 하지 않겠는가. 기어이 노박은 "기업 안에도 은혜의 표적이 있다" 고 말한다.[63] 나아가 노박에 의하면 기업은 단지 세계 경제를 이끌어가는 대표적 행위자가 아니라 "가난한 자들의 가장 좋은 친구", "신의 은총의 대행자", "구원의 도구", 심지어 "이 세계 안의 하나님의 성육신" 이다.[64] 노박은 심지어 이사야 52장 2절-3절에서 고난의 종으로서의 예수 그리스도를 고대하는 구절도 현대 기업에 대한 성서적 예언으로 풀이하기도 한다. 즉 현대 기업은 "하나님이 훨씬 경멸적인 모습으로 이 세계 안으로 성육신한 것" 이라는 것이다.[65] 그래서 기업은 그리스도의 몸에 대한 가장 훌륭한 은유이며, 나아가 "교회에 대한 최고의 세속적 유사체" 라는 것이다.[66] 노박은 각 개인을 독립적이고 자율적인 존재로 보는 칸트주의적 인간관도 반대하고, 각 개인을 제도적 중재가 필요 없는 신의 은총의 직접적 통로로 보는 개신교 종교 개혁자들의 인간관도 반대한다. 대신 이 둘이 아닌 제3의 길로서 기업을 제시한다. 즉 "가입과 탈퇴가 자유로우며, 목표 지시적이고, 과제 지향적인 동반자적 공동체" 로서의 사적 기업이 바로 공동의 선을 추구할 수 있는 최적의 기관이라는 것이다.[67]

63 Novak, *Toward a Theology for the Corporation*, p. 37.

64 Novak, *Ibid.*, passim; Novak, *On Corporate Governance: The Corporation As It Ought To Be* (Washington D.C.: The AEI Press, 1997), p. 31.

65 Novak, *Ibid.*, p. 33.

66 Novak, ed., *Democracy and Mediating Structures*, p. 199; *Toward a Theology of the Corporation*, p. 2.

67 Novak, *The Spirit of Democratic Capitalism*, pp. 135, 137; *Experience of Nothingness*, pp. xix, 51-52; *Business As a Calling*, pp. 127, 136. 노박에게 사기업은 개인주의와 집단주의 그리고 우파와 좌파 사이에 존재하는 것인데, 그것은 현대 시민 사회의 핵심적 기관이고 국가와 개인 사이의 중재자다. 이 점이 노박의 저서 『자유인들과 공공의 선(*Free Persons and the Common Good*)』이 말하려고 하는 전체적인 주장이기도 하다.

은혜의 편재성을 주목하다 보니 노박의 기독론은 당연히 종말론적인 것을 부인하고 일상의 물질적 생활 안에 있는 그리스도의 현존과 문화 안으로 그리스도의 성육신을 강조한다. 그런데 성육신에 대한 그의 생각이 매우 흥미롭고 충격적이다. 노박에 의하면 성육신의 목적은 "이 세상을 있는 그대로 존중하고, 이 세상의 한계를 인정하며, 이 세계가 현재나 앞으로 '신의 도성'으로 변혁될 것이라는 어떤 약속도 믿지 않게 하려 함"이다.[68] 왜 그런가? 그에 의하면, "우리가 사는 실제의 세계는 유토피아의 세계가 아니기 때문"에, 성육신의 교리는 희망에 관한 교리지 유토피아에 관한 교리가 되어서는 안 된다는 것이다.[69] 하지만 성육신을 이렇게 이해한다면 그 결과는 이 세계를 있는 그대로 신성시할 위험이 있지 않는가? 노박은 이런 질문에 큰 관심이 없어 보인다. 그는 단지 왜 우리가 유토피아적인 꿈을 경멸해야 하는지를 설명하는 데에만 몰두한다. 그는 이렇게 조금은 엉뚱하게 말한다. "만약 하나님이 십자가에 달린 예수를 구하고 세상을 바꾸려고 천사의 군대를 보내지 않았다면, 왜 우리가 우리 자신을 위한 급작스런 변화라는 헛된 꿈을 꾸어야 하는가?"[70] 노박은 만약 하나님 자신이 그런 '완벽주의적 충동'에 저항하셨다면, 우리도 그런 하나님의 모습을 닮아 도덕적으로 완벽한 사회를 만들어야 한다는 강박관념에서 벗어나야 한다고 말한다.

> 신은 세계를 완전하게 만들지 않았고, 우연과 실패와 오류와 악과 원한이 가득 찬 세계로 만들었다…… 창조주는 세계를 만들면서 '좋다(good)'라고 말했지 '완벽하다(perfect)'라고 말하지 않았다…… 그런데 그것이 역설적으로 신의 완전한 길이다. 따라서 우리는 "너희 하나님이 완전하신 것

68 Novak, *The Spirit of Democratic Capitalism*, p. 341.

69 Novak, *The Catholic Ethic and the Spirit of Capitalism*, pp. 168, 215.

70 Novak, *Ibid.*

같이 너희도 완전하라"는 말씀처럼 그런 하나님을 닮아야 하는 것이다.[71]

노박에게 있어서 완벽은 선(善)의 적이다. 때문에 기독교는 "격정의 종교가 아니라 지혜의 종교, 완벽주의의 종교가 아니라 현실주의의 종교"가 되어야 하는 것이다.[72] 그리고 성육신의 목적이 이 세계를 있는 그대로 존중하는 것이라면, "우리가 참으로 다행스럽게 미국 안에서 물려받은 자본주의와 민주주의라는 유산을 결합해 사회를 갱신하고 재건할 수 있는, 보다 현실주의적인 노력에 더 큰 희망을 품어야 한다"는 것이다.[73] 결국 노박의 하나님은 "지혜와 선견지명의 창조자", 실용적 지혜를 가진 "사려 깊은 하나님", "십자가에 의해 극명하게 드러난 무서운 현실주의의 하나님", 한마디로 "카리타스(*caritas*)의 하나님"이다.[74] 그리고 만약 하나님이 이런 카리타스의 하나님이라면 우리도 "카리타스의 경제"를 세워야 한다. 즉, 만약 신이 모든 것을 훤히 알고 명령을 내리는 '지성적 하나님(God of *Nous*)'이 아니라 — 노박에 의하면, 이런 신은 사회주의적 신의 이미지다 — '실천적 지혜를 가진 하나님(God of *Phronimos*)'이라면, 우리도 당연히 이런 신을 닮아 실용적 통찰력이 부의 원천이 되는 그런 경제, 즉 자유 시장과 민주적 자본주의를 선택해야만 한다는 것이다.[75]

71 Novak, *Freedom with Justice*, pp. 28, 32.

72 Novak, *Confession of a Catholic*, p. 10.

73 Novak, "Controversial Engagements," p. 318.

74 Novak, *The Catholic Ethic and the Spirit of Capitalism*, pp. 96, 208; Novak, "Controversial Engagements," p. 316.

75 Novak, "The Love That Moves the Sun," p. 101; Novak, *The Spirit of Democratic Capitalism*, p. 112.

"개연성의 세계"

노박에 의하면 하나님의 창조는 미완성이지만 이 세계는 로고스의 편재 때문에 이미 선하고, 이미 은혜로 가득 차 있으며, 이미 구원된 세계다. 그런데 여기서 우리는 또 한 번의 극적인 반전(反轉)을 맞이한다. 흥미롭게도 노박에 의하면, 이런 세계는 다시금 "우연과 배신과 부조리와 비극과 어리석음의 세계", 혹은 "폭풍과 질병과 좌절과 죽음을 특징으로 하는 개연성의 세계" 다.[76] 노박의 신학 사상에서 매우 중요한 역할을 하고 있는 이 '개연성의 세계(a world of probability)'라는 개념은 노박이 자기의 스승 버나드 로너건(Bernard Lonergan)에게 배운 것이다. 로너건이 말하는 개연성의 세계란, "새로운 미래를 향해 열려 있으나 그 미래는 과거 조건의 실현 여부에 달려 있는", 그래서 "개방되어 있으나 불확실하기 때문에 진보와 퇴보 모두가 가능한 세계" 다.[77] 이 세계의 특징은 자동적인 진보를 보장하지 않는다는 점이다. 물론 어느 정도의 개선에 대한 희망을 배제하지는 않지만, 강조점은 비관적이고 현실적인 측면에 찍혀 있다. 그리고 개연성과 위험 그리고 실패를 특징으로 하는 이러한 개연성의 세계에서 신은 불변하는 우주의 신이 아니라, "개별적이고 우연적이며 유일한 것들의 신인 히브리의 하나님과 어울리는 하나님" 이며, 인간의 창조성과 지성 안에서 발견되는 이 신은 "공상적이거나 논리적이거나 감상적인 신" 이 아니라 "악의 지배를 받는 실제적 세상의 신" 이다.[78] 노박이 여기서 말하고자 하는 메시지는 바로 이러한

76 Novak, *A Theology for Radical Politics*, p. 115; Novak, *Belief and Unbelief*, p. 130ff.

77 Novak, "On the Governability of Democracies," in *Three In One*, p. 36.

78 Novak, *Belief and Unbelief*, pp. 130-131, 170; "What the World Owes Judaism," p. 45; Novak, *Belief and Unbelief*, p. 164.

개연성의 세계 안에서 기독교는 구원의 종교가 아니라 "힘들고 고통스러운 현실의 종교"로 이해되어야 한다는 것이다.[79]

앞서 살펴보았듯이 노박은 한때 급진적 좌파 신학자였다. 하지만 더 이상 미국 안에서 "무장 혁명의 순간은 분명히 오지 않을 것"을 깨닫게 되면서 그는 세상을 한꺼번에 변화시키려는 꿈을 버렸다. 그리고 어떻게 하면 "매일, 매시간, 한 사람이라도 더 해방시키는 것을 가능케 하는 제도"를 창출할 것인가에 골몰하기 시작했다.[80] 바로 이때 20세기 미국의 대표적인 신학자 라인홀드 니버(Reinhold Niebuhr)가 그에게 든든한 후견인이 되어주었다. 왜냐하면 니버의 기독교 현실주의(Christian Realism) 안에는 혁명가들의 유토피아적 · 완벽주의적 · 도덕주의적인 열정이 잘못된 것이라고 판정할 수 있는 어떤 권위가 있었기 때문이다. 노박은 니버에게서 무엇보다도 기독교인들이 "죄인들의 공동체"임과, "현실주의는 특별히 한 가지를 의미하는데 그것은 순수한 이타심에 의해서가 아니라 오직 이기심의 제한에 의해서 공동의 선을 세우는 것"임을 배웠다고 말한다.[81] 실제로 현실주의에 대한 니버 자신의 이러한 개념 정의는 노박이 기독교와 자본주의 사이에 오랫동안 나 있던 깊은 골을 메우려 할 때 큰 힘이 되어주었다.

> 자본주의 이데올로기는…… 인간의 부족함을 강조한다…… 우리는 죄인들의 공동체인 것이다…… 이사야와 그리스도의 역설은 이것이다. 구원은

79 Novak, *Ibid.*, p. 115.

80 Novak, *A Theology for Radical Politics*, pp. 60, 81. 사실 노박이 이처럼 '제도(institution)'를 강조하는 이유는 그가 현실주의를 이데올로기가 아니라 제도에 관심을 두는 것이라고 믿기 때문이다. (Novak, *Freedom with Justice*, p. xiv.)

81 Novak, ed., *Capitalism and Socialism*, p. 117; Novak, "Reinhold Niebuhr: Model for Neoconservatives," in *The Christian Century*, January 22, 1986, p. 70.

> 가장 그럴 것 같지 않은 장소에서, 그리고 로마 제국의 아주 가난하고 미개발된 지역 출신의 목수처럼, 가장 나약하고 가난한 사람을 통해서 와야 한다는 것이다. 이와 마찬가지로 자본주의 사상가들 역시 역사의 얼굴을 바꾼 역동적 에너지가 인간의 고귀함이나 위대함 혹은 도덕적 의식과 같이 일반적으로 기대될 만한 곳에서가 아니라, 인간의 사리(self-interest) 추구라는 의외의 곳으로부터 나온 것임을 발견했다…… 사리 추구는 억압되거나 부정됨을 통해서가 아니라, 견제와 균형이라는 제도 안에서 발현되도록 기회가 주어짐으로써 구원될 수 있다…… 기독교의 핵심에는 죄인들이 있다. 자본주의적 창조성의 핵심에도 사리 추구가 있다.[82]

노박은 니버가 1950년대 후반기에 접어들면서 친사회주의에서 친자본주의로 '전향'했다고 판단했다. 그는 그것에 크게 고무되어 이후 자신을 '현실주의적 혁명가'와 동일시하면서 남미의 해방신학자들을 '유토피아적 혁명가들'로 공격하기 시작한다. 노박에 의하면 우리 시대의 가장 큰 이단적 사상은 이 세계의 악이 '구조적 죄(structural sin)'에서 비롯된다는 사상이다. 하지만 그에 의하면 악은 사회 구조에서가 아니라 인간의 마음에서 나오고, 따라서 비록 혁명을 꿈꿀 때에라도 '혁명 이후'의 것들에 최우선적 관심을 두어야 한다.[83] 사실 노박에게는 이른바 유토피아적 혁명가들을 믿지 않을 나름대로 훌륭한 기독론적 근거가 있었다.

> 예수가 우리에게 주려고 한 것은 억압의 구조로부터의 해방이 아니었다…… 하나님은 자신의 아들의 삶에서 그러한 악을 제거하려고도 하지 않았다. 하나님이 자기 아들의 목숨도 구하려고 하지 않았는데 어째서 그 하

82 Novak, ed., *Capitalism and Socialism*, pp. 117-118, 122.

83 Novak, *Confession of a Catholic*, pp. 43-44.

나님이 우리에게 더 호의를 베풀겠는가?…… 예수는 사회 구조적 죄악으로부터 해방되지 않았다. 우리도 그렇게 되지 않을 것이다…… 우리의 부활은 악의 권세를 제거하지도 또 이 세상의 불합리함을 제거하지도 않을 것이다…… 부활은 해피 엔딩을 약속하지 않는다…… 예수가 이 땅에 왔지만 그는 세계를 변혁시키지 않았다…… 그는 만물을 새롭게 하지 않았다…… "그가 다시 올 것" 인데, 왜냐하면 한 번으로는 충분하지 않았기 때문이다.[84]

노박의 문체는 이렇듯 자극적(provocative)이다. 그는 자신이 말하고자 하는 바를 위해서는 얼마든지 성서에 대한 '과감한' 재해석도 마다하지 않는다. 여하튼 노박에게 예수 그리스도를 믿는다는 것은 곧 모든 유토피아적 사상을 믿지 않는다는 것과 동의어이다. 예수는 결코 사회적 혁명가가 아니었으며, 어떤 사회 질서도 우리를 자유롭게 하지 않을 것이다.[85] "이스라엘과 기독교의 하나님은 역사에서 아주 느리게 자신을 계시하시며" 수많은 모호함을 묵인해왔고 또 앞으로도 그럴 것이다.[86] 뿐만 아니다. 일반인들도 생을 살아가면서 어떤 유토피아를 추구하는 것이 아니라, 단지 "눈앞의 몇 년 동안 자기 가족들의 생계를 윤택하게 만들 수 있는 견실한 경제적 발전을 바랄 뿐이다."[87] 그래서 노박에게 기독교는 구원과 이상의 종교가 아니라, 처음부터 마지막까지 오로지 '현실주의적 종교'가 되어야만 하는 것이다. 그것이 개연성의 세계 안에서 기독교라는 종교가 취해야 할 올바른 방향이라는 것이다.

84 Novak, *Ibid.*, pp. 43, 62-64.

85 역사적 예수의 삶과 메시지에 관해서는 이 책의 제8장 "예수 믿기, 예수 살기: 역사의 예수와 하나님의 나라"를 참조하라.

86 Novak, *Tell Me Why*, p. 60.

87 Novak, *Business As a Calling*, p. 89.

다시 허무주의로……

1968년의 혁명적 열정이 들풀처럼 시들어버린 이후 노박은 자신이 "허무의 경험"이라 부른 것에 의해 깊이 마비되어 있었다. 그때 그는 마이클 해링턴(Michael Harrington)의 책 『자본주의의 여명(*Twilight of Capitalism*)』을 읽었고 거기서 "마르크스주의의 공허함"을 발견했다. 그리고 그는 전향했다. 하지만 모든 전향에는 정체성의 위기가 따른다. 과연 자본주의로의 전향을 도덕적으로도 합리화할 수 있을까? 그런데 자신의 전향에 수반된 도덕적 일관성의 비난으로부터 노박을 구출한 것은 다름 아닌 1974년 노벨 경제학상 수상자이며 이른바 경제 '신자유주의의 아버지'라 불리는 오스트리아의 경제학자 하이에크(F.A. Hayek)였다. 하이에크는 노박에게 있어서 니버 다음으로 등장한 '구원투수'였다. 만일 노박이 이상주의자에서 현실주의자로 전향하도록 용기를 준 사람이 니버였다면 (물론 노박은 니버를 한 번도 직접 만난 적이 없다), 전향 후에도 여전히 자신이 진보적인 사람이라고 믿게 해준 사람은 다름 아닌 하이에크였던 것이다.

노박은 하이에크가 1974년에 출판한 책 『자유헌정론(*The Constitution of Liberty*)』의 후기로 실은 "나는 왜 보수주의자가 아닌가"라는 유명한 논문을 읽고 깊은 감동을 받았다. 하이에크는 이 논문에서 자신은 결코 보수주의자로 불리기 어렵다고 주장했는데, 왜냐하면 그의 다른 여러 보수적 주장에도 불구하고 그가 선호하는 정치 경제 체제, 즉 자유 시장 자본주의 체제는 근본적으로 '창조적'인 체제이기 때문이라는 것이다. 바로 이 말이 노박에게 '복음'이었다. 이후 노박은 "진짜 보수는 반(反)자본주의자와 반(反)민주주의자"라는 새로운 등식을 갖게 됐다.[88] 그런데 노박은 하이에크를 통해 뜻하지 않은 '행운'도 얻었다. 영국의 '휘그(Whig)' 전통, 즉 "자유, 전통, 그리고 온건한 진보를 주창한 정파"를 하이에크를 통해 발견한 것이다.[89] 앵글로색슨족의 자유주의라 할 수 있는 휘그 전통이 '온건한' 진보를 표방한다는 점에서, 노박은 이것이 니버의 현실주의와 잘 조화될 수 있을 것이라고 생각하며 뛸 듯이 기뻐했다. 그런데 더욱 기쁜 일이 있었다. 그것은 다름 아니라 서구의 대표적 자유주의 사상가들이 중세의 대신학자인 토마스 아퀴나스(Thomas Aquinas)를, 그가 자연과 역사 안에서 인간의 자유를 강조했다는 이유로, "첫 번째 휘그인"으로 높이 존경한다는 사실이었다. 노박은 드디어 오랫동안 자신을 괴롭혀왔던 전향과 그 이후의 도덕적 일관성의 문제에서 완전히 벗어나는 해방감을 느꼈다. 그리고 그는 자신의 새로운 정체성에 대해 이렇게 말하기 시작한다.

많은 사람들은 나와 같은 생각을 가진 사람을 '신보수주의자'라고 부른다.

88 Novak, *Confession of a Catholic*, p. 115. 노박이 하이에크로부터 느낀 또 하나의 매력은 그가 공리주의적(公利主義的)이고 실증주의적인 많은 경제학자들과 달리 경제학이라는 학문을 도덕철학(moral philosophy)과 인문학의 한 분야로 회복시켰고, 그 결과 노박과 같은 종교 사상가들이 탐구할 가능성과 가치가 있는 학문으로 경제학을 만들었기 때문이다. (Novak, "Economics as Humanism," in *Three In One*, p. 202; "Truth and Liberty: The Present Crisis in Our Culture," p. 282를 참조하라.)

89 Novak, *This Hemisphere of Liberty*, p. 112. '휘그주의(Whiggism)'란 앵글로색슨 국가들에 공통된 자유주의 전통인데, 그것은 "프랑스 혁명에서 시작된, 지나치게 민족주의적이며 사회주의적 영향이 강한, 그리고 미숙하고 호전적인 이성주의"와 예리하게 대조적인 것이다. (F.A. Hayek, *The Constitution of Liberty* [Chicago: The University of Chicago Press, 1960], pp. 177, 409.) 휘그주의자들 안에는 몬테스크, 아담 스미스, 에드먼드 버크, 액튼 경, 알렉시스 드 토크빌 등과 같은 사람들이 포함된다. 노박은 여기에 존 아담스, 벤자민 프랭클린, 벤자민 러시, 제임스 매디슨과 토머스 제퍼슨을 포함시킨다. 이들은 공통적으로 정부의 근거를 통상무역에 두어야 하며, 민주주의의 근거를 자본주의적이고 성장 지향적인 경제에 두어야 한다고 강조했다. (Novak, *Belief and Unbelief*, p. 8; Novak, *The Spirit of Democratic Capitalism*, p. 116; Novak, *This Hemisphere of Liberty*, p. 11.)

하지만 나에게 적합한 칭호는 '신자유주의자' 혹은 '현실주의자'다. 나는 이 둘을 종합해 '성서적 현실주의자'라 불리고 싶다.[90]

휘그주의 전통을 발견한 이후 노박은 자신의 조국인 미국을 "자랑스러운 젊은 휘그 공화국"으로 우러러보기 시작했다.[91] 그리고 이후 자신에게 너무도 큰 영감을 준 하이에크를 따라 인간 이성의 힘에 의한 사회 변혁의 노력은 "치명적 자만(fatal conceit)"이요, 사회적 정의에 대한 요구는 "민중 선동 혹은 싸구려 저널리즘"이며, 또한 공정한 사회 질서를 세우려는 노력은 "하나님이 거들떠보지도 않았던 일을 하려는 쓸데없는 야망"이라고 맹비난하기 시작했다.[92] 비록 노박은 시장의 역할에 관해 하이에크와 완전히 동의하지는 않는다.[93] 하지만 그는 시장을 '자

90 Novak, *Freedom with Justice*, p. xiv. 그는 신자유주의를 "경제 자유주의 전통을 확대 개조하여 거기에 공동체, 전통, 신앙, 그리고 사회에 대한 현실주의와 같은 보수적 이념들을 포함시킨 것"으로 정의한다. 또한 '성서적 현실주의'란 "자유주의, 전통주의, 그리고 급진주의(사회주의)라는 3인방"에 대한 대안인데, 그는 이 범주에 토마스 아퀴나스, 에드먼드 버크, 아담 스미스, 알렉시스 드 토크빌, 존 뉴먼, 라인홀드 니버, F.A. 하이에크 등을 포함시킨다. (Novak, *Confession of a Catholic*, p. 117.)

91 Novak, *This Hemisphere of Liberty*, p. 117.

92 Novak, "Hayek: Practitioner of Social Justice," in *Three In One*, p. 124. 노박은 여기서 이렇게 주장한다. "사회적 정의라는 개념이 탄생한 150년 전은 신의 '죽음'과 계획 경제의 이상이 부상하던 시기와 일치한다…… 신이 '죽자' 인간은 이성의 자기 과대 평가를 신뢰하기 시작했고, 인간 이성은 신이 하지 않은 일을 하려는 팽창된 야심, 즉 공정한 사회 질서의 건설을 신봉하게 되었다. 이성의 신성화가 계획 경제의 이상 속에서 자기의 짝을 찾은 것이다."

93 하이에크에게 시장은 그 자신이 동인(動因)이지만 노박에게는 시장이 아니라 창조적이고 지적인 개인이 동인이다. (Novak, *The Future of the Corporation*, p. 11.) 우리가 이미 살펴보았듯이, 노박의 민주적 자본주의는 자유방임적 자본주의와 일치하지 않는다. 노박은 자신을 시장 메커니즘과 경제적 논거에만 모든 것을 맡길 것을 강조하는 '급진적 자본주의 이데올로기' 혹은 '자유방임주의'와 거리를 두려고 매우 의식적으로 노력한다.

생적 질서(spontaneous order)'라고 주장한 하이에크의 이론을 깊이 신봉하기 시작했고, 자신이 말하는 민주적 자본주의는 모든 형태의 계획경제보다 훨씬 우월한 자생적 질서라고 주장하기 시작했다.[94]

노박은 한때 진보적 신학자였고 계속해서 진보적인 신학자로 남기를 원했다. 전향은 도덕적으로 큰 부담이었지만, 하이에크는 전향 이후에도 그가 계속 진보적일 수 있다는 어떤 연속성을 주었다. 거기서 노박은 마침내 자신의 신학적 탐구의 출발점이었던 문제, 즉 허무주의의 문제로부터 완전히 벗어났다고 생각했는지도 모른다. 하지만 필자가 보기에 하이에크는 노박이 그렇게 극복하려 애썼던 허무주의의 문제로, 즉 원점으로 그를 다시 회귀케 한다. 이 책의 제7장에서 상세히 기술하겠지만, 하이에크는 '개인의 자유', '전통', 그리고 '온건한 진보'를 휘그 전통의 세 기둥으로 파악했다. 하지만 이 세 기둥 가운데 개인의 자유와 전통 사이에는 언제나 긴장이 존재해왔다는 점을 우리는 유념해야 한다. 사실 자유와 전통이라는 것은 어느 정도 상호 배타적인 개념이다. 그런데 바로 이 긴장 관계가 '개인의 자유'와 '창조성'을 최우선시하는 노박의 신학 사상을 근본적으로 위협한다. 앞서 보았듯이 노박에게 개인의 자유란 "민주적 자본주의의 가장 깊숙한 비밀"일 뿐만 아니라 "우주의 축"이다. 그래서 노박은 역사 안에서 신의 행위를 인간의 자유에 복속시키기까지 했다. 하지만 하이에크에게서 자본주의란 자신에게 우호적인 정치적 시스템과 문화적 전통에 크게 의존하고 있는 매우 연약한 체제라는 것을 배운 이후, 노박은 하이에크를 모방하며 "법 아래의 개인적 자유(liberty under law)" 혹은 "실서정연한 자유"를 강조하기

94 Novak, "The Great Convergence," in *Three In One*, p. 192. 하이에크에 의하면 '자생적 질서'란 "경쟁적인 시장에 의해 창조되는, 자생적으로 확장된 인간의 질서"다. 이러한 '자생적 질서'에 대한 노박의 이해는 Novak, "Two Moral Ideals for Business," p. 220을 참조하라.

시작했다.[95] 하지만 뭔가 이상하지 않은가? "법 아래의 개인적 자유"는 노박이 원래 아리스토텔레스를 따라 개인의 내적 자발성과 창조성에 기초한 윤리를 강조하면서 외적인 법의 지배를 거부했던 것과는 명백히 상호 모순되는 것이 아닌가.

노박은 하이에크의 도덕철학이 사실은 그가 오래전부터 극복하려 했던 허무주의의 문제로 자신을 도로 데려감을 깨닫지 못했다. 앞으로 자세히 살펴보겠지만, 하이에크의 사상은 개인의 자유를 최우선시하는 급진적 자유주의 사상임에도 불구하고, 아주 역설적으로, 과거의 전통적 가치들을 옹호하는 보수적 이데올로기로 귀결되었다. 비록 하이에크는 자신의 도덕철학이 현상 유지의 정치학이 아니라 변화의 정치학임을 증명하기 위해 무척 애를 썼지만, 그의 방대한 신자유주의 사상의 최종적 메시지는 한마디로 우리가 과거로부터 물려받은 전통과 시장의 힘에 복종하며 살아야 한다는 것이다. 하이에크에 의하면 "모든 진보는 전통 위에서 만들어져야" 하기 때문에 사실상 그의 사상 안에서 개인의 자유는 허용되지 않는다. 그래서 하이에크의 경제 사상은, 겉으로는 자유주의적 유토피아에 대한 급진적 이상향에도 불구하고, 모든 사회적 변화에 관한 비관주의와 허무주의가 되고 만 것이다. 노박은 바로 이런 하이에크와 손잡았다. 하이에크를 끝까지 이해하지 못한 노박은 그래서 불행히도 자신의 신학의 출발점이었던 그 문제, 즉 허무주의의 문제로 되돌아가고 만 것이다. 이런 불행한 일이 또 있을까.

95 Novak, *Business As a Calling*, p. 81; Novak, *This Hemisphere of Liberty*, pp. 3, 35; *The Catholic Ethic and the Spirit of Capitalism*, pp. 65, 95, 235.

다시 읽는 니버

미국의 신보수주의 신학자 마이클 노박의 신학 사상의 저변에 흐르는 것은 반유토피아적 · 반종말론적 · 반완전주의적 충동이다. 한마디로 그는 이 세상을 '근본적으로' 변혁해야 한다는 메시지가 제일 듣기 싫었다. 그래서 노박이 필사적으로 던지는 메시지의 본질적 명제는, 세계를 한꺼번에 변화시키려는 경솔한 꿈을 버리라는 경고다. 즉, 속도는 더뎌도 우리 삶의 실질적인 개선을 위한 실제적인 조건과 제도를 어떻게 창출할 것인지, 그것을 구체적으로 조사하고 실행하라는 주문이다. 물론 이것은 이 세계 곳곳에 흩어져 있는 모든 '열혈당원들(zealots)'이 충분히 관심을 기울여야 할 어떤 것이다. 그럼에도 불구하고 필자가 보기에 노박은 유토피아적인 불을 끄려다 "더러운 목욕물과 함께 아기까지 버리는" 실수를 저지르고 말았다. 유토피아적 환상에 대한 반대 속에서 그는 자신이 살고 있는 미국의 질서 역시도 반드시 완성된 유토피아적 질서가 아닐 수 있다는 점을 잊어버리고 만 것이다. 노박이 꿈꾸는 '미국식 민주적 자본주의'는 결코 신의 도성이 아니다.[96] 앵글로색슨족의 자유주의인 휘그 전통도, '기업이 다스리는 미국(Corporate America)'도 하나님의 나라는 아니다. 노박은 미국의 경제 시스템이 모든 나라에 적용 가능한 것은 아니라는 점을 인정하곤 한다.[97] 그럼에도 불구하고 노박의 민주적 자본주의 사상이 제기하는 최종적 메시지는,

96 그래서 스티븐 롱(D. Stephen Long)이 노박의 민주적 자본주의를 '미국적 민주적 자본주의(American democratic capitalism)'라고 부른 것은 타당하다. (Long, *Divine Economy*, p. 48.) 결국 노박 자신도 민주적 자본주의는 미국과 서독과 일본의 사회적 체제를 가리킨다고 말한 적이 있다. (Novak, *The Spirit of Democratic Capitalism*, p. 14.)

97 Novak, "A Challenge to Business," in *Three In One*, p. 211.

온 세계, 특히 남미와 그곳에 사는 해방신학자들이 미국 자본주의로부터 한수 배워야 한다는 것이다. 노박은 미국적 삶의 방식이 마치 '문명의 프로크루스테스 침대'인 것처럼 우리 앞에 당당하게 제시하고 있다. 하지만 아더 맥거번(Arthur F. McGovern)이 날카롭게 지적하듯이,

> 노박은 자본주의의 이상적인 그림만 제시할 뿐 자본주의가 실행되면서 만들어낸 실제적 불의에 관해서는 조금도 언급하지 않는다. 해방신학자들에게 자본주의를 받아들이고 또한 미국을 열심히 흉내 내라고 말하는 것은 로널드 레이건에게 쿠바나 소련연방을 모델로 채택하여 열심히 흉내 내보라고 말하는 것과 마찬가지다. 노박은 마치 남미인들이 단지 새로운 방향으로 나아가기로 '선택'만 한다면 경제적 발전을 이룰 수 있는 것처럼 말한다. 하지만 [남미에서의] 변화와 개혁은 기성 권력의 저항으로 이루어지지 못했다. 미국은 종종 이런 기성 권력의 하나로 이 저항에 적극 가담했다.[98]

그렇다면 이제 우리가 노박에게 던져야 하는 한 가지 질문은 다음과 같은 니버의 기독교 현실주의의 핵심적 메시지다. 니버는, "우리가 '우리의 진리'를 가지고 '저들의 거짓'과 투쟁할 때, 우리는 '우리의 진리' 안에 있는 '우리의 거짓'과도 투쟁해야 한다"고 말했다.[99] 이것이 니버가 말하고자 했던 바다. 노박은 니버를 끌어들이며 기독교가 완전주의 종교가 아니라 현실주의 종교이고, 우리는 세계를 완벽하게 만들기를 거부한 기독교의 하나님을 닮아야 한다고 주장했다. 하지만 노박의 '니버 끌어오기'에는 대단히 큰 문제가 있다. 노박은 기독교 현실주의에 대

98 Arthur F. McGovern, *Liberation Theology and Its Critics: Toward an Assessment* (Maryknoll, New York: Orbis Books, 1989), p. 154.

99 Robert McAfee Brown, "Reinhold Niebuhr: His Theology in the 1980s," in *The Christian Century*, January 22, 1986, p. 68.

한 니버의 개념 정의 가운데 오직 단 한 가지의 것, 즉 "현실주의는 특별히 한 가지를 의미하는데, 그것은 순수한 이타심에 의해서가 아니라 오직 이기심의 제한에 의해서 공동의 선을 세우는 것"을 의미한다는 문구에만 전적으로 매달렸다. 그리고 이 말을 자본주의 체제를 옹호하는 핵심적 근거로 사용했다. 하지만 우리는 니버가 기독교 현실주의에 대해 다음과 같은 이야기를 했음도 기억해야 한다. "인간의 본성에 대한 현실주의적 해석이 보수주의, 특별히 불의한 특권을 옹호하는 보수주의의 요새로 사용되어져서는 안 된다."[100] 사실 니버는, 로버트 브라운(Robert M. Brown)이 말하다시피, "자본주의 찬가의 작곡자"라기보다 "우리의 의식에 파란을 일으키는 문제아(troubler of our consciousness)" 에 더 가깝다.[101] 그렇다면 필자가 보기에 노박은 필시 브라운이 말하는 '니버 독서법 제1조'를 따르지 않았음이 분명하다. 브라운에 의하면, 우리가 니버의 방대한 저서들을 읽을 때 특별히 조심해야 할 것이 하나 있는데, 그것은 "만약 당신이 '한편으로(on one hand)'라고 시작되는 어떤 단락에서 당신의 마음에 쏙 드는 어떤 말을 발견하더라도 반드시 인내를 가지고 '다른 한편으로(on the other hand)'라고 시작하는 새로운 단락이 나올 때까지 독서를 멈춰서는 안 된다는 것이다. 그런데 종종 이 '다른 한편으로'라고 시작되는 문장은 몇 페이지를 넘겨야 나오곤 한다."[102] 변증법적 사상가 니버의 사상 중에서 "특히 자기비판이라는 니버의 핵심적 주장을 배신하고" 한 가지 니버의 주장만 탐닉하는 것은, 브라운의 말대로, "니버를 신보수주의의 스승으로 만들려는 무참한 시도"일 뿐이다.[103] 하이에크에게 그랬던 것처럼, 노박은 니버의 사상도

100 Reinhold Niebuhr, *Man's Nature and His Communities* (New York: Scribner, 1965), pp. 24-25.

101 Brown, "Reinhold Niebuhr: His Theology in the 1980s," p. 68.

102 Brown *Ibid.*

끝까지 이해하지 못했다.

과연 우리는 '우리의' 진리를 가지고 '저들의' 거짓과 투쟁할 때 '우리의' 진리 안에 있는 '우리의' 거짓과도 투쟁할 수 있는가? 불행히도 노박은 근래 들어 점점 더 미국에 대한 열렬한 맹목적 옹호자가 되었다. 그의 수많은 베스트셀러 중의 하나인 『발명의 불: 시민 사회와 기업의 미래(*The Fire of Invention: Civil Society and the Future of the Corporation*)』는 코카콜라 회사의 최고경영자로부터 "모든 CEO가 읽어야 할 책", 그리고 "기업 미국(Corporate America)을 잠에서 깨우는 모닝콜"이라고 박수갈채를 받았다.[104] 노박이 근래 펴낸 책들 중 하나인 『두 날개 위에서: 미국 건국에 기여한 겸손한 신앙과 상식(*On Two Wings: Humble Faith and Common Sense at the American Founding*)』은 미국식 체제와 삶의 방식에 대한 가장 순도 높은 – 가장 노골적인 – 애국적 찬양신학이다. 바티칸에서 행한 한 연설에서 노박은 미국의 이라크에 대한 침공을 노골적으로 지지하기도 했다.[105] 이 세계와의 모든 종말론적 긴장을 포기하고 오직 하나님의 은혜의 편재성이라는 교리에 집착해 미국 기업들 안에 있는 하나님의 은총의 표적을 보려는 노박은 과연 '미국의 진리' 안에 있는 '미국의 거짓'도 볼 수 있을까? 적어도 신학자라면 그래야 하는 것 아닌가? 만약 하나님의 은총이 정말로 '모든' 곳에 편재한다면, 그래서 미국의 경제와 기업 안에도 현존한다면, 왜 그 은총은 미국 기업들의 전횡에 맞서 싸우는 남미의 가난한 사람들의 투쟁 속에는 현존하지 말아야 하는가? 자기의 논리를 조금만 확장해도 분명해지는 것을 과연 노박은 정직하게 보고 인정할 용기가 있을까? 제국의 경제신학 안에서 필자가 마지막까지 눈을 씻고도 찾

103 Brown, *Ibid.*

104 Novak의 책 *The Fire of Invention*(1997)의 표지 날개를 참조하라.

105 영국의 BBC 방송, 2003년 2월 11일자 방송.

아볼 수 없었던 것은 매우 중요한 한 가지, 바로 이런 정직함이었다.

* * *

지금까지 우리는 스택하우스와 노박을 통해 북미 신보수주의 신학의 실체를 접해보았다. 흥미로웠던 점은, 두 사람의 방법론이 서로 완전히 달랐음에도 불구하고 둘은 결국 동일한 경제의 신학에 이르렀다는 점이다. 개신교의 청교도 전통에 따라 초월적인 규범에 인간의 윤리적 행동을 호소한 스택하우스와 달리, 노박은 아리스토텔레스를 따라 어떤 초월적인 영역에 대한 직관으로부터가 아니라 우리 자신의 내재적인 본성에 대한 성찰로부터 윤리적 행동의 가능성을 이끌어냈다. 하지만 두 사람은 공통적으로 자본주의의 생산 윤리를 뒷받침하는, 같은 내용의 반유토피아적 · 반생태적 신학에 도달할 수 있었다.

전체적으로 볼 때, 북미의 신보수주의 신학은 남미의 해방신학이 강조하는 종말론적 신앙이 가장 결여되어 있는 것으로 보인다. 스택하우스와 노박 그리고 또 한 사람의 미국 신보수주의 신학자 맥캔은 각기 서로 다른 차이점을 많이 가지고 있지만, 그들 사이에 한 가지 뚜렷한 공통점이 있다면 그것은 그들의 반유토피아적이고 반종말론적인 기풍(ethos)이다. 1960년대 남미의 혁명적 상황에서 기독교 신학은 종말론적이고 유토피아적이지 않기가 어려웠을 것이다. 아마 20세기 말의 풍요라는 미국적 상황 속에서는 그 반대가 되지 않기도 쉽지 않았을 것이다. 전자는 변화(혁명)를 원했고 후자는 보존(개량)을 원했다. 그래서 전자는 기독교 이상주의에 끌렸고 후자는 기독교 현실주의에 끌렸다. 사실 이와 같은 남미와 북미 신학자들의 분열은 가난한 자와 부유한 자로 양극화된, 오늘날 우리 세계의 고통스런 분열의 자화상이기도 하다. 하지만 우리가 우리의 문명에 대해 진정 질적으로 다른 대안을 제시하기 위해서는 기존 사회의 제도적 장치들로부터 어느 정도 소외될 필요가 있으며 바로 그런 삶을 사는 것이 기독교가 말하는 '종말론적 공동체'가 아닌가 생각한다. 바로 이러한 종말론적 자유와 비판적 거리가 신보수주의 신학자들에게는 심각하게 결여되어 있는 것으로 보인다.

북미 신보수주의 신학자들은 자본주의와의 '건설적' 대화를 원했고, 금기시되던 부의 생산과 부의 창출과 같은 영역으로 신학적 성찰을 확장했다. 이는 긍정적으로 평가할 일이다. 하지만 우리는 왜 그들이 미국의 대기업과 초국적 기업들에만 그토록 지대한 관심을 쏟는지 묻지 않을 수 없다. 혹 그것은, 스택하우스 스스로가 말하듯이, 대기업이 창출한 "이윤이 교회와 학교와 병원과 예술과 복지 서비스와 다양한 연구 기관들을 돌아가게 하기" 때문인가?[106] 비록 기업과 부의 생산에 관한 신보수주의 신학자들의 관심이 정당한 것이라 할지라도 사실 그들의 관심사는 시대적으로 뒤떨어진 것이다. 왜냐하면, 앞으로 우리가 신자유주의 경제의 세계화를 다루는 제9장에서 자세히 살펴보겠지만, 오늘날 자본주의 하에서 기업은 더 이상 "생산의 중심부"(스택하우스)도, "지구 경제의 가장 중요한 도덕적 동인"(맥캔)도, 또 "가난한 자들의 최고의 친구"(노박)도 아니기 때문이다. 만약 우리에게 신보수주의 신학자들이 말하는 기업의 신학에 쉽게 찬동할 수 없는 이유가 또 하나 있다면, 그것은 그들의 신학이 오늘날 '금융 자본주의'의 지배라는 시대적 현실에 잘 들어맞지 않기 때문이다.

북미 신보수주의 신학자들도 '신학과 세계의 연관성(relevance)'을 추구했다는 점에서 박수를 받아야 한다. 하지만 그들의 연관성 추구는 자본주의 경제에 너무 지나치게 복종적이었으며 그것과 너무 쉽게 신학적 연관성을 찾은 것으로 보인다. 그래서 북미 신보수주의 신학이 말하

106 Stackhouse, *Public Theology and Political Economy* (Grand Rapids, Michigan: Wm. B. Eerdmann, Publishing Co., 1987), p. 127.

는 하나님은 '문명의 기풍'(스택하우스)에, '자본주의 정신'(노박)에, 또는 '미국적인 것'(맥캔)에 복속되고 말았다. 하지만 역사를 크고 길게 보았을 때, 이 지구 상의 어느 제국도, 어느 문명도, 그리고 어느 정치 경제도 영원한 것은 없었다. 이 세계와 우주의 총체적 역사를 주관하는 하나님의 관점에서 보면 오늘날 미국식 자본주의와 미국적 삶의 방식은 결코 영원한 것이 아니다. 왜 이리도 간단한 것을 그들은 보지 못하는 것일까? 하나님을 믿는 것은 모든 것을 믿는 것을 의미하지 않는다. "하나님을 믿는 것은 모든 것을 믿지 않는다는 것을 의미한다."[107] 믿지 말아야 할 것을 믿는 것, 그것이 성서가 가장 경계하는 우상숭배다. 북미 신보수주의 신학자들은 무엇을 믿지 말아야 할 것인가?

이제 우리는 우리의 눈을 돌려 현대사에서 일어난 또 하나의 중요한 신학 학파를 탐구해보기로 하자. 이 학파는 북미의 신보수주의 신학자들은 말할 것도 없고 남미의 해방신학자들도 당연시하고 있던 것을 근본적으로 부정한 학파다. 그 둘이 당연한 것으로 전제하고 있는 '무한한 경제 성장의 가능성' 그 자체에 근본적인 도전장을 던진 학파다. 자본주의든 사회주의든, 인간의 경제 성장을 위해 자연에 대한 무제한적 수탈을 합리화하는 모든 주장은, 인간을 지구의 적으로 돌리고 나아가 '지구의 사탄'으로 만드는 것이라고 강력하게 비판하는 생태신학자들이다.

107 Christopher Morse, *Not Every Spirit: A Dogmatics of Christian Disbelief* (Valley Forge, Pennsylvania: Trinity Press International, 1994), p. 3.

제5장

생태경제신학의 한 가능성

허먼 데일리와 존 캅을 중심으로

남인도에는 원숭이 덫이라는 게 있다. 코코넛 속을 파서 말뚝에 묶어 놓고 그 안은 쌀로 채워둔다. 이 코코넛에는 구멍이 하나 뚫려 있다. 원숭이가 손을 넣기에는 충분하지만 쌀을 움켜쥔 상태에서는 뺄 수 없는 정도의 크기다. 한 줌의 쌀보다도 자유가 더 가치 있는 것이라는 것을 판단할 줄 모르는 원숭이는 덫의 희생양이 되고 만다. 성장(growth)이라는 가치가 최고의 가치로 빠르게 부상했다. 우리도 주먹을 펴서 성장이라는 패러다임을 놓아버리지 못해, 환경이 붕괴하고 사회적 불의가 증가하는 어떤 시스템 안에 갇히게 됐다.

— 허먼 데일리[1]

경제에 대한 생태신학의 중심적 관심은 '생산수단 사적 소유의 철폐'(사회주의)도 아니고 '엄청난 부의 생산을 통한 가난의 제거'(자본주의)도 아니다. "한때 인구와 경제 활동의 면에서 거의 무한한 팽창이 가능한 것으로 보였던 세계가 한계(limit)를 가진 세계인 것으로 밝혀짐에 따라",[2] 이제 새롭게 중요해진 것은 일정한 한계 이상의 경제 성장 바로 그 자체의 불가능성이다. 즉 자본주의와 사회주의를 막론하고 '산

1 Herman Daly, *Steady-State Economics: The Economics of Biophysical Equilibrium and Moral Growth* (San Francisco: W. H. Freeman and Company, 1997), p. 153.

2 John B. Cobb, Jr., *Sustainability: Economics, Ecology and Justice* (Maryknoll, New York: Orbis Books, 1992), p. 7.

업의(industrial)', '비재활용의(non-renewing)', 그리고 '자연을 쥐어짜는(extractive)' 경제 그 자체의 불가능성이다. 존 캅(John B. Cobb)은 무한한 경제 성장이 가능하다는 가설은 오로지 "근본적인 오류" 혹은 "심각한 착각"에 불과하다고 말한다.[3] 허먼 데일리(Herman E. Daly)는 "이미 오래 전 우리는 경제의 규모(scale)에 있어서 더 이상 성장을 추구할 수 없는 최종적인 생물물리학적(biophysical) 한계에 이르렀다"고 단언한다.[4] 따라서 이제 거대한 패러다임의 전환이 요청되며, 변화의 시작은 경제학과 생태학 사이의 끊어졌던 원래의 연결을 회복하는 것에서 비롯되어야 한다. 즉 경제학이라는 학문이 지구라는 '한 집안(*oikoumene*)'을 정돈하는 규칙으로, 나아가 인간이 다른 생물종(種)들과 함께 지속 가능한 방법으로 번성할 수 있게 만드는 규칙으로 새롭게 이해되는 것부터 시작되어야 한다는 것이다. 사실 '경제(economy)'와 '생태(ecology)'는 둘 다 '오이코메네(*oikoumene*)'라는 한 어원에서 나왔다.[5] 바로 이러한 새로운 정치 경제적 원칙이 '생태경제학(ecological economics)'이다. 생태경제학은 지금까지 경제학에서 전통적으로 무시해온 원칙들, 즉 적절한 규모(scale), 지속 가능성(sustainability), 충족성(sufficiency), 공평성(equity), 그리고 효율성(efficiency)을 강조한다.[6]

3 Cobb, "Liberation Theology and the Global Economy," in *Liberating the Future: God, Mammon and Theology*, ed., Joerg Rieger (Minneapolis: Fortress Press, 1998), p. 39.

4 Daly, *Beyond Growth: The Economics of Sustainable Development* (Boston: Beacon Press, 1996), p. 215.

5 Cobb, "Christianity, Economics, and Ecology," in *Christianity and Ecology*, eds., Dieter T. Hessel and Rosemary R. Ruether (Cambridge, Massachusetts: Harvard University Press, 2000), p. 507.

6 Daly, "Sustainable Growth? No Thank You," in *The Case Against the Global Economy and For a Turn Toward the Local*, eds., Jerry Mander and Edward Goldsmith (San Francisco: Sierra Club Books, 1996), passim.

우리가 사는 세계가 물리적으로 한계를 가진 세계로 다시 이해됨에 따라, 생태신학 안에서는 인간 중심적인 창조 이해로부터 벗어나 창조 세계의 통전성 안에서 인간의 창조성과 자유를 다시 이해하려는 강한 경향성을 발견할 수 있다. 이 점은 인간의 창조성을 특히 강조하는 마이클 노박은 물론, 인간이 역사 변혁의 주체임을 강조하는 해방신학자들과도 날카롭게 대비되는 점이다. 데일리는 인간이 창조자라기보다 피조물에 더 가까우며, "창조성을 부여받았으나 한계에 복종해야 하는 존재"임을 강조한다.[7] 캅은 인간이 "역사의 주인이 아니다"라고 잘라 말한다.[8] 래리 라스무센(Larry L. Rasmussen)은 인간을 "공동의 창조자라기보다 공동의 참여자로 이해하는 것이 더 정확하며" 따라서 "자유와 좋은 삶(good life)은 창조 세계의 통전성과 조화 속에서 그리고 필요의 범위 안에서" 추구되어야 한다고 강조한다.[9] 샐리 맥페이그(Sallie McFague)도 "우리는 [지구의] 창조자도, 중심도, 존속과 변혁의 수단도 아니고, 단지 은총의 수혜자일 뿐"이라고 이야기한다.[10]

필자는 여기서 미국의 생태경제학자 허먼 데일리(Herman E. Daly)의 사상을 먼저 소개하고자 한다. "생태경제학의 수석 사제", "가장 멀리 보는 경제학의 이단아", 혹은 "광야에서 울부짖는 소리"로 널리 알려진 데일리는 한때 세계은행(World Bank)에서 일한 적이 있으나 더 이상 세계은행의 정책 결정 과정에 기여할 수 없다는 한계를 느끼고 그곳을 떠났다.[11] 탁월한 생태경제학자인 데일리는, 비록 신학자는 아니지

7 Daly, *Beyond Growth*, p. 224.

8 Cobb, *Sustainability*, p. 111.

9 Larry L. Rasmussen, *Earth Community, Earth Ethics* (Maryknoll, New York: Orbis Books, 1998), p. 292.

10 Sallie McFague, *Life Abundant: Rethinking Theology for a Planet in Peril* (Minneapolis: Fortress Press, 2001), p. 138.

11 Daly, "The Steady-State Economy," in *Toward a Steady-State Economy* (San

만, 우리의 주목을 받기에 충분한 자신의 고유한 성서적 견해를 피력하면서 과정신학자 존 캅과 공동으로 매우 의미심장한 종교적 대안을 우리에게 제시하고 있기에 우리의 관심을 받을 충분한 가치가 있다.

허먼 데일리의 '정상상태 경제'

데일리도 한때 자유 무역과 비교 우위에 강한 신뢰를 가진 정통 경제학자였다. 하지만 생태경제학 개척자들의 영향을 받으면서 그는 "경제학에서 역(逆)코페르니쿠스 혁명"의 제창자가 된다. 데일리는 자신의 생태경제학을 '정상상태(正常狀態) 경제(steady-state economy)'라 부른다.[12] '무성장(無成長) 경제(no-growth economy)'로도 알려져 있다. 정상상태 경제란 "[투입과 산출 둘 다에 있어서] 원료 투입량을 '최저' 비율로 유지함으로써 전체 인구와 물질적 부의 축적이 항상 어떤 바람직한 수준을 유지하는 경제"로 정의된다.[13]

정상상태 경제학의 핵심적 논지는 아주 단순하다. 어떤 특정한 지점을 넘어서면 경제 성장은 물리적으로나 경제적으로 지속 가능하지 않으며, 또한 도덕적으로도 바람직하지 않다는 것이다.[14] 왜 지속 가능하지

Francisco, W.H. Freeman, 1973), p. 158을 참조하라.

12 '정상상태(正常狀態)'는 steady-state 혹은 stationary state를 번역한 것으로, 상대적으로 평형을 유지하는 어떤 상태를 가리킨다. 예를 들어 기계공학에서 정상상태란 운동 상태가 시간의 경과에 따라서 변화하지 않는 상태에 있는 것을 의미하며, 의약품학에서 정상상태란 어떤 계(界)에 들어가고 나오는 양이 균형을 이루어 계의 농도가 일정하게 유지됨에 따라 마치 정지된 것 같은 준 평형 상태를 의미한다.

13 Daly, "The Steady-State Economy," p. 152.

14 Daly and Kenneth N. Townsend, *Valuing the Earth: Economics, Ecology, Ethics* (Cambridge, Mass.: MIT Press, 1993), preface(페이지 번호 없음).

않은가? 인류는 이미 오래 전에 경제의 규모 면에 있어서 성장의 최종적인 생물 물리학적 한계를 넘어섰기 때문이다.[15] 왜 바람직하지 않은가? 인류는 이미 '최적의 규모(optimal scale)', 즉 더 이상의 성장은 그 성장의 가치보다 더 많은 것을 잃게 만드는 어떤 지점을 통과했기 때문이다.[16] 그렇다면 해결 방안은 무엇인가? 해결 방안은 원료 투입량의 비율을 최대로 줄이고(이것은 낮은 생산과 또 이와 동등하게 낮은 소비를 의미한다), 인구와 생산의 성장이 환경의 지속 가능한 능력 혹은 자원 재생 및 폐기물 흡수 능력 이상을 넘지 못하게 하는 것이다.[17]

한마디로 데일리의 정상상태 경제학은 유한한 에너지와 지구 자원의 한계에 조응하도록 경제 사상 전체의 패러다임을 근본적으로 재편할 것을 촉구한다. 그것은 "발전(진화)하지만 성장하지는 않는" 지구의 에코시스템에 인간의 경제가 순응할 것을 요구한다.[18] 그러니까 정상상태 경제란 간단히 말해 '성장을 제한하라'는 주장이다. 이는 지금까지 저개발과 부의 불균형 배분에 대한 만병통치약으로 지속적인 경제 성장을 계속 처방해온 기존의 관행에 대한 중대한 도전이다. 정상상태 경제학은 과학과 기술이 인간에게 부여한 힘 때문에 인간 경제의 규모는 이제 의식적으로 "지구 행성의 근본적인 유한성"과 "인간 피조성의 근본적

15 Daly, "Sustainable Growth: An Impossibility Theorem," in *Ibid.*, p. 269. 데일리는 여기서 인간의 경제가 현재 전 지구적 "광합성의 순 1차 산물"(NPP)의 4분의 1을 점유하고 있다고 밝힌다. 그에 의하면 인간은 NPP의 100% 이상을 결코 점유할 수 없다.

16 Daly, *Beyond Growth*, pp. 215, 223; "The Steady-State Economy," p. 151.

17 Daly, *Toward a Steady-State Economy*, p. 14; Daly, *Beyond Growth*, p. 3.

18 Daly, "Sustainable Growth," p. 268. 존 캅도 이 점에 관해 데일리에 전적으로 동의하면서 이렇게 말한다. "한계선을 받아들이고 그 한계 안에서 모두가 품위 있는 삶을 살려고 노력하라. 다른 생물종들과의 균형 속에 그리고 지구 행성의 재생 가능한 자원으로 살아라. 또한 기술적 진보에 비추어 합의될 수 있는 정도로만 재생 가능하지 않은 자원을 사용하라." (Cobb, *Sustainability*, p. 7.)

한계" 및 "생태적 의존성"을 직시해야만 하는 어떤 지점에 이르렀음을 강조한다.[19]

우리의 관심을 끄는 대목은 데일리의 정상상태 경제 이론이 아담 스미스나 칼 마르크스의 영향이 아니라 현대 과학, 특히 생물물리학(biophysics)으로부터 지대한 영향을 받았다는 사실이다. 사실 정통 경제학에 대한 데일리의 비판의 요지는 정통 경제학이 현대 물리학과 생물학이 밝혀낸 가장 기본적인 자연의 법칙들을 진지하게 수용하지 않고 있기 때문에 '비과학적'이라는 것이다.[20] 실제로 '정상상태(steady-state)'라는 용어 자체도 물리학과 생물학에서 따온 것이다.[21] 데일리에게 있어서 경제학이란 기본적으로 '생명과학'이다. 이 과학의 궁극적 탐구 주제는 생명 과정 그 자체다. 따라서 경제학이란 생태학의 일부가 되어야 하며, 인간의 운명은 자연의 운명과 결합되어야 하는 것이다. 그렇다면 현대 생물물리학은 생명 현상을 어떻게 이해하는가?

생물물리학적 관점에서 생명의 과정은 "정상상태의 열역학적 불균형으로, 주위 환경으로부터 낮은 엔트로피를 섭취함으로써, 즉 높은 엔트로피 산출물을 낮은 엔트로피 투입물과 교환함으로써, 평형(죽음)으로부터 끊임없이 거리를 유지하는 것"이다.[22] 여기서 중요한 것은 '열

19 Daly and Townsend, *Valuing the Earth*, p. 214.

20 Daly, *Beyond Growth*, p. 214.

21 Daly and Townsend, *Valuing the Earth*, p. 366. 이 용어를 사용하기 전에 데일리는 존 스튜어트 밀(John Stuart Mill)을 따라 '정지 상태(stationary state)'라는 용어를 사용했었다. 밀은 그의 저서 『정치경제의 원칙들(*Principles of Political Economy*)』(1857)에서 '정지 상태'란 "인구와 물질적 자본금이 제로 성장인 상황, 그러나 기술과 윤리의 지속적인 향상이 이루어지는 상황"이라고 설명했다. 데일리 역시 '정지 상태'라는 말을 정확히 이런 고전적 의미로 사용한다. 하지만 신고전주의 경제학자들이 이 말의 의미를 자신들의 편의에 맞게 재정의함에 따라 데일리는 그들과 자신의 개념 사용의 혼돈을 피하기 위해 물리학과 생물학으로부터 '정상상태(steady-state)'라는 말을 차용하여 사용하기 시작한 것이다. (Daly, *Beyond Growth*, p. 3)

역학의 제1법칙'(우주 안의 모든 물질과 에너지는 불변한다. 창조되지도 파괴되지도 않는다. 단지 그 형태만 바뀔 뿐이다)만이 아니라 '열역학의 제2법칙'(우주 안의 모든 물질과 에너지는 한 방향으로만 변한다. 유용한 상태에서 무용한 상태로, 질서 있는 상태에서 무질서한 상태로 변한다)이다. 이와 같은 열역학의 제2법칙에 따르면, 경제란 그 물리적 측면에서 영원히 또는 아주 오래 성장할 수가 없다. 데일리는 바로 이러한 엄연한 과학적 사실이 왜 경제 과정의 물리적 서술에는 적용되지 않아 왔느냐고 반문한다. 하지만 이제 더 이상 그럴 수는 없다. 이제 '정상 상태' 혹은 '생물물리학적 제1법칙'은 도덕적 선택의 문제가 아니라 기본적인 과학적 필요성이며 모든 경제학의 규범이 되어야 하는 것이다.[23]

이러한 과학적 기반 위에서 데일리는 경제에 대한 전통적 개념 정의를 뒤집는다. 경제학 교과서들은 경제를 재화의 기계적 흐름으로, 즉 "하나의 완전히 폐쇄된 시스템 안에서 생산과 소비 사이의 진자 운동"인 것처럼 기술한다.[24] 하지만 데일리에게 있어서 경제학에 대한 이러한 정통적(신고전주의적) 견해, 특히 가치에 대한 주관주의(subjectivist) 이론의 문제는 경제가 가지고 있는 물리적 요소들을 무시하는 것이고, 그럼으로써 우리의 관심사를 자원이나 노동의 문제가 아니라 효용, 교환, 그리고 효율과 같은 주제들로 전환시키는 것이다.[25] 신고전주의적 견해에 의하면 에코 시스템은 인간 경제 안에 포함되어 있다. 하지만 데일리에 의하면 "경제란, 물리적 측면에서 볼 때, 유한하고 성장하지 않으며 물질적으로 닫힌 지구의 에코 시스템 아래에 있는, 하나의 열린 하

22 Daly, "On Economics as a Life Science," in *Valuing the Earth*, pp. 249, 253, 256ff.

23 Daly, *Beyond Growth*, p. 214; Daly, "The Steady-State Economy," pp. 153-154; Daly and Townsend, *Valuing the Earth*, p. 366.

24 Daly and Townsend, *Ibid.*, p. 51.

25 Daly, *Beyond Growth*, p. 4.

위시스템" 이다.[26] 이 견해에서는 에코 시스템이라는 큰 원 안에 인간의 경제가 작은 원으로 포함된다. 그리고 이러한 견해에서 중요하게 부각되는 것은 '규모(scale)'의 문제다. 즉 전체 에코 시스템 안에서 인간이라는 존재가 차지하는 물리적 크기의 문제다. 이 문제는 과거에 간과되거나 회피되어온 문제다. 왜냐하면 인간 경제의 규모가 작았던 때에는 경제 성장이 사회를 조직하는 중심적 원리가 되어도 생태계에 별 문제가 없었기 때문이다.

흥미로운 것은, 경제에 대한 데일리의 이러한 새로운 정의 안에서 보면, '지속적인 성장(sustainable growth)'이라는 것도 유한한 물리적 세계 안에서는 근본적으로 불가능한 것이 된다는 점이다. 데일리에 의하면 신고전주의 경제학자들은 "복잡한 대수학(代數學, algebra)의 덤불 속으로 재빨리 숨어듦으로써" 이러한 진리를 은폐했다.[27] 두말할 필요도 없이 이것의 결과는 무제한적 성장에 대한 중독, 혹은 '성장광(成長狂, growthmania)'이다. 성장광이란 언제나 성장이 가장 중요하다고 보는 마음, 충분함이라는 상태는 결코 있을 수 없다는 태도, 또는 성장을 어떤 최적의 축적을 획득하기 위한 임시적 수단으로서가 아니라 목적 그 자체로 보는 관점이다. 데일리에 의하면 이러한 성장광 뒤에는 인간학적이고 신학적인 전제가 숨어 있다. 즉 성장광 뒤에는 '경제 인간(*homo economicus*)'의 욕망은 만족을 모른다는 인간학적 전제와, "무한한 욕망이라는 원죄"는 인간의 과학기술에 의해서 속량될 수 있고, 신의 명령 가운데 가장 중요한 명령은 더 많은 사람들을 위해 더 많은 재화를 생산하라는 것이라는 신학적 전제가 숨어 있는 것이다.[28] 하지만 데

26 Daly, "Sustainable Growth," p. 267.

27 Daly, *Toward a Steady-State Economy*, p. 5; Daly, *Steady-State Economics*, pp. 3-4.

28 Daly, "The Steady-State Economy," pp. 149-151.

일리는 이에 대해 이렇게 반박한다. 실재의 세계에 사는 인간은 만족을 모르는 '경제 인간'이 아니며, 인간의 '상대적 필요'는 만족시킬 수 없어도 '절대적 필요'는 만족시킬 수 있다고.[29] 돌을 떡으로 만들어보라는, 즉 물질의 영역에서 끝도 없는 굶주림을 만족시켜보라는 사탄의 유혹에 의해 인간은 타락했지만, 경제 활동의 본래의 목적은 '무한한 빵'이 아니라 '충분한 빵'이라는 것이다. 사실 데일리에 의하면 정통적 경제 패러다임 안에서의 성장은 '반경제적 성장'이다. 왜냐하면 그 성장은 가난한 사람들의 삶의 질을 떨어뜨리고 자연 자원을 고갈시키기 때문이다. 따라서 그런 성장은 오늘날 많은 문제들의 치료법이 아니라 오히려 그것들의 원인이다.[30] 즉 데일리가 볼 때 환경 파괴라는 질병은 경제학 의사들이 인간의 무한한 욕망이라는 기본적인 병을 고치기 위해 무한한 생산이라는 처방을 내림으로써 생긴 병, 즉 '의원병(醫原病)'이다. 그렇다면 이제 우리는 잘못된 치료에 의해 생긴 병을 또 다시 동일한 잘못된 처방을 내림으로써 고치려 해서는 안 된다. 치료법을 바꿔야 하는 것이다.

데일리는 '불가능성의 원리(impossibility theorem)'를 제시한다. 이 원리는 세계 경제가 성장을 통해서는 가난과 환경 파괴의 문제를 해결할 수 없다는 원리, 좀 더 단순히 표현하면 미국식 고도 자원 소비 방식의 경제로는 60억 인류의 빈곤과 환경 문제를 결코 해결할 수 없다는 원리다.[31] 마치 무한정 책을 사 모으기만 하고 조금도 버리지는 않는 도서

29 Daly and Cobb, *For the Common Good: Redirecting the Economy toward Community, the Environment, and a Sustainable Future* (Boston: Beacon Press, 1989), pp. 5, 85-87; Daly, *Toward a Steady-State Economy*, pp. 24, 26. 사실 이 주장은 원래 케인스의 것이다.

30 Daly, *Steady-State Economics*, p. 101; Daly and Townsend, *Valuing the Earth*, p. 368.

31 Daly, "Sustainable Growth," p. 267; Daly and Townsend, *Valuing the Earth*, p. 369.

관이 세상에 존재할 수 없듯이, 영원한 경제 성장은 불가능하고 어느 지점에서는 반드시 멈춰야 하는 것이다. 뿐만 아니라 이 원리에 의하면 심지어 '지속 가능한 성장(sustainable growth)' 혹은 '녹색 성장(green growth)'이라는 것도 불가능하다. 사실 데일리에게 지속 가능한 혹은 녹색 성장이라는 용어는 '나쁜 모순어법'이다. 왜냐하면 성장에다가 '지속 가능한'이라는 형용사를 붙이거나 녹색 물감을 덧칠함으로써 마치 여전히 성장이 가능한 것처럼 믿도록 우리를 속이고, 그럼으로써 우리가 지금 반드시 단행해야 할 문명사적 전환을 다시금 연기시킴으로써 결국 그 전환의 고통을 배가시킬 것이기 때문이다.[32]

데일리에 의하면, 성장에 대한 대안은 지속 가능한 성장 혹은 녹색 성장이 아니라 '지속 가능한 발전(sustainable development)'이다. 다른 말로 "성장 없는 발전" 혹은 "물리적 경제 기반의 질적 향상"이다.[33] 데일리는 '성장'(growth, 즉 물질의 증가 혹은 흡수로 인한 양적 크기의 증가)과 '발전'(development, 즉 보다 완전하고 이전보다 나으며 또 이전과는 다른 상태로의 질적 진화)을 명확히 구분한다. 그리고 '성장하다'는 동사의 원래 뜻이 "싹이 터서 성숙을 향해 발전한다"는 의미임을 지적한다.[34] 그의 논제는 인간 경제라는 하위 시스템은 자신을 안에 포함하고 있는 상위 에코 시스템에 의해 영속적으로 유지되거나 지탱될 수 있는 규모를 넘어서 성장해서는 안 된다는 것이다. 말하자면 자식이 어미를 집어삼켜서는 안 된다는 것이다. 지구라는 상위 에코 시스템의 하위 시스템으로서의 인간 경제는 언젠가 성장을 멈춰야 하지만, 계속해서 발전할 수는 있다는 것이다.

32 Daly, "Sustainable Growth," pp. 267-268.

33 Daly, *Ibid.*

34 Daly, "Free Trade: The Perils of Deregulation," in *The Case Against Global Economy*, p. 237; Daly, *Steady-State Economics*, p. 99.

물론 많은 사람들은 이런 식의 지속 가능한 발전으로 과연 가난이 제거될 수 있을지 의문을 제기할 것이다. 하지만 1960년대 말 브라질의 북동부 지역에서 가난한 사람들과 함께 살았던 데일리는 가난은 다음과 같은 두 가지 사회적 요소에 의해 발생한다고 믿는다. 첫째는 (마르크스에 따르면) 생산 수단의 비소유이고, 둘째는 (멜서스에 따르면) 산아 제한 수단의 비소유다.[35] 데일리는 불평등에 제한이 있어야 한다고 주장한다. 또한 인구를 통제하지 않으면 점증하는 절대적 식량 부족이라는 부담 때문에 모든 사회적 개혁이 수포로 돌아간다는 점을 강조한다.[36] 따라서 지속 가능한 발전에서 가장 중요한 핵심적 요소는 '부의 분배'와 '인구의 통제'다. 데일리는 어떤 혁명적 방식의 변화를 제안하지 않는다. 비록 일정한 한계 이상의 부에 대한 어느 정도의 몰수를 암시하고 있기는 하지만, 그는 복지 국가의 관료주의나 중앙 집권적 통제에 의해서가 아니라 사유 재산과 자유 시장에 근거한 분배 정책을 통해 부의 분배가 이루어져야 한다고 주장한다.[37] 그리고 이에 대한 성서적 근거로서 그는 사유 재산의 소유와 그것의 분배에 있어서 일정한 불평등을 현실로 전제하고 있는 구약 성서의 '희년 사상'을 언급하면서, 자신의 분배 정책의 요지는 부의 사적 소유를 인정하는 바탕 위에 사회적으로 관용될 수 있는 일정한 한계 안에서 부의 불평등을 제한하려 하는 것임을 강조한다.[38] 간략히 말해 그의 주장의 요지는 '무제한적 불평등'으로부터 '제한적 불평등'으로 전환하자는 것이다. 즉 최고 소득과 최저 소득의

35 Daly, *Beyond Growth*, p. 119.

36 Daly, *Steady-State Economics*, pp. 168-169.

37 Daly, "The Steady-State Economy," pp. 168-169. 존 스튜어트 밀을 따라 데일리는 이러한 분배 정책이 사실 사유 재산을 지키기 위한 것이라고 주장한다. 왜냐하면 그렇게 해야 사유 재산이 착취의 수단이 아니라 착취에서 지키는 보증이 되기 때문이다.

38 Daly, *Beyond Growth*, p. 206; Daly, "The Steady-State Economy," p. 169.

한계를 제도적으로 정함으로써 '너무 가난하거나, 너무 부유한' 양극단을 피하자는 것이다. 사실 데일리는 절대적 평등이 현실이 될 수도 없고 목표가 될 수도 없다고 본다. 그러면서 자신의 정책 방향은 자본주의도 사회주의도 아닌, "분배 국가(Distributive State)"라고 정의한다.[39]

이상에서 우리는 생태경제학자 데일리의 주장을 상세히 살펴볼 수 있었다. 필자가 보기에 그의 주장은 과격하면서도(radical) 현실주의적(realistic)이다. 그런데 데일리는 자신의 생태경제학을 정립하면서 한 가지 중요한 점을 깨닫는다. 즉 경제의 성장을 둘러싼 논쟁은 단순히 기술적인 논쟁이 아니라 우리 세계관의 근본적인 패러다임 전환을 요구하는 논쟁이라는 점이다. 즉 경제 성장을 둘러싼 논쟁은 "게슈탈트(gestalt)의 전환" 혹은 "선(先)분석적(pre-analytic) 비전의 변화"를 수반하는 논쟁임을 깊이 인식하게 되면서, 데일리는 자신의 논쟁을 뒷받침할 수 있는 도덕적이고 종교적 비전이 절실함을 깨닫게 된다.[40] 데일리는 사리 추구보다 형제자매애가 더 강하다고 믿는다. 그리고 지금 우

39 사실 데일리는 사회주의 경제에 대해 매우 비판적이다. 왜냐하면 사회주의 경제는 서구의 성장 지향적 경제들보다 더욱 심각한 환경 파괴 징후를 보여주었기 때문이다. (Daly, "Sustainable Growth," p. 246.) 데일리는 자본주의와 사회주의 모두를 비판한다. 왜냐하면 두 체제 모두 공통적으로 재생 가능하지 않은 자원에 깊이 의존하면서 큰 규모의, 공장식의, 그리고 에너지-자본 집약적인 생산 양식에 매달리기 때문이다. (Daly and Cobb, *For the Common Good*, p. 13.) 따라서 데일리에게 있어서 자본주의 경제에 대한 대안으로 사회주의를 말하는 것은 어리석은 일이다. 왜냐하면 사회주의 국가들은 자본주의 국가들만큼이나 성장광(狂)이라는 병을 호되게 앓고 있기 때문이다. 같은 맥락에서 현대의 거대 자본, 거대 노동, 거대 정부, 거대 군사력을 선호하는 사적 이윤의 자본주의가 대안이라고 믿는 것도 어리석은 일이다. (Daly, *Toward a Steady-State Economy*, p. 23.) 데일리는 자신이 주창하는 정상상태 경제가 사회주의와 자본주의를 종합할 수 있는 '새 포도주' 혹은 '제3의 길'이라고 주장한다. (Daly and Townsend, *Valuing the Earth*, p. 376.)

40 게슈탈트란 '지각의 대상을 형성하는 통일적 구조'를 말한다. Daly, *Steady-State Economics*, p. 126.

리에게 필요한 것은 경제의 성장이 아니라 도덕적 성장이며, 심오한 철학적 이해, 그리고 나아가 종교적 갱신이라고 확신한다. 한마디로 "마음의 변화, 정신의 갱신, 그리고 회개라는 건강한 약"이 필요하다는 것이다.[41] 즉 정상상태 경제는 결코 기술적 해결책이 아니라 도덕적 해결책을 찾는 것이며, 성장광(狂)에 반대할 수 있는 가장 결정적인 주장은 종교적이고 윤리적인 것임을 데일리는 깨닫게 된 것이다. 그리고 원래 경제학이 도덕철학의 한 분야였음을 상기시키면서, 데일리는 마음의 변화, 선(先)분석적 비전의 변화를 위한 자신의 방안을 제시한다.

먼저, 데일리는 인간에 대한 이해를 바꿀 것을 제안한다. 경제학자들은 인간을 생산자 혹은 소비자라 부르지만, 열역학의 법칙들에 의하면 생산과 소비라는 경제 용어는 정확한 것이 아니다. 왜냐하면 열역학의 법칙들에 따르면 물질과 에너지는 창조되지도 않고 파괴되지도 않는다. 따라서 엄밀히 말해 인간은 물질을 생산하거나 파괴할 수 없고 오직 한 단계에서 다른 단계로, 즉 원료에서 물자로, 그리고 물자에서 쓰레기로 그 외형을 변형시킬 수 있을 뿐이다. 뿐만 아니라 인간은 새로운 에너지를 사용하지 않고서는 폐기물을 원료로 되돌릴 수 없다. 이렇게 보면 인간은 창조자가 아니라 오히려 '폐기물의 생산자'라는, 지금과는 전혀 다른 이미지를 얻게 된다. 데일리는 인간이 가진 기술이라는 것이 "성장에 미친 사람들이 자신들의 교회당을 세워온 주춧돌"이라고 비판한다.[42] 그러면서 그는 우리의 에코 시스템 안에서는 결코 완벽한 재생이 허용되지 않는다는 점을 강조한다. 인간의 기술이 인간을 어떤 근본적인 방식으로 피조물에서 창조자의 반열에 올려놓을 것이라는 믿음은 무모한 자기기만에 불과하다.[43] 뿐만 아니라 "우연적 존재인 인간이 과학

41 Daly, "The Steady-State Economy," pp. 2, 172; Daly, *Beyond Growth*, pp. 1, 201.

42 Daly, *Steady-State Economics*, pp. 7-8, 105.

과 기술에 기초한 경제 성장 덕택에 마치 진정한 창조자이고, 자연 세계는 단지 인간을 위해 사용될 도구적이며 우연적인 물자 더미에 불과하다는 믿음"은 근대 세계가 만든 우상 숭배에 불과하다.[44] 때문에 데일리가 보기에 창조자 하나님을 믿는다고 말하면서 그 하나님이 창조한 세계의 파괴에 행복한 마음으로 참여하고 있는 사람이 있다면 그 사람은 학술적 연구를 필요로 하는 흥미로운 대상이다.[45] 그렇다면 이제 인간이 가진 창조적인 능력을 옹호하는 방법으로 성장에 탐닉하는 습관은 버려져야 하며, 이에 덧붙여 인간이 가지고 있는 '파생된(derived)' 창조적 능력이 마치 자생적이고 자율적이며 무한하다고 생각하는 우상 숭배적인 믿음도 이제는 폐기되어야 한다. 우리 인간은 창조성을 부여받았으나 여전히 한계성을 가지고 있는 피조물이라는 겸허한 인간학적 이해로부터 변화가 시작되어야 하는 것이다.

두 번째로 데일리는 성서에 대한 재해석과 창조적 적용을 제안한다. 데일리는 성서 시대 팔레스타인과 로마 제국의 농업 경제가 오늘날 근대 산업 경제에 창조적으로 해석되어야 한다고 믿는다. 그는 특별히 창세기 2장-3장에 나오는 야휘스트(Yahwist) 창조 설화에 보다 깊이 주목할 것을 촉구하는데, 왜냐하면 이 이야기는 오직 인간과의 연관성 속에서만 창조 세계의 가치를 인정하는 창세기 1장의 사제(Priestly) 설화와 달리, 인간과는 독립적으로 창조 세계의 가치를 인정하기 때문이다.[46] 하지만

43 Daly and Townsend, *Valuing the Earth*, p. 8.

44 Daly, *Beyond Growth*, pp. 22-23.

45 Daly, *Ibid.*, p. 21.

46 Daly, "The Steady-State Economy," p. 172. 이 점에 관한 보다 깊이 있는 성서신학적 연구는 Theodore Hiebert, "The Human Vocation: Origins and Transformation in Christian Tradition," in *Christianity and Ecology*, eds., Dieter T. Hessel and Rosemary R. Ruether (Cambridge, Massachusetts: Harvard University Press, 2000), pp. 135-144를 참조하라.

오늘날의 세계 경제를 위해 이 야휘스트 창조 이야기보다 더욱 필요한 성서의 경제 원칙이 있다면 그것은 불평등의 제한을 강조하는 구약 성서의 원칙이라고 데일리는 말한다. 물론 데일리는 구약 성서의 희년법이 우리 시대에 문자적으로 소생될 수 있다고 믿지는 않는다. 하지만 희년법이 가지고 있는 '제한적 불평등'이라는 원리가 오늘날 부와 소득에 있어서 일정한 최고 한계와 최저 한계를 정하는 정책으로 제도화될 수 있다고 그는 확신한다. 데일리에 의하면, 이와 같은 정신은 신약 성서 고린도후서 8장 13절-15절에서도 바울에 의해서 잘 표현되어 있다.[47]

> 나는, 다른 사람들을 평안하게 하고, 그 대신에 여러분을 괴롭게 하려는 것이 아니라, 평형을 이루려 합니다. 지금 여러분의 넉넉한 살림이 그들의 궁핍을 채워주면, 그들의 살림이 넉넉해질 때에는, 그들이 여러분의 궁핍을 채워줄 수도 있을 것입니다. 그리하여 평형을 이루는 것입니다. 이것은 성경에 기록하기를 '많이 거둔 사람도 남지 않고, 적게 거둔 사람도 모자라지 않았다'[출애굽기 16장 18절] 한 것과 같습니다.

'마음의 변화'를 위해 데일리가 마지막 세 번째로 던지는 제안은 과학적 유물론(scientific materialism)의 극복이다. 과학적 유물론이란, 우주를 불합리한 우연성으로 그리고 그 안의 생명을 또 다른 우연성 이상으로는 보지 않는 우주론을 가리키는데, 이런 우주론은 목적과 정신과 가치라는 실재를 거부한다. 이러한 과학적 유물론에 대한 대안으로 데일리는 화이트헤드의 과정철학이 가장 유망함을 발견하게 된다. 그리고 과정철학이 가장 과학적이면서도 인간에게 내적인 목표 의식을 준다는 확신을 얻게 된다. 데일리는 존 캅, 존 호트(John F. Haught), 찰스 버치

47 Daly, *Beyond Growth*, pp. 206, 209.

(Charles Birch)와 같은 일군의 과정신학자들이 자연을 사랑할 수 있는 견고한 학문적 기반을 제공해줄 수 있음을 확인하면서, 존 캅과 함께 『공동의 선을 위하여 (*For the Common Good*)』라는 저서를 출판하기까지 한다. 이 책에서 데일리와 캅은 공동으로 경제의 근본적인 패러다임의 전환을 위한 종교적/신학적 비전으로서 '생물권(生物圈, biospheric) 비전'을 제안한다. 생물권 비전이란 인간중심주의를 반대하는, 인간과 인간 공동체에 대한 유기체적 견해 중 하나다. 데일리의 대안적 경제 사상의 대미를 장식하는 그것이 무엇인지 구체적으로 살펴보기 위해, 우리는 잠시 과정신학자 존 캅의 신학 사상과 경제 윤리를 검토할 필요가 있다.

과정신학과 존 캅의 '지구주의'

과정신학은 생태신학의 하나다. 하지만 과정신학이 생태신학 전반에 끼친 영향은 지대하다. '유기체 철학'으로도 알려진 과정철학은 무엇보다도 역사와 자연, 정신과 물질의 이원론을 거부한다. 왜냐하면 과정철학의 근본적인 통찰은 각각의 모든 사건의 상호연결성이고, 인간과 자연 사이의 연속성이기 때문이다.[48] 과정사상은 독립이 아니라 상호 의존성을 강조하는데, 이 상호 의존성은 단지 하나의 이상으로서가 아니라 존재론적으로 주어진 특성이다.[49]

과정신학의 1차적인 관심은 (따라서 출발점은) '생명'이다. 캅은 '해

48 Cobb, *Sustainability*, 2f.; Cobb and Charles Birth, *The Liberation of Life: From the Cell to the Community* (New York: Cambridge University Press, 1981), p. 282.

49 Cobb and David Ray Griffin, *Process Theology: An Introductory Exposition* (Philadelphia: The Westminster Press, 1976), pp. 21, 24.

방'이 중요하다고 인정한다. 하지만 만약 생명의 의미가 분명하게 드러나지 않으면, 해방은 피억압자도 악을 행할 수 있는 능력을 가지고 있음을 인식하지 못한다는 점에서 낭만적일 수 있다. 그래서 캅은 "해방이라는 미사여구"로부터 스스로 거리를 둔다. 왜냐하면 우리에게 가장 필요한 것은 "인간이 어떤 의식적인 변화의 행위자가 아니라 단지 전체 생명의 그물망 안의 한 부분임을 경험하도록 인도하는 심오한 영적 변혁"이기 때문이다.[50] 물론 캅이 이렇게 해방이라는 의제를 거부하는 이유는 신보수주의 신학자들의 그것과는 엄연히 다르다. 캅이 그것을 거부하는 이유는, "오늘날 과도하게 개발된 세계라는 상황 속에서" 인간이 가난을 극복하고 또 굶주림을 방지할 수 있는 무제한의 능력을 가졌다는 생각도 이제는 버려져야 하기 때문이다.[51]

캅이 보기에 인간이 목적 의식적인 변화의 주체라는 생각 안에는 인간이 자신의 합리적 목적에 따라 세계를 마음대로 변형시킬 수 있다는 전제가 깔려 있다. 하지만 바로 이것이 문제다. 왜냐하면 '진보'니 '인간의 책임'이니 하는 용어를 낳은 것은 바로 그런 인간의 전능성에 대한 암묵적 전제가 있기 때문이다. 캅은 인간이 책임적 존재이며 원칙적으로 변화를 도모할 수 있는 자유를 가진 존재임을 부인하지는 않는다. 그럼에도 불구하고 그가 강조하는 것은 인간이 역사의 주인이 아니며, 우리는 "우리의 물리적 한계"를 인식해야 하고, 또한 그에 따라 요구되는 변화를 계획하는 능력에도 한계가 있음을 인정해야 한다는 것이다.[52] 하지만 캅은 이와 동시에 우리의 미래가 열려 있으며 하나님의 은총으로 이해되는 변혁의 힘은 무한하다고 강조한다. 언뜻 상호 모순적으로 들리는 이 주장들은 "진화 과정의 비결정론적(open-ended) 실행"에 대한

50 Cobb and Birth, *The Liberation of Life*, pp. 2-3, 65.

51 Cobb, *Sustainability*, p. 9.

52 Cobb, *Ibid.*, p. 11.

캅의 믿음과 관련이 있다. 사실 예수회 신부이고 과학자인 테이야르 드 샤르댕(Teilhard de Chardin)을 높이 평가하는 해방신학자 구티에레즈와 달리, 캅은 그를 몽상적인 과학자로 비판하는데, 왜냐하면 캅이 보기에 드 샤르댕은 진화의 과정 전체가 어떤 단일한 목적과 필연적 운명을 가진 것처럼 말함으로써 진화 과정이 가지고 있는 비결정론적인 속성을 예민하게 포착하지 못했기 때문이다.[53]

캅에게 있어서 생명이란 근본적으로 "전체 진화 과정의 선물" 이다.[54] 그리고 진화 과정에 기본적인 것은 "생존 그 자체에 대한 강한 충동", "생명에 대한, 생명의 연속에 대한, 더 많은 생명과, 더 나은 생명에 대한 강한 충동", "생명을 향유하려는 자연적인 본능적 욕구" 혹은 "생명의 향유"다.[55] 신의 기본적 목표는 피조물에게 고유한 생명의 향유를 증진시키는 것이다. 여기서 한 번 캅이 말하는 "생명을 향유하려는 본능적 욕구(drive to enjoy life)" 와 노박이 말하는 "이해하려는 본능적 욕구(drive to understand)" 를 비교해보자. 둘 다 공통적으로 내재적인 것이며, 따라서 캅과 노박에게 있어서 우리의 윤리적 행동의 원천은 "저 밖" 이 아니라 "우리 안에" 있다.[56] 하지만 노박은 우리의 지성이 아닌 '몸'과 '감성'과 '느낌'으로는 신에 이를 수 없다고 주장하는 반면, 캅은 오직 '느낌(feeling)'만이 본래적 가치에 이르는 길이고, 이런 느낌 없이

53 Cobb and Birch, *The Liberation of Life*, p. 4.

54 Cobb, "Ecology, Ethics, and Theology," in *Toward a Steady-State Economy*, p. 317.

55 Cobb and Griffin, Process Theology, pp. 54-55.

56 Cobb and Griffin, *Ibid.*, p. 57. 우리가 앞장에서 살펴보았지만 아리스토텔레스에게 영향을 받은 노박은 윤리적 행동의 가능성이 의무나 신의 명령과 같은 것에서 나오는 것이 아니라 "우리 자신의 자발성이라는, 숨겨진 내부의 원천" 에서 나온다고 이야기한다. 이와 비슷하게 캅은 도덕적인 것이란 단지 "파생적인 관심, 기본적인 가치, 즉 생명의 과정 안에 내재한 향유 그 자체라는 가치에 부차적인 것" 일 뿐이다.

는 하나님의 "교감하는 자비(sympathetic compassion)" 나 "교감하는 응답성(sympathetic responsiveness)" 이 불가능하다고 말한다.[57]

과정신학은 자연과 역사의 이원론에 반대하면서 인간의 역사를 이해하기 위해 '진화의 역사'를 진지하게 고려한다. 캅은 지구 위의 생명이 그리고 나아가 전 우주가 무한한 반복과 순환이 아니라 언제나 비반복적인 운동 안에 있었으며, 자연과 역사의 변화는 서로 긴밀히 연결되어 있음을 강조한다. 그러므로 이원론적 습관에서 벗어나 우리의 현재의 행동을 해석하려면 우리는 과거 인간의 이야기를 자연이 수행한 결정적인 역할 속에서 보는 법을 배워야 하는 것이다.[58] 역사/자연의 이원론을 거부하는 과정신학은 자연/역사의 이원론을 당연한 것으로 채택하고 있는 해방신학과 신보수주의 신학 모두에 대한 신학적 교정이라 할 수 있다. 캅은 인간의 역사가 이 지구 위에서 일어난 가장 중요한 사건들의 소재지임을 부인하지는 않는다. 하지만 그는 인간의 역사가 너무도 지나치게 물리적인(bodily) 실재를 부인하는 기반 위에 이해되어왔다는 점을 비판하는 것이다.

그렇다면 과정신학의 하나님은 어떤 하나님인지 좀 더 구체적으로 알아보자. 이는 생태신학으로서의 과정신학을 보다 깊이 이해하는 데 도움을 줄 것이다. 과정신학은 한편으로는 기독교 신앙과 다른 한편으로는 과정철학 및 그 철학에 의해 제기된 형이상학이라는 두 측면으로 이루어져 있다. 이 가운데 먼저 후자를 검토해보기로 하자. 왜냐하면 과정철학의 신관이 바로 과정신학의 신론을 다른 신학의 그것과 구별되게 만들기 때문이다. 과정철학의 신은 "생명을 불러일으키고 꽃피게 하며 타성(inertia)과 죽음의 세력에 맞서 싸우는, 실재 안의 힘" 이다. 하지만 이 힘은 "매우 느리고 조용하게, 설득하면서, 주목을 끌지

57 Cobb, "Ecology, Ethics, and Theology," p. 308.

58 Cobb and Griffin, *Process Theology*, p. 149.

않고 일하는 힘" 이다.[59] 캅에 의하면,

> 그 힘은 생물학자나 심리학자가 관찰할 수 있도록 자신을 드러내지 않는다. 하지만 그 힘은 그 학자들이 연구하는 유기체 안에 그리고 그 학자들의 성실한 진리 추구 안에 전제되어 있다. 그 힘은 그 힘이 일하는 유기체 밖에서 발견될 수 있는 어떤 것이 아니며, 그렇다고 그 유기체와 동일시될 수 있는 것도 아니다. 우리는 그 힘을 영(Spirit)으로…… 희망의 근거인 생명과 사랑의 제공자로 이해할 수 있다…… 생명의 영은 언제나 새로운, 그리고 우리가 예상할 수 없는 방법으로 일한다.[60]

캅은 이 '생명의 영'의 가장 좋은 유비로 '도(道, Tao)'를 제안한다. 캅에 의하면, 도는 "서서히 그리고 소리 없이, 하지만 최종적으로는 실재 안에서 가장 효과적으로 일하는 행위자" 다.[61] 이러한 도에 대한 캅의 이해를 콱 푸이란(Kwok Pui-lan)의 도 이해, 즉 "무언(無言)의, 비강제적인 힘" 이라는 이해와 비교해보자.[62] 캅은 상대적으로 도가 '실재 안에서 가장 효과적인 최종적 행위자'임을 강조함을 알 수 있다. 두말할 필요 없이, 이런 과정철학의 신은 전통적인 기독교의 이신론의 신, 즉 이 세계에 외부적이고 세계도 하나님에게 외부적인 그런 신을 거부한다.[63] 이러한 과정철학의 신은 역사를 자신의 미래로 이끌지만 역사에

59 Cobb, *Sustainability*, p. 125.

60 Cobb, *Ibid*.

61 Cobb and Griffin, *Process Theology*, p. 62.

62 Kwok, Pui-lan, "Ecology and the Recycling of Christianity," in *Ecology: Voices from the South and North*, ed., David G. Hallman (Geneva, Switzerland: WCC Publications & Maryknoll, New York: Orbis Books, 1994), p. 110.

63 Cobb, *Sustaining the Common Good: A Christian Perspective on the Global Economy* (Cleveland, Ohio: The Pilgrim Press, 1994), p. 21.

개입하지는 않는 아리스토텔레스의 '부동의 원동자(*primum movens*)'와도 조화로운 신이 아니다. 이 과정철학의 신은 피조물 옆에 나란히 존재하는 또 하나의 존재가 아니라 오직 피조물 안에서 피조물을 통해 행동하는 신이다. 즉 "밖에서(from without)" 통제하는 신이 아니라 "안에서(from within)" 불러일으키고, 정돈하고, 해방하며, 위로하는 신이다.[64]

칸과 데이비드 그리핀(David Griffin)에 따르면, 이러한 과정철학의 신의 본질적 특성은 무엇보다도 먼저 "교감하는 자비"이고 "교감하는 책임성"이다. 물론 하나님은 사랑이다. 하지만 여기서 특별히 강조되는 점은 이 신적 사랑이 사랑받는 이에게 최대한 교감적으로 응답할 수 있는 사랑이어야 한다는 점이다. 핵심은 신과 우주 사이의 상호 작용이고 상호 참여다. 칸에 의하면, "신은 우주와 상호 작용한다. 신은 각 피조물의 존재와 생명을 형성하는 데 참여한다. 그렇다면 각 피조물의 생명 또한 신적 실재를 형성하는 데 참여한다."[65] 물론 신과 세계 사이의 이러한 상호 참여라는 개념은, 우리의 세계에 대해 아무런 응답의 요소를 가지고 있지 않은 '무감각한 절대자(Impassive Absolute)'로서의 전통적인 신에 대한 단호한 거부다. 칸과 그리핀에게 있어서 신을 참된 신으로 만드는 것은 '응답성(responsiveness)'이며 그것이 곧 신의 '완전성'의 본질이다.[66] 당연히 신의 완전성에 대한 이러한 개념은 신의 '의

64 Cobb and Griffin, *Process Theology*, p. 157; Cobb, "The Cosmos and God: The Dependence of Science on Faith," in *God, Cosmos, Nature and Creativity* (Edinburgh: Scottish Academic Press, 1995), p. 46.

65 Cobb, *Ibid.*, p. 49.

66 Cobb and Griffin, *Process Theology*, pp. 46-48. 따라서 칸과 그리핀에게 '카리타스(caritas)'라는 말에서 유래한 '자선(charity)'이라는 용어는(앞장에서 마이클 노박은 하나님을 이 카리타스의 하나님이라고 불렀는데, 그에 의하면 카리타스로서의 하나님의 사랑은 현실주의적 사랑 혹은 "어둡고 무시무시한 현실주의의 형태"의 사랑이

존성' 혹은 '상대성'을 함축한다. 이를 다시 한 번 신의 완전성에 대한 마이클 노박의 이해와 비교해보자. 노박에 의하면 신이 완전한 이유는 신이 세계를 완벽하게 만들기를 거부했기 때문이며 또한 인간에게 완전한 자유를 부여했기 때문이다. 하지만 캅과 그리핀에 의하면, 신이 세계에 '의존'하는 것처럼 절대적 인간의 자유라는 것도 존재하지 않는다.[67] 그래서 캅은 (그리고 데일리는) 칼뱅주의를 매우 의심하는데, 왜냐하면 칼뱅주의는 근대 경제학 이론의 주춧돌이 된 개인의 자율성을 강조했기 때문이다. 과정철학에서 가장 중요한 신의 특성은 자비롭고(compassionate), 교감하며(sympathetic) 그리고 응답하는(responsive) 사랑이다. 한마디로 줄여서 말하면, 과정철학은 신과 인간과 세계 사이의 이러한 "감성적 연대(emotional bond)"에 관한 것이다. 사실 이러한 감성적 연대는 생태적 인식과 정치 경제에 대단히 중요하다. 스티븐 굴드(Stephen Jay Gould)가 말하듯이, "우리는 우리와 자연 사이에 감성적 연대를 형성하지 않고서 생물종과 환경을 구하기 위한 이 전투에서 승리할 수 없다. 왜냐하면 우리는 우리가 사랑하지 않는 것을 지키기 위해 싸우려 하지 않을 것이기 때문이다."[68]

과정철학의 신의 두 번째 특성은 앞서 서술한 신의 응답성으로부터 비롯되는 신의 '창조적 활동'과 '새로움(novelty)'이다. 과정철학의 신

다) 오직 "사랑에 대한 도착적인 견해"일 뿐이며, 그런 사랑은 사랑의 대상이 가장 필요로 하는 것에 대한 진정한 감수성을 결여하고 있는 사랑일 뿐이다.

67 Cobb and Griffin, *Ibid.*, p. 74. 사실 아퀴나스를 중요시했던 노박과 달리(왜냐하면 아퀴나스가 자연과 역사에서 인간의 자유의 중요성을 강조했기 때문에), 캅은 비록 아퀴나스가 통제하는 힘으로서의 전통적인 하나님 이해에 문제를 제기하기 위해 인간의 자유라는 교리를 확언했음에도 불구하고 그가 인간 행위의 사회적 측면과 공동체 건설의 측면에 보다 더 큰 강조점을 주었다고 평가한다. (Cobb and Griffin, *Ibid.*, p. 52; Cobb and Daly, *For the common Good*, p. 5를 참조하라.)

68 Daly, *Beyond Growth*, p. 20에서 재인용.

은 이 세계 안에서 적극적으로 일한다. 악을 극복하고 새로운 것과 공정한 조건을 만들기 위해 직접 일한다.[69] 물론 이런 신은 해방신학의 하나님과 비슷해 보인다. 하지만 과정철학의 신은 역사 안에서 홀로 일하지 않으며 또 가난한 자를 편들거나 그들을 대신해 일하지 않는다. 신의 창조적 활동에서 강조되는 것은 새로움의 유입이다. 이 때문에 과정철학은 모든 사건과 사물의 상호 연결성뿐만 아니라 그것들의 갱신과 변혁의 가능성도 강조한다. 이러한 가능성은 캅과 데일리가 과정사상의 중심적 통찰로 본 것, 즉 "모든 사건은 대부분 선행 사건의 결과이지만 어떤 사건도 과거에 의해 전적으로 결정되어 있지 않으며 각 사건마다 무언가 새로운 것이 일어난다"고 확언했을 때 잘 표현되어 있다.[70] 이 말을 세계를 '개연성(probability)'의 세계로 이해한 노박의 견해와 또 다시 비교해보자. 앞서 살펴보았듯이 노박의 개연성의 세계에서 "인간의 역사는 새로운 미래에 열려 있으나, 그럼에도 불구하고 미래의 일은 선행 사건 안에 있는 이전의 조건의 성취에 달려 있다." 역사가 열려 있음을 부인하지 않았다. 하지만 여기서의 강조점은 미래가 과거의 결과에 달려 있다는 것이었다. 이와 대조적으로 과정사상은 모든 사건들이 선행 사건들에 의존하고 있음을 인정하지만, 강조점은 미래가 선행 사건들에 의해 결정되지 않는다에 찍혀 있다. 왜냐하면 신적 새로움이 유입되기 때문이다. 이렇게 볼 때 노박의 세계관 안에서는 우리가 현실주의자가 될 것을 권고 받는다면 (세계는 진보뿐만 아니라 퇴보에도 지배받기 때문이며, 또한 '죄' 때문에 자동적인 진보에 대한 보장은 그 어디에도 없기 때문에), 과정철학의 세계관 안에서는 선행 사건들에 대한 연관성에도 불구하고 우리는 미래에 대해 열려 있을 것을 권고받는다. 왜냐

69 Cobb and Griffin, *Process Theology*, p. 48f.

70 Daly and Cobb, *For the Common Good*, p. 399.

하면 신적 새로움의 유입으로 각 사건마다 무언가 신선한 일이 새로 일어나기 때문이다. 필자가 보기에 과정사상은 신의 창조성과 새로움이라는 개념 때문에 과거에 대한 연결성을 강조함에도 불구하고 사회적 · 역사적 보수주의라는 함정에서 벗어날 수 있다.

미래를 '새로운 것(*Novum*)'으로 본 몰트만과 마찬가지로, 캅과 그리핀은 창조적인 변화가 현재에 대한 단순한 '더함'이 아니라 열린 미래의 본질이라 할 수 있는 '새로운 것'(질적으로 새로운 것 혹은 창조적으로 새로운 것)의 유입이라고 강조한다.[71] 하지만 몰트만과 달리 과정사상 안에서 말하는 '새로운 것'은, 마치 모든 사건이 선행 사건들의 결과인 것처럼 현재 안에 '잉태'해 있다. 앞에서 살펴본 것처럼, 몰트만은 현재로부터 발전되어 나온 세계의 진보를 '미래'와 동일시하는 것을 거부하면서 현재와 과거에 비해 미래가 가진 가산된(added) 가치를 강조했다. 구티에레즈는 그것이 가현설의 위험 혹은 미래주의자의 환상이라고 비판했다. 하지만 과정사상은 현재와 과거와 미래 사이의 존재론적 관련성을 강조하기 때문에 이러한 비판으로부터 벗어날 수 있다. 그럼에도 불구하고 과정사상은 '새로운 것'을 해방의 역사적 실천(praxis) 혹은 종말론적 진전의 표시로 보지 않는다는 점에서 해방신학과는 다르다. 이 점에서 과정사상은 (몰트만이 해방신학자들에게 던진 비판처럼) "현실의 뒤꽁무니를 좇지" 않는다. 왜냐하면 과정사상은 신이 실현되지 않는 가능성을 '유인'한다는 점에서 몰트만이 말하는 '기대(anticipation)'라는 감각을 유지하고 있기 때문이다. 필자가 보기에 과정철학의 (따라서 과정신학의) 세계관은 몰트만의 희망의 신학과 남미 해방신학의 사이 어디쯤엔가 있다.

세 번째로 과정철학의 신은 "우주 안에서 불안(unrest)을 일으키는

71 Cobb and Griffin, *Process Theology*, p. 83.

기본적 원인" 이며 "모험(risk)을 감행하는" 존재다.[72] 캅과 그리핀에 따르면 신의 창조적인 사랑은 모험을 감행하는 사랑이다. 의심의 여지없이 '창조적 사랑'으로서의 신이라는 과정사상의 신 개념은 '현실주의적 사랑'으로서의 신이라는 노박의 신 개념과 다를 수밖에 없다. 왜냐하면 과정사상의 신은 "기성질서를 인가하는 자"가 아니라 "세계 안의 혼돈의 원천"이기 때문이다. 캅과 그리핀에게 신은 물론 질서의 원천이다. 하지만 그 질서란 신적 새로움으로부터 파생된 질서이며, 그것은 한 가지의 본질적인 선, 즉 생명의 향유를 증진시키기 위한 수단일 뿐이다. 질서에 대한 이러한 이해는 노박이 강조하는 "질서정연한 자유"와 완전히 반대되는 개념이다. 왜냐하면 과정사상의 질서 이해는 새롭게 변화하고 발전하는 질서를 강조하기 때문이다. 더욱이 라인홀드 니버의 기독교 현실주의에 대한 캅의 이해 안에는 과정철학과 신보수주의 신학 사이의 차이가 선명하게 드러나 있다. 캅에 의하면 니버의 현실주의는 우리의 지속적인 투쟁을 완화할 이유가 될 수 없는데, 왜냐하면 장기적으로 볼 때 기독교 현실주의 정신을 가지고 살아가는 것이 희망에 찬 미래에 대한 비전을 가지고 우리의 삶을 구체화하는 것보다 덜 현실주의적일 수 있기 때문이다.[73] 분명 니버의 하나님은 "편안히 안주하려는 자들을 괴롭히고" 또한 "우리의 미덕을 의심스럽게 만들며 우리의 죄성을 확인시키는" 분이다. 하지만 캅과 그리핀에게 있어서 니버의 이러한 하나님은 결국 "우리의 우리 자신에 대한 평가를 뒤집음으로써" 우리를 창조적인 변화로 인도하는 분이다.[74] 필자가 보기에 캅과 그리핀의 이러한 니버 이해는 니버를 "우리 의식에 파란을 일으키는 이"로 이해한 로버트 브라운(Robert M. Brown)의 견해와 일맥상통한다고 할 수 있겠

72 Cobb and Griffin, *Ibid.*, pp. 57, 59.

73 Cobb, *Sustainability*, p. 13.

74 Cobb and Griffin, *Process Theology*, p. 103.

다. 물론 과정철학에서 창조적 사랑으로서의 신은 가난한 자의 "편을 들지(take sides)" 않고 오직 "모험을 감행한다(take risks)"는 점에서 해방신학의 하나님과도 동일하지는 않더라도 말이다.

네 번째로 과정철학의 신은 통제하는 강압적 힘이 아니라 그와 반대로 설득하는 힘이다. 캅과 그리핀은 이러한 힘을 "신의 창조적 영향력"이라고 부른다.[75] 그런데 과정철학에 대해 비판적인 사람들은 이처럼 어떤 호의적인 결과를 '보장'할 수 없는 신은 신으로서 갖추어야 할 본질적인 힘을 가지지 못한 것이기 때문에, 결국 과정철학과 과정신학은 무신론의 한 형태에 불과하다고 비난한다. 이에 대한 캅과 그리핀의 반론은, 과정철학과 과정신학은 우리의 운명을 만드는 인간의 힘이 인간 자신 혹은 선행하는 자연으로부터 나온다고 보는 무신론자들과 달리 신의 설득하는 힘으로부터 나온다고 본다는 점에서 무신론과 다르다는 것이다.[76] 캅과 그리핀에게 구체적인 현실성(actuality)은 상대적이고 의존적이며 언제나 변화한다. 따라서 신적 생명의 각 순간마다 세계 안에는 언제나 새롭고 예견하지 못한 일들이 일어난다. 그러므로 신의 구체적 지식은 이 세계의 현상이 내린 결정에 의존한다. 이런 점에서 신은 결과를 알지 못한다. 왜냐하면 앞으로 무엇이 일어날지는 인간이 무엇을 하는가에 달려 있기 때문이다. 오직 "신은 유인하고 재촉하고 설득한다. [하지만] 우리가 결정한다." 그리고 "신이 그렇게 하도록 허용하는 한 신은 만물을 새롭게 한다."[77] 이 말을 다시금 노박의 주장과 비교해보자. 이러한 주장은 얼핏 역사 안에서 신의 역할이 인간의 자유에 종속되어 있다는 노박의 주장과 동일한 것처럼 들릴지 모른다. 하지만 그렇지 않다. 왜냐하면 과정철학과 신학에서 신의 힘과 지식이 제한되는 이유는 그것

75 Cobb and Griffin, *Ibid.*, p. 53.

76 Cobb and Griffin, *Ibid.*

77 Cobb and Griffin, *Ibid.*, pp. 157-158.

이 인간의 자유에 복속되어 있기 때문이 아니라 신과 세계 사이의 '존재론적 상호성' 때문이다. 우리가 이미 살펴보았듯이 과정철학에서 근본적으로 거부된 것은 신의 불변성(immutability)이고, 대신 적극적으로 인정된 것은 창조된 질서 안에서 일어나는 모든 것이 신적 생명 안으로 "들어간다"는 주장이다. 따라서 "신은 우리가 기쁠 때 함께 기뻐하고 우리가 아플 때 함께 아파하며", 바로 이런 점에서 "우리의 결정이 신의 생명에 영향을 미친다."[78] 필자가 보기에 설득으로서의 신의 힘이라는 개념은 신의 불변성을 거부하는 과정철학이 다다를 수 있는 필연적 논리적 귀결이었다. 그리고 설득적 힘으로서의 신은, 인간이 신의 창조를 변화시킬 수 있는 완전한 자유를 가졌다는 노박의 신처럼 무기력해 보이지는 않는다. 사실 캅은 본회퍼를 비판하는데, 왜냐하면 본회퍼가 신의 고난을 이야기하면서 통제하는 신으로부터 벗어난 것은 옳았지만, 본회퍼의 하나님은 무기력한 하나님으로 오도될 위험성이 있다고 보기 때문이다.[79]

하지만 설득하는 힘으로서의 신은 분명 히브리인들의 하나님보다는 강하지 않은 것 같다. 라스무센이 지적하듯이 신적 존재로 넘쳐나던 고대 근동 지방에서 히브리인들의 하나님은 다른 신들처럼 온 자연에 에너지로 깃든 우주의 힘으로만 인식된 것이 아니었다. 오히려 이 거룩한 힘은 억압과 불의의 불가피성을 거부한 도덕적 힘(moral power)이었다. 라스무센은 하나님이 "창조된 그리고 에너지로 가득 찬 우주의 창조되지 않은 에너지"임을 받아들이지만, 이 하나님은 "힘을 나누는(power-sharing) 하나님"이고 이러한 거룩함의 존재 이유는 "특별한 힘을 명시하고, 불러내며, 새로운 길을 열기 위함"이다.[80] 라스무센의

78 Cobb, *Sustaining the Common Good*, p. 21.

79 Cobb, *Sustainability*, p. 14.

80 Larry L. Rasmussen, "Theology of Life and Ecumenical Ethics," in *Ecology:*

논지는 생명의 신학, 자연의 신학, 혹은 우주의 신학이 그 무엇을 의미하든 간에, 신학은 인간의 편에 도덕적 책임을 불러일으킬 수 있는 것이어야 한다는 것이다. 물론 캅과 그리핀은 이를 부인하지 않을 것이다. 왜냐하면 비록 미래에 대한 신의 보증은 없지만 (왜냐하면 "미래는 진정으로 열려 있기 때문에") 이루어지지 않은 가능성들을 유인하고 재촉하고 설득하는, 그리고 우리로 하여금 현재의 안심감을 포기하고 이러한 부름에 우리 자신을 "민감케 만드는(sensitizing)" 신을 우리가 신뢰함으로써 우리에게 도덕적 책임감이 불러일으켜질 수 있다고 보기 때문이다. 하지만 결국 과정철학과 신학에서의 궁극적 문제 혹은 '최종적 악'은 "덧없음(temporality)" 혹은 생태적 의미에서의 "영속적 사멸(perpetual perishing)"이기 때문에, 사회적 고통(suffering)과 역사적 정의(justice)의 문제에 상대적으로 덜 민감한 것은 부인할 수 없다. 실제로 최종적 악이 사회적 '불의'가 아니라 '덧없음'이기에 캅과 그리핀에게 있어서 하나님의 나라는 "신적 생명의 영원한 실재"로 이해되기도 한다.[81]

하지만 캅은 과정사상의 이러한 약점을 기독교의 성서적 신앙과 접목함으로써 극복한다. 앞서 밝혔듯이 과정신학은 과정철학의 관점에서뿐만 아니라 기독교 신앙의 관점에서도 작동한다. 실제로 캅은 자신의 과정신학에 기독교적이고 성서적인 신앙, 특히 신중심주의적이고 예언자적인 전통을 긴밀히 결합시켜 다른 많은 형태의 생태중심주의, 지구중심주의, 혹은 생물중심주의로부터 자신의 신학을 구별하고, 나아가 현재 세계적인 경제적 위기에 대응할 수 있는 자신의 독특한 창소신학을 발전시켜 나간다. 사실 캅처럼 왕성하게 세계 경제의 문제를 분석하

Voices from South and North, ed., David G. Hallman (Geneva, Switzerland: WCC Publications/Maryknoll, New York: Orbis Books, 1994), pp. 113, 125

81 Cobb and Griffin, *Process Theology*, pp. 120-122, 157-158.

고 기독교적 대안을 모색하는 학자는 찾기 힘들 정도다. 더욱이 과정신학이라는, 고도의 추상적이고 형이상학적인 신학을 하는 캅에게서 이처럼 가장 실제적이고 '형이하학적'인 물질의 문제에 남다른 연구 성과가 나온다는 점은 우리에게 큰 자극과 귀감이 된다.

북미 신보수주의 신학자들과 달리 캅은 성서에 많이 호소하는데, 그의 성서에 대한 접근방식은 "성서를 거슬러 성서에 호소하는 방식" 이라 말할 수 있다.[82] 캅은 한때 자신이 성서의 가능성을 과소평가했음을 인정한다. 하지만 보통의 해석과 달리 성서가 훨씬 덜 이원론적이고 덜 인간중심적이라는 것을 깨달은 이후, 그리고 비록 성서가 인간에 강하게 집중하는 경향이 있음에도 불구하고 성서는 인간을 나머지 창조의 세계로부터 분리하지 않으며, 따라서 성서는 엄격한 인간중심주의가 아니라 신중심주의를 지지한다는 것을 깨달으면서 캅은 적극적으로 성서적 신앙을 그의 과정신학에 결합시킨다. 그리고 바로 이러한 성서적 신중심주의의 관점을 가지고 데일리와 함께 『공동의 선을 위하여(*For the Common Good*)』를 출간하면서 심층 생태주의(에코 시스템 전체의 상호의존적이고 통합된 특성을 강조하면서 인간중심주의로부터 가장 극적으로 결별한 입장)뿐만 아니라 가이아 가설(지구를 우리의 최종적인 숭배의 대상으로 보는 견해)과도 구별되는 자신의 독특한 종교적 비전을 제시하는 것이다.

앞서 살펴본 생태경제학자 데일리에 의하면 범신론이나 '생명애(biophilia)' 둘 다, 비록 순진한 과학적 유물론에서 벗어나는 첫 걸음으로서는 환영받을 것들이지만, 비판으로부터 자유로울 수는 없다. 사실 데일리는 재물의 물신뿐만 아니라 풍요의 여신을 "두 거룩한 암소들" 이라 부르며 강하게 거부한다.[83] 캅도 심층 생태학자들이 인간의 특별함을

82 Cobb, *Sustainability*, p. 83.

거부하는 것을 받아들일 수 없는데, 왜냐하면 인간은 여러 생물종(種) 가운데 단지 한 종이 아니라 하나님의 형상으로 창조된, 그래서 특별한 권리와 책임을 부여받은 존재라고 생각하기 때문이다.[84] 캅은 심층생태학자들이 순수무구의 상태(즉 인간이 동식물을 길들임으로써 시작된 자연의 '타락' 이전의 상태)로 돌아가야 한다고 주장하는 것에 반대해, 우리가 돌아갈 곳은 아무 데도 없으며, 그리스도에 의해 매개된 구원은 타락 이전의 순수무구한 상태의 가치를 넘어서는 것이고, 때문에 우리는 그리스도 안에서 우리가 최초에 잃어버렸던 것보다 훨씬 위대한 어떤 것을 발견할 수 있다고 주장한다.[85] 캅의 주장은 인간이 '다스릴' 권리를 가지고 있다는 점, 인간이 책임적 존재라는 점, 따라서 인간중심성(anthropocentricity)이 인간중심주의(anthropocentrism)와 함께 거부되어서는 안 된다는 것이다. 캅은 심층 생태학자들이 뉴턴적 하나님을 거부한 것에 찬동한다. 하지만 캅은 하트숀(Charles Hartshorne)의 범재신론을 따라 자신의 견해를 심층 생태주의자들의 범신론과 구별한다. 캅에게 있어서 하나님은 인간의 노력을 통해 일하는 분이기도 하지만, 동시에 그러한 노력을 인도하는 초월적 관점이기도 하다.[86] 캅은 인간의 노력을 인도하는 어떤 특권적 관점이 있어야 한다고 생각한다. 그리고 하나님이 바로 그 관점이다. 왜냐하면 하나님의 관점은 다른 모든 것을 포괄하기 때문이다. 바로 이러한 생각을 가지고 캅과 데일리는 생태중심주의, 지구중심주의, 그리고 생물중심주의에 대한 반대와 대안으로서

83 Daly, *Steady-State Economics*, pp. 160, 169.

84 Cobb, *Sustainability*, p. 110.

85 Cobb, *Ibid.*, pp. 109-111.

86 Cobb, "Ecology, Science, and Religion: Toward a Postmodern Worldview," in *Reading in Ecology and Feminist Theology*, eds., Mary Heather Mackinnon and Moni McIntyre (Kansas City: Sheed & Ward, 1995), p. 246; Cobb and Daly, *For the Common Good*, p. 396.

'생물권(生物圈) 비전(biospheric vision)'을 우리 앞에 제안하고 있는 것이다.

생물권 비전

그렇다면 이제 데일리와 캅이 공동으로 말하는 생물권 비전으로 돌아가보자. 생물권 비전이란 무엇인가? 캅과 데일리에 의하면 그것은 기본적으로 인간중심주의를 반대하는, 인간과 인간 공동체에 대한 유기체적 견해 중 하나다.[87] 하지만 캅과 데일리는 이러한 유기체적 견해가 정의(justice)의 문제를 무시하지 않는 방식으로 신중심주의와 통합되고 또 그것에 기초해야 하며, 나아가 이런 목적을 이룩하기 위해 우상 숭배에 대한 경고를 그 특징으로 하는 성서의 예언자적 전통과 긴밀히 결합되어야 한다고 믿는다. 캅과 데일리에게 있어서 신중심주의는 반드시 "요청(required)" 되는 것인데, 왜냐하면 오직 그러한 견해만이 자연에 대해 아무 관심도 보이지 않는 인간중심주의나, 제임스 러브록의 가이아 가설에서 잘 예증된 것처럼, 인간의 관심사에 대해서는 아무런 관심도 보이지 않는 생물중심주의라는 두 우상 숭배에 대항할 수 있는 어떤 초월적 가치를 제공하기 때문이다.[88] 신중심주의가 "요청된다." 왜냐하면 그것

87 Cobb and Daly, *Ibid.*, p. 383.

88 Cobb and Daly, *Ibid.*, pp. 402-403. 캅과 데일리에게 가이아 가설은 매력적인 점이 많지만 오로지 실재를 왜곡할 뿐인데, 그 이유는 그 가설이 각각의 살아 있는 것들이나 전체 생물권의 내재적 가치를 바르게 나타내지 못한다고 보기 때문이다. 즉 가이아 가설의 문제는 생물권 전체에 가치를 부여함으로써, 신적 생명에 풍부한 아름다움을 선사하는 생물권의 풍성한 다양성과 복잡한 양식이 획일화되고 무시된다는 점이다. 이런 맥락에서 캅과 데일리의 '생물권 비전'은 동양의 영성과도 구분된다고 할 수 있다. 캅은 동양적 영성이 역사로부터의 우리의 관심을 철회하게 만들 수 있다고

은 또한 목적과 가치와 진리에 대한 모든 주장을 부인하는 과학적 유물론도 제지할 수 있기 때문이다. 가치에 대한 이러한 초월적 원천 없이, 혹은 영원한 하나님 없이, 우리는 우리의 미래와 아직 태어나지 않은 후손들과의 관계성을 이해할 수 있는 기초를 그 어디에서도 찾을 수 없다.[89]

그렇다면 캅과 데일리의 생물권 비전과 생태신학에 대한 스택하우스의 비판은 정확하지 않은 것으로 판명난다. 스택하우스는 그들의 비전과 신학이 자연의 되어감을 신과 동일시하는 일원론적 자연주의에 불과하다고 이야기했었다. 스택하우스에 의하면, 우리는 자연이 아닌 무언가에 대한 지식을 가질 때에만 우리 눈앞의 현상이 꼭 원래 그래야만 하는 어떤 것이 아님을 알게 되며, 또한 우리가 자연을 넘어선 어떤 것을 붙잡을 수 있을 때에만 유기체설이 말하는 자연의 '타락' 이전의 본래 상태로 되돌아가는 것 혹은 과정의 무한한 흐름 안으로 빠져드는 것에 저항할 수 있다고 말했었다. 사실 캅과 데일리는 스택하우스의 이런 주장에 동의하지 않을 이유가 없을 것으로 보인다. 하지만 차이가 있다. 스택하우스가 주장하는 형이상학적인 도덕적 비전은 인간으로 하여금 기술을 사용하여 "타락한" 자연을 "요리"하도록 허용하는 반면, 캅과 데일리가 말하는 가치의 초월적 원천은 말하자면 바로 스택하우스가 주장하는 것과 같은 '인간중심주의적 만행'을 저지하는 것이다. 스택하우

우려한다. (Cobb, *The Earthist Challenge to Economism: A Theological Critique of the World Bank* [New York: St. Martin's Press, Inc., 1999], p. 177.)

89 Cobb and Daly, *For the Common Good*, p. 404. 정치 경제적 이유 하나만으로도 데일리는 생물중심주의 혹은 지구중심주의를 받아들일 수가 없다. 왜냐하면 그런 주의들 안에서 지구의 에코 시스템의 하위 시스템인 인간의 경제는 단지 아무것도 아닌 것으로 축소되어 모든 것이 에코 시스템이 되기 때문이다. 데일리는 이를 일종의 '생태적 환원주의(ecological reductionism)'라고 비판한다. 물론 같은 이유로 데일리는 '경제적 제국주의'도 반대한다. 왜냐하면 경제적 제국주의 안에서는 인간 경제라는 하위 시스템이 모든 것을 그 안에 포함할 때까지 무한 팽창하기 때문이다. (Daly, *Beyond Growth*, p. 11.)

스에 의하면, 자연이나 사회의 기성 질서로부터가 아니라 하나님으로부터 오는 고유한 소명을 강조하는 개혁주의-청교도 전통만이 왕성한 경제 활동에 필요한 노동 윤리를 발전시킬 수 있다. 하지만 캅과 데일리에게 그런 식의 노동 윤리는 지구 에코 시스템의 물리적 한계를 완전히 무시하는 한 미친 성장광(狂)의 이야기에 불과하다. 데일리는 이렇게 말한다. "하나님의 세계는 사랑스러운 세계다. 과학자들은 종종 신학자들보다도 이 세계에 대한 사랑에 더욱 깊이 빠져든다."[90]

지금까지 살펴보았듯이 캅은 확실히 성서의 신중심적 관점 및 예언자적 관점을 과정철학에 결합하여 자신의 신학을 심층생태주의자의 주장과 분리시켰다. 하지만 그렇다고 해서 캅이 지구에 대한 특별한 관심을 약화시킨 것은 아니다. 캅은 우리의 지구가 기독교나 민족 혹은 경제성장보다 "하나님 다음으로 우리의 헌신을 받을 만한 훨씬 더 총괄적인 대상"이라고 믿고 있으며, 이를 위해 구체적으로 우리에게 '지구주의(Earthism)'라는 새로운 종교적 영성을 제안한다.[91] 캅은 개신교가 너무도 오랫동안 창조의 교리를 우상숭배적인 인간중심주의에 복속시켜왔음을 개탄하면서, 이제 기독교인들은 새로운 종교와 영성으로서 '창조론(creationism)'을 발전시켜나가야 한다고 촉구한다. 하지만 창조론이라는 용어가 기독교인이 아닌 다른 사람들을 포용하기에는 너무 협소한 기독교적 용어여서 캅은 그것을 '지구주의'라는 말로 대체한 것이다. 그러니까 캅의 지구주의란 그의 창조 중심 신학을 지칭하는 포괄적 용어다. 캅은 지구가 우리의 최고의 헌신과 경배를 받을 가치가 있는 대상이라고는 생각하지 않는다. 지구는 하나님이 아니고, 또 하나님은 지구가 아니기 때문이다. 그럼에도 불구하고 그는 지구가 기독교나 민족 혹

90 Daly, *Ibid.*, p. 21.

91 Cobb, *The Earthist Challenge to Economism*, p. 8.

은 경제 성장보다도 훨씬 더 우리의 헌신을 받기에 더욱 적합한 존재라고 믿는다. 그러니까 정리해보면, 캅은 데일리와 함께 생물권 비전을 통해 심층 생태학자들이나 가이아 가설의 생물 중심적 비전에 반대하는 유신론적이고 예언자적 관점을 주창했다면, 또한 지구주의의 제창을 통해 지구에 대한 우리의 새로운 헌신의 필요성을 다시금 강하게 제기하고 있는 것이다.

여기서 우리가 특별히 주목할 만한 것은 이와 같은 캅의 지구주의가 다름 아닌 '경제주의(economism)'에 대한 캅의 신학적 대안이라는 점이다. 캅에 의하면, 경제주의란 "사회가 경제 성장을 위해 조직되어야 하며 우리는 경제의 팽창을 위해 모든 것을 바쳐야 한다는 믿음"을 가리킨다.[92] 그렇다면 이에 대한 대안으로 제시된 지구주의란 우리의 헌신의 대상을 경제적 성장으로부터 지속 가능성 및 창조 세계 전체의 온전성으로 전환하자는 제안인 것이다. 엄격한 의미에서 캅의 지구주의는 데일리의 정상상태 경제와 동일하지는 않다. 왜냐하면 캅의 지구주의는 근대성의 긍정적인 면을 데일리보다 더욱 적극적으로 받아들이려 하기 때문이다. 캅은 경제주의가 수백만의 가난한 사람들로 하여금 그들이 지금 텔레비전에서 보는 경제적 부가 언젠가는 자기의 것이 될 거라고 잘못 믿게 만드는, 가공할 설득의 힘을 가졌다고 개탄한다. 이와 달리 지구주의가 보내는 메시지는 주로 가난한 자들로 하여금 자기들도 부자가 될 수 있다는 희망을 버릴 것과 각종 소란스런 경고와 예측들로 이루어졌다고 심히 개탄한다. 그렇다면 필요한 것은 폭넓은 지지와 실제적 변화다. 그래서 캅은 데일리보다 더욱 과학, 기술, 컴퓨터, 심지어 산업화 등과 같은 모든 발전 가운데에서 좋은 것들을 긍정적으로 평가하려고 한다.[93]

92 Cobb, *Ibid.*, pp. 5-6.

이러한 차이점에도 불구하고 캅의 지구주의와 데일리의 정상상태 경제는 인간중심주의로 특징지어진 현재의 지배적 경제 패러다임에 도전하는 '창조 중심의 경제학'이라 말할 수 있겠다. 창조 중심의 경제학에는 설득력이 있다. 왜냐하면, 거두절미하고, 화석 연료에 기초한 무한정의 경제적 성장은 단지 불가능하기 때문이다. 실로 우리는 우리의 경제 전체를 심각하게 재고해보아야 한다. 1950년 이래 지구적 경제의 산출은 3.8조 달러에서 18.9조 달러로, 거의 5배 이상 폭발적으로 증가했다.[94] 하지만 이것이 의미하는 바는 무엇인가? 그것은 우리 세대가 아주 짧은 시기 동안에, 이전까지의 조상들이 전 인류의 역사에서 소비한 것보다 더 많은 자연 자본을 마구 사용했다는 것이다. 이렇게 인간의 경제가 급속도로 팽창함에 따라 한때 지구를 덮고 있던 거대한 숲의 거의 절반이 사라져버렸다.[95] 분명 지구는 무한한 생산에 필요한 자원을 공급하고 그 결과로 발생한 무한한 폐기물을 흡수할 역량을 갖고 있지 않다. 그럼에도 불구하고 우리는 지금도 맹목적으로 자연의 기반을 착취하고 있으며, 자연 스스로가 자신을 치유하고 재생할 수 있는 능력보다 훨씬 빠른 속도로 쓰레기를 생산하고 있다. 사실 우리는 지금 우리의 후손들이 사용해야 할 자원을 빌려와 약탈하고 있는 것이며, 그 결과 우리의 후손들은 우리로부터 오직 고갈된 지구만을 물려받게 될지도 모른다. 아니, 생태학자인 로버트 아이레스(Robert Ayres)가 경고했듯이, 우리는 어쩌면 우리 자신의 멸종의 길로 이미 접어들었는지도 모를 일이다.[96] 이러한 점들에 비추어볼 때 가난을 극복하거나 굶주림을 방지할

93 Cobb, *Ibid.*, pp. 37, 42, 176-177.

94 Wayne Ellwood, *The No-nonsense Guide to Globalization* (London: Verso, 2001), p. 92.

95 Hilary French, *Vanishing Borders: Protecting the Planet in the Age of Globalization* (New York: W.W. Norton & Company, 2000), p. 35.

96 Ellwood, *The No-nonsense Guide to Globalization*, p. 93에서 재인용.

인간의 능력과 창조성마저도 제한되어야 한다는 캅과 데일리의 주장에 우리는, 힘들지만, 귀 기울일 수밖에 없는 것이다.

* * *

캅과 데일리는 우리가 사는 세계가 물리적 차원에서 근본적으로 제한된 세계인 것을 깨달았고, 이에 따라 창조에 대한 인간중심주의적 해석으로부터 벗어나 창조 세계 전체의 통전성 안에서 인간의 자유와 창조성을 새롭게 이해하려고 힘썼다. 이처럼 인간중심주의로부터의 대탈출이 생태신학의 가장 큰 특징이고 공헌이라 할 것이다. 이러한 생태신학은 북미의 신보수주의 신학의 대안임은 물론 남미 해방신학의 교정책이자 지평의 확장이라는 점에서 우리의 더 큰 관심과 연구를 필요로 하는 것이다. 그런데 일군의 여성들이 일어나 인간중심주의를 극복하는 것만으로는 충분치 않다고 주장하기 시작했다. 왜냐하면 문제의 뿌리는 그보다 훨씬 더 깊은 곳에 놓여 있기 때문이다. 이러한 주장은 생태여성주의자들로 알려진 일군의 여성신학자들과 사상가들이 제기한 주장인데, 이들의 주장의 핵심적 내용은 '여성에 대한 남성의 지배', 즉 가부장제가 '자연에 대한 인간의 지배'의 기본적 원형이라는 것이다. 나아가 자연에 대한 남성의 폭력과 여성에 대한 남성의 폭력 사이에는 깊은 구조적 연관성이 있다는 것이다. 우리가 이러한 여성들의 목소리를 경청하지 않고서는 생태신학 진영 전체의 주장을 완전히 이해했다고 말하기 어려울 것이다. 이제 이 지구상의 어떤 신학도 지금까지 무시되어온 인류의 절반의 목소리를 피해갈 길은 없다.

그렇다면 여성들이 내놓는 독창적인 주장은 무엇인가? 경제와 신학적 갱신에 관해 그들은 무엇을 말하는가? 우리는 다음 장에서 생태여성주의 사상과 신학의 기원 및 역사적 발전, 그리고 내부 논쟁과 정치 경제에 대한 독창적인 제안들을 탐구해보기로 한다.

제6장

생태여성주의 신학과 정치경제학

보다 통전적인 이론과 실천을 향하여

> 여성의 정체성은, 남성의 그것과 달리, 자연 세계에 대한 우위를 근거로 형성되지 않았다. 하지만 가부장적 사회에서 여성은 평가절하된 자연 세계와 동일시되어왔다.
>
> — 마티 킬[1]

근대 과학의 이상을 제시했다는 프란시스 베이컨은, 자연은 시험하고 고문하고 괴롭혀야 스스로를 드러내며, 인간은 그렇게 함으로써 자연에 대한 이용을 촉진하여 인류 제국의 영역을 확장할 수 있다고 주장했다. 베이컨의 이러한 도구적 자연관은, 데카르트의 정신/물질 이원론과 함께, 인간에 의한 거침없는 자연 약탈의 길을 열었다. 여기서 발생한 생태계의 위기에 직면하여 서구에서는 다양한 사상적 운동이 일어났는데 그것들은, 온 인류와 자연이 평등한 존재이며 하나로 이어져 있다는 '심층 생태학(deep ecology)', 지구를 하나의 유기적 생명체로 인식하고 이 지구에 영성적 통찰을 요청한 '가이아 가설(Gaia hypothesis)', 그리고 인간 사회의 불의한 구조가 자연의 착취로 이어진 만큼 인간 사회의 구조를 개혁함으로써 생태의 문제를 해결할 수 있다고 주장하는

1 Marti Kheel, "Ecofeminism and Deep Ecology," in *Reweaving the World: The Emergence of Ecofeminism*, eds., Irene Diamond and Gloria Feman Orenstein (San Francisco: Sierra Club Books, 1990), p. 129.

'사회 생태학(social ecology)' 등이다. 그런데 자연에 대한 인간의 억압은 여성에 대한 남성의 억압과 동일한 뿌리에 근거한다는 매우 독특한 견해가 등장했는데 그것이 바로 생태여성주의다.[2]

1974년 프랑수아즈 도본(Francoise d'Eaubonne)에 의해 이름지어진 '에코 페미니즘(ecofeminism)'은 '인간에 의한 자연의 지배'와 '남성에 의한 여성의 지배'가 뿌리가 동일하다고 보는, 우리 시대의 독창적인 사상 중의 하나다. 생태여성주의는 자연이 인간의 목적과 이익을 위해 존재한다고 보는 인간중심적이고 도구주의적인 견해뿐만 아니라, 모든 존재의 연결성과 평등성을 강조하는 '심층 생태학'과도 구별된다. 심층 생태학자들이 문제 삼는 것은 '인간중심적(anthropocentric)' 세계관이다. 생태여성주의자들이 문제 삼는 것은 '남성중심적(androcentric)' 세계관이다. 생태여성주의에 있어서 자연에 대한 억압의 뿌리는 단순히 모든 '인간'이 아니라 '남성'인 것이다. 마티 킬(Marti Kheel)은 이렇게 말한다.

> 인간중심주의는 인간을 자연 세계의 중심 혹은 정점으로 인식하는 데 반해, 남성중심주의는 이러한 세계관이 '남성에게 독특한 것'임을 암시한다. 여성주의자들에 의하면 여성의 정체성은, 남성의 그것과 달리, 자연 세계에 대한 우위를 근거로 형성되지 않았다. 하지만 가부장적 사회에서 여성은 평가절하된 자연 세계와 동일시되어왔다.[3]

2 Mary Ann Hinsdale, "Ecology, Feminism, and Theology," in *Reading in Ecology and Feminist Theology*, eds., Mary Heather MacKinnon and Moni McIntyre (Kansas City: Sheed & Ward, 1995), p. 197; Michael E. Zimmerman, "Deep Ecology and Ecofeminism," in *Reweaving the World*, p. 140.

3 Kheel, "Ecofeminism and Deep Ecology," p. 129.

그러므로 생태여성주의의 핵심적 과제는 "여성과 자연에 대한 쌍둥이 억압"[4] 사이에 존재하는 관계를 분석하고 규명하는 것이다. 생태여성주의에 의하면 여성과 자연에 대한 억압의 밑바닥에는 "절대적 자율과 절대적 독립에 대한 가부장적 추구"가 있으며, 이러한 가부장적 추구는 "자신의 환경과, 자신의 몸과, 자신의 여성과, 그리고 모든 인간 이하의 생물들을 지배함으로써 죽음이라는 한계를 정복하려는 남성의 추구"에 기초하고 있다.[5] '가부장제(patriarchy)'가 바로 생태여성주의를 이해하는 열쇠다. 가부장제란 '생명과 재산에 대한 남성의 지배' 혹은 '아버지들의 지배(rule of fathers)'를 의미한다. 그것은 인류 역사에서 가장 오래된 것일 뿐만 아니라, 폭력과 의식과 법과 언어와 교육과 종교를 통해 이 세상에 가장 널리 퍼진 억압이다.

급진적 여성주의

역사적으로 생태여성주의는 대개 '급진적(radical)' 혹은 '문화적(cultural)' 여성주의와 연관되어 이해되어왔다.[6] '자연(nature)' 혹은 '여신(Goddess)' 여성주의로도 알려진 이 여성주의 안에는 매리 데일리(Mary Daly), 수잔 그리핀(Susan Griffin), 스타호크(starhawk), 캐럴 크리스트(Carol P. Christ) 등이 포함된다. 그들은 '자유주의 여성주의'

4 Karen J. Warren, "Feminism and Ecology: Making Connections," in *Readings in Ecology and Feminist Theology*, p. 107.

5 Zimmerman, "Deep Ecology and Ecofeminism," in *Ibid.*, pp. 145, 148.

6 여성주의(feminism)는 크게 이 급진적(radical) 혹은 혁명적(revolutionary) 여성주의와, 이후에 소개될 개혁적(reformist) 여성주의 및 유색 인종 여성주의(womanism)로 발전되어왔는데, 생태여성주의는 이 세 그룹 모두로부터 출현했다고 볼 수 있다.

와 '마르크스주의 여성주의' 모두를 비판하면서,[7] 여성에 대한 억압의 뿌리가 인간의 생물학적 재생산의 문제와 성(gender)의 제도에 있다고 파악하고, '여성 게토(female ghetto)'의 경험을 찬양하며, 직관과 돌봄과 느낌과 신비적 경험을 그 특징으로 하는 '여성적 앎의 방법(women's way of knowing)'을 강조한다.[8] 따라서 이 급진적/문화적 여성주의 안에서는 "여성과 자연이라는 두 개의 원초적 영역"이 가부장제에 대한 저항의 원천이 되며, 이것이 바로 왜 이 여성주의 안에서 "개인적인 것이 곧 정치적인 것(the personal is political)"이 되는가의 이유다.[9] 한마디로, 급진적/문화적/자연/여신 여성주의는 여성과 자연의 연결을 잠재적으로 해방적인 것으로 인식한다.

여성의 진정한 해방을 위해 급진적 여성주의자들은 남성의 경험의 세계 밖으로, 또한 기독교 전통의 밖으로 나갈 것을 요구한다. 급진적 여성주의는 성서와 유대-기독교 전통을 거부한다. 그것들이 여성의 완전한 인간됨을 이루는 것과 근본적으로 양립할 수 없다고 보기 때문이다.[10] 기독교의 성서 안에서는 아무런 진리도 발견할 수 없으며 기독교

7 자유주의 여성주의(liberal feminism)란, '평등권리 여성주의'라고도 불리는 백인 중산층 여성의 운동으로, 이 여성주의에 의하면 인간은 자신의 이익을 극대화하기 위한 개인적이고 이성적인 존재이며, 자본주의가 인간의 진보를 이루는 데 최적의 경제적 환경을 제공한다. 전통적인 마르크스주의 여성주의(Marxist feminism)는 사회 계급(class)의 문제를 우선시하는데 일반적으로 성(gender)이 사회적 실재적 구성 요소임을 간과하는 경향이 있다. (Waren, "Feminism and Ecology: Making Connections," p. 114.)

8 Hinsdale, "Ecology, Feminism, and Theology," p. 200.

9 Waren, "Feminism and Ecology: Making Connections," p. 114.

10 Hinsdale, "*Ecology, Feminism and Theology,*" p. 198. 실제로 기독교는 가부장적 억압으로부터 결코 자유롭지 않다. 성서 안에 많은 반여성적 구절들이 있는데, 그 대표적인 것들이 레위기 12:2 이하, 디모데전서 2:11-15, 고린도전서 11:3-12 등이다. 또한 기독교의 '성인'들 가운데서도 많은 반여성주의자들을 발견할 수 있는데, 교부 테르툴리아누스는 여성을 '악마의 문(devil's gateway)'으로 보았고 "너희 여성들 때

는 도무지 구원받을 수 없는 종교다. 대신 그 대안으로 급진적 여성주의는 자연과 인간의 세속적인 삶과 여성의 몸 안에서 신성(神性)을 찾는 여신 운동과 같이, 강력한 의식주의(ritualism)와 직관주의(intuitionism)를 발전시킨다. 따라서 이 급진적/문화적/자연/여신 여성주의의 특징은 물질, 감각, 몸, 세계, 특히 여성 자신에 대한 긍정적인 이해라 할 수 있다. 그리고 이 여성주의의 핵심적 과제는 초월과 내재, 거룩과 세속 사이의 경계를 허묾으로써 "진정한 반이원론적 이론과 실천" 의 길을 모색하는 것이다.[11] 한마디로 급진적 여성주의는 '초월적이고 신성한 영역'에 대해 깊은 불신을 가지고 있다. 때문에 주저 없이 위계적인 모델에서 생태적인 모델로, 인간중심주의에서 생태중심주의로, 그리고 신중심주의에서 우주중심주의로 옮겨간다.

개혁적 여성주의

하지만 일군의 기독교 여성주의자들이 일어나 이러한 급진적 여성주의에 도전하기 시작했다. 로즈마리 류터(Rosemary R. Ruether)와 샐리 맥페이그(Sallie McFague)가 이 개혁적/기독교 여성주의의 대표적 인물이라 할 수 있는데,[12] 이들의 기본적인 주장은 생태여성주의 사상에서

문에 하나님의 아들이 죽었으니 네 머리를 덮어라"라고 가르쳤다. 아우구스티누스는 여성을 "잘못 태어난 남성(misbegotten male)" 으로 보았고, 토마스 아퀴나스는 "그리스도께서 남성으로 성육신하셨으니 교회에서 여성은 권위가 없다" 고 주장했다. 마틴 루터는 그의 『결혼에 관하여(*On Marriage*)』에서, 그리고 칼 바르트는 그의 『교회교의학(*Church Dogmatics*)』에서 여성에 대한 부정적인 인식을 보여주고 있다.

11 Hinsdale, *Ibid.*, p. 201.

12 이 둘 외에도 개혁적/기독교 여성주의자로는 고(故) 레티 러셀(Letty M. Russell), 레베카 찹(Rebecca Chopp), 비벌리 해리슨(Beverly Harrison), 필리스 트리블(Phyllis

'초월의 차원'을 유지하는 것이 매우 중요하다는 것이다. 이것은 류터나 맥페이그의 신 이해가 결코 급진적 여성주의자들보다 덜 생태적이라는 것을 의미하지는 않는다. 예를 들어 류터의 하나님 즉 '양성신(God/ess)'은 급진적 여성주의의 '여신(Goddess)' 만큼 생태적이다. 류터에 의하면 그 하나님은 "물질/에너지의 우주적 모체"이자, "다양한 식물과 동물이 새로 솟아나는 샘과 원천이며, 그들에게 생명을 주고 상호 의존성을 지탱하는 모체"다.[13] 신에 대한 류터의 이러한 묘사는 신을 생명의 진화 안에 내재한 창조적-파괴적 과정으로 보는 견해와 완벽하게 조화를 이루고 있다.[14] 류터의 하나님은 창조 세계 밖에 있는 한 존재가 아니라 창조의 기초에 있는 존재의 근원이며, "생태계의 상호성 안에서 지속적이고 변혁적으로 갱신을 추구하는 미래의 가능성"이다.[15]

하지만, 이처럼 자연과 진화의 과정 안의 신의 내재성을 확언하면서도, 류터와 맥페이그는 다른 한편으로 신의 초월적 원칙을 유지하기 위

Trible) 등을 들 수 있다.

13 Rosemary R. Ruether, *Gaia & God: An Ecofeminist Theology of Earth Healing* (HarperSanFrancisco, 1992), p. 248; Ruether, *Sexism and God-Talk: Toward a Feminist Theology* (Boston: Beacon Press, 1983), p. 85. 류터는 현대 물리학에 깊이 영향을 받고 있는데, 현대 물리학은 뉴턴의 고전적 물리학의 물질과 에너지에 대한 분리에 반대해 "물질은 관계성의 범위 안에서 움직이는 에너지"임을 주장한다.

14 실제로 류터의 '양성신'은 과정철학의 신, 즉 "실재 안에서 생명을 불러일으키고 무력과 죽음의 힘에 맞서는 힘"과 닮았다. 과정 사상이 말하는 '설득하는 힘'으로서의 신 이해에 동의하는 류터는, 따라서 신이 우리를 구원하기 위해 개입하지 않을 것이고, 신은 오직 우리가 보다 나은 존재가 되도록 부를 뿐이며, 강요함 없이 우리가 그렇게 될 수 있는 지속적인 토대를 제공한다고 말한다. 당연히 실패는 운명적이지는 않으나 가능하다. 즉, 신은 우리에게 새로운 미래를 만들 수 있는 가능성을 주지만, 우리는 우리의 탐욕과 증오와 환상 때문에 그 기회를 얼마든지 놓칠 수도 있다고 류터는 말한다. (Ruether, *Women and Redemption: A Theological History* [Minneapolis: Fortress Press, 1998], pp. 223-224.)

15 Ruether, *Ibid.*

해 노력한다. 류터는 찰스 하트숀(Charles Hartshorne)의 범재신론(panentheism)을 빌려 하나님은 “숨 막힐 듯한 내재성도, 뿌리 없는 초월성도 아닌” 분이라 말한다.[16] 같은 맥락에서 맥페이그도 하나님을 자연의 과정과 동일시하는 것에 반대하며 신의 초월성과 내재성 둘 다의 철저화(radicalization)를 주장한다. 맥페이그는 의식적으로 신에 대한 ‘유기적 모델(organic model)’, 즉 세계를 하나님의 몸으로 이해하는 모델과 ‘행위자 모델(agential model)’, 즉 이 세계의 영과 숨과 근원으로서 하나님을 이해하는 모델을 결합하고 있다. 맥페이그에 의하면 창조는 지적이거나 예술적인 행위가 아니라 하나의 물리적(physical) 사건이다. 즉 우주가 ‘잉태’되었으며 하나님의 ‘자궁’으로부터 우주가 “몸이 되어” 나왔다. 맥페이그에게 있어서 우주는 “완전히 몸인데 (또한 완전한 영인데) 왜냐하면 어떤 면에서 하나님은 육체적이기 (또한 육체를 넘어서기) 때문이다.”[17]

그러나 이에 대해 ‘여신 학자(女神 學者, thea-logian)’ 캐럴 크리스트(Carol P. Christ)는 모든 방식의 신의 초월성, 유일성, 그리고 완전성과 같은 사고 자체에서 벗어나야 한다고 반박한다. 왜냐하면 성서의 하나님은 결국 남성신이며, 그는 분명 선택된 민족을 해방했지만 그들의 ‘적’을 상대로 ‘성전(聖戰)’을 일으킨 전쟁신이기 때문이다. 그 신은 분명 농촌의 가난한 사람들의 편을 들었지만, 동시에 다른 신을 섬기는 자들을 위협한 신인데, 이 위협은 당시 주로 여신 숭배 전통 안에 있던 여성들을 향했을 것이 분명하다. 한마디로 크리스트에게 유대-기독교란

16 Ruether, *Sexism and God-Talk*, p. 85.

17 Sallie McFague, “Mother God,” in *The Power of Naming: A Concilium Reader in Feminist Liberation Theology*, ed., Elisabeth S. Fiorenza (Maryknoll, New York: Orbis Books, 1996), p. 328; Sallie McFague, *The Body of God: An Ecological Theology* (Minneapolis: Fortress Press, 1993), pp. 133, 149-150.

오직 자연에 대한 경외심을 상실하는 데 기여했을 뿐이다. 따라서 신에게 여성적 호칭을 붙여주는 것과 같은 상징적 교정으로는 문제 해결이 어렵고, 신의 초월성, 유일성, 그리고 완전성과 같은 기존의 사고 자체를 근본적으로 부정해야 하는 것이다. 그 대신 크리스트는 "여성의 경험에 더 진실하고 지구와 지구의 생명체에게 더 나은" 자연 안의 여신을 찾아야 한다고 주장한다.[18]

하지만 이에 대해 류터는, 단순히 '초월적인 남성신'을 '내재적인 여성신'으로 바뀌친다고 문제가 해결되지 않는다고 반박한다. 왜냐하면 유대-기독교 전통뿐만 아니라 '모든' 전통이 그 안에 모호한 요소를 포함하고 있기 때문이다. 물론 성서의 하나님은 가난한 자들을 편들었지만 남성의 가부장적 지배를 악화시켰음을 류터는 인정한다. 하지만 이에 반해 고대 세계의 범신론은 여성성의 신성함을 지지했지만 반대로 노예제와 계급적 위계질서를 숭상했다. 그래서 류터에게는 초월적 신에 대한 믿음이 필수적인데, 왜냐하면 신이 자연과 여성의 몸 안에 완전히 내재한 것으로 축소되면 불의와 맞서 싸울 수 있는 건강한 도덕적 의식이 유지될 수 없다고 보기 때문이다.[19] 그래서 그는 신을 '이미 주어진 것'과 동일시하려는 것을 거절하고 신의 초월적 차원을 보존하려 노력하는 것이다.

캐슬린 샌즈(Kathleen M. Sands)에 의하면, 루터가 도덕적 근거로서의 신의 초월성을 요구하는 이유는 정의(justice)의 문제에 대한 루터의 깊은 신학적 관심 때문이다.[20] 즉, 류터가 신의 초월성의 원리를 옹호하려고 노력하는 것은 그의 신학 안에 반(反)자연주의적 흔적이 남아 있어

18 Kathleen M. Sands, *Escape from Paradise: Evil and Tragedy in Feminist Theology* (Minneapolis: Fortress Press, 1994), pp. 76, 126-127에서 인용.

19 Sands, *Ibid.*, p. 80.

20 Sands, *Ibid.*, pp. 77, 89.

서가 아니라 정의의 문제에 대한 그의 지속적인 관심 때문이라는 것이다. 샌즈는 류터가 신에 대한 심오한 생태학적 견해를 가지고 있음에도 불구하고 정의의 문제에 대한 관심 때문에 의도적으로 '도덕적 이원론(moral dualism)'을 채택하고 있다고 보는데, 류터의 도덕적 이원론의 장점은 그것이 물질과 정신에 대한 본질적 구분, 즉 '신학적 이원론(theological dualism)'에 빠지지 않고 유지되고 있는 것이라고 말한다. 실제로 류터는 여신운동의 의식주의나 직관주의에서 정의의 문제의 해결책을 찾지 못한다. 왜냐하면 끊임없이 변화하는 사회적 악은 이성적인 분석과 실제적 정책을 요구하기 때문이다. 따라서 류터에게 있어서 모든 생태적 영성은 정의를 요구하는 성서의 예언자적 전통과 결합되어야 한다.[21] 그리고 하나님은 정의의 원칙이어야 하며 도덕적 투쟁을 위한 초월적 이상으로 남아야 한다. 류터에게 결국 신앙이란 도덕적 행동을 명령하는 것이어야 하며, '선과 악 사이의 선명한 경계선'이 감추어져서는 안 되고, 사회적 악이라는 문제가 자연의 악과 동일한 문제인 것처럼 흐려져서도 안 되는 것이다.

신을 내재적 존재로만 한정시켜 이해하면, 기존의 모든 것들이 신의 일부로 긍정될 위험이 있다. 앞으로 우리가 자세히 살펴보겠지만 실제로 신자유주의 사상의 기초를 놓은 하이에크의 도덕철학 안에서는 이와 같은 방식으로 기존의 질서가 옹호되고 그것에 대한 변혁이 위험한 발상으로 매도되었다.[22] 나아가 역사의 오류 역시 모두 신의 일부로 긍정

21 Ruether and Douglas John Hall, *God and the Nations* (Minneapolis: Fortress Press, 1995), p. 90f.

22 다음 장에서 살펴보겠지만, 하이에크는 신의 존재에 관해서는 불가지론자였다. 하지만, 그가 한 가지 신에 관해 분명하게 반대한 것은 신에 대한 초월적, 의인적, 그리고 인격적 해석이었다. 그는 인간처럼 생각하고 행동하는 신이 존재할 수 없다고 보았다. 그렇다면 사람들이 말하는 신은 어떤 존재인가? 그에 의하면, "아마도 사람들이 신이라고 부르는 것은 인간 공동체를 유지하고 보존해온 도덕 혹은 가치의 전통들에

될 위험이 있다. '자연=여신'이라는 도식으로 신에 대한 이해가 제약된다면, 역사의 악의 문제에 대한 불철저한 인식과 분석과 대응을 야기할 수 있다. '자연의 악'과 '사회의 악'에 대한 불교의 불철저한 구분과 악의 문제 해결 방식이 그 한 예가 될 수 있다.[23] 필자는, 류터가 신학적 이원론에 빠지지 않고 도덕적 이원론을 유지하고 있다는 샌즈의 설명에 완벽히 동의하지는 않지만, 오늘날 세계를 지배하는 주류 경제 사상이 철저한 일원론적, 진화론적, 그리고 내재주의적 방식을 채택하고 있는

대한 의인화에 불과할 것이다." 그러므로 그는 이렇게 주장한다. "이제 우리는 종교인들이 질서의 기원이라고 부르는, 저 인간 같은 신을 이 물리적 세계의 밖에서가 아니라 이 세계 안의 특징으로 이해해야 한다." (Hayek, *The Fatal Conceit: The Errors of Socialism* [Routledge: The University of Chicago Press, 1988], p. 139f.)

23 불교에 의하면 인간은 태어나지 않았고 죽지도 않는다. 왜냐하면 우리는 우리의 탄생 이전에 우주의 요소로 존재했고 지금은 우주의 요소로 존재하고 있으며 앞으로도 우주의 요소로 존재할 것이기 때문이다. 이러한 견해 앞에서 기독교가 고민해온 '악의 문제'란 없다. 왜냐하면 죽음도 전체를 위한 삶이기 때문이다. 불교는 우리의 세계와 사회를 바로 그러한 관점에서 볼 것을 제안한다. 따라서 불교에 있어서 희망이란 불교의 핵심적 교리인 '연기론(緣起論)', 즉 아무것도 존재함으로 오지 않고 아무것도 존재함 밖으로 나가지 않는다는 것에 대한 깨달음이다. 따라서 틱낫한(Thich Nhat Hanh) 스님과 같은 참여적 불자도 "편들지 말라. 편을 드는 순간 실재의 절반을 제거하는 것이다"라고 가르친다. 궁극적으로 불교에서는 윤리적 차원에서 선과 악을 구분하는 것은 불가능하며 그러한 구분은 절대적인 것이 아니라 상대적인 것이다. 때문에 신본주의적이든 인본주의적이든 정의의 관점은 삶을 위한 적절한 윤리가 되지 못한다고 보는데, 그렇게 하면 우리는 끝도 없이 정죄하고 정죄받는 악순환의 고리에서 벗어날 수 없기 때문이다. 결국 불교에서는 사실상 기독교의 악의 문제가 존재하지 않는다. 불교에 있어서 악의 문제는 우주의 신화 그 자체에 내재해 있는 창조 파괴의 연속적 과정을 인간의 감정을 가지고 투영해보려는 헛된 노력에 불과하다. (이상 Leo D. Defebure, *The Buddha and the Christ: Explorations in Buddhist and Christian Dialogue* [Maryknoll, New York: Orbis Books, 1993], pp. 160, 181, 184, 190; Masao Abe, "Kenotic God and Dynamic Sunyata," in *The Emptying God: A Buddhist-Jewish-Christian Conversation*, eds., John B. Cobb, Jr. and Christopher Ives [Maryknoll, New York: Orbis Books, 1989], pp. 46, 51-52. 190.)

것을 살펴보더라도, 정의를 위한 도덕적 투쟁의 근거로서 신의 초월성의 옹호가 매우 중요한 문제임을 인식할 수 있었다.

그런데 사실 급진적 여성주의의 철저한 내재주의는 지적으로나 정치적으로 받아들이기 어려운 점이 있다. 급진적/여신 여성주의의 궁극적 문제는 그것이 극복하려고 애쓰는 이원론적 사고를 스스로 유지하고 있다는 점이다. 이것은 매우 중대한 문제인데, 왜냐하면 급진적/여신 여성주의를 상징하는 특징은 전체론(holism)이며 "진정한 반이원론적 이론과 실천"이기 때문이다. 하지만 캐롤린 머천트(Carolyn Merchant)가 지적하듯이, 급진적 여성주의는 가부장적 이원론이 만든 '남성/여성, 정신/몸, 문화/자연'이라는 이항적 대립 구도 중에서 한 쪽인 여성, 몸, 자연을 선호하고 강조함으로써 본의 아니게 자신이 극복하려 하는 이원론적이고 계층 질서적인 가부장적 사고틀 자체를 영속화할 수 있는 위험을 안고 있는 것이다.[24] 앞서 살펴본 대로, 여신운동에서 도덕적 권위의 기반은 '자연'이고 '여성'이다. 이것들은 내재적 이상으로 기능하고 있으며, 그 이상은 여성의 감성적이고 창조적이며 신비로운 경험 안에 즉시 손에 넣을 수 있는 것이다. 하지만 이러한 내재주의적 전체론은 자신을 가부장적 분리의 세계로부터 분리시킴으로써만 – 즉 가부장적 사고의 틀을 유지함으로써만 – 성립할 수 있는 것이기에 여전히 이원론적인 것으로 남게 된다. 이것이 왜 급진적/문화적/자연/여신 여성주의가 가부장제와 관련해서는 지나치게 단순할 정도로 도덕주의적이다가도, 자기 자신에 대해서는 적절한 비판의 수단을 상실하는지의 이유다. 즉 왜 이 급진적 여성주의 안에서는 여성들 사이의 인종차별주의(racism)와 계급차별주의(classism)에 대한 충분한 비판이 없는지의 이유다.

24 Carolyn Merchant, "Ecofeminism and Feminist Theology," in *Reweaving the World*, p. 102.

실제로, 급진적/여신 여성주의는 여성을 자연에 대한 선천적 구원자로 이상화하기 때문에 차별과 억압의 민족적·계급적·경제적 요인들을 간과하는 경향이 있다.[25] 이 말은 곧 '이미 주어진 것으로 간주된 선함이나 평등'은 쉽사리 사회적으로 소외된 사람들을 위한 경제적·정치적 평등 정책과 가치들을 불신하게 만들 수 있다는 것을 의미한다. 실제로 앞서 살펴본 미국의 신보수주의 신학자 마이클 노박의 민주적 자본주의가 그 대표적인 예라 할 수 있다. 앞에서 살펴보았지만, 마이클 노박은 인간의 '창조성(creativity)'을 강조하는 그의 신학에서, 하나님의 활동의 궤적은 인간 안에 이미 내재해 있는 선함이라고 주장한다. 그에게 있어서 인간은 우주의 해석학적 열쇠이자 신이 누구인가를 알게 해주는 가장 훌륭한 유비다. 따라서 노박에게 있어서 '하나님이 어떤 분이신가'를 알 수 있는 가장 좋은 방법은 '인간은 어떤 존재인가'를 아는 것이었다. 즉 노박의 '창조성 신학' 안에서 하나님에게 이르는 길은 우리 안에 내재해 있고, 그것은 인간의 '이미 주어진 것으로 간주된 선함(believed-in goodness)' 안에 본래 갖추어져 있는 것이다. 사회적 정의를 철저히 부정하는 그의 민주적 자본주의는 바로 이처럼 모든 개인이 그들의 환경을 스스로 개선시킬 선함을 이미 갖추고 있고, 모든 사람은 자유시장 안에서 경쟁할 능력을 이미 가지고 있으며, 따라서 정부는 사회적 약자를 보호하기 위해 개입하지 말아야 한다는 논거로 그 적법성을 유추하고 있는 것이다. 흥미롭게도 여신(女神)학자 크리스트는 한때 노박의 학생으로서 — 비록 후에 노박의 여성과 자연에 대한 보수적인 견해 때문에 그와 결별하기는 했지만 — 그에게서 "신학은 실재의 감각과 이야기와 상징의 조직적인 표현"이라는 방법론을 배웠다. 그러나 머

25 Rosi Braidotti et al., *Women, the Environment and Sustainable Development: Towards a Theoretical Synthesis* (London: Zed Books, 1994), p. 71.

천트가 지적하듯이, 여성의 특성과 요소를 여성의 생물학적 운명과 특별히 연계시키는 이론은 오히려 해방의 가능성을 방해할 수 있으며, 여성의 문화와 경험과 가치에 기초한 정치는 심지어 반동적일 수도 있다.[26] 그 좋은 예가 요한 바오로 2세가 발표한 「교회와 세계에서 남성과 여성의 협력에 관하여」라는 문서일 것이다.[27] 이 문서는 "창조의 첫 순간부터 남성과 여성은 다르고 영원히 차이가 지속될 것" 임을 강조하면서, 여성과 남성의 차이를 생래적인 것으로 보지 않고 역사적 · 문화적인 환경 때문이라고 보는 여성주의는 "남녀 간의 차이를 모호하게 만들고 가족제도를 위협하며 이성애와 동성애를 동격화시킬 수 있다" 고 비판했고, 생물학적으로 주어진 모성이 여성 정체성의 핵심이라고 주장했다.

필자는 여성주의의 주체가 자연법의 산물인 여성이 아니라 사회적이고 역사적인 행위자(agent)로서 육화된 여성이라고 생각한다. 이 점이 중요한 이유는 자연에 대한 억압의 기원이 인간의 사회 안에 있으며, 따라서 그 문제는 인간의 사회 안에서 해결점을 찾아야 한다고 보기 때문이다. 현재 지구의 생태계를 파괴하는 것은 인류의 특정한 사회적 관계, 즉 경쟁적 시장 경제에 있으며, 그것을 무시한 신비주의나 생물학주의는 우리의 관심을 사회적 원인에서 벗어나게 할 수 있다. 히틀러의 '에코 파시즘' 혹은 '파시스트 생태론'이 바로 그 전형적인 예다.[28] 히틀러

26 Merchant, "Ecofeminism and Feminist Theory," p. 102.

27 지난 2004년 10월 31일 발표된 이 문건은 요한 바오로 2세를 이어 새로운 교황이 된 독일 출신의 보수적인 신학자 요제프 라칭거(Joseph Ratzinger) 추기경이 작성하고 교황 요한 바오로 2세가 승인한 것이었다. 전 세계 가톨릭 주교들에게 발송된 이 문서에서 교황청은 여성 고유의 특성이 "듣기, 환영, 겸손, 충실, 칭찬, 기다림" 이며 "이는 성모 마리아의 미덕임과 동시에 여성의 출산 능력과 연관돼 있다" 고 주장했다.

28 Janer Biehl and Peter Staudenmaier, *Ecofascism: Lessons from the German Experience*(AK Press, 1995)를 참조하라. 한국어로 번역본은, 자넷 빌 · 피터 스타우든마이어 지음, 김상영 옮김, 『에코파시즘: 독일 경험으로부터의 교훈』(서울: 책으로

의 제3공화국은 당시 유럽에서 가장 선진적인 환경 정책을 채택했었다. 하지만 히틀러는 인종주의, 민족주의, 그리고 파시즘의 목적을 달성하기 위해 하나의 반동적인 생태론을 동원했는데, 이 생태론의 특질은 사회적인 것과 생태적인 것 사이의 상호 관계를 무시하는 것이었다. 그러므로 류터의 다음과 같은 지적은 옳다. 생태적 위기는 기본적으로 "계급과 인종과 민족들 사이의 특정한 착취 관계에 의해 자연 자원을 사용하는 방법"에서 기인한 것이다.[29] 자연은 진화의 산물일 뿐만 아니라 인간 발전의 산물이기도 하다. 때문에 자연에 대한 억압은 사회 안의 억압과 무관하지 않으며, 환경 문제는 궁극적으로 인간의 사회적 문제다.[30] 따라서 환경 문제를 다룰 수 있는 유일하고 실제적인 방법은 불의한 사회적 관계를 청산하는 것이다. 때문에, 류터에 의하면, 생태 윤리는 사회적 억압과 자연에 대한 억압의 연관성을 동시에 다루는 '생태정의(eco-justice)'의 윤리가 되어야 하는 것이다.[31] 다시 말해 생태적 영성은 정의를 향한 예언자적 영성을 동반해야 하는 것이다.

지금 우리에게 절실한 것은 '끊어진 관계를 회복하고 심화시켜야 한다'는 단순한 생태학적 수사(修辭)가 아니라 사회적으로 또 역사적으로 책임적인 생태주의다.[32] 만물의 상호 연결성을 강조하는 생태학적 감수성도 물론 중요하지만 우리는 거기에 머물러서는 안 된다. 왜냐하면, 사

만나는 세상, 2003)으로 출판되었다.

29 Ruether, "The Biblical Vision of the Ecological Crisis," in *Readings in Ecology and Feminist Theology*, p. 77f.

30 Ruether, *Gaia and God*, 2f.; Catharine Halkes, "The Rape of Mother Earth: Ecology and Patriarchy," in *The Power of Naming*, p. 139.

31 Ruether, "Toward an Ecological-Feminist Theology of Nature," in *Readings in Ecology and Feminist Theology*, p. 93.

32 Catherine Keller, "Women against Wasting the World," in *Reweaving the World*, p. 262.

실 온 세상은 단 한 번도 서로 연결되어 있지 않은 적이 없었고 (물론 이것을 보지 못하는 것은 큰 문제다), 언제나 '잘못(badly)' 연결되어 왔었기 때문이다. 샌즈가 말하다시피, "정신과 연결되지 않은 몸은 없으며, 서로 연결되지 않은 사람들도 없고, 전통과 연결되지 않은 문화도 없다. 우리는 단지 '잘못된' 관계로 연결되어 있을 뿐이다."[33] 따라서 우리에게 필요한 것은 관계의 회복이나 복구 그 자체가 아니라 "해방되고 해방적인 관계의 수립", 즉 모든 존재 사이의 정의로운 관계의 회복이고 복구다.[34] 만물은 이미 관계성 안에 있다. 관계성 안에 존재하지 않는 것은 아무것도 없다. 물론 관계성에 대한 강조는 모든 생명과의 '감성적 연대'를 이룰 수 있는 튼튼한 기초가 된다. '네가 아프니 내가 아픈' 감성적 교감이 없다면 만물은 상호 소외 속에 각자 외롭게 죽어갈 것이다. 하지만 우리의 궁극적 과제는 잘못된 관계성의 해체와 정의로운 관계성의 수립이 되어야 하지 않을까.

에코 우머니즘

이러한 이유로 인해서 생태여성주의 담론에 '인종'과 '계급'의 문제를 포함해야 한다고 줄기차게 주장해온 유색 인종 여성들의 목소리를 경청하는 것은 매우 중요한 일이다. 유색 인종 여성주의자, 즉 우머니스트(womanist)들 가운데는 소저너 트루스(Sojourner Truth), 엘리스 워커(Alice Walker), 들로레스 윌리엄스(Delores S. Williams), 재클린 그

33 Sands, *Escape from Paradise*, p. 48.

34 Call for Jubilee Year 1998, *African and Asian Spirituality Cosmic and Indigenous: New Awareness and Orientation*, Consultation Statement, Colombo, June 18-25, 1992 (Quezon City, Philippines: Milcar Enterprise, 1992), p. 22.

랜트(Jacquelyn Grant), 에밀리 타운스(Emilie M. Towns), 켈리 브라운 더글러스(Kelly Brown Douglas), 그리고 카렌 플레처-베이커(Karen Fletcher-Baker) 등을 들 수 있을 것이다. 샤마라 릴리(Shamara S. Riley)에 의하면, 아프리카의 '에코 우머니즘(eco-womanism)'은 생태 위기와 가부장제와의 연결성을 분명하게 드러내면서도 인종과 계급의 문제를 강조한다. 그는 그간 많은 생태여성주의자들이 인간의 사회적 관계와 생태 위기 사이의 연결성을 분석하는 데 있어서 성(gender)의 문제에 너무 집착한 나머지 계급차별주의(classism)와 백인우월주의(white supremacy)와 같은 문제가 어떻게 생태 위기와 역사적으로 연결되어 있는지 철저하게 분석되지 않았다고 강력히 비판한다.[35] 사실 흑인해방 신학자 제임스 콘(James H. Cone)이 지적하듯이, 미국에서의 노예 제도와 인종 분리 정책 나아가 제3세계에서의 식민지화와 인종차별 정책 및 백인우월주의를 관철시켰던 논리는 지금 동물을 착취하고 자연을 황폐화시키고 있는 논리와 별개의 논리가 아닌, 동일한 논리인 것이다.[36]

사실 이 점에 관한 한 류터나 맥페이그도 비판의 화살을 피해갈 수 없다. 미국 원주민 신학자 안드레아 스미스(Andrea Smith)에 의하면 류터와 맥페이그는 환경 문제, 식민주의, 제국주의, 그리고 자본주의 사이의 관계를 매우 피상적으로 분석한다.[37] 스미스에 의하면, 맥페이그는 핵

35 Shamara Shantu Riley, "Ecology is Sistah's Issue Too: The Politics of Emergent Afrocentric Ecowomanism," in *Readings in Ecology and Feminist Theology*, p. 220.

36 James H. Cone, "Whose Earth Is It, Anyway?" in *Risks of Faith: The Emergence of a Black Theology of Liberation, 1968-1998* (Boston: Beacon Press, 1999), p. 138.

37 Andrea Smith, "Walking in Balance," in *Native American Religious Identity: Unforgotten Gods*, ed., Jace Weaver (Maryknoll, New York: Orbis Books, 1996), p. 192.

문제와 정치적 · 사회적 억압 사이의 긴밀한 관계는 인정하지만 핵 문제를 '현재의 실재'가 아니라 '앞으로의 위협'으로 간주하는 데에서 문제의 심각성을 철저히 인식하지 못하고 있다. 하지만 미국의 '모든' 우라늄 광산과 핵실험장이 미국 원주민의 땅 위 혹은 인근에서 이루어지고 있기 때문에 그들은 바로 '지금 현재' 핵으로 인한 파멸의 현실을 살고 있는 것이다. 스미스는 또한 생태적 재난에는 '모두가' 책임이 있다고 말하는 류터 역시 미국의 원주민들이 환경적 파괴의 '일차적' 피해자라는 사실을 간과한다고 비판한다.[38] 사실 이와 같은 한 원주민 여성신학자의 비판은 지구 북반부의 생태여성주의와 남반구의 생태여성주의 사이에 기본적인 인식과 강조점의 차이가 있음을 우리에게 시사해주고 있다. 류터도 인정하다시피, 아시아와 아프리카와 라틴 아메리카의 여성들은, 북반부의 여성들과 달리, 여성과 자연에 대한 억압의 기본선이 '가난'의 문제이며, 특히 여성과 어린이와 땅의 가난의 문제임을 잊지 않는 경향이 있다.[39] 유색인종 생태여성주의, 즉 에코우머니즘이 우리에게 경고하는 것은, 만약 생태담론과 신학에 인종과 계급의 문제가 철저히 포함되지 않으면 생태여성주의는 사회적으로나 역사적으로 진정 책임 있는 사상이 될 수 없다는 점이다.

38 Smith, *Ibid.*, p. 93. 미국의 원주민 신학자인 조지 팅커(George Tinker) 역시 생태적 재난은 궁극적으로는 모든 사람의 삶에 영향을 미치겠지만, 우선적으로 그리고 가장 구체적으로는 미국의 중상층 백인들보다 미국과 제3세계의 원주민과 유색 인종에게 해를 끼치고 있음을 강력히 주장한다. (George Tinker, "An American Indian Theological Responses to Ecojustice," in *Defending Mother Earth: Native American Perspectives on Environmental Justice,* ed., Jace Weaver [Maryknoll, New York: Orbis Books, 1996], p. 153.)

39 Ruether, ed., *Women Healing Earth: Third World Women on Ecology, Feminism, and Religion* (Maryknoll, New York: Orbis Books, 1996), p. 6.

생태여성주의의 정치경제학

그렇다면 생태여성주의자들은 어떤 구체적인 정치·경제적 대안을 우리 앞에 제안하는 것일까? 그것들은 과연 앞서 살펴본 여러 학파의 학자들의 주장과 비교할 때 얼마나 구체적이고 설득력이 있는 것일까?

반다나 시바(Vandana Shiva)와 마리아 미스(Maria Mies)는 우리 앞에 매우 구체적인 분석과 제안을 내놓고 있다.[40] 미스는 새로운 사회주의 생태학의 관점에서 자본주의와 사회주의 체제 모두에 존재하는 생산과 소비 사이의 근원적인 모순, 즉 물자의 생산 영역과 생산된 재화의 소비 영역 사이의 분리라는 모순을 지적한다. 이러한 "물자 생산 사회의 정신분열병" 안에서 전체 경제 기획의 목적은 감각적이고(sensuous) 직접적인 필요의 만족이 아니라 노동의 화폐로의 전환이다. 미스에 의하면 산업 사회에서 자연 파괴의 궁극적 책임은 바로 이 생산과 소비 사이에, 교환 가치와 사용 가치 사이에 존재하는 근본적인 모순에 있다. 시바는 이러한 문제 의식을 공유하면서 여성주의적 관점으로 생산과 소비를 '재생(regeneration)'의 맥락 안에 다시 위치지우자고 제안한다. 시바는 발전(development)을 근대 서양 가부장제가 가진 경제적 비전의 연장이라고 비판하면서, "생명의 신성함이라는 전제에 기초한 생존"이라는 여성의 원칙이 회복되어 악성 개발이라는 가부장적 토대를 통째로 변혁해야 한다고 주장한다. 그러니까 시바와 미스에 의하면 여성의 해방을 위해서 자본주의와 가부장제를 동시에 종식시키지 않으면 안 되는 것이다. 이들에 의하면 종식의 대상은 '자본주의적 가부장제(capitalist

40 이하 시바와 미스의 정치경제적 분석과 대안에 관한 내용은 Mies and Shiva, *Ecofeminism* (New Jersey: Fernwood Publications, 1993), pp. 8, 34, 297, 319 및 Shiva, "Development and Western Patriarchy," in *Reweaving the World*, pp. 192, 200에서 정리한 것이다.

patriarchy)'다. 자본주의적 가부장제란, "생명이 아니라 재화와 이윤의 생산 정도만이 생산성으로 측정되는 하나의 사회적 양식" 이다. 바로 이러한 자본주의적 가부장제에 대한 대안으로 시바와 미스는 '생계의 관점(subsistence perspective)'을 제안한다. 생계의 관점이란 인간의 필요와 자연의 한계 안에서 무엇이 '좋은 삶(good life)'인가에 집중하는 관점이다. 이 관점의 목표는 익명의 시장을 위해서 끝도 없는 재화와 돈을 생산하는 것이 아니라 생명의 창조와 재창조다. 앞에서 살펴보았지만 노박은 인간이 짐승이 아니라고 말하면서 이러한 자족적 생계의 관점을 일언지하에 거부했었다. 하지만 시바에 의하면 생계의 관점은 결코 낮은 물리적 질의 삶이 아니다. 그에 의하면, 자급을 통한 모든 기초적 필요의 만족은 빈궁(destitution)과 같은 의미의 가난(poverty)이 아닌 것이다.

맥페이그와 류터 역시 대안적 정치경제를 제시한다. 맥페이그는 신고전주의 경제적 모델에 대한 대안으로 '생태경제적 모델'을 제시한다.[41] 류터 또한 매우 독특한 대안을 제시하는데 그는 그것을 '가정 기반 경제(home-based economy)'라 부른다. 류터는 전통적인 남성의 공적 영역 안에서 여성의 동등한 권리 획득을 강조하는 자유주의 여성주의 대신에, 오직 사회주의 여성주의만이 새로운 체제에 대한 전망을 제시할 수 있다고 믿는다.[42] 하지만 류터는 사회주의에 대해서도 비판적인데, 왜냐하면 비록 사회주의가 산업 사회에서 여성이 겪는 불리한 조건을 일부 완화시켰다 할지라도, 사회주의 역시 자유주의(자본주의)와 마

41 McFague, *Life Abundant*를 참조하라. 이 책은 필자와 장양미에 의해서 『풍성한 생명: 지구의 위기 앞에 다시 생각하는 신학과 경제』(이화여자대학교출판부, 2008)로 번역되어 나왔다.

42 이하 류터의 대안적 정치 · 경제에 대한 내용은 Reuther, *Sexism and God-Talk*, pp. 74, 216, 221, 224-228, 232에서 정리한 것이다.

찬가지로 여성을 산업 역군으로 통합하려는 동일한 의제를 수행하기 때문이다. 류터가 보기에 자유주의와 사회주의는 둘 다, 여성이 공적 영역에서 남성과 똑같거나 혹은 우월한 기능을 수행하는 한 해방되었다고 전제한다는 점에서 차이가 없는 제도들이다. 류터가 보기에 여성에 대해 계속되는 불평등의 뿌리는 '가부장제', 즉 무보수의 가사 노동과 산업주의(가정 밖에서의 노동의 집단화)다. 긴 역사적 안목에서 볼 때 여성의 억압은, 가정에서의 생산과 재생산이라는 고된 노동을 여성에게 전가하고 남성이 이로부터 자유로워진 데서 기인한다. 따라서 류터에게 중요한 것은 단지 공적 영역에서 여성의 역할의 증대가 아니라 근본적으로 다른 방식의 사회화, 즉 자본가나 국가 정당의 지도자들에 의해 박탈당한 '공동의 가정 노동'이라는 기능을 회복하는 것이다. 여기서 관건은 인간 생명의 창조와 보존을 최우선적 가치로 놓는 것이고, 노동으로부터 소외된 남성성을 재통합하는 것이다. 때문에 류터에게 있어서 가정에서 여성이 담당하는 노동은 가정 기반 경제를 그 특징으로 했던 산업화 이전 세계의 자취로 새로이 부각된다. 류터는 이러한 비전이 국가 사회주의 체제에서 잘 실현될 것으로 보지 않는다. 오히려 공동의 가족을 기초로 노동의 공동화를 그 특징으로 하는 '공동체 사회주의(communitarian socialism)' 혹은 유토피아적 사회주의 안에서 가장 잘 실현될 수 있다고 확신한다. 이러한 류터의 대안은 일종의 민주주의적 사회주의 사회인데, 류터가 말하는 이러한 사회에서는, 다른 많은 남성 학자들이 말하는 민주적 사회주의와 달리, 양육과 교육과 노동과 문화의 과정이 하나로 통합돼, 남성과 여성이 양육과 가사 노동 그리고 각종 의사 결정 과정에 공동으로 참여하는 것을 그 특징으로 한다. 한마디로 류터에게 있어서 가정은 저항의 소재지이며, 이런 점에서 류터의 제안은 자본주의와 국가 사회주의에 대한 '오이코스(*oikos*)의 저항', 즉 가정 기반 경제를 특징으로 하는 산업화 이전 세계의 저항으로 이해될 수 있다.[43]

사실 대안적 정치 경제로 이러한 가정 경제를 말하는 것은 류터만이 아니다. 티베트의 라다크 마을에 오랫동안 머물며 다양한 연구 활동을 벌였던 스웨덴의 인류학자 헬레나 노르베리-호지(Helena Norberg-Hodge) 역시 산업화 이전에 여성들에 의한 '비공식 경제(informal economy)'가 오늘날의 거대한 지구 시장 앞에서 이에 대항하는 중요한 역할을 수행할 수 있다고 말한다. 그녀에 따르면,

> 라다크 마을에 사는 여성의 지위와 관련해 가장 중요한 것은 여성이 중심이 된 '비공식적' 부문이 '공식적' 부문보다 훨씬 더 큰 역할을 수행한다는 점이다. 이 지역에서 경제의 초점은 가정(household)이다. 기초적인 필요에 관련된 거의 모든 중요한 결정이 이 비공식적 차원에서 내려진다. 따라서 여성들은 자녀들과 함께 있을 것인지, 아니면 사회적이고 경제적인 생활 안에서 능동적인 역할을 수행할 것인지, 둘 중 하나를 선택할 것을 강요받지 않는다.[44]

울리히 두흐로(Ulrich Duchrow) 역시 가사 노동을 임노동 고용의 한 형태로 한 단계 승격시키는 것은, 경제를 갱신하고 여성에 대한 차별을 제거하는 중요한 요소가 될 수 있다고 말한다. 그러면서 우리가 여성과 가난한 사람들의 비공식 경제를 보호하면서 이 비공식 부분을 대안적인 생명의 경제를 모색하는 실험의 장으로 사용해보자고 제안한다.[45]

43 Long, *Divine Economy* (New York: Routledge, 2000), pp. 109-111.

44 Helena Norberg-Hodge, *Ancient Future* (San Francisco: Sierra Club Books, 1991), p. 69.

45 Ulrich Duchrow, *Alternative to Global Capitalism: Drawn from Biblical History, Designed for Political Action* (Utrecht, The Netherlands: International Books with Kairos Europa, 1995), p. 251.

* * *

앞서 우리는 크게 두 그룹의 여성을 살펴보았다. 한 그룹은 새로운 문화 혹은 영성의 우선성을 강조하면서 새로운 여성 종교의 필요성을 제기했다. 다른 그룹은 새로운 사회 질서 형성에 보다 큰 관심을 쏟으면서 이러한 사회적 의제와의 연관성 속에서 종교(기독교)의 부정적 혹은 긍정적 역할을 평가했다. 전자의 그룹은 여신 숭배를 중심으로 한 고대 의식의 부활을 통해 여성과 자연 사이의 깊은 관계성을 찬양한다. 이들은 본질적으로 선한 자연에 대한 전통적인 신앙을 환기시키면서, 아주 독특한 방법으로 여성의 신비적 경험과 심미적 감성을 종교적 성찰의 소재로 만들었다. 이것은 정말이지 "거룩함에 대한 상이한 모델이며, 무엇이 권위인가에 대한 상반된 견해이고, 또 변화에 대해 이전과 다른 자세"이다.[46] 이 급진적/문화적/자연/여신 여성주의의 강점은 그것이 '무엇을 반대하는가(what it is against)'보다 '무엇을 지향하는가(what it is for)'에 보다 더 큰 관심을 기울인다는 사실이다. 이 점은 실로 중요하다. 왜냐하면 우리는 어떤 것에 대한 부정과 저항만으로 새로운 사상과 실천을 이끌어갈 수 없기 때문이다. 하지만, 이런 장점에도 불구하고, 급진적 여성주의는 여성과 자연에 대한 억압이 역사적이고 물질적이며 다양한 사회적 구조에 근거하고 있다는 점을 충분히 보여주지 못한다. 그 결과 급진적/여신 여성주의는 왜 자본주의 경제 체제가 자연을 지배하는지, 그리고 왜 제3세계 수십억의 여성들이 가난과 인종차별주의를 경험하고 있는지에 관해 보다 깊이 있는 분석과 대안을 내놓지 못하고 있는 것이다.[47]

46 Sands, *Escape from Paradise*, pp. 115, 117.

47 Merchant, "Ecofeminism and Feminist Theory," p. 115; Merchant, *Radical Ecology: The Search for a Livable World* (New York: Routledge, 1992), pp. 190-194.

새로운 사회 질서의 문제에 보다 큰 관심을 쏟고 있는 두 번째 그룹의 여성들은 사회주의 여성주의로부터 강한 영향을 받았다.[48] 사회주의 여성주의의 강점은 가난한 여성, 특히 제3세계와 유색 인종의 가난한 여성들의 문제를 명쾌하게 다룰 수 있다는 점이다. 이는 사회주의 여성주의가 자연과 인간을 사회적으로 구성된 것으로 간주하는 강한 사회 경제적 분석에 기초하고 있기 때문이며, 또한 인종과 계급과 성에 대해 보다 심도 있는 분석을 추구하기 때문이다. 이 점에서 사회주의 여성주의는 사회적 정의 문제를 풀어가는 데 큰 잠재성을 가지고 있다. 하지만 그럼에도 불구하고, 사회주의적 여성주의는 그 안에 있는 마르크스주의적 요소가 종종 급진적 여성주의의 주장인 여성과 자연의 영적 연결을 의심하도록 만들기 때문에, 자연에 대한 인간의 총체적인 억압에 관해 명쾌한 분석을 내놓지 못하곤 한다. 카렌 워런(Karen J. Warren)이 지적하듯이, 사회주의 여성주의는 가부장제가 기초하고 있는 네 가지 기둥, 즉 성차별주의(sexism), 인종차별주의(racism), 계급차별주의(classism), 그리고 자연차별주의(naturalism) 가운데 맨 마지막 것에 대한 설명에 종종 실패하곤 하는 것이다.[49]

우리는 실제로 생태 문제 해결에 있어서 사회적 정의의 문제를 강조하는 류터에게서 이러한 약점을 발견할 수 있다. 류터는 착취가 없는 공의롭고 평화로운 사회가 환경과의 평화적이고 조화로운 관계를 창출할 수 있게 한다고 말한다.[50] 하지만 이것은, 마치 류터의 반대자들이 관계

48 사회주의 여성주의(socialist feminism)란, 전통적인 마르크스 여성주의와 급진적 여성주의를 결합하여 계급(class)과 성(gender)을 여성 억압의 근본적 요소로 보는 여성주의를 말한다. (Hindsale, "Ecology, Feminism, and Theology," p. 200.)

49 Karen J. Warren, "Feminism and Ecology," in *Readings in Ecology and Feminist Theology*, pp. 116-117.

50 Ruether, "The Biblical Vision of the Ecological Crisis," p. 80.

의 복원과 심화가 모든 문제의 해결이라고 주장하는 것과 마찬가지로, 매우 '낭만적'으로 들린다. 필자는 사회적 정의가 환경 문제의 '최종적' 해결책이라고 보지 않는다. 원주민이나 가난한 사람들도 얼마든지 자연을 수탈하고 착취할 수 있기 때문이다. 비록 그들의 착취가 그 작은 규모 때문에 종종 무시할 만한 것이라 하더라도 말이다. 어느 면에서 환경의 재난은 억압자와 피억압자의 구별을 허락하지 않는다.[51] 때문에 성차별주의와 인종차별주의, 그리고 계급차별주의와 자연차별주의는 동시에 그리고 같은 비중으로 균형있게 제기되어야 하는 것이다. 이 이유 때문에 필자는 급진적/문화적/자연/여신 여성주의의 관점을 배제해서는 안 된다고 믿는다. 왜냐하면, 그들의 통찰력이 없으면 사회주의 여성주의는 환경 문제에 대한 마르크스주의의 단순 확장에 불과한 것이 되고 말기 때문이다.

오늘날 모든 형태의 다층적 억압의 구조는 한 가지 분석틀만 가지고는 제대로 다룰 수 없다. 한 가지 분석틀만 고집하는 것은 생태여성주의가 의도했고 또 그렇게 하려고 노력하고 있는, '보다 통전적인 이론과 실천'으로 나아가는 길을 방해할 것이다. 자유주의, 사회주의, 그리고 급진주의 여성주의 전통은 모두 불충분하기 때문에 여성주의는 언제나 새로운 가능성에 열려 있어야 한다.[52] 다행히 이네스트라 킹(Ynestra King)에 의하면, 생태여성주의자들은 급진적/문화적 여성주의가 제기한 "애정의 정치(politics with heart)"와 사회주의 여성주의가 제기한 역사에 대한 강력한 비평을 공유하며 보다 통전적인 방향으로 나아가고 있다.[53] 그리고 여기에 유색 인종 여성주의의 관점을 능동적으로 받아들인다면 생태여성주의는 심층 생태학보다 더 깊은, 그리고 캅과 데일리

51 Riley, "Ecology is a Sistah's Issue Too," p. 216.

52 Ruether, "The biblical Vision of the Ecological Crisis," p. 80.

53 Mies and Shiva, *Ecofeminism*, p. 117에서 인용.

의 인간중심주의에 대한 비판보다 더 심오한, 하나의 통전적이고 또 역사적으로 책임성 있는 생태주의를 우리 앞에 제공할 수 있을 것이다. 결국 사회주의 여성주의가 강조하는 '윤리인 것(the ethical)'과 급진적 여성주의가 강조하는 '심미적인 것(the aesthetic)'이 서로 배타적일 필요는 없다. 극과 극은, 모든 것이 관계 안에 있기에, 서로 통한다. 류터의 말처럼, "이 세상의 비판자이자, 사회적 희생자의 옹호자" 인, 성서의 해방하시는 하나님(God)과 '내재적 신'인 자연의 가이아(Gaia)는 궁극적으로 서로 다투고 경쟁하는 사이가 아니라 "올바로 이해되면, 혼합이 아닌 친선 관계에 있다."[54] 관계성 안에서 끝까지 밀고 간 극과 극은 한 길로 합류한다. 이렇게 우리는 보다 통전적인 이론과 실천을 향해 나아갈 수 있다.

54 Ruether, *Sexism and God-Talk*; Ruether, *Gaia & God*, passim.

제7장

하이에크의 신자유주의 사상에 대한 신학적 비판

닫힌 세속주의와 열린 하나님 나라

만약 자유로운 세계를 창조하려는 첫 번째 시도가 실패했다면 우리는 이를 다시 시도해야 한다. 개인의 자유라는 정책이 유일하게 진보적인 정책이라는 지도적 원리는 19세기에 참이었던 것처럼 오늘날도 그렇다.

— F. A. 하이에크[1]

브뤼셀에서 열린 한 종교인들의 모임에서 당시 국제통화기금(IMF)의 책임자로 있던 미셸 캉드시는, "시장은 자생적이고 스스로를 다스리며 자신을 조절할 줄 아는 존재이기에, 그 구성원들이 추구하는 목표를 이룰 수 있는 최상의 기회를 제공하며, 따라서 시장은 인류의 유토피아에 대한 가장 훌륭한 경험적 사실"이라고 말했다. 그의 말에 동의하든 안 하든, 우리는 한 가지 큰 궁금증을 갖게 된다. 도대체 그는 어떤 이유에서 이와 같이 시장에 대한 깊은 신앙을 가지게 되었는가?

전통적으로 시장은 사람들을 두 개의 그룹, 즉 자유 시장 옹호론자들과 시장에 대한 국가 개입 옹호론자들로 분리해왔다. 전자는 시장을 사

1 F. A. Hayek, *The Road to Serfdom* (Chicago: The University of Chicago Press, 1944), p. 262.

람들 사이에 이루어지는 물질적 교환의 가장 자연스런 형태로 믿는 사람들을 말한다. 후자는 자본주의 자유 시장은 물자와 서비스의 교환 수단의 한 가지 역사적 형태, 곧 임시적 형태에 지나지 않는다고 믿는 사람들을 가리킨다. 전자의 믿음을 우리는 자유주의(liberalism)라고 부르는데, 이는 1914년 제1차 세계대전이 터지기 이전까지의 근대 세계를 지배했다. 하지만 두 세계대전 사이에 자본주의 경제 체제의 정치 · 경제 · 사회적 갈등이 심화됨에 따라 케인스주의로 알려진 후자의 믿음이 득세하기 시작했고, 이는 전후 1960년대까지의 세계를 지배했다. 그러나 케인스가 사망하기 이전에 심혈을 기울여 만든 브레턴우즈 체제가 1971년에 붕괴하자, 세계는 다시 케인스주의 이전의 세계관으로 회귀하기 시작한다.[2] 밀턴 프리드먼(Milton Friedman)과 그의 아내 로즈 프리드먼(Rose Friedman)은 이러한 근대 경제 사상의 추이를 밀물과 썰물 이론으로 설명한다. 그들에 따르면 근대 경제사에는 세 가지 물결이 있어왔는데, 첫째는 아담 스미스의 '자유방임(laissez-faire)' 밀물이요, 둘째는 페이비언주의자들의 '복지국가' 밀물이며, 마지막 세 번째는 하이에크의 '자유 시장 소생'의 밀물이라는 것이다.[3]

시장은 자생적인 것이며 인류가 추구하는 유토피아에 대한 가장 훌륭한 경험적 사실이라는 미셸 캉드시의 확신은 바로 이 세 번째 밀물에 기초하고 있다. 그리고 이 글이 분석하고 비평하려 하는 관심사도 바로 이 세 번째 '하이에크의 밀물'이다. '신자유주의의 아버지'라 불리는 하

2 케인스는 1946년 브레턴우즈 회의 4개월 후에 죽었다. 그가 1930년대의 경제적 혼란을 극복하기 위한 방안으로 제시한 국제금융청산연합(International Clearing Union)은 숱한 논의를 불러일으켰고 그것이 궁극적으로는 브레턴우즈 체제의 탄생과 IMF 및 세계은행(World Bank)의 창립을 가져왔다. (*The New York Times Book Review*, January 20, 2002, p. 8에서 인용.)

3 Alan Ebenstein, *Friedrich Hayek: A Biography* (New York: Palgrave for St. Marin's Press, 2001), p. 275.

이에크의 경제 사상을 비평하기 전에, 먼저 경제 신자유주의란 무엇이며, 그것은 오늘날 우리에게 무엇을 의미하는지를 간략히 짚어보도록 하자.

경제 신자유주의란 무엇인가?

경제 신자유주의란 간략히 말해서 케인스주의와 사회주의 경제 체제에 대한 반작용으로, 19세기의 고전적 자유주의를 소생시키고 부흥시키려는, 1970년대 이후의 현대 경제사상운동을 말한다. 그렇다면 19세기 고전적 자유주의란 무엇이었는가? 고전적 자유주의란 17세기부터 19세기까지, 혹은 존 로크(John Locke, 1632-1704)부터 존 스튜어트 밀(John Stuart Mill, 1806-1873)에 이르기까지, 약 200년 동안 유럽에서 일어났던 경제사상운동을 말한다. 고전적 자유주의는 (1) 국가나 사회보다 우선하는 개인의 권리, (2) 자유 시장 하에서 사적 재산을 보유할 권리, 그리고 (3) 이러한 권리를 보호하는 것 이상의 권한을 부여하지 않는 제한된 권력의 입헌정부, 이 세 가지의 신조를 가졌다. 신자유주의는 이 3대 신조를 그대로 신봉한다. 때문에 신자유주의의 핵심적 경제이론은, 시장은 정부의 시장 개입이 최소화되었을 때 근대 민족국가가 제공하는 것보다 더 효율적인 서비스를 제공할 수 있다는 것이다.[4] 그렇다면 무엇이 신자유주의의 '신(新)'인가? 앞으로 살펴보겠지만, 오늘날의 자유주의는 고전적 자유주의 위에 사회적 정의를 부정하는 것과 같은, '보수적 사회 윤리'를 결합한 것이다. 그 때문에 그것은 오늘날 '신

4 Ethan B. Kapstein, *Governing the Global Economy: International Finance and State* (Cambridge, Massachusetts: Harvard University Press, 1994), p. 194.

우파(New Right)'로 대변되는 정치적 신보수주의와 궤를 같이한다. 물론 신자유주의 내에는 서로 경쟁하는 다양한 학파들이 존재한다.[5] 하지만 신자유주의는 공통적으로 정부가 조세나 시장 개입에서 최소한의 역할만 담당할 것을 주장한다.

더욱 중요한 것은, 신자유주의는 오늘날의 경제적 세계화를 떠받치고 있는 지배 이념이며, 현재 이 세계의 구석구석까지 파고들고 있는 '시장 근본주의'와 동의어라는 점이다. 시장 근본주의란 무엇인가? 2001년 노벨 경제학 공동 수상자인 조세프 스티글리츠(Joseph E. Stiglitz)는 그의 저서에서 자신이 백악관과 세계은행에서 일할 때 거기에서 내려진 정책적 결정들이 종종 "어떤 이데올로기와 엉터리 경제학의 기이한 혼합"으로 만들어지는 것을 경험했다고 증언한다.[6] 그가 말하는 어떤 이데올로기란 미국 금융계의 편협한 이익에 봉사하는, 그리고 IMF의 '시장 지상주의' 정책을 뒷받침하고 있는, 즉 '워싱턴 콘센서스'라고도 불리는 신자유주의 경제 이념이며, 그는 그것이 다름 아닌 '시장 근본주의'라고 말한다. 신자유주의란 한마디로 자유 시장은 결코 실패하지 않는다는, 시장에 대한 '종교적 신앙'을 의미한다. 달리 말하

5 신자유주의는 단일한 운동이 아니다. 그 안에는 대개 5개의 학파가 존재하는데, (1) 오스트리아 학파(1871-현재): 창시자인 칼 맹거(Carl Menger, 1840-1921)를 비롯하여 프리드리히 폰 비서(Friedrich von Wiser, 1851-1926), 루드비히 폰 미세스(Ludwig von Mises, 1881-1973), 그리고 하이에크(F. A. Hayek, 1899-1992) 등이 이 학파의 저명한 학자들이다, (2) 시카고 학파(1927-현재): 1976년 노벨 경제학상을 받은 밀튼 프리드먼(Milton Friedman, 1912-2006)이 대표하는데, 재미있게도 그의 아들 데이비드 프리드먼(David Friedman)은 무정부 자본주의의 주창자다, (3) 공공선택 학파(1959-현재): 1986년 노벨 경제학상 수상자인 제임스 뷰캐넌(James Buchanan, 1919-)이 대표적 학자이다, 이외에 (4) 아인 란드(Ayn Rand, 1905-1982)와 객관주의 학파, 그리고 (5) 로버트 노직(Robert Nozick, 1938-) 학파 등이다.

6 Joseph E. Stiglitz, *Globalization and Its Discontents* (New York: W. W. Norton & Company, 2002), pp. x, xiii, 15, 36, 73, 134.

면, 신자유주의는 사람이 시장을 위해 지어졌지, 시장이 사람에게 봉사하기 위해 지어지지 않았다는 일종의 종교적 가르침인 것이다. 엠 피 조셉(M.P. Joseph)이 지적하다시피, 오늘날 시장은 인류의 '구원의 원칙'이 되었으며, 독자적인 교리와 예식을 가지고 온 세상에 수많은 선교사들을 파송하면서, 후발 국가들을 시장이라고 하는 '구원의 영역'으로 개종시키려는 이 시대의 신흥 종교가 된 것이다.[7]

때문에 우리가 이 현대판 신흥 종교운동 뒤에 숨어 있는 신학적 교리를 예리하게 분석하는 것은 매우 중요한 일이다. 이 시장 종교가 설파하는 구원의 원칙 뒤에 깊숙이 숨겨져 있는 가정들을 분석하고 비평하는 것은 대단히 의미 있는 일이다. '신자유주의의 아버지'라 불리는 하이에크의 사회철학을 신학적으로 비판하는 것은 현대 신학이 외면할 수 없는 중요한 하나의 과제가 될 것이다.

하이에크는 누구인가?

프리드리히 아우구스트 폰 하이에크(Friedrich August von Hayek)는 1899년 오스트리아의 비엔나에서 출생하여 1992년에 죽었다. 그는 인생의 절반을 오스트리아에서 그리고 나머지 절반을 영국과 미국에서 보냈다. 재미있게도 마르크스의 절대적 반대자였던 하이에크는 마르크스와 똑같이 독일어권에서 영국으로 이주한 사람이었고, 또 마르크스와 똑같이 런던의 대영박물관에서 자본에 관한 논문을 주제로 연구를 한 사람이다. 둘 사이에 유일한 차이점이 있었다면, 마르크스는 오른쪽 귀

7 M. P. Joseph, "A New Language for Divinity: Critique of the Ideology of Market," in *DAGA Info*, No. 119, March 29, 2001.

가 먹었던 반면(때문에 '우파'의 소리를 듣지 못했고), 하이에크는 왼쪽 귀가 먹었다는 점이다(따라서 '좌파'의 소리를 듣지 못했다).[8]

"아담 스미스 이후 가장 위대한 자본주의 철학자"라고 불린 하이에크는, 하지만 한때 '광야에서 외치는 소리'였다.[9] 하이에크는 1950년대와 60년대에 케인스주의가 세상을 지배할 때 정치적으로 괴팍한 인물 정도로 취급받았다. 하지만 전후 경제의 부흥은 케인스주의를 신봉했던 국가들을 인플레이션의 소용돌이로 몰고 갔고, 케인스주의의 전통적인 요법이 더 이상 먹혀들지 않게 되자 서방의 자본주의 국가들은 하나씩 그들이 한때 내다버렸던 케인스주의 이전의 고전적인 자유주의 가치관으로 돌아서기 시작한다. 바로 이 서방 세계의 사상적 대전환 속에서 한때 '학문적인 부랑아'로 간주되던 하이에크는 1974년 온 세상을 놀라게 하며 자유 시장 경제론자로서는 최초로 노벨 경제학상을 수상한다.[10] 하이에크 자신도 놀랐다는, 이 '이단' 경제학자에 대한 노벨상 수상은 현대 경제사상사를 가르는 한 분수령이 되었다. 한때 '얼간이(goofball)'로 취급되던 하이에크가 갑자기 '정신적 지도자(guru)'로 급부상한 것이다.[11]

이후 하이에크는 전 세계 보수적인 정치인들과 경제학자들에게 지대한 영향을 미쳤다. 앵글로색슨 세계의 보수적인 정치 지도자로 알려진 윈스턴 처칠(Winston Leonard Spencer Churchill), 배리 골드워터

8 Ebenstein, *Friedrich Hayek*, pp. 252, 303.

9 Thomas W. Hazlett, "The Road from Serfdom: F. A. Hayek interviewed by Thomas W. Hazlett," in *Reason Magazine*, trans., The Korea Center for Free Enterprise, 1997, p. 7.

10 하이에크 이후 노벨 경제학상을 수상한 자유 시장 경제학자들은 Milton Friedman (1976), George J. Stigler (1982), James M. Buchanan (1986), Ronald H. Coase (1991), 그리고 Gary S. Becker (1992) 등이다.

11 Hazlett, "The Road from Serfdom," pp. 31-33.

(Barry Goldwater), 로날드 레이건(Ronald Wilson Reagan), 마가렛 대처(Margaret Hilda Thatcher) 모두 하이에크의 지대한 영향을 받았다.[12] 하이에크는 제2세계와 제3세계에도 커다란 영향을 끼쳤는데, 그는 남미에서 "피노체트 장군의 정신적 스승"이라고 추앙받았고, "남미 자유주의자들의 정신적 횃불"이라고 불렸다.[13] 하이에크의 사상은 1989년 베를린 장벽의 붕괴 이후, 동구 사회주의가 자본주의 경제로 이행하면서 시행한 온갖 가혹한 경제 정책을 정당화하는 근거로 인용되곤 했는데, 사실 밀튼 프리드먼이 지적하다시피, 하이에크의 대표적 저서 『노예로의 길(*The Road to Serfdom*)』은 동구 사회주의 경제 체제를 붕괴시키는 데 중대한 역할을 했다.[14] 물론 우리가 사는 실제의 세계는 한 사상가의 영향으로 설명하기에는 너무도 복잡한 요인들에 의해 움직여진다. 하지만 하이에크의 경제 사상, 특별히 시장이 '자생적 질서(spontaneous order)'라는 그의 독특한 이론은 지난 40년 간 전 세계에서 밀어붙여진 가혹한 신자유주의적 경제 정책을 정당화하는 지렛대로 사용되어왔다는 점을 우리는 간과해서는 안 된다.

12 처칠은 제2차 세계대전 직후 치러진 1945년 7월의 의회 선거에서 그의 반대자인 영국 노동당이 집권할 경우 왜 영국이 전제 정치에 빠질 수밖에 없는지를 하이에크를 인용하면서 공격했다. 1964년 미국 대통령 선거에서 린든 존슨에 대항했던 공화당의 배리 골드워터는 하이에크의 지대한 영향을 받은 사람이었다. 골드워터를 통해 공화당에 입문한 레이건은 가장 존경하는 철학자가 누구냐는 질문에 서슴없이 하이에크를 거명했으며, 그는 1991년에 하이에크에게 대통령 자유메달을 헌정하기도 했다. 레이건 행정부에서 일한 74명의 경제학자들 가운데는 24명이 하이에크가 조직한 몽페를랭 협회 출신이었다. 영국 언론들은 마가렛 대처가 집권했을 때 하이에크를 대처의 '무대 뒤에 숨은 정신적 지도자', 대처 여사의 대부', 혹은 '대처의 영적 스승'이라고 부르기도 했다. (Ebenstein, *Friedrich Hayek*, pp. 207-208, 291-292 ; Hillary Wainwright, *Arguments for a New Left* [Cambridge: Blackwell, 1994], p. 4.)

13 Wainwright, *Ibid.*, p. 4; Ebenstein, *Ibid.*, p. 211.

14 Milton Friedman's Introduction to the fiftieth anniversary edition of Hayek, *The Road to Serfdom*, p. xix.

하이에크가 보수적인 지도자들에게 큰 영향력을 행사했다는 것 외에 또 한 가지 중요한 사실이 있다. 그것은 그가 단순히 기술적인 경제학자가 아니라 고전적 자유주의가 정립한 자유 시장 경제 이론을 오늘날 정치적 신보수주의의 강력한 비전과 이념적 무기로 변모시킨 사람이라는 점이다. 경제학은 철두철미 실증과학(positive science)이어야 한다고 주장하는 밀튼 프리드먼과 달리, 하이에크는 각종 사회적 문제들의 궁극적인 해결책은 기술적인 경제학 영역의 밖에서 찾을 수 있다고 확신했다.[15] 실제로 그와 그가 속한 오스트리아 경제학파는, 실용주의적이고 실증적인 경제학자들과는 달리, 경제학을 사회철학 혹은 인문학의 한 분과로 회복시키기 위해 정열을 바쳤다. 하이에크는 세상을 등진 상아탑의 학자가 아니었다. 그는 사상의 힘을 통해 세상을 변혁할 수 있다고 믿은 열정적인 선동가였으며, 실제로 그는 '자유 사회의 철학적 기반'을 놓는 데 그의 일생을 바쳤다. 이를 위해 그는 1947년 서방 세계의 저명한 학자들을 모아 '몽 페를랭 협회(Mont Pelerin Society)'를 조직했고, 거기에서 '자유를 위한 투사들'을 실제로 키우고 훈련시켰던 것이다.[16] 아마도 하이에크가 쓴 다음의 글은 그가 어떤 인물이며, 또 무엇을 위해 분연히 일어선 사람이었는지를 우리에게 잘 말해준다.

> 우리는 다시금 자유 사회를 건설하는 일을 지적 모험으로 그리고 용기 있는 행동으로 만들어내야 한다. 우리들에게 결여되어 있는 것은 자유주의

15 Hayek, *The Constitution of Liberty* (Chicago: The University of Chicago Press, 1960), p. 3.

16 몽 페를랭 협회는 액튼-토크빌 협회(Acton-Tocqueville Society)라고도 불리며, 1947년에 스위스의 몽 페를랭에서 창립되었다. 이 조직에 관해서는 John Rabould, Hayek: *A Commemorative Album* (Adam Smith Research Institute, 1998)을 참조하라.

적 유토피아다. 현재의 질서에 대한 단순한 옹호도, 그렇다고 적당히 사회주의를 가미한 질서도 아닌, 진정한 자유주의적 급진주의(a truly liberal radicalism)가 결여되어 있는 것이다. 우리 자유주의자들이 사회주의자들의 성공에서 배워야 할 한 가지 중요한 덕목이 있다. 그것은 다름 아닌 유토피아를 향한 그들의 용기다. 바로 이 용기 때문에 그들은 지식인들의 지지를 받았고 여론에 지대한 영향력을 행사하고 있는 것이다.[17]

하지만 불행히도 하이에크의 이 급진적 자유주의 유토피아는 오히려 개인의 자유를 속박하는 엄격한 문화적 전통주의와 역사의 변혁에 냉소주의적인 철저한 사회적 보수주의로 귀결되게 된다. 어떻게 이런 일이 일어났을까? 그 이유를 하이에크의 사회철학을 깊이 있게 분석하면서 하나씩 짚어보도록 하자.

하이에크 사상의 구조

하이에크 사회철학의 핵심적 과제는 사회주의와 '강제적' 복지주의의 방향으로 흐르던 근대 서구 사회의 맥락 속에 개인의 자유(individual liberty)를 우선시하는 앵글로색슨 원칙을 복권시키려는 것이었다.[18] 고

17 하이에크의 1949년 연설문 중에서.

18 유명한 자유주의 사상가들의 다수가 히틀러의 제3공화국을 경험한 독일인과 오스트리아인이었다는 사실은 그리 놀랄 만한 일이 아니다. 하이에크는 히틀러의 통치를 "전체주의의 공포" 혹은 "이 세대가 경험한 깊은 충격"으로 경험했다고 회고하며, 따라서 "극악무도한 국가"로부터 개인을 보호하는 것이 얼마나 중요한지를 배웠다고 말한다. 하이에크의 사상이 형성되던 시기는 두 세계대전과 사회주의의 발흥으로 정부의 권한과 활동이 강화되던 시기이다. 이러한 상황에서 하이에크는 국가 권력에 대한 효과적인 제약이 가장 중요한 사회적 문제이며, 따라서 "인간의 어리석음이 세워

전적 자유주의의 핵심 원칙인 개인의 자유를 다시 불러냄으로써 하이에크는 "우리 시대 가장 영향력 있는 정치운동의 하나인 사회주의가 명백히 잘못된 전제 위에 세워져 있으며, 비록 선한 의도에 영감을 받고 이 시대 최고 지식인 상당수에 의해 이끌어진다 하더라도, 그것은 현존하는 인류 대다수의 생활 수준과 생존 자체를 위협하는 것" 임을 증명하려 했다.[19] 그렇다면 무엇이 근본적으로 잘못되었는가? 서구 사회를 사회주의와 복지국가로 나아가게 하는 문제의 뿌리는 무엇인가? 하이에크는, 놀랍게도, 그것이 인간의 이성(reason)에 대한 미신적 믿음 때문이라고 말한다.

> 내가 보기에 앞으로 우리의 후손들은 우리가 사는 이 시대를 미신의 시대였다고 회고하게 될 것이다…… 그들은 20세기에 널리 유포되었던 생각들, 즉 공정한 분배를 위한 계획 경제라든지, 억압과 인습으로부터의 해방이라든지…… 하는 개념들이 모두 미신적 믿음에 기초했던 것이었음을 발견하게 될 것이다…… 얄궂게도 이러한 미신적 믿음들의 대부분은 우리가 이성의 시대(Age of Reason)로부터 물려받은 것들이다. 자신 이외의 모든 것들을 미신이라고 간주했던 바로 그 이성의 시대에서 물려받은 것들이다. 만약 계몽주의가 과거에 인간의 이성에 부여된 역할이 너무 적었다는 것을 발견했다면, 지금 우리는 이성주의적인 사회 건설에 할당된 과제가 너무 크다는 것을 발견하고 있다.[20]

놓은 장애물 속에서 자생적인 발전의 동력을 해방시키는 것이 다시 한 번 제일의 필요성이 되었다" 고 생각하게 되었다. (Hayek, *The Road to Serfdom*, pp. 16, 228; Hayek, *The Mirage of Social Justice* [Chicago: The University of Chicago Press, 1976], p. 134; Hayek, *The Political Order of a Free People* [Chicago: The University of Chicago Press, 1979], pp. 128, 132.)

19 Hayek, *The Fatal Conceit: The Errors of Socialism* (Routledge: The University of Chicago Press, 1988), p. 9.

하이에크는 계몽주의의 자손이다. 때문에 그는 이성의 역할을 부인하지는 않았다. 하지만 그는 '이성주의적' 혹은 '과학적' 진보를 믿지 않았다. 때문에 그는 모든 자유주의적 전통을 받아들이지 않았다. 대신 그는 자신을 영국 휘그(Whig) 전통의 후계자라고 천명하면서,[21] 이성에 할당된 역할을 기준으로 고전적 자유주의를 '참 개인주의(true individualism, 혹은 '진화론적 개인주의')'와 '사이비 개인주의(false individualism, 혹은 '건설적 이성주의')'로 구분했다. 전자는 영국과 스코틀랜드에서 유래한 것이며 이성의 역할을 강조하지 않는다(여기서 이성은 오직 비평적이고 해석적인 역할만 수행한다). 반면 후자는 유럽 대륙의 데카르트의 이성주의에 뿌리를 두고 있으며 이성의 중요성을 강조한다(여기서 이성은 건설적인 역할을 수행한다). 하이에크는 사회 건설주의가, 모든 사회 구조는 계획적인 설계에 의해 만들어지고 또 만들어져야 한다는 그릇된 전제 위에 서 있는 철학으로, 그것은 인간의 지성이 문화적 진화의 산물이 아니라 자연과 사회 밖에 존재하는, 어떤 독립된 실재로 보는 잘못된 전제 위에 서 있는 허상일 뿐이라고 비판했다.[22]

한마디로 하이에크는 인간의 이성은 결코 전능하지 않다는 것을 끈덕지게 주장한 강경한 반(反)이성주의자였다. 하이에크가 60년 이상 행

20 Hayek, *The Political Order of a Free People*, pp. 173-176.

21 하이에크에 의하면 이 휘그주의(Whiggism)는 앵글로색슨 국가들의 공통적 전통이며, 그것은 "과도하게 이성주의적이며, 민족주의적이며 사회주의적인 영향"이 침범해 들어간 "프랑스 혁명의 노골적이고 과격한 이성주의"와 날카롭게 대조되는 것이다. (Hayek, *The Constitution of Liberty*, pp. 177, 409).

22 Hayek, *Rules and Order* (Chicago: The University of Chicago Press, 1973), p. 5. 하이에크는 그의 반이성주의적 개인주의가 기독교의 죄론과 양립할 수 있는 것으로, 이성주의적 완전주의는 그것과 융화하기 어려운 것으로 믿었다. (Hayek, *The Constitution of Liberty*, pp. 61, 407.) 제4장에서 살펴본 미국의 보수 신학자 마이클 노박이 바로 하이에크의 이런 사상에 영향을 많이 받았다.

한 자신의 연구에서 시종일관 증명하려 했던 것은, 바로 이성에 기초한 사회 건설주의가 인간 이성의 한계를 무시하는 잘못된 과학주의라는 것이었다. 하이에크에 의하면 사회 질서는 인간 행위의 결과이기는 하지만 인간의 계획의 산물은 아니다. 때문에 인간이 자신의 의지나 바람에 따라 자신의 세계를 재창조할 수 있다는 생각은 단지 "치명적 자만(fatal conceit)" 에 불과하다.[23] 요약하면, 하이에크는 '인간 이성의 신격화'에 대한 철저한 비판자였다.

하이에크 사상에서 두 번째로 중요한 점은 '초월의 세계'에 대한 그의 철저한 부정이다. 하이에크는 모든 추론적인 형이상학을 거부했다는 점에서 철저한 칸트주의자였다. 그는 인간의 경험과 이해관계 그리고 감각의 질서에서 동떨어진 별도의 세계나 초월적인 관점은 존재할 수 없다고 믿었다.[24] 때문에 그는 『순수이성비판』에서 그러한 추론적인 형이상학을 거부한 칸트와 같이 궁극적 실재에 대한 어떠한 형이상학적 믿음도 거부했다. 하이에크에 의하면, 모든 의미의 세계는 내면의 정신의 세계에 귀속되며, 인간의 감각과 경험을 통해 인식할 수 있는 세계와 동떨어진 별도의 세계는 존재하지 않는다. 한마디로 그는 '궁극의 것(the ultimate)' 혹은 '초월적인 것(the beyond)'에 대한 철저한 철학적 회의론자였던 것이다.

세 번째로 하이에크의 사회철학에서 중요한 점은 그의 철저한 사회적 혹은 문화적 진화주의(societal/cultural evolutionism)다. 그는 식물학자였던 아버지의 영향을 받아 생물학에 지대한 관심을 가졌고, 생물학적 진화 이론을 사회적 · 문화적 질서에 그대로 적용했다. 하이에크의

23 Hayek, *The Fatal Conceit*, p. 27.

24 Hayek, *The Sensory Order: An Inquiry into the Foundations of Theoretical Psychology* (Chicago: The University of Chicago Press, 1952), pp. 191-194.

사회철학에서 이 사회 · 문화 진화론은 너무도 중요해서 그것을 이해하지 못하면 우리는 하이에크의 핵심적인 주장인 '자생적 질서' 이론, 곧 "경쟁적인 시장에 의해 창조되는 자생적인 인간의 질서"를 이해할 수 없게 된다. 하이에크는 인간의 모든 사회 · 문화 질서는 자생적이고 철두철미한 진화의 결과라고 주장했다.[25] 그는 이렇게 주장했다. 아무도 사회 질서를 설계하지 않았다. 때문에 아무도 그 질서가 어디로 갈 것인지, 또 어디로 가야 하는지 알지 못한다. 하지만 질서를 만드는 사람이 없어도 인간 사회는 문화적 진화 덕분에 혼란이 아니라 오히려 탁월한 질서정연함을 달성할 수 있다. 그러므로 인간 사회를 계획적으로 건설하거나 변혁하려는 시도는 오직 역효과만 초래할 뿐이다. 자연 세계의 진화가 어떤 목적의식적 힘이나 초자연적 신에 의해 운행되지 않는 것처럼, 인간 사회 안에 불가피한 진보란 없으며 따라서 인간이 진보의 주체라고 하는 생각은 천진난만하고 유치한 생각일 뿐이라는 것이다. 하이에크에 의하면, 모든 사회적 진보는 '미지의 세계에 대한 새로운 발견'을 특징으로 하는 사회적 진화로만 이해되어야 하며, 그것의 결과는 예측 불가능하다.[26]

네 번째로, 하이에크의 사회진화론은 인간 지식의 한계를 강조하는 그의 지식 사회학과 결합되어 있다. "오직 멍청이들만 자기들이 모든 것을 다 안다고 믿는데, 그런 사람들의 숫자는 대단히 많다"고 하이에크는 말했다.[27] 하이에크에 의하면, 인간의 지식은 오직 파편화된 개인의 지식으로만 존재하며, 통합된 전체로 존재하는 지식은 어디에도 없다.[28] 따라서 아무도 통합적인 사회 계획을 세울 수는 없는 것이다. 두말할 필

25 Hayek, *The Fatal Conceit*, p. 32.

26 Hayek, *The Constitution of Liberty*, p. 40.

27 Hayek, *The Political Order of a Free People*, p. 130.

28 Hayek, *The Constitution of Liberty*, p. 24f.

요 없이, 하이에크의 이 '겸손한' 지식 사회학의 목적은 사회를 계획하고 시장을 통제하려는 강력한 정부나 사회주의 계획 경제를 비판하기 위한 것이며, 역으로 경쟁적인 자유 시장 경제의 불가피성과 우수성을 옹호하려는 것이다. 아무튼, 그의 이러한 지식 사회학 안에서 모든 개인은 이 세상에 "사회적으로 눈먼 봉사가 되어" 참여하며, 그들은 자신들이 벌이는 행위가 어떤 결과를 가져올지 전혀 알지 못한다.[29]

여기까지 보면 하이에크는 사회 질서에 대한 완전한 무정부주의자 혹은 방임주의자로 보일지도 모른다. 하지만, 다섯 번째로 중요한 그의 사회철학의 기조는 "법 아래의 자유(liberty under the law)" 라는 개념이다. 하이에크는 철저하게 인간 사회의 자생적 진화를 강조하면서도, 다른 한편으로는 동시에 의식적인 사회의 조직을 강조했다. 하이에크는 자유주의 사상가였고 때문에 그가 가장 중요하게 생각했던 가치는 개인의 자유다. 그에게 개인의 자유와 행복은 최고의 가치였으며, 그것은 여러 가치들 중의 하나가 아니라 모든 가치의 원천이자 조건이었다.[30] 그러나 흥미롭게도 그는 동시에 법 아래의 자유를 강조했다.[31] 물론 그가 말한 법이란, 입법부가 제정하는 법률(legislation)을 의미하는 것이 아니다. 그가 말한 법은 관습과 도덕과 같은, 추상적인 일반법(law)을 의미했으며 "초법률적인 어떤 주의나 정치적 이상"을 의미했다.[32] 그러니까 특정한 사람들의 손에 의해 '만들어지는' 것이 아니라, 사회의 진화 속에서 '발견되어지는', 어떤 관습과 도덕 혹은 이상을 그는 법이라 불렀던 것이다.[33] 그가 여기서 강조하고 싶었던 것은, 바로 이러한 '법에

29 Wainwright, *Argument for a New Left*, p. 5.

30 Hayek, *The Road to Serfdom*, p. 238 ; Hayek, *The Constitution of Liberty*, pp. 13-15.

31 Hayek, *Rules and Order*, p. 72; Hayek, *The Fatal Conceit*, p. 65.

32 Hayek, *The Constitution of Liberty*, pp. 205-206.

의한 지배(the rule of law)'가 '사람에 의한 지배(rule of men)'를 대체해야 한다는 것이었다. 요약하면, 하이에크는 '무법사회'가 아니라 '법에 의해 유지되는 사회'를 꿈꾸었으며, 따라서 성공적으로 유지되는 자유 사회는 '전통에 묶인 사회'라고 단언했다.[34] 그러나 도대체 어떻게 '자유'와 '전통'이 그렇게 쉽게 공존할 수 있단 말인가? 앞으로 살펴보겠지만, 바로 이 법과 전통과 또 관습에 대한 강조 때문에 하이에크의 자유주의 사상은, 불행히도, 낡은 가치관을 옹호하는 사회적 보수주의로 귀결되고 만다. 하늘 높이 쳐든 그의 급진적 자유주의의 깃발에도 불구하고 그의 사회철학은, 사회를 변혁하려는 인간의 창조적인 역할에 '전통의 이름으로' 차디찬 냉소주의의 메시지를 던지고 있는 것이다. 오늘날 경제 신자유주의가 정치적 신보수주의와 상통하는 것은 바로 이런 까닭이다.

하이에크 사상의 메시지: 사회적 정의와 이웃 사랑에 대한 거부

그렇다면 이러한 하이에크의 사회철학은 어떤 정치 경제적 메시지를 설파하고 있는가? 하이에크의 정치 경제에 대한 여러 독특한 진술 가운데에서 가장 독창적인 것으로는,[35] 아마 그의 노골적이고도 철저한 사회/

33 Hayek, *Rules and Order*, pp. 73, 82.

34 Hayek, *The Constitution of Liberty*, p. 61.

35 예를 들어 하이에크는 아리스토텔레스의 '오이코노미아'에 대한 반대 개념으로 정치경제를 '카탈락시(catallaxy)'라고 규정한다. 그리스어 '카타라테인'에서 따온 이 말은 '교환하다', '공동체로 받아들이다', 혹은 '적을 친구로 돌리다'라는 뜻인데, 하이에크는 이 개념을 가지고 무역과 시장의 불가피성을 역설했고, 그것은 어원의 뜻처럼 제로섬 게임이 아니라 모두에게 부를 창출하는 평화의 질서라고 강변했다. (Hayek,

분배 정의(social/distributive justice)의 부정을 손꼽을 수 있다. 만약 하이에크의 사회철학을 한마디로 요약한다면, 그것은 '사회적 정의는 결코 개인의 자유와 양립할 수 없다'는 것이다. 하이에크에게 사회적 정의는 오직 '신기루', '미신', '사교', 그리고 '자유 문명에 대한 중대한 위협'일 뿐이다.[36] 그는 "내가 나의 동료들에게 기여할 수 있는 가장 큰 봉사는, 만약 나에게 그럴 힘이 있다면, 그들이 다시는 [사회적 정의라고 하는] 그 거짓 주문을 못 쓰게 단단히 창피를 주는 일이다"라고 말했다.[37] 그러면 하이에크는 어떤 근거로 사회적 정의, 나아가 기독교의 '이웃 사랑'을 부인하는가?

첫째로, 하이에크는 자생적인 사회 질서 안에서는 사회적 정의라는 개념이 성립할 수 없다고 주장한다. 왜냐하면 그런 질서 안에서 사회적 불평등은 아무도 의도한 결과가 아니기 때문이다. 즉, '비인격적(imper-sonal)' 시장의 힘에 의해 자생적으로 만들어지는 자유 사회 안에서는, 이미 존재하는 어떤 상태를 공평하다 혹은 불공평하다 말할 수 없으며, 그것은 오직 계획 경제 사회에만 해당되는 '범주 착오'의 오류에 불과하다는 것이다.[38]

둘째로, 하이에크는 인류가 이미 '얼굴과 얼굴을 맞대고 살던 사회'에서 '추상적인 사회'로, 소그룹 사회에서 '거대 사회'로, 그리고 '공동의 목적 의식으로 얽힌 부족 사회'에서 '규칙으로 묶여진 열린 사회'로 이행했기 때문에, 이제 정의라고 하는 개념은 '절차상의 정의(procedural justice)' 혹은 '법 앞의 공평한 기회'로 이해되어야 할 뿐, '사회적 정

The Fatal Conceit, pp. 45, 96, 99, 112, 133; Hayek, *The Mirage of Social Justice*, pp. 109-110, 115; Hayek, *Rules and Order*, p. 37.)

36 Hayek, *The Mirage of Social Justice*, p. 67.

37 Hayek, *Ibid.*, p. xii.

38 Hayek, *Ibid.*, pp. 31, 69-70.

의' 즉 공평한 결과로 이해되어서는 안 된다는 것이다. 때문에 사회적 혹은 분배 정의의 요구는 오직 "부족 사회의 도덕률을 열린 사회에 강요하려는 헛수고"에 불과하다.[39] 여기에서 자연스럽게 하이에크는 기독교의 이웃 사랑 윤리 역시 현대 사회에 맞지도 않고 또 실행에 옮길 수도 없는 '원시적 윤리'라고 맹공을 퍼붓는다. 그에 따르면,

> 성서가 말하는 '이웃'이라는 개념은 문자 그대로 이해되어야 한다. 즉 우리가 가까이에서 보고 구체적으로 알 수 있는 사람들로 제한되어야 하는 것이다…… 이 가르침은 소그룹 부족 사회를 위해 개발된 지침이다. 이제 우리가 그런 원시적인 사회를 떠났다면 우리는 그런 태생적 도덕률을 뒤로 버리고…… '상업적 도덕률'을 따라야 한다. 여기에 한 가지 예외가 있다면 우리가 '핵가족'이라고 부르는 직계 가족들뿐이다.[40]

고대 사회에서 쓰인 성서가 말하는 나눔과 이웃 사랑의 경제학을 현대 사회에 적용하려는 시도는 '성서적 근본주의'에 불과하다고 맹공을 퍼붓는, 미국의 신보수주의 신학자 마이클 노박이 하이에크의 사상에 지대한 영향을 받았다는 사실은 결코 우연한 일이 아닐 것이다.[41] 사실 하이에크의 정치경제학에서 계급 간 '이해의 충돌'은 아예 존재하지도 않는다. 왜냐하면 부자들은 물질적 형편에서 남들보다 단지 조금 앞서 있는 것뿐이며 "다른 사람들이 아직 다다르지 못한 [사회] 진화의 한 단

39 Hayek, *Ibid.*, pp. 39, 147.

40 Hayek, *A Conversation with Friedrich A. von Hayek: Science and Socialism* (Washington D. C.: American Enterprise Institute, 1979), pp. 17-18.

41 이 점에 관해서는 특별히 Michael Novak, "Hayek: Practitioner of Social Justice—'Social Justice Properly Understood,'" in *Three in One: Essays on Democratic Capitalism, 1976-2000—Michael Novak*(New York: Rowman & Littlefield Publishers, Inc., 2001)을 참조하라.

계"를 살고 있을 뿐이기 때문이다.[42] '수탈'이라고 하는 개념도 아예 성립하지 않는다. 왜냐하면 사회의 진화 속에서 어떤 자들은 단순히 앞서고 다른 사람들은 단지 그 뒤를 따르고 있기 때문이다. 이런 노골적이고도 직설적인 하이에크의 극단적인 사회적 불평등주의에 심지어 그의 가까운 친구들조차도 큰 충격을 받았다고 한다. 가난한 자, 노동자, 그리고 후진국은 각각 부자, 자본가, 그리고 선진국에 "생명을 빚지고 있다"는 하이에크의 직설적인 주장에 우리 역시 놀라지 않을 수 없다.[43]

마지막 세 번째로, 하이에크에게 있어서 사회적 정의란 인식론적으로 아예 불가능한 개념이다. 왜냐하면 하이에크의 사회철학에서는 애당초 '사회'라고 하는 개념이 존재하지 않기 때문이다. 하이에크에 의하면 사회는 스스로 행동하는 어떤 인격체가 아니다. 사회는 단지 그 구성원들의 특정한 행위가 만들어낸 어떤 정돈된 구조에 불과하다. 따라서 사회가 '행동'을 한다든지 자진해서 무엇을 '의도'한다든지 하는 생각은 '의인주의(anthropomorphism)'라는 오류, 즉 자연이나 사회의 모든 과정을 인간을 매개로 이해하려는 오류일 뿐이다.[44] 사회는 결코 스스로 생각하거나, 행동하거나, 어떤 가치를 부여할 수 없다. 그럼에도 불구하고 오늘날 사회는, "그 이름으로 만들어진 기대치가 충족되지 못하면 거기에 대고 보상해달라고 불평하고 소란을 떠는 새로운 신적 존재"가 되어버렸다고 하이에크는 개탄한다.[45]

42 Hayek, *The Constitution of Liberty*, p. 44.

43 Hayek, *The Fatal Conceit*, pp. 14, 130-131을 참조하라.

44 Hayek, *The Mirage of Social Justice*, p. 95; Hayek, *The Political Order of a Free People*, p. 141.

45 Hayek, *The Mirage of Social Justice*, p. 103.

하이에크의 사상에 대한 비판

히틀러의 집단주의적 전제 정치에 의한 자유의 압살에 맞서 개인의 자유를 옹호한 하이에크의 자유주의 사상은 그 자체로 충분한 역사적 가치와 보편성을 가지고 있다. 하지만 오늘날 경제 세계화의 이념적 토대로 작용하고 있는 그의 신자유주의 사상은 다음과 같은 정치경제학적 그리고 신학적 이유로 수용될 수 없다.

먼저, 시장이 자생적 사회 진화의 산물이라는 그의 주장은 사실적으로(factually) 틀렸다. 칼 폴라니(Karl Polanyi)가 밝히고 있듯이, 자본주의 시장 경제가 자연적인 산물이라는 생각은 허구적인 상상에 불과하며, 역사적으로 자유 시장은 중앙 집권적이고 강제적인 국가의 개입과 힘에 의해 만들어졌다.[46] 존 그레이(John Gray)가 서술하듯이,

> 자유 시장은, 오늘날의 경제 철학이 가정하듯이, 시장 메커니즘에 대한 정치적 개입이 제거되었을 때 발생하는 자연적 상태가 아니다. 역사를 길고 넓게 관찰하면, 자유 시장이란 드물게 일어난 일시적인 탈선 현상에 불과하다. 오히려 규제된 시장이 규범이었으며 그것이 모든 사회에서 자연스럽게 일어난 현상이었다. 자유 시장은 국가 권력의 산물이다. 자유 시장이 최소한의 권한을 가진 정부와 함께 간다는 주장은 사실의 전도에 불과하다.[47]

그레이는 오늘날 '신(新)우파' 사상가들이 상상하거나 주장하는 것

46 Karl Polanyi, *The Great Transformation: The Political and Economic Origins of Our time* (Boston: Beacon Press, 1957), pp. 35, 140.

47 John Gray, *False Dawn: The Delusions of Global Capitalism* (New York: The New Press, 1998), p. 212.

과 달리, 자유 시장은 결코 사회적 진화가 우리에게 준 선물이 아니라 정치적 기교와 디자인과 강제에 의해 만들어진, 단호한 정치적 의지의 최종 생산물임을 설득력 있게 주장하고 있다.

둘째로, 우리가 하이에크의 자유주의 사상을 받아들일 수 없는 또 하나의 철학적 이유는, 그것이 모든 역사적 갱신과 변혁을 부정하는 극단적인 보수주의 철학이기 때문이다. 하이에크는 그의 유명한 논문, 「왜 나는 보수주의자가 아닌가」에서 자신의 자유주의는 현상 유지가 아닌 변화를 위한 정치학이라고 강변했다.[48] 앞서 살펴보았듯이 마이클 노박이 이 논문을 복음서처럼 읽게 되었다. 하지만 그가 진정한 개인의 자유는 관습과 도덕과 법 아래의 자유에서만 이루어질 수 있다고 생각했듯이, 하이에크는 거듭해서 전통의 중요성을 강조했으며 나아가 "모든 진보는 전통에 기초해야 한다"고 주장했다.[49] 사실 하이에크는, 자유로운 개인은 자율적이지도 않고 또 내면화된 규칙에 의해 스스로 움직인다고 보지 않았으며, 오히려 인간의 개성은 문화적 유산과 전통의 산물이기 때문에 궁극적으로 각 개인은 전통에 맞설 수 없다고 보았다.[50] 하지만 무엇보다도 하이에크의 철학 전체를 극도의 보수적인 정치철학으로 만드는 것은 그의 철저한 사회진화주의다. 하이에크의 사상의 핵심이라 할 수 있는 사회진화론은 이미 우세한 것을 선한 것으로 받아들이려는 강한 경향을 띠고 있다. 진화론은 지금의 것을 자연적인 것으로 받아들이는 경향이 있으며, 그것을 사회에 그대로 적용하면 기존의 질서가 최

48 Hayek, *The Constitution of Liberty*, pp. 399-400.

49 Hayek, *The Political Order of a Free People*, pp. 160, 167; *The Constitution of Liberty*, p. 61.

50 때문에 그레이가 지적하다시피, 하이에크의 사회철학 안에는 '자유주의적 개인주의'와 '문화적 전통주의'가, 그리고 '고전적인 자유주의'와 '전통적인 보수주의'가 서로 모순적으로 공존하며 부딪치고 있는 것이다. (Gray, *False Dawn*, pp. 129-130.)

선이 되고 마는 것이다. 이것은 허버트 스펜서(Herbert Spencer)의 사회진화론에 대해서는, "과학적인 용도로는 가치가 없다" 고 일축한 찰스 다윈(Charles Darwin) 자신의 생각과도 상치되는 것이다.[51] 아무튼, 하이에크의 사상이 오늘날 신자유주의 경제 정책을 밀고 나가고 있는 '신우파'들의 지적 · 정치적 근거로 사용되고 있는 것은 결코 우연이 아닌 것이다.

하지만, 세 번째로, 우리가 하이에크의 사상에 궁극적으로 동의할 수 없는 까닭은 신학적인 이유 때문이다. 하이에크의 사상은 인간 이성의 오용과 남용, 즉 '이성의 신격화'를 철저히 경계했다는 점에서, 그리고 인간의 내면적 경험과 감각의 세계와 동떨어진 별개의 세계를 부인했다는 면에서, 신의 체현(embodiment)과 '몸'을 강조하는 현대 신학의 여러 조류들과 인식론적 친근성을 갖는다고 볼 수 있다. 그러나 우리가 이미 살펴봤듯이 그의 사상은 초월의 세계나 궁극적 실재에 대한 어떤 믿음도 허용하지 않는다. 실제로 하이에크는 특정한 사회나 가치에 대한 모든 비판과 개선의 노력은, 반드시 이미 주어진 가치의 범위 내에서만 이루어져야 한다는 '내재적 비판주의(immanent criticism)'의 원칙을 강력히 주장했다.[52] 그 결과 그의 사상적 체계 안에는 근본적으로 역사에 대한 초월적인 해석의 힘, 즉 "갱신과 희망의 초월적 원리",[53] 혹은 "우리의 조건과 관습을 넘어서 하늘의 가능성을 열어주시는 하나님"[54]

51 찰스 다윈은 "빈곤의 비참함이 자연 법칙이 아니라 우리의 사회 제도에서 비롯했다면, 우리의 죄는 중대하다" 고 말했다. 찰스 다윈과 사회진화론에 관해서는 찰스 다윈, 『나의 삶은 서서히 진화해왔다』(갈라파고스, 2003)를 참조하라.

52 Hayek, *The Mirage of Social Justice*, p. 24.

53 Langdon Gilkey, "Events, Meanings and the Current Task of Theology," in *Journal of the American Academy of Religion*, LIII/3, Vol. 53 (December 1985), p. 720.

54 Walter Wink, *The Human Being: Jesus and the Enigma of the Son of the Man*

이 없다. '하늘에 계신 하나님'이 없기에, 하이에크가 꿈꾼 자생적 시장 질서의 세계는 "거룩함과 초월성의 상실"[55]로 특징지어질 수 있는 '자폐적 세속주의(self-enclosed secularism)'의 세계인 것이다.

하이에크는 신의 존재에 관해서는 불가지론자(agnostic)였다. 그는 신이 존재하는지 존재하지 않는지에 대한 토론은 쓸모없는 논쟁으로 여겼으나, 신에 관해 한 가지 분명한 의견은 가지고 있었다. 사람처럼 사고하고 행동하는 사회가 아예 존재하지도 않는다는 주장의 연장선에서, 그는 사람처럼 생각하고 행동하는 신 역시 존재하지 않으며, 그런 신은 단지 신에 대한 의인화 혹은 물활론적인 해석에 불과하다고 주장했다. 그렇다면 종교인들이 신이라고 부르는 존재는 과연 무엇인가? "아마도 그것은 인간 사회의 삶을 지탱해온 도덕률과 가치의 전통에 대한 의인화"에 불과할 것이며, 이제 우리는 그런 존재가 "이 물질의 세계 밖에 존재하는 것이 아니라 이 세계의 특성 중의 하나"임을 인식해야 한다고 하이에크는 역설했다.[56] 이런 하이에크의 신론은 모든 추상적 형이상학과 초월적이고 궁극적인 실재를 부인한 칸트의 세계관과 일치하는 것이고, 모든 의미는 인간의 감각의 세계 안에만 존재한다는 그의 인식론과도 상통하는 것이며, 또한 인간의 문명은 "그 안에 추가의 사회적 진화를 선도하는 자기 교정의 수단"을 내적으로 소유하고 있는 살아 있는 유기체와 같다는 그의 철저한 사회진화론과도 정확히 일치하는 것이다.[57] 그러니까 하이에크의 하나님은 (만약 존재한다면) 전적으로 이 세계 안에 내재하는 하나의 사회 문화적 특성에 불과하다. 한마디로 하이에크

(Minneapolis: Fortress Press, 2002), p. 37.

55 Aloysius Pieris, *Fire & Water: Basic Issues in Asian Buddhism and Christianity* (Maryknoll, New York: Orbis Books, 1996), pp. 52-53.

56 Hayek, *The Fatal Conceit*, p. 139ff.

57 Hayek, *The Constitution of Liberty*, pp. 69-70.

는 우리가 보고 듣고 만질 수 있는 이 감각의 세계 밖에 존재하는 초월의 세계를 인정하지 않은 철저한 자연주의자였다. 그러니까 라인홀드 니버(Reinhold Niebuhr)가 정열을 바쳐 비판하고자 했던 저 '자연주의적 이상주의(naturalistic utopianism)', 즉 이 세계는 스스로를 해석하고 스스로를 구원하며 또 스스로를 발전시켜나간다는 '세속적 이상주의'가 하이에크 자유주의 사상의 신학적 본질인 것이다. 오늘날 스스로를 성취해나가는 전지전능한 시장에 모든 권한을 주라는 경제 신자유주의의 가르침은, 그리고 시장은 결코 실패하지 않는다는 시장 근본주의의 믿음은 바로 이러한 하이에크의 자연주의적 · 세속적 이상주의에 그 신학적 뿌리를 내리고 있다.

현대 신학에 대한 하이에크의 도전

믿음이란 무엇인가? 그것은 모순과 부조화로 가득 찬 이 세계의 너머에 있는 '궁극적 질서'를 바라보는 것이다. 일시적이고 현상적인 현실의 흐름 속에서 초월적인 의미의 원천을 탐구하는 데 열정을 바쳤던 니버는, 오늘날과 같은 세속화 시대에도 종교적 믿음이 필요함을 역설했는데, 그 이유는 자연과 역사의 모순이 궁극적으로는 그것을 초월한 세계에 대한 믿음으로 극복될 수 있다고 확신했기 때문이다.[58] 그래서 그는 현대 사회 속에서 종교인들은 많은 "작은 거짓말들(small lies)"을 하지만 그 목적은, 역사에는 의미가 있으며 그 의미의 원천과 성취는 역사의 지평 너머에 펼쳐져 있다는 "큰 진실(big truth)"을 말하기 위해서라

58 Reinhold Niebuhr, "Faith as the Sense of Meaning in Human Existence," in *Faith and Politics: A Commentary on Religious, Social and Political Thought in a Technological Age*, ed., Ronald H. Stone (New York: George Braziller, 1968), p. 8.

고 했다. 이와 달리, "작은 진실들(small truths)"을 가지고 말해지는 "큰 거짓말(big lie)"이 있는데, 그것은 우리의 일시적인 현실이 자기 충족적이며 자기 설명적이라는 주장이다.[59] 때문에 니버는 종교적 믿음이란 '천상의 가능성(momentous possibility)'을 마음을 열고 받아들이는 것이며, 우리는 믿음 안에서 상징과 은유와 신화들을 통해 초월적인 삶의 의미와 원천과 목적을 이야기한다고 말한다.[60] 초월의 세계를 상실한 현대 세속 사회를 향해 강력한 경고를 던진 니버의 신학은, 오늘날 하이에크의 신자유주의 사상과 같이 닫힌 세속주의에 대해 여전히 유효한 신학적 비판이라고 필자는 생각한다.[61] 니버와 하이에크에 그토록 심취한 노박이 니버로부터 이것을 읽어내지 못했다는 것은 대단히 유감스러운 일이다.

니버의 관점에서 보면, 하이에크의 사상은 삶과 생명의 신비를 받아들이기에는 너무도 '이성적'이었다. (지나친 이성주의를 비판한 하이에크에게 이것은 부메랑과 같은 치명적 비판이다.) 필자가 보기에 하이에크는, 모든 생명은 자신의 내재적 원천뿐만 아니라 그 자신을 넘어선 또 다른 가능성을 가리키고 있다는 것을 깨닫기에는 너무도 일원론적(monistic)이다. 하이에크는 "어떤 실재에 대한 심오한 성찰은, 그 실재를 넘어서 있는 또 다른 실재에 대한 섬광과 같은 깨달음을 낳는다"는

59 Niebuhr, "The Truth in Myths," in *Ibid.*, p. 26.

60 Niebuhr, "Faith as the Sense of Meaning in Human Existence," p. 12; Niebuhr, "The Truth in Myths," p. 19.

61 지면상 자세히 소개하지 못하나, 아시아로 밀려오는 '서구 자본주의 테크노크라시'에 맞서 가난으로부터의 물질적 해방보다 "절대적 미래와 초월적 지평을 상실한 서구 세속적 이데올로기로부터의 해방"을 역설한 스리랑카의 알로이시우스 피에리스의 종교신학도 이에 해당한다. 그의 관점에 관해서는 특별히 Aloysius Pieris, "The Feminist Critique and the New Religious Vision," in *Fire & Water: Basic Issues in Asian Buddhism and Christianity*(Maryknoll, New York: Orbis Books, 1996)를 참조하라.

점을 알지 못했다.[62] 실재를 넘어선 또 다른 실재가 우리의 직접적인 경험과 감각의 세계 밖에 있다는 것을 하이에크는 보지 못했을 뿐만 아니라, 그 초월적인 실재는 그것을 파악하고 설명하기 위해 우리가 만든 이성적인 범주와 방식 역시도 궁극적으로 초월한다는 것을 깨닫지 못한 것이다. 이런 점에서 근대 철학적 자연주의는, 니버의 지적처럼, 철학적 이상주의(philosophical idealism)보다 더 무비판적인 이성주의에 불과하며, 그 결과는 이 세계의 의미 없음에 대한 냉소적 절망이거나(사회변혁에 대한 하이에크의 허무주의적 비관론처럼) 혹은 너무나 단순하게 의미심장한 세계에 대한 감상일 뿐이다(시장에 대한 하이에크의 천진난만한 낙관주의처럼).[63] 무엇보다도 자연주의적 세계관의 결정적인 단점은, 초월의 영역을 현상의 진행 과정에 무의식적으로 귀속시킴으로써 역사 안에서 절대적인 선이 출현하기를 희망하는 것이다.[64] 빌헬름 뢰프케(Wilhelm Roepke) 역시 모든 '자유주의적 내재주의(liberal immanentism)'가 갖는 결정적 오류는, 시장과 그 안에서의 경쟁이 자신들이 필요한 조건들을 자동적으로 만들어낸다는 가정이라고 지적한 바 있다.[65] 따라서 니버는 기독교가 (그리고 모든 다른 종교들이) 이와 같은 근대 자연주의적 철학에 '예'와 '아니오'를 동시에 말해야 한다고 제안했다. 즉, 그 철학이 역사의 실존적 의미를 인정하는 한 '예'라고 할 것이요, 반면 일시적인 역사 과정이 그 자신을 스스로 이루어나간다고 주장할 때에는 단호히 '아니요'라고 말해야 한다는 것이다.[66]

62 Niebuhr, "The Truth in Myths," p. 31.

63 Niebuhr, *Ibid.*, p. 29.

64 Niebuhr, *Beyond Tragedy: Essays on the Christian Interpretation of History* (Salem, N. H.: Ayer Co. Publisher, 1984, originally published in 1937), p. 191.

65 Graham Walker, *The Ethics of F.A. Hayek* (New York: University Press of America, 1986), p. 73f에서 인용.

66 Niebuhr, *Beyond Tragedy*, p. ix.

역사는 스스로를 해석하고 스스로를 만들어간다는 하이에크의 자연주의적 이상주의가 시장 근본주의를 무서운 힘으로 지구 구석구석까지 확산시켜나갈 때, 그리스도교 신학이 당면한 도전은, 다시 한 번 폴 틸리히가 말한 '프로테스탄트 원칙(Protestant principle)', 즉 이 세계에 내재하는 그 어떤 것도 하나님의 초월적인 실재를 완전히 소유할 수도, 대표할 수도, 또 그것과 동일시될 수도 없다는 원칙을 세상에 힘 있게 증거하는 것이라고 필자는 생각한다. 지난 40여 년 간 현대 신학계의 중심적 관심의 하나는 하나님의 내재성이었다. 하지만 오늘날 우리가 당면하고 있는 또 하나의 중요한 신학적 과제는, 마치 지난 20세기 전반에 칼 바르트가 인간 이성의 힘에 의한 역사의 진보를 무비판적으로 수용하면서 전쟁으로 치닫던 당시의 세계에 대한 비판력을 상실한 기독교 자유주의를 비판하며 하나님의 절대적 초월성을 강조했던 것과 마찬가지로, 역사는 스스로를 성취해가며 시장은 스스로를 구원해나간다는 오늘날의 자폐적 세속주의에 대항하는 원리로서 하나님의 초월성의 '올바른 자리'를 찾는 것이다.

하이에크는 오늘날 우리에게 '하나님의 초월성의 올바른 자리'를 깊이 성찰할 것을 요구한다. 하나님의 초월성의 올바른 자리란, 어떻게 하면 우리가 초월하신 하나님을 바르트처럼 이 세계와 무관한 '전적인 타자(wholly other)'로 소외시키지 않고, 우리의 '궁극적인 존재 기반(ultimate ground of being)'임과 동시에 '친밀한 존재 기반(intimate ground of being)'으로 자리매김할 수 있는가 하는 것이다. 다시 말해, 창조의 세계를 지탱하고 생기를 주고 유지하는, 우리의 가장 깊숙한 생명의 근원으로서뿐만이 아니라, 이 세상의 기초를 흔드는, 즉 우리가 보고 만지는 이 세계가 완전한 세계라는 우리의 완고한 불신앙을 흔들어 깨우는 '하늘의 소망'으로 동시에 자리매김할 수 있는가 하는 것이다. 하나님의 내재성은 필수적이지만 그것만으로는 충분치 않다. '우리와 함께하시는 하나님(God-with-us)'은 언제나 '우리를 넘어 계시는 하나님(God-beyond-us)'이다. 그 두 하나님은 한 하나님이다. 역사는 스스로를 만들어나갈 뿐이라는 자연주의적 허무주의가 세운 편협한 인식의 장벽을 넘어, 언제나 우리에게 '신선한 가능성(novelty)'으로, 그리고 역사 갱신의 새 희망의 원리로 다가오는 하나님이신 것이다.

* * *

아직도 저항은 가능한가? 시장의 무제한적, 전 지구적 지배에 저항할 공간은 아직도 남아 있는가? 이 지상의 눈에 보이는 것들과 동일시할 수 없는 '하늘에 계신 하나님'은 계시는가? 이것이 경제 신자유주의가 현대 그리스도교에 던진 질문이다. 하이에크는 시장은 물과 바람처럼 자연스러운 것이며, 새로운 사회를 구성하거나 변혁하려는 인간의 이성과 지식의 힘은 제한되어 있고, 나아가 현상의 세계를 넘어선 초월의 세계는 존재하지 않기 때문에 시장에 대한 저항은 쓸데없는 짓이라고 가르쳤다. 그의 이러한 가르침에 기독교 신학은 어떻게 응답할 것인가?

우리는 우리의 일상 한가운데에서, 그리고 억압과 고통으로 점철된 우리의 일상의 경험 한복판에서, 감히 생각할 수 없는 것들을 생각하고, 형언하기 어려운 것들을 말하며, 또 실현될 수 없는 것들을 꿈꾼다. 믿음 안에서 우리는, 이미 우리 가운데 와 있는 '머나먼 저편(the beyond)'을, 그리고 우리의 세속 한복판에 자리 잡고 있는 '거룩함(the sacred)'을, 또 우리의 비극 그 중심으로 다가오는 '또 다른 세계(another world)'를 미리 맛보며 살고 있는 것이다. 사실, 성서는 바로 이런 두 개의 세계, 즉 우리의 일상의 세계와 '또 다른 세계', 그 둘 사이의 관계에 대한 이야기이다. 마커스 보그(Marcus J. Borg)가 밝힌 것처럼, 현대인들이 상실한 성서의 핵심적인 전통은 '원시적 전통(primordial tradition)'인데, 그 전통 안에 살던 사람들은 눈에 보이지는 않지만 실제적인, 아니 눈에 보이는 것보다 더 실제적인, 그리고 눈에 보이는 이 세계의 원천이자 비판으로서의 '또 다른 세계' 혹은 '영적인 세계'를 생생하게 경험하며 살았다.[67] 예수는 바로 이 또 하나의 세계, 즉 '하늘'을 직접적으로 경험하시던 '영적 인물(Spirit person)'이었으며, 따라서 예수가 선포한 '하나님 나라'는 이 세계를 지탱하는 원천이자 비판의 근거로서의 '하늘'을 의미했던 것이다. 예수는 이 하늘 나라가 "가까이 왔"으며(마가 1:15b) 이미 "너희 가운데 있다"(누가 17:21b)고 선포했다. 기독교가 생명처럼 여기는 예수의 복음은 바로 이 '천상의 가능성', 즉 새 하늘과 새 땅에 자신과 역사를 열기는 거부하는 모든 자폐적인 세속주의를 정면으로 거부하는 소망의 가르침인 것이다.

오늘날 '하나님에 대한 우리의 이야기(God-talk)', 즉 신학은 이 역사 안에 더 이상 대안이 없으며 또 역사는 종언을 고했다는 신자유주의 세계화 담론에 맞서 그 옛날 에스겔이 환상 중에 보았던, 저 사망의 골짜기로 불어왔던 생기의 바람(에스겔 37:1-14)을 청하는 간절한 기도가 되어야 하지 않을까. 피리를 불고 곡을 하여도 더 이상 울지도 또 춤을 추지도 못하는 "저 장터 속의 이 세대"(누가 7:31-32) 앞에, 그리고 우리의 완고한 불신앙의 장벽 너머에 불기둥과 구름기둥으로 이미 와 계신 하나님의 현현(顯現)을 소리 높여 증거하는, "새벽을 일깨우는"(시편 108:2) 시와 노래가 되어야 하지 않을까.

67 Marcus J. Borg, *Jesus in Contemporary Scholarship* (Harrisburg, Pennsylvania: Trinity Press International, 1994), p. 128.

제8장

예수 믿기, 예수 살기

역사의 예수와 하나님의 나라

예수 그리스도는 사실(예수)과 해석(그리스도)의 결합이며……
그 둘의 변증법적 구조가 기독교의 핵심이다.

— 존 도미니크 크로산[1]

멜 깁슨의 영화 〈패션 오브 크라이스트(The Passion of the Christ)〉는, 예수가 왜 죽었는가 하는 '신학적' 질문보다 예수가 어떻게 죽었는가 하는 '사실 묘사'에 편중되었다는 비판을 받았지만, 기독교 신앙에서 — 의도했든 안 했든 — 역사적 사실의 중요성을 제기한 점은 높이 평가할 만하다. 그런데 멜 깁슨이 심혈을 기울여 복구했다는 역사적 사실 가운데 사실과 확실히 다른 하나가 있었다. 다름 아닌 주인공 예수의 얼굴이다. 고심에 고심을 거듭하다 결국 "그윽하면서도 압도적인 눈빛을 가진" 제임스 캐비즐이 캐스팅되었지만, 그는 이번에도 '잘생긴 백인 미남'이었다.

세계적 명성과 120만 부의 부수를 자랑하는 미국의 과학전문지 「파퓰러 미케닉스(Popular Mechanics)」 2002년 12월호는 커버스토리로 '예수의 얼굴'을 실었다. 종교와 과학의 만남으로 시도된 이 작품은, 영

1 John D. Crossan, "Almost the Whole Truth: An Odyssey," in *The Fourth R*, Vol. 65, September-October, 1993.

국과 이스라엘에서 법인류학, 고고학, 컴퓨터 최첨단 기술을 전공하는 학자들을 동원하여 서기 1세기경 갈릴리 지역에 살았던, 전형적인 30대 유대인 남성의 얼굴을 복원했다. 그런데 그 결과가 너무나 충격적이다. 그을린 갈색 피부에 매부리 코, 짧게 깍은 곱슬머리…… 약 152cm의 키에 50kg의 몸무게를 가졌을 것으로 추정된 예수의 얼굴은 아예 흑인의 얼굴에 가까웠다. 지난 2,000년 동안 수많은 기독교 예술가들이 그림과 조각 등으로 표현한 예수의 얼굴과는 너무도 동떨어진 것이었다. 물론 이번에 과학자들이 복구한 얼굴은 실제 역사적 예수의 얼굴은 아니다.[2] 하지만 이를 통해 한 가지 분명해진 것은, 대부분의 기독교인의 머릿속에 떠오르는 예수의 얼굴은 사실 서양 예술가들의 상상력과 시대적 기대감, 나아가 인종적 편견이 개입된 것이라는 점이다.

'역사적 예수'의 문제가 일반 대중의 관심사로까지 확대된 또 하나의 계기는, 미국과 한국 등 전 세계적으로 베스트셀러가 되고 영화로도 만들어졌던 댄 브라운(Dan Brown)의 소설 『다빈치 코드(*The Da Vinci Code*)』의 출판이다. 황당무계한 픽션이라고 무시하기에는, 이 소설의 대중적 파급 효과가 너무 컸다.[3] 실제로 이 책이 출간되자마자 당시 미

2 이 얼굴은 단지 예수와 같은 시대를 살았던, 동일한 연령대의 유대인 남성의 얼굴일 뿐이다. 컴퓨터 그래픽에서 얼굴 근육 위에 살을 붙이는 과정은 기술도 다양하고 그에 따라 결과에 큰 차이가 난다고 한다. 가령 미간이나 코와 입술 사이의 거리를 얼마나 길게 하느냐에 따라 모습이 확 달라지는 것이다.

3 소설이 전체적으로 주장하는 바는 매우 단순하다. 예수가 가장 사랑했던 제자는 막달라 마리아였으며, 그가 예수로부터 교회를 이끌어갈 지도자로 위임받았으나 이를 시기한 베드로와 남성 제자들이 막달라 마리아를 축출하고 이후 지금의 남성 중심적 교회를 발전시켜나갔으며, 이들의 박해에서 살아남은 사람들이 막달라 마리아를 숭배하는 비밀 제의를 통해 2,000년 간 예수의 원 정신을 이어왔다는 것이다. 이들은 예수가 막달라 마리아를 후계자로 위임한 증거를 모처에 감추어 극비리에 보관해왔으나, 그것을 찾아내 지상에서 영원히 없애버리려는 교황청 사람들의 음모로 살인과 도피와 추적과 반전의 드라마가 전개된다는 것이 이 소설의 줄거리다. 댄 브라운 지음,

국의 대형 서점가에는 『다빈치 코드』를 비판하는 기독교 신학자들, 특히 복음주의 계열의 신학자들이 펴낸 책이 줄지어 나와 있었다.[4] 한낱 픽션에 불과한 이 소설책에 전문적인 기독교 신학자들이 이토록 예민하게 반응했던 이유는, 이 책이 다루고 있는 내용이 최근의 역사적 예수 연구라는, 기성교회가 받아들이기 매우 어려운 '학문적 성과'와 연관성이 있기 때문이다.

이렇듯 필자가 다루게 될 '역사적 예수'라는 주제는 가히 '휘발성'의 주제다. 앞으로의 기독교 교회와 신학에, 나아가 선교에 많은 것을 시사하고 의미하는 주제다. 필자는 이 장에서 먼저 역사적 예수 탐구의 역사와 그에 대한 필자의 견해를 소개한 다음, 최근의 역사적 예수 연구의 성과가 우리에게 새롭게 제시하는 예수의 모습을 살펴보고, 그를 통해 예수의 하나님 나라 복음의 의미를 새로이 조명해볼 것이다. 이를 통해 세계화 시대 기독교 신학 사상의 성서적·기독론적 근거를 확립해볼 것이다.

'역사적 예수' 탐구의 역사

성서를 깊이 읽다 보면 왜 성서에 같은 사건에 대한 상충되는 보도가 존재하는지 종종 의문을 갖게 된다. 성서의 첫 책인 창세기의 맨 처음 두 장만 보아도 그렇고, 그리스도교 신앙의 핵심이라 할 수 있는 예수의 부활에 대한 네 복음서의 보도를 비교해보아도 많은 차이가 난다. 혹 복음서에 그리스도로 선포된 예수와 실제의 예수 사이에 차이가 존재하는

양선아 옮김, 『다빈치 코드』(서울: 베텔스만, 2004)를 참조하라.

4 그 한 예가 Ben Witherington III, *The Gospel Code: Novel Claims About Jesus, Mary Magdalene and Da Vinci* (Downers Grove, Illinois: InterVarsity Press, 2004)이다.

것은 아닐까? 18세기 후반 바로 이러한 학문적 질문을 가지고 시작된 역사적 예수에 대한 연구는 현재까지 약 230여 년의 역사를 거치면서 다음과 같은 네 단계의 과정을 밟아왔다.

(1) '구 탐구(Old Quest)': 첫 단계의 역사적 예수 탐구는 1774년 라이마루스(Hermann S. Reimarus)에 의해 제기되어 슈트라우스(David F. Strauss), 바이스(Johannes Weiss), 그리고 슈바이처(Albert Schweitzer)에 이르러 마무리되었다. 우리는 이것을 보통 '구 탐구' 시대라고 부른다. 자유주의 신학이 바탕이 된 이 첫 단계의 탐구는 예수의 전기(biography)를 써보려는, 즉 예수 안에서 이상적인 인성(人性)을 발견하려는 노력으로 요약될 수 있다. 하지만 당시의 학자들이 발견할 수 있었던 역사적 예수는 결국 학자들 자신의 이미지뿐이라는 좌절로 이 첫 시도는 끝나게 된다.

(2) '무 탐구(No Quest)': 신정통주의 신학의 발호와 함께 역사적 예수 연구는 이후 거의 반세기 동안 '무 탐구'의 침체기를 맞이한다. 새로운 신학이 역사적 예수 문제의 폐기를 요구한 것이다. 쾰러(Martin Köhler)가 "진짜 그리스도는 말씀으로 선포된 그리스도다" 라고 선언하면서 바르트(Karl Barth), 브루너(Emil Brunner), 니버 형제(Reinhold Niebuhr and H. Richard Niebuhr), 그리고 틸리히(Paul Tillich) 등은 역사적 예수를 발견하려는 시도에 대해 극도의 회의적인 태도를 보였다. 이 '무 탐구' 시대의 절정은 독일의 신약성서학자 불트만(Rudolf Bultmann)이 주도했는데, 그는 심지어 예수께서 이 땅 위에서 실제로 무엇을 말했고 실제로 무슨 행동을 했는지와 기독교 신앙은 아무 상관이 없다고까지 선언했다.

(3) '신 탐구(New Quest)': 긴 적막을 깨고 역사적 예수의 '신 탐구' 시대가 도래했는데, 아이러니하게도 불트만의 애제자 케제만(Earnest Käsemann)이 이것을 주도했다. 그는 스승의 가르침과 달리 역사적 예

수 연구가 '방법론적'으로 가능할 뿐만 아니라 '신학적'으로 필요하다고 확신했다. 그는 비록 우리가 예수의 일대기를 정확하게 기술할 수는 없지만, 기독교 신앙을 그 역사적 뿌리로부터 분리하면 그리스도 케리그마는 결국 현대판 가현설에 빠질 수 있는 위험이 있기 때문에 역사적 예수 탐구는 신학적으로 중요하다고 역설했다. 그리고 비록 복음서가 예수에 대한 역사적 보도가 아니고 신앙의 대상으로서의 그리스도를 선포하는 케리그마로 짙게 채색되어 있다 할지라도, 방법론적으로 그 속에서 역사적 예수를 '추론' 혹은 '증류'해내는 것이 가능하다고 주장했다. 이른바 후기 불트만 학파로 불리는 사람들에 의해 주도된 이 '신 탐구'는 역사적 예수를 '추론'하고 '증류'하려다 보니 자연스럽게 예수 시대의 유대교와 초대교회로부터 차별적인 예수의 독특성(uniqueness)을 강조할 수밖에 없었고, 불가피하게 유대교를 부정적으로 서술할 수밖에 없었다.

(4) '제3의 탐구(Third Quest)': 이제까지 독일 신학계의 전유물이었던 역사적 예수 연구는 1980년대 초반부터 북미로 그 자리를 옮겨 '제3의 탐구' 시대를 맞이하게 된다. 이 제3의 탐구의 계기가 된 것은 새로운 고고학적 증거와 방대한 문헌 정보의 발견이다.[5] 오늘날의 제3의 탐구는 그 출판의 양과 연구 조직, 그리고 이전과는 확연하게 달라진 학문적 방법론의 채택 등으로 인해 역사적 예수 연구의 일대 르네상스 시대를 구가하고 있다.[6] 지금까지 연구의 기본적인 방법론이 문헌적이고 역사

5 Ben Witherington III, *The Jesus Quest: The Third Search for the Jew of Nazareth* (Downers Grove, Illinois: InterVarsity Press, 1997), p. 12.

6 1980년대 초 미국 신약학계에 역사적 예수를 전문적으로 연구하는 두 개의 큰 학술 단체가 조직되었는데, 그 하나는 81년에 미국의 '성서문헌학회(The Society of Biblical Literature)' 내에 만들어진 역사적 예수 분과이며, 다른 하나는 85년에 '웨스타 연구소(Westar Institute)'의 후원 하에 로버트 펑크(Robert W. Funk)의 주도로 창립된 '예수 세미나(Jesus Seminar)'다. 웨스타 연구소는 '예수 세미나' 외에도 '바울

적인 비평인 것에 비해, 제3의 탐구는 종교역사학, 문화인류학, 그리고 다른 여러 사회과학적 방법을 폭넓게 사용하는 '학제간 연구'를 그 특징으로 한다. 주목할 만한 사실은, 제3의 탐구의 주체가 전통적인 신학교 교수로부터 일반 대학의 학자들로 대거 옮겨갔다는 점인데, 이 점이 역사적 연구에서의 제3의 탐구가 특히 조직신학적 성찰과 긴밀히 결합되지 못하고 있는 중요한 이유의 하나가 되고 있다. 잘 알려진 '예수 세미나(Jesus Seminar)'에 속한 학자들에 의해 활발하게 추진되고 있는 제3의 탐구는,[7] '신 탐구'와 비교해 예수의 유대적 배경을 강조하고,[8] 또한

세미나', '정경 세미나', 그리고 '사도행전 세미나'와 같은 여러 프로젝트를 수행하고 있는데, 모든 세미나에 '학술 번역본(Scholars Version)' 성서를 사용한다. 이 학술 번역본의 특징은 복음서의 저자들이 잘 사용하는 현재 시제를 최대한 반영한 점이다. 1년에 두 차례 정기적인 세미나를 개최하는 웨스타 연구소는 *The Fourth R*과, *Forum*, 그리고 *Seminar Papers* 등과 같은 정기 간행물을 출판하고 있다. 웨스타 연구소와 예수 세미나에 관한 자세한 내용은 웨스타 연구소의 홈페이지(www.westarinstitute.org)를 참조하라.

7 현재 약 200여 명의 학자들로 구성된 '예수 세미나'는 집단적이고 초교파적으로 역사적 예수를 연구하는데, 예수의 말씀과 행위의 진정성을 평가하기 위해 빨강, 분홍, 회색, 검정의 '색깔구슬 투표'를 실시하는 것으로 잘 알려져 있다. '예수 세미나'의 기본 목표는 기원후 300년 이전(기독교가 국교가 되기 이전)의 문서에서 예수의 말씀으로 기록된 약 500개의 항목 가운데 어느 것이 실제의 역사적 예수에게 소급될 수 있는지를 결정하는 일이다. 그 결과 1,500개의 버전으로 목록화되고 '비유', '경구', '대화', '이야기'의 네 범주로 분류된 예수의 말씀 가운데 진정성이 높은 빨간색과 분홍색으로 인정받은 것은 18%밖에 안 됐다. (이 결과는 Robert W. Funk, Roy Hoover and the Jesus Seminar, *The Five Gospels: The Search for the Authentic Words of Jesus*[New York: Macmillan, 1993]를 참조하라.) 또한 이후 실시한 예수의 행적에 관한 연구의 결과, 예수의 행적으로 보도된 총 176개 사건 가운데 16%만이 빨간색과 분홍색으로 인정받았다. (이 결과는 Robert W. Funk and the Jesus Seminary, *The Acts of Jesus: The Search for the Authentic Deeds of Jesus*[San Francisco: Harper Collins, 1998]를 참조하라.) 예수의 말씀과 행적의 진정성에 대한 이러한 견해는, '예수 세미나'에 참석하는 학자들 스스로가 인정하는 것처럼, 최근 특정한 성서학자들이 어떤 주제에 관해 어떤 합의점에 도달하고 있는지를 알려주는

방법론적으로는 가장 오래된 본래의 예수 전통, 즉 다양한 양식의 예수 전승 가운데 가장 초기의 전승층을 찾아내기 위한 '최소한적 역사 비평 접근 방식(minimalist historical-critical approach)'을 선호하며,[9] 구체

수치일 뿐이다.

8 Elisabeth S. Fiorenza, *Jesus: Miriam's Child, Sophia's Prophet: Critical Issues in Feminist Christology* (New York: Continuum, 1999), p. 85. 시걸(Alan F. Segal)은 기독교가 유대교로부터 탄생했다는 기존의 생각을 비판한다. 그에 의하면, 오늘날 우리에게 유대교로 알려진 '랍비 유대교(rabbinic Judaism)'는 기독교와 '쌍둥이 탄생' 관계에 있다. 그는 이 근거로 '랍비 유대교'가 이전의 유대교나 '유대 율법주의(rabbinism)'와 너무도 다르다는 점을 제시한다. (Alan F. Segal, *Rebecca's Children: Judaism and Christianity in the Roman World* [Cambridge, Massachusetts: Harvard University Press, 1986], p. 1.) 크로산 역시 역사적 예수는 그의 동시대 유대교 안에서, 즉 이후의 획일화된 유대교가 아니라 매우 다양하고 창조적이던 예수 시대의 유대교 안에서 이해되어야 한다고 주장한다. 그는 기독교가 유대교로부터 떨어져 나왔다는 것은 정확한 진술이 아니며, 초기 기독교와 '랍비 유대교'라는 두 거대 종교는 모두 '성서적 유대교(biblical Judaism)'와 '후기 2차 성전 유대교(late Second-Temple Judaism)'를 공동의 모태로 하고 있다는 것이다. 그렇다면 초기 기독교는 정확히 유대교의 한 종파로서의 '크리스천 유대교(Christian Judaism)'를 말하며, 예수 시대의 유대교는 이외에도 '에세네파 유대교', '바리새파 유대교', 그리고 '사두개파 유대교' 등으로 갈려 서로 경쟁하며 헬레니즘과 로마 제국주의라는 막강한 외부적 도전에 응답하여나갔다는 것이다. (Crossan, *The Historical Jesus* [HarperSanFrancisco, 1994], p. 417; Crossan, *The Birth of Christianity* [HarperSanFrancisco, 1998], pp. xxxiii, xi.) 하지만 예수의 유대적 배경을 강조한다 하더라도, 예수를 유대교 안에 어떻게 위치 지우는가는 학자마다 큰 차이가 있다. 예를 들어 샌더스(E.P. Sanders)와 캐이시(Maurice Casey)는 예수를 그의 유대 '종교적' 배경 안으로(특히 유대교의 종말론적 사상 안으로), 타이센(G. Theissen)과 호슬리(Richard A. Horsley)는 예수를 그의 유대 '사회적' 배경 안으로, 그리고 피오렌자(E.S. Fiorenza)는 예수를 유대의 '종교-정치적' 배경 안으로 위치 지운다.

9 '최소한적 역사 비평 접근 방식'이란 어떤 것이 사실이라고 증명되기 전에는 사실이 아니라고 잠정 결론짓는 방법론을 말한다. 입증되는 최소의 것만 역사적 예수의 것으로 간주하자는 것이다. 하지만 벤 위더링톤 3세(Ben Witherington, III)와 같은 학자는 크로산 등이 채택하고 있는 이러한 방법론을 '역사적 실증주의'라 비판한다. 역사적 실증주의란 물론 어떤 것이 사실이라고 증명되기 전에는 사실이 아니라고 하는 방

적으로는 '층위학(層位學)적(stratigraphic)' 방법론을 채택한다는 특징이 있다.[10]

필자는 이상과 같이 역사적 예수 탐구의 역사를 간략히 짚어보면서 다음과 같은 입장을 가진다. 첫째, 역사적 예수가 기독교 신학과 신앙에

법론이다. 위더링톤은 "증거가 없다는 것이 곧 그런 것이 없다는 것을 증명하는 것은 아니다(absence of evidence is not the same as evidence of absence)"라고 말한다. 피오렌자 역시 역사적 예수 연구에 있어서 역사적 실증주의를 비판하는데, 그 이유는, 물론 위더링톤과는 달리, 역사적 실증주의가 여성들의 고난과 투쟁이라는 '주관적 경험'을 담아내지 못하기 때문이다.

10 사실 오늘날 역사적 예수 연구에서 집중적으로 학문적 논쟁이 이루어지는 영역은 바로 이 방법론 분야다. 보그(Marcus J. Borg)는 '예수 세미나'가 채택하고 있는, 가장 오래된 예수의 전승층으로 돌아가는 방법론을 다음과 같이 소개한다. (1) 가장 기준이 되는 원칙은 '복수 독립 증언(multiple independent attestation)'인데, 이는 만약 어떤 말이나 이야기나 주제가 서로 독립적이면서도 시기적으로 오래된 자료들 안에 최소 두 번 이상 나타나면 그 내용이 역사적 예수에게 돌아간다고 결론 내릴 충분한 이유가 된다는 것이다. (2) 만약 어떤 전통이 구전에 의해 보존되고 전승될 수 있는 것이 아니라고 판단된다면 그것은 역사적 예수에게서 온 것이 아니라고 결론을 내릴 수 있다는 것이다. (예를 들어 요한복음 14-17장에는 예수의 장문의 '고별 설교'가 등장하는데, 이처럼 대단히 복잡하고 추상적인 내용이 구전에 의해 보존되어 요한에게까지 이르렀다고는 볼 수 없기 때문에 그것은 역사적 예수의 것이 아니라고 판단할 수 있다는 것이다). (3) 누가 보아도 이후의 발달된 전통이라고 할 수 있는 것들은 역사적 예수의 것이 아니라고 의심해도 좋다는 것이다. 예컨대, 예수에 대한 기독론적 칭호가 붙여진 것이라든가, 기독교 예배와 관련된 내용이라든가, 히브리/구약 성서에서 인용된 내용이라든가, 혹은 예수의 처형에 대한 로마 제국의 책임을 완화시킨 것 등이 여기에 속한다. (4) 어떤 자료에 '창조적인 충격(originative impulse)'과 지속성이 있느냐 없느냐이다. 이것은 위의 제1원칙의 예외 조항이라고 할 수 있는데, 이 원칙이 유용할 때는 비록 한 번밖에 나타나지 않은 자료라 하더라도 그 요점이 예수의 '창조적 충격'과 지속성이 있다고 판단될 때이다. (예를 들어 '탕자의 비유'가 여기에 속한다. 비록 이 자료는 뒤늦은 자료인 누가복음에 한 번만 나타나는 자료이지만, 그 내용에 예수 전통의 '창조적인 충격'이 있기 때문에 역사적 예수의 것으로 볼 수 있다는 것이다.) (Borg, "The Historical Study of Jesus and Christian Origins," in *Jesus at 2000* [Boulder, Colorado: Westview Press, 1998], pp. 144-145; Borg,

아무 관계가 없다는 '무 탐구' 시대의 주장에 동의할 수 없다는 점이다. 시걸(Alan F. Segal)은 학자들이 역사적 예수를 탐구하면서 실제의 역사적 예수가 아니라 자신들의 이미지와 친숙한 이미지의 예수를 만들어 내고 있다고 개탄하면서, 우리가 가장 경계해야 할 것은 오늘날 우리의 현대적 가치와 편안하게 맞아떨어지는 예수의 그림에 도달했을 때라고 말한다.[11] 이 비판은, 비유컨대, 역사적 예수 연구라고 하는 깊은 우물

Jesus in Contemporary Scholarship [Harrisburg, Pennsylvania: Trinity Press International, 1994], p. 34.) 실제로 역사적 예수 연구가 처음부터 마지막까지 방법론의 문제라고 말한 이는 크로산이다. 그의 방법론은 과거 역사적 예수 연구를 지배했던 '상이성의 기준(criterion of dissimilarity)', 즉 오직 어떤 자료가 유대교와 동시에 초대 기독교와 일치하지 않을 때에만 예수의 것이라고 보는 원칙이 아니라, 위에 보그가 소개한 '복수증언의 기준(criterion of multiple attestation)'이다. 그는 예수에 관한 문서 자료들을 네 가지 시기로 구분하고(제1층: 30-60년, 제2층: 60-80년, 제3층: 80-120년, 그리고 제4층: 120-150년), 그 위에 어떤 자료가 어느 층에 몇 번 나오는지를 계량적으로 산출해낸다. 예를 들어 1:2라는 수치는 제1층에 2번 나온 자료라는 것인데 이런 경우 의심할 여지없이 역사적 예수의 자료로 판명된다. (그는 가장 오래된 제1층에 Q와 초기 도마복음서, 그리고 고린도후서와 빌레몬서와 빌립보서를 제외한 바울의 진짜 서신, 나아가 예수의 기적 사화를 포함시키는데, 특이한 점은 그가 마가복음을 이 제1층에서 제외시키고 있다는 점이다.) (이상 Crossan, *Who Killed Jesus?* [HarperSanFrancisco, 1995], pp. x, 212.) 이러한 크로산의 방법론에 위더링톤은 크로산이 자신이 채택한 방법론에도 일관성을 보이지 않는다고 비판한다. 예를 들어 크로산이 역사적 예수의 것이 아니라고 버린 자료들, 즉 인자의 미래적 재림, 주기도문, 열두 사도의 임명, 그리고 최후의 만찬 등은 두 번 이상 나타나는 자료들이라는 것이다. 위더링톤은 오직 '현재적 하나님 나라'를 지시하는 자료들만 크로산의 수술 칼을 피해갔다고 비판한다. 하지만 기본적으로 위더링톤은 성서에 다단계의 층이 고고학의 지질층처럼 존재한다는 생각 자체가 문제라고 주장한다. 즉, 만약 우리가 예수의 전통을 수평적으로만 이해한다면(예를 들어 지혜층이 먼저이고 이후가 종말론에 관한 층이라면), 역사적 예수와 최종의 편집본 사이에 수직적으로 존재할 수 있는 지속성을 잃어버릴 수 있다는 것이다. 그래서 그는 크로산의 '층위학(層位學)적 이론'을 비판하면서, 크로산을 '역사학자'가 아니라 '문헌 고고학자'라고 비꼬기도 한다. (Witherington, *The Jesus Quest*, pp. 15, 256.)

11 Segal, "Jesus and First-Century Judaism," in *Jesus at 2000*, p. 56.

속 바닥을 보려고 안간힘을 쓰면서 실제 우물의 밑바닥은 보지 못하고 물 위에 비친 자신들의 얼굴만 본다는 비난이다.[12] 하지만 문제는 그렇게 비판하는 사람들이 과연 자신들에게도 동일한 비판을 적용하는가 하는 점이다. 필자는 어떤 시대가, 예를 들어 중세나 고대 시대가, 우리보다 '시기적'으로 역사적 예수와 가깝기 때문에 '실제로' 그에게 더 가까울 것이라고는 생각하지 않는다. 모든 시대는 하나님을 중심으로 동심원을 그리며 평등하게 서 있다. 때문에 과거 특정 시대와 지역의 가치관 혹은 편견과 편안하게 맞아 떨어졌던 예수의 이미지를 보편화하여 다른 시대와 지역에 강요할 수는 없다.

남미의 신학자 세군도(Juan Luis Segundo)의 주장처럼, 필자는 비록 과거의 역사적 예수 복원이 완벽히 객관적일 수는 없다 하더라도 그러한 복원 작업은 반드시 필요하다고 생각한다.[13] 크로산(John D. Crossan)의 말처럼 '역사의 예수(Jesus of history)'와 '신앙의 그리스도(Christ of faith)'는 분리되거나 혼동되어서는 안 되며, 각각은 매 세대마다 새롭게 발견되어야 한다.[14] 왜냐하면, "예수 그리스도는 사실(예수)과 해석(그리스도)의 결합이며…… 그 둘의 변증법적 구조가 기독교의 핵심"이기 때문이다.[15] 신앙은 역사적 사실을 넘어서서 그것의 의미를 추구한다. 하지만 신앙은 역사적 사실을 무시해서는 안 된다. 보그(Marcus J. Borg)의 말처럼, 기독교 신앙은 '부활 이전의 예수(the pre-Easter Jesus)'의 역사적 재건에만 기초해서도 안 되고, 마찬가지로 '부

12 '예수 세미나'의 예수를 "세 번째 밀레니엄의 미국을 위한 예수"라고 비판한 샬롯 알렌이 여기에 속한다. (Charlotte Allen, "The Search for a No-Frills Jesus," in *The Atlantic Monthly 228*, December 1996.)

13 Juan Luis Segundo, *An Evolutionary Approach to Jesus of Nazareth* (Maryknoll, New York: Orbis Books, 1988), p. 9.

14 Crossan, *Who Killed Jesus?*, p. 217.

15 John D. Crossan, "Almost the Whole Truth: An Odyssey."

활 이후의 예수(the post-Easter Jesus)'에 대한 케리그마 선언에만 의존해서도 안 된다. 중요한 것은 그 두 예수 사이의 '변증법적 관계'를 발견하는 것이다.[16] 그리스도 케리그마에 매우 부정적인 펑크(Robert W. Funk)는 예수 자신은 신앙의 대상이 될 수 없고, 또 되어서도 안 되며, 신앙이란 예수가 신뢰한 것을 신뢰하는 것이라고 주장한다.[17] 하지만 이는 19세기 자유주의 신학의 오류를 반복하는 것이다. 우리에게는 자유주의 신학에 기초한 '구 탐구'와 신정통주의 신학에 기초한 '무 탐구' 모두가 극복의 대상이다. 역사적 예수에 대한 관심과 연구의 목적은 우리에게 너무도 익숙해진 예수를 우리에게 낯선 이방인으로 다시 소개하는 것이다. 그리하여 그 낯설음이 주는 충격으로 진부해진 역사와 신앙에 새 돌파구를 여는 것이다. 이를 위해 먼저 수많은 교리와 이념과 편견으로 옷 입혀진 '금관의 예수'는 갈릴리 호수 주변에서 가난한 어부들과 함께 먹고 마시며 웃고 우셨던 나사렛 예수로 돌아가야 한다. 이는 특히 배타적이고 근본적인 신앙이 지배하는 한국 그리스도교의 풍토에서 매우 의미 있는 일이다.

둘째로, 그러나 우리는 현재 북미 중심의 역사적 예수 탐구와 일정한 비판적 거리를 두어야 한다. 그들의 학문적 연구의 성과는 수용하되 그 목적과 한계는 넘어서야 한다는 말이다. 역사적 예수 탐구는 기본적으로 근대적 현상이며, 서양 계몽주의의 산물이다. 이성과 계시가 갈등하면서 근대 기독교와 서구의 문화적 정체성을 재구성하려는 시도가 역사적 예수 연구의 기본적 동력인 것이다.[18] '예수 세미나'의 기본적 공격

16 Marcus J. Borg, *Jesus in Contemporary Scholarship*, p. 195.

17 Robert W. Funk, *Honest to Jesus* (San Francisco: Harper Collins, 1996), pp. 462-463.

18 예를 들어, 크로산은 자신이 역사적 예수 연구에 몰입하게 된 계기가 "이성과 계시는 같은 하나님으로부터 주어진 쌍둥이 선물이며 따라서 서로 갈등할 수 없다"는 토마스 아퀴나스의 믿음에서 비롯된 것이라고 말한다. (Crossan, "Historical Jesus as

목표가 미국의 근본주의 기독교라는 점에서 오늘날 북미 중심의 역사적 예수 탐구는 우리에게 의미하는 바가 크다. 하지만 한국과 아시아에서 역사적 예수의 의미가 오직 과학과 이성 앞에 기독교 신앙을 변론하는 것일 필요는 없다. 자유주의적 학자들은 '문자적인' 성서 읽기의 오류에 대항하느라 신학적 관심을 등한히 한 채 객관성만을 강조하는 경향이 있다. 하지만 피오렌자(Elisabeth S. Fiorenza) 등 많은 여성 신학자들이 줄기차게 비판하듯이, 일부 예수 학자들에게서 나타나는 '역사적 실증주의'와 '과학적 근본주의'는 우리가 무비판적으로 수용해야 할 덕목이 아니라 비판적으로 극복해야 할 문제점인 것이다. 1960년대 이후 일어난 다양한 제3세계 신학이 우리에게 제기한 바와 같이, 이제 우리의 신학적 관심은 '비신앙인(non-believers)'의 문제에 국한되지 않고 '비인간(non-persons)'의 문제로 확장되어야 한다. 고난의 역사를 살아낸 우리의 삶과 경험과 문제의식이 중요하다. 우리의 삶의 자리에서 솟아나는 절실한 호소와 간절한 만남이 없는 역사적 예수 탐구는 자칫 냉소적인 지식인들의 자기 과시로 전락하기 쉽다.

마지막 셋째로, 우리는 '역사의 예수'와 '신앙의 그리스도'를 택일의 문제로 보는 이분법적 도식에서 벗어나야 한다. 현재의 성서학자들을 가르는 가장 중요한 견해 차이는 신약 성서, 특히 복음서를 어떻게 보느냐 하는 것이다. 피오렌자, 크로산, 그리고 펑크 등은 복음서에 대해 근본적인 불신을 가지고 있다. 그들은 신약 성서의 저자들이 예수 말씀의

Risen Lord," in *The Jesus Controversy* [Harrisburg, Pennsylvania: Trinity Press International, 1999], p. ix.) 보그 역시 그에게 가장 문제가 되는 것은 "기독교 전통의 의미와 진정성에 대한 확신의 위기"이며 구체적으로는 기성 교단의 가르침에 의심을 품고 있는 "저들 교양 있는 탐구자들과 구도자들(those cultured yearners and seekers)"이 가진 위기다. (Borg and Wright, *The Meaning of Jesus*, [HarperSanFrancisco, 1999], p. 231.)

'보존'보다는 '선포'와 '해석적 설득'에 더 관심이 있었다고 본다.[19] 반면, 타이센(Gerd Theissen), 던(James D.G. Dunn), 그리고 위더링톤(Ben Witherington, III) 등과 같은 학자들은 역사적 예수와 복음서 사이의 연속성을 강조한다.[20] '역사적 예수'와 '그리스도 케리그마' 사이에 연속성을 강조하느냐 단절성을 강조하느냐가 논쟁의 핵심이다. 필자는 기본적으로 그 둘 사이의 연속성을 강조하는 입장이 그 둘 사이의 '본질적 일치'를 증명하고 있지 못하다고 보고 있으며, 따라서 역사적 예수와 초대 교회 사이에는 상당한 불연속성이 존재한다고 본다. 그러나 필자는 이와 같은 비판적 입장을 가졌다고 해서 그것이 신약 성서와

19 이와 관련해서는 Robert W. Funk, *Honest to Jesus*, p. 314와 Crossan, *Jesus: A Revolutionary Biography* (HarperSanFrancisco, 1994), pp. xii-xiii을 참조하라.

20 타이센은 복음서가 기나긴 '전통화 과정(traditioning process)'을 거쳤으며 복음서의 저자들은 예수 자료의 충실한 보존뿐만 아니라 선포에 동시적으로 관심을 가지고 있었다고 주장한다. 그는 복음서의 자료들이 서기 1세기의 두 가지 주요 위기에 직면하여 형성된 것이라는 이론을 제시했는데, 첫째 위기는 칼리굴라(Caligula)가 자신의 동상을 예루살렘 성전에 세우려고 했던 주후 40년이고, 둘째 위기는 성전의 완전한 파괴를 가져온 66-70의 유대전쟁이다. 타이센에 의하면 예수의 원 전통은 예수가 죽은 지 10년 이내에 이미 문서의 형태로 기록되기 시작했으며, 예수의 고난 이야기와 공관복음의 묵시 자료(마가 13과 그 병행)도 이미 40년대의 칼리굴라 위기 때에(즉 크로산 등 다른 학자들이 말하는 것처럼 훨씬 이후에가 아니라) 형성되었고, 이른바 Q 자료 역시 이 시기에 형성되었다는 것이다. 던 역시도 초대 교회는 '혁신자'들이라기보다 '보존자'들이었으며, 따라서 성서는 대부분의 경우 진짜 예수의 가르침과 사역에 맞닿아 있다고 주장한다. 위더링톤은 성서 안의 복음서들에 대해서는 가혹한 자세를 취하면서도 경전화되지 못한 복음서들에 관대한 자세를 취하는 것은 잘못이라고 말하면서, 전자 특히 공관복음서가 역사적 예수에 관한 최초의 자료들이라고 주장한다. 그에 의하면 암송과 암기를 강조했던 유대적 교육 배경을 가진 예수의 제자들은, 유대교의 랍비의 제자들이 그랬던 것처럼, 예수의 자료를 신실하게 보존하고 다루었을 것이라는 것이다. 즉 예수 자료의 '창조자'가 아니라 '보존자'와 '편집자'로서 말이다. (이상 Witherington, *The Jesus Quest*, pp. 47-48, 50, 66-68, 78-80, 82, 90, 144, 164, 257, 266, 271에서 참조.)

복음서를 폐기할 필요가 없는 것임을 보그에게서 배웠다.

보그는 복음서가 하나 이상의 목소리, 즉 예수의 목소리와 초대 교회 공동체의 목소리 모두를 포함하고 있음을 강조한다.[21] 따라서 역사적 예수 탐구의 목적은 이 '다양한 목소리/층'을 분별해 들을 줄 아는 능력을 키우는 것이다. 그는 예수의 목소리만 취하고 나머지는 버리려 하는 태도는 '기독교 문자주의'와 똑같은 '사실 문자주의' 혹은 '사실 근본주의'에 지나지 않는다고 비판한다. 때문에 그는 그가 속한 '예수 세미나'에서 시도하고 있는 예수의 언행에 대한 '색칠하기(coloring)'에 대해서도 다른 의미를 부여한다.[22] 그는 빨간색을 '초기 그리고 상대적으로 덜 발달된 층'으로, 분홍색과 회색을 '중간층'으로, 그리고 흑색을 '후기 그리고 가장 발달된 층'으로 재규정하면서, 후대의 흑색층을 평가절하하려는 경향에 경고를 보낸다. 흑색으로 칠해진 예수의 어록과 행적들은 — 그들의 대부분은 이 세상의 종말과 최후의 심판, 그리고 인자의 재림과 같은 묵시론적이고 종말론적인 것들인데 — 초기 기독교 공동체의 목소리를 우리에게 들려주고 있고, 그렇기 때문에 신학적으로 중요하다는 것이다.[23] 빨간색과 분홍색이 예수 자신의 목소리를 들려주기 때문에

21 Borg and Wright, *The Meaning of Jesus*, pp. 5, 55, 150, 234를 참조하라.

22 앞서 살펴보았지만, '예수 세미나' 그룹은 1985년부터 1년에 두 차례씩 모여 투표를 통해 예수의 전승층들을 네 가지 색깔로 표시해왔다. 붉은색(red)은 '확실한 예수의 것'("That's Jesus")으로, 분홍색(pink)은 '분명 예수의 것처럼 들리는 것'("Surely sounds like Jesus")으로, 회색(gray)은 '글쎄, 아마도'("Well, may be")로, 그리고 검은색(black)은 '실수가 개입된 것'("There has been some mistake")으로 표시해 왔다. 하지만 이러한 색칠하기에 대해 누스너(Jacob Neusner)는 '구슬의 신학(theology of the balls)'이라고 냉소했으며, 피오렌자는 가장 부정적인 의미에 검은색 공을 배정한 것은, 주식이 폭락한 월요일은 "Black Monday"라고 쓰는 것과 똑같이, 인종 차별적인 언어가 아니냐고 일침을 놓는다. (Fiorenza, *Jesus: Miriam's Child, Shophia's Prophet*, p. 86을 보라.)

23 Borg, *Jesus in Contemporary Scholarship*, pp. 171-171.

중요한 것과 같은 이유에서 말이다. 종종 많은 기독교인들이 '예수 세미나'가 진정성이 없는 예수의 말씀으로 투표한 검은색의 구절들에서 삶의 용기와 희망 그리고 새로운 결단을 내린다는 점을 볼 때 보그의 말에는 분명 설득력이 있다.

우리는 역사적 예수에 대한 역사 비평적 방법의 한계를 넘어서야 한다. 지금까지 역사적 예수 연구가 우리에게 던지는 메시지는 마치 '이제 복음서의 예수를 버리고 역사의 예수를 선택하라!'처럼 들렸다. 하지만 '역사의 예수'와 '복음서의 예수'는 둘 다 기독교 신앙과 신학에 중요하다. '나'의 고백이 소중하다면 '그들'의 고백도 소중하다. 타인의 경험과 고백에 열린 신앙은 복음서의 예수를 폐기할 것을 요청하지 않는다. 때문에 필자는 보그의 주장처럼 우리는 성서에 대해 '후비판적(post-critical)' 입장을 가져야 한다고 본다.[24] 이 입장은 유아 단계의 '전비판적(pre-critical)' 입장도 아니고, 그렇다고 그냥 '비판적(critical)' 입장도 아니다. 후비판적 입장이란 기독교 전통의 핵심적인 이야기들을 다시금 진정한 이야기로 듣고 해석할 수 있는 능력이다. 물론 이것은 전비판적 단계로 돌아가자는 것은 아니다.[25] 우리는 '역사의 예수'와 '신앙의 그리스도' 중 하나를 선택할 필요는 없다. 물론 그 둘을 혼동할 필요는 더더욱 없다. 성서 안의 다양한 목소리를 '분별'해 들을 줄 아는 능력은 신앙의 깊이와 넓이 그리고 높이를 더해줄 것이다.

24 Borg and Wright, *The Meaning of Jesus*, pp. 247-249.

25 보그는 '역사 비평적 방법론의 횡포'로부터 벗어나, 역사적 예수 연구와 복음서에 대한 은유적 읽기(metaphorical reading)를 결합하자고 제안한다. 은유적 읽기란 말하자면 '나는 이것이 정말 이런 식으로 일어났는지 알지 못한다. 그러나 나는 이 이야기가 진실이라고 믿는다'라는 태도의 읽기라고 보그는 말한다.

'제3의 탐구'의 성과

그렇다면 오늘날 역사적 예수에 대한 '제3의 탐구'는 어떠한 학문적 성과를 내고 있으며, 그것이 우리에게 새롭게 제시하는 예수의 모습은 어떤 모습인가? 우리는 거기에서 어떤 새로운 신앙의 가능성을 엿볼 수 있는가? 제3의 탐구의 내용적 성과를 한마디로 요약한다면 그것은 예수와 그의 메시지인 하나님 나라를 '비묵시적'으로 또 '비종말론적'으로 본다는 것이다. 이것은 대단한 변화다. 지금까지는 예수와 하나님의 나라를 묵시주의적이고 종말론적으로 이해하는 경향이 지배적이었기 때문이다. 실제로 지난 20세기는 '종말론의 르네상스'라 불리기에 조금도 손색이 없는 시기였다.[26] 또한 한국의 민중신학자들이 예수의 하나님 나

26 20세기 신학은 알버트 슈바이처의 '철저한 종말론(thoroughgoing eschatology)'으로부터 시작하여, "완전히 그리고 전적으로 종말론적이지 않은 기독교는 완전히 그리고 전적으로 그리스도와 아무 상관이 없다"고 주장한 바르트와, "예수 그리스도는 종말론적 사건"이라고 말한 불트만, 역사 안에는 영구적인 위기의 시간(카이로스)이 존재한다고 주장하며 수직적인 종말론을 거부하고 수평적 종말론 제창한 틸리히, 그리고 근대 종말론적 패러다임 중에서 '보수적 신드롬'(종교적 천년왕국설)과 '진보적 신드롬'(세속적 천년왕국설) 모두를 비판하면서 새로운 종말론적 초월의 패러다임으로서의 '하나님의 미래(God's future)'를 주장한 몰트만에 이르기까지, 그야말로 종말론의 일대 부흥을 이루었다. 하지만 20세기 신학에서 종말론과 묵시주의에 대한 비판적 접근 또한 강한 경향이었다. 예를 들어, 사회복음(Social Gospel)의 창시자인 라우쉔부쉬(Walter Rauschenbusch)는 철저하게 반종말론적이며 반묵시주의적인 입장을 견지했다. 그에게 묵시주의 사상은 "종말론이라고 부르는, 골동품 박물관 안의 노쇠하고 망령들고 자리를 보존한 병자와 같은 존재"일 뿐이었다. 라우쉔부쉬의 사회 복음은 '하나님 나라'를 중심 테마로 한 남미 해방신학과 놀라울 정도의 유사점이 있다. 몰트만의 신학이 남미를 비롯한 제3세계 신학에 많은 영향을 주었지만, 그의 '미래지향적' 종말론에 남미와 아시아와 여성 신학자들이 비판적이다. 구티에레즈(Gustavo Gutierrez)나 송천성(C.S. Song)은 현재 안에(현재의 역사적 실천 안에) 미래와 희망이 잉태해 있음을 강조한다. 류터(Rosemary R. Ruether)는 종말론이 역사를 열린 것으로 만드는 긍정적인 역할에도 불구하고 근본적으로 "기약도 없고 실현

라를 '미륵 사상'이나 '천지개벽' 사상 등과 같은 묵시 사상과 연결시켜 이해하곤 했던 것도 엊그제 일이다. 하지만 오늘날의 역사적 예수 연구는 이러한 경향성에 일대 수정을 요구하며 우리에게 새로운 기독론적 · 교회론적 · 선교론적 성찰을 요구하고 있다.

묵시주의적 렌즈 벗기기

케제만은 묵시주의(apocalyptic)가 "모든 기독교 신학의 어머니"라 했다. 하지만 예수가 실제로 묵시주의자였는지 그리고 그의 하나님 나라 메시지가 어느 정도로 묵시주의적 영향을 받았는지는 역사적 예수 연구의 핵심적 쟁점 중 하나다. 샌더스(E.P. Sanders), 베르메스(Geza Vermes), 그리고 마이어(John P. Meier)와 같은 학자들은 슈바이처 이후 강력하게 자리 잡아온 묵시주의적 예수라는 그림을 지지한다. 하지만 이에 맞서 맥(Burton Mack), 크로산, 보그와 같은 학자들은 가장 오래된 예수의 전승층에는 묵시주의적인 종말의 기대가 존재하지 않는다고 주장한다. 크로산에 의하면 묵시주의적 종말의 기대는 세례요한의 것이었지 예수의 것은 아니다.[27] 크로산은 예수가 처음에 세례요한의 제자로, 따라서 묵시주의의 신봉자로 사역을 시작한 것은 사실이나, (아마도 세례요한의 처형 이후) 예수는 그와 같은 묵시주의적 노선을 버렸다

되지도 않는 미래에만 존재하는 하나님에 대한 이해 위에 세워진 모델"이라고 거부한다. 이상 Carl E. Braaten, "The Kingdom of God and Life Everlasting," in *Christian Theology: An Introduction to Its Tradition and Tasks*, eds., Peter C. Hodgson and Robert H. King (Minneapolis: Fortress Press, 1994), p. 328을 참조하라.

27 세례요한과 같은 '묵시주의적 예언자들'은 인간의 힘에 의한 군사적 반란을 추구하지는 않았지만 신의 개입으로 인간의 저항으로 이룰 수 없는 것이 조만간 달성될 것을 철저히 믿었던 사람들을 말한다.

고 주장한다. 그 문헌적 증거는 '금식하는 세례요한(fasting John — 마가 2:18-20)' 대 '잔치를 벌이는 예수(feasting Jesus — 마가 11:18-19 혹은 누가 7:33-34에 있는 Q 복음서)'다.[28] 즉 요한이 묵시적 금욕주의를 살았다면 예수는, '먹보'요 '술꾼'이라 불렸던 것처럼, 그와 정반대의 삶을 살았다는 것이다.

사실 지금까지 신학자들이 예수와 묵시주의를 연결하는 데에 별반 어려움을 느끼지 않았던 이유는 기존의 성서학계에서 묵시주의를 사회적 소외 계층의 전유물로 보는 경향이 강했기 때문이다. 이는 묵시주의적 그룹이 사회적으로 소외되거나, 주변화되거나, 혹은 박탈당한 사람들 사이에서 일어난다고 하는, 이른바 '박탈 이론(deprivation theory)'의 영향 때문이다. 이 이론은 베버(Max Weber), 만하임(Karl Mannheim), 그리고 트뢸치(Ernst Troeltsch)와 같은 사람들에 의해 정립됐다.[29] 분명 묵시주의는 위기에 처한 집단들이 희망을 잃지 않고 삶을 이어가게 하는 큰 힘이 되어주었다. 때문에 몰트만(Jürgen Moltmann)은 묵시문학을 '반란적 지하문학'이라고도 부른다.[30] 기독교 역사에서 피오레의 요아힘(Joachim of Fiore)과 재세례파(Anabaptists), 그리고 뮌처(Thomas Müntzer) 등이 실제의 예이다. 문제는 이것이 역사의 전부가 아니

28 사람들이 예수에게 와서 요한의 제자들과 바리새파 제자들은 모두 금식을 하는데 왜 예수의 제자들은 금식을 하지 않느냐고 물을 때 예수는 "혼인 잔치에 온 손님들이, 신랑과 함께 있는 동안에 금식할 수 있느냐? 신랑을 자기들 곁에 두고 있는 동안에는 금식할 수 없다"(마가 2:19) 라고 답한다.

29 만하임과 베버는 정치 · 종교적 지배자들은 기존 질서의 혁명적 전복을 꿈꾸지 않는다고 주장했다. 트뢸치도 묵시주의가 "소외된 계층의 종교"라고 말하면서 때문에 중세교회의 지배층은 종말론적 가르침을 최소화시켰다고 주장했다. 즉 묵시주의는 소위 '버림받은 하층민 집단(pariah group)'의 전유물이라는 주장이다.

30 Moltmann, *The Coming of God: Christian Eschatology* (Minneapolis: Fortress Press, 1996), p. 139.

라는 데 있다. 흥미롭게도 콘스탄티누스 황실의 어용신학자였던 유세비우스(Eusebius of Caesarea)는 묵시주의를 현존 질서를 옹호하는 수단으로 사용하기도 했다.[31] 이러한 '양면적인 역사'에 대해 히브리/구약성서학자 스티븐 쿡(Stephen L. Cook)은 에스겔 38-39장, 스가랴 1-8장, 그리고 요엘서와 같은 최초의 묵시주의적 본문을 분석하면서, 전통적으로 묵시주의적 그룹이 소외된 하층민들 사이에서 일어난다는 이른바 '박탈 이론'을 비판하고, 묵시주의가 유대 사회의 중심부인 사제 집단이나 그들과 제휴한 집단들에서도 일어났던 것임을 증명한 바 있다.[32] 사실 묵시주의는 그것의 일부 긍정적인 역할에도 불구하고 오늘날 많은 신학자들, 특히 여성 신학자들의 공격의 대상이 되고 있다. 켈러(Catherine Keller)는 비록 수많은 여성들이 묵시문학의 상징들 속에서 저항의 수단을 찾아온 것이 사실이라 할지라도, 묵시주의의 뼈대에 담긴 여성혐오적(misogynic) 요소들은 더 이상 긍정될 수 없다고 단호히 비판한다.[33] 역사적 예수 연구의 제3의 탐구는 예수와 하나님 나라에 대한 묵시주의적 렌즈를 벗기고 있다.

31 Ulrich H.J. Körtner, *The End of the World: A Theological Interpretation* (Louisville, Kentucky: Westminster John Knox Press, 1995), p. 13.

32 쿡은 상당한 묵시주의적 집단이 사실은 주변부 집단이 아님을 증명하면서 이제 '박탈 이론'은 묵시주의를 해석하는 중심적 지위를 내놓아야 한다고 주장한다. 쿡은 그 증거로 스가랴 1-8장이 예루살렘 중심부의 사제들이 쓴 것인데, 그 사제들은 예루살렘의 선택과 시온주의를 특징으로 하는 예루살렘 왕정 신학을 신봉하던 사람들이었다는 점을 밝힌다. Stephen L. Cook, *Prophecy & Apocalypticism: The Postexilic Social Setting*(Minneapolis: Fortress Press, 1995)을 참조하라.

33 Catherine Keller, *Apocalypse Now and Then: A Feminist Guide to the End of the World* (Boston: Beacon, 1996), p. 29.

임박한 종말론의 렌즈 벗기기

종말론이 근대 성서학의 주류에 편입된 것은 바이스와 슈바이처 때문이라고 할 수 있다. 사실 종말론에 대한 선호는 불트만, 타이센, 그리고 한스 큉과 같은 독일 학자들에게서 뚜렷이 나타난다. 현대 역사적 예수 연구에서 종말론에 관한 뚜렷한 견해 일치는 없다. 샌더스는 예수를 유대교적 갱신의 신학 전통에 서 있는 종말론적 예언자라고 주장하는 반면, 맥은 예수에 대한 어떠한 종류의 종말론의 적용도 철저히 거부한다. 크로산은 '묵시적 종말론(apocalyptic eschatology)'을 거부하고,[34] 보그는 '임박한 종말론(imminent eschatology)'을 거부한다.[35] 피오렌자와 호슬리의 경우에는 예수 전통의 사회 정치적 읽기를 시도하면서 이 세상적이며 변혁적인 종말론을 옹호한다.[36] 이렇듯 명확한 합의점은

34 묵시적 종말론은 임박한 세상의 종말에 관심을 기울인다. 그것은 하나님이 초월적으로 개입하여 억압자나 대적자도 이것을 인정할 수밖에 없음을 의미한다. 크로산은 종말론을 '세계의 부정(world negation)'을 뜻하는 보다 폭넓고 총체적인 것으로 이해한다. 때문에 "모든 묵시적인 것은 종말론적이지만, 모든 종말론이 묵시적 종말론은 아니다."

35 보그에 의하면 예수를 종말론자로 보는 입장의 가장 기본적인 근거는 '인자의 도래'와 관계된 성서의 경구들인데 이것들은 실제 역사적 예수의 말이 아니라고 주장한다. 그에 의하면 하나님 나라를 임박한 종말과 동일시하는 견해는 실제로 하나님 나라와 관련된 자료들에서는 찾아볼 수 없고 오직 '인자의 도래' 자료들에서 유추된 것들이다. 그러니까 '인자의 도래'라는 경구들을 떼어놓으면 하나님의 나라를 임박한 세상의 종말을 의미하는 것으로 볼 이유가 하나도 없다는 것이다. (Borg, *Jesus in Contemporary Scholarship*, p. 54.)

36 피오렌자는 예수를 '지혜의 예언자'요, 유대 내적인 갱신운동을 창시한 사람으로 본다. 호슬리는 역사적 예수를 1세기 팔레스타인의 사회적 맥락 안에 놓음으로써 예수 사역의 상황성과 현장성의 확보를 시도했다. 1세기 팔레스타인의 상황이란, 경제적으로 억압하는 도시의 지배 계층과 억압받는 시골 소작농 사이의 계급 갈등이다. 이러한 상황에서 이스라엘이 원래의 평등적 언약 전통과 부합하려면 먼저 농촌 부락사회가 재조직되고 갱신되어야 한다. 호슬리는 예수가 이러한 '사회적 혁명'을—'정치적 혁명'이 아닌—조직한 혁명가로 본다.

없지만 최근 역사적 예수 연구는 예수와 하나님 나라를 비종말론적으로 보려는 강한 경향성을 띤다. 예를 들어 예수를 비종말적 사회 예언자로 보는 보그는,[37] 예수의 중심적 메시지가 임박한 세상의 종말인 것처럼 잘못된 인상을 주는 것은 대부분 마가복음 탓이라고 주장한다. 그는 마가복음이 '전시(戰時) 복음서'임을 상기시킨다. 즉 주후 66-67년 로마에 항거해 일어난 유대전쟁의 와중에서 이 복음서가 쓰였기 때문에 그 안에 임박한 세상의 종말에 대한 기대가 강하게 스며들었다는 것이다.[38] 물론 보그의 주장은 예수가 종말론에 대해 일언반구도 말하지 않았다는 것은 아니다. 그의 주장의 요지는 예수가 하나님의 나라를 말할 때 여러 가지 뉘앙스 중의 하나로서 종말론적인 뉘앙스를 말했을 뿐이지, 그것이 하나님 나라 전체를 지배하는 중심적 뉘앙스가 아니라는 것이다. 역사적 예수에 대한 제3의 탐구의 두 번째 특징은 예수와 하나님 나라를 종말론적으로 보는 렌즈를 벗기려 노력한다는 점이다. 그렇다면 제3의 탐구는 어떤 모습의 새로운 예수를 대안으로 제시하고 있는가?

37 그는 또한 예수를 '영적 인물(Spirit person)'로 보는데, 성(聖)을 매개로 카리스마적 치유와 전복적 지혜를 가르친 현인(賢人)으로 본다.

38 따라서 보그는 하나님의 나라의 대표적 구절로 인용되는 마가 1:15b, "때가 찼다. 하나님의 나라가 가까이 왔다. 회개하여라. 복음을 믿어라"도 실제 예수의 메시지가 아닌 것으로 본다. 이것을 마태와 누가가 전하는 예수의 개시연설(inaugural address)과 병행구와 비교할 때 이것은 예수의 메시지에 대한 '마가의' 요약이라는 것이다. 한걸음 더 나아가 보그는 하나님의 나라가 예수의 핵심적 메시지였다는 우리의 일반적인 합의도 사실은 마가에 의한 와전일 가능성이 높다고까지 주장한다. 보그에 의하면 초기 기독교 공동체는 '하나님 나라'의 임박한 도래를 이야기하지 않았다. 초대교회가 이야기한 것은 '세상의 종말'이 임박했다는 것이었으며 그것도 오직 '예수의 재림'과 연결시켜서만 그렇게 이야기했다는 것이다. (Borg, *Jesus in Contemporary Scholarship*, p. 87.)

'지혜 전통'으로 돌아가기

어떻게 본다면 기독교 2,000년의 역사는 역사적 예수와 가장 친근했던 한 전통을 잊어버린 망각의 역사일지도 모른다. 최근의 역사적 예수 연구에 의하면 그것은 바로 '지혜 전통(wisdom tradition)'이다. 놀랍도록 기독교 교회사에서 오랫동안 무시된 이 전통은 「잠언서」, 「솔로몬의 지혜서」, 그리고 「에녹의 비유서」 등에 담겨 있는 전통이다. 현재 역사적 예수 연구의 한 합의점은 예수를 '현인(賢人, sage)' 혹은 '지혜 스승(wisdom teacher)'으로 본다는 점이다. 물론 여기서 말하는 지혜란 '관습적인 지혜(conventional wisdom)'가 아니라 '전복적 지혜(subversive wisdom)'다. 관습적인 지혜란 어떤 기성질서가 사물을 바라보는 방법을 그 사회 구성원들에게 내재화하고 사회화한 것을 말한다. 이것은 보통 '전통'이라는 이름으로 가족, 부, 명예, 그리고 종교 행위 등과 연관되어 있다. 전복적인 지혜란 물론 이러한 관습적인 것들을 뒤집는 반사회적(counter-order)이며 파괴적인 담론을 말한다. 맥(Mack)은 가장 오래된 예수 전통의 층은 지혜층이라고 단언한다.[39]

39 그래서 맥에 의하면 예수는 '방랑하는 키니코스 혹은 견유(犬儒)학파 현인'이다. (키니코스 혹은 견유학파란 고대 그리스의 안티스테네스[Antisthenes]가 창시한 철학의 한 학파다.) 예수를 견유학파와 관련시키는 맥의 주장은 크로산과 다우닝(Gerald Downing)이 공유한다. 이 조금은 엉뚱해 보이는 아이디어는 근래의 고고학적 발견에 영향받은 바 크다. 최근 고고학적 성과는 갈릴리 지역을 "혁명적인 젤롯당원들이나 바리새파와 랍비 그룹의 법리적-윤리적 가르침 또는 묵시주의적 열정에 지배되고 고립되었던 주변부가 아니라, 헬레니즘 문화가 꽃피웠던 지역"으로 새롭게 조명하고 있다. 따라서 예수는 보다 부유하고 국제 도시적이며 발전되었던 지역에서 성장했으며, 당연히 그리스어를 말할 줄 알았고 그와 그를 따르던 사람들도 우리가 생각하던 것보다 훨씬 헬라화했을 것이라는 추론이 가능해진다. 이러한 고고학적 발견에 의존하면 예수는 "헬라화된 유대인(Hellenized Jew)"이 된다. 하지만 이에 대한 반론도 크다. 위더링톤은 가다라(Gadara)와 타이르(Tyre) 지역이 실제 견유학파의 영향 하

흥미롭게도 호슬리, 피오렌자, 크로산, 보그, 그리고 심지어 '예수 세미나'에 비판적인 위더링톤도 예수와 지혜 전통 사이의 긴밀한 관계를 인정한다. 이것의 문헌적 증거는 학자들이 '예수 자료의 기반암석'이라고 부르는, 예수의 '경구'와 '비유'와 같은 전통적인 지혜 양식의 문서

에 있었음은 인정하나, 이 두 도시는 갈릴리 바깥에 있던 헬라 도시들이며, 또한 예수가 이곳에서 실제 지냈다는 증거도 없다는 것이다. 설사 하부 갈릴리가 헬레니즘의 영향을 받았다는 증거가 있다 하더라도, 그것이 곧 견유학파의 영향이었다고 말할 증거는 어디에도 없다는 것이다. 나아가 위더링톤에 의하면 예수 전통은 다음과 같은 견유학파의 전통과 충돌한다. (1) 자급자족(self-sufficiency), (2) 자유로운 발언(free speech—권력이 있거나 부를 가진 사람들을 안중에도 두지 않고 격하고 통명스럽게 말하는 태도), (3) 격언(aphorisms), (4) 넓은 여행, (5) 제자를 두지 않음, 그리고 (6) 비농민적 배경이다. 위의 (1)과 관련한 예를 들어, 위더링톤은 견유학파의 자급자족 노력과 달리 예수는 마가 6:7-11에서 보이듯이 유대 작은 마을들로부터 '항상 준비된 호의의 네트워크'에 의지할 것을 강조한다. 자유로운 발언에 관해서도 그는 이것이 견유학파의 특징일 뿐만 아니라 유대교 지혜 전통의 반사회적(counter-order) 특징이기도 하다고 말한다. 사실 크로산도 이러한 견유학파와 예수의 전통에 차이가 있음을 인정한다. 크로산 역시 견유학파들이 자급자족을 상징하기 위해 먹을 것, 입을 것, 잘 것을 가지고 다닌 대신, 예수가 파송한 제자들은 지팡이나 전대도 가지고 가지 말 것을 명령받았다는 점을 상기시킨다. 나아가 견유학파는 도시를 배경으로 한 반면 예수는 농촌을 배경으로 했다는 중대한 차이를 그는 인정한다. 이러한 차이점들 때문에 크로산은 예수를 '유대 농민 견유학파(peasant Jewish Cynic)'로 주장한다. 즉 예수의 선교는 그리스-로마의 도시에서의 견유학파가 아니라 유대인의 시골에서의 견유학파이며, 그 증거로는 예수가 그의 제자들을 보낸 곳이 다름 아닌 '집'이라는 점이다. 이렇게 보면 크로산의 견해는 맥의 견해와 완전히 일치하지 않는다. 맥은 갈릴리가 깊숙이 헬라화되었으며 예수는 유대 농민 유형의 견유학파가 아니라 아예 헬라 유형의 견유학파 현자였다고 주장한다. 이는 예수의 유대적 배경을 완전히 부정하는 것이다. 이와 달리 크로산은 대단히 의식적으로 예수의 유대적 배경을 강조한다. 그럼에도 불구하고 크로산은, 위더링톤이나 피오렌자나 존슨(Elizabeth Johnson)과 달리, 예수가 받은 지혜 전통의 영향은 내부적인 유대교 지혜 전통에서 온 것이 아니라 외부적인(헬라적인) 견유학파의 지혜 전통에서 온 것으로 본다. (이상 *The Anchor Bible Dictionary*, Vol. 4, pp. 64-65; Witherington, *The Jesus Quest*, pp. 40, 59-63; Crossan, *The Jesus Controversy*, pp. 88-90.)

다.[40] 트웰프트리(Graham H. Twelftree)가 밝힌 대로 예수의 귀신 추방 기사는 복음서 자료의 가장 오래된 층에 속하는데, 유대교 전통에서 귀신 추방은 특히 솔로몬 및 그의 지혜와 연계되어 이해되고 있었다. 위더링톤에 의하면 이러한 지혜 전통은 공관복음서의 많은 자료들, 특히 예수의 비유적 가르침의 배경과 내용을 가장 잘 설명해준다. 예수는 특히 '먹는 일'과 '마시는 일' 그리고 '잔치를 베푸는 일'을 강조했는데, 위더링톤에 의하면 이것은 삶의 기쁨(Joie de Vivre)을 누리고, 살면서 먹는 것과 친구와 착한 일들을 즐기라고 권하는 지혜 전통에서 볼 때 가장 잘 이해될 수 있다. 어린아이들을 높이 평가하고, 금식보다 잔치로 인생을 즐기며, 율법적으로 깨끗하고 더러운 것을 잘 지키는 것에 가치를 두지 않는 예수의 언행도 지혜 전통에서 볼 때 잘 설명될 수 있다는 것이다. 위더링톤에 의하면 이외에도 우리가 잘 이해하지 못했던 여러 가지 예수와 관련된 기사들도 지혜 전통으로 이해할 때 보다 잘 이해된다.[41]

지혜 전통의 복원과 관련해 우리의 특별한 주목을 끄는 것은 피오렌자나 존슨(Elizabeth A. Johnson)과 같은 여성신학자들의 학문적 성과

40 예수 세미나는 비유, 경구, 대화, 그리고 이야기 등으로 분류된 예수의 말씀의 네 범주 가운데 경구(aphorism, 즉 한 줄의 간단한 말로 생의 깊은 철학을 담은 금언)가 형식과 내용이 자유로우면서도 기존의 권위와 인습에 도전하는 통찰력을 가진 것으로, 그래서 역사적 예수에 가까우면서도 예수 전승의 기저를 이루는 지혜 전승에 중심적 위치를 차지하고 있다고 본다.

41 예를 들어 예수가 "여우도 굴이 있고 공중에 나는 새도 둥지가 있는데 인자는 머리 둘 곳도 없다"고 한 부분이다. 지혜 전통에 따르면 지혜는 신이 그녀(지혜)의 거처할 장소를 정하기까지 거할 곳이 없다. 아울러 예수가 예루살렘을 보고 한탄한 기사(마태 23:37-39/누가 13:34-35)는 예수가 자신이 예루살렘에 의해 거절당한 것을 하나님의 지혜가 거절당한 것으로 보는 것이다. 즉 방랑하던 지혜가 종국적으로 예루살렘에 거할 곳이 주어졌다는 내용을 이해하는 사람이라면 예수의 한탄이 어디에서 나왔는지를 쉽게 이해할 수 있을 것이라고 위더링톤은 말한다. (Witherington, *The Jesus Quest*, pp. 188-189.)

다. 존슨에 의하면 지혜는 “이 세상 안에 계시는 하나님의 현존에 대한 가장 인격적이고 강력한 표현” 이다.[42] 그리고 이러한 지혜는 성서 밖의 다양한 여신들의 영향을 받아 만들어진 것이다.[43] 피오렌자는 기독교 역사의 최초의 기독론(Christology)이 지혜론(sophialogy)이었다고 확언한다. 즉, 예수 사후 20년 내에 다양하게 발달했던 여러 가지 유형의 그리스도론은 모두 유대교의 지혜신학을 그 공통의 모태로 하고 있다는 것이다. 다시 말해 예수의 사역과 처형의 의미가 무엇인지를 성찰하던 이 최초의 시기에 유대교의 지혜신학이 그것의 적절한 신학적 언어와 신화적인 준거 틀을 제공했다는 것이다. 나아가 피오렌자는 기독교의

42 존슨은 다음과 같이 말한다. “지혜란 히브리 성서 전통에서 하나님의 현존과 활동을 서술하는 가장 발달된 인격화의 형태인데, 그것은 ‘성경’, ‘토라’, 그리고 ‘말씀’보다 훨씬 더 예리하게 그려져 있다. 지혜라는 단어 자체는 문법적으로 여성이다. 히브리어의 ‘호흐마(hokmah)’, 그리스어의 ‘소피아(sophia)’, 그리고 라틴어의 ‘사피엔샬(sapiential)’이 모두 그렇다. 이러한 문법적 사실 자체가 어떤 의미를 만드는 것은 아니지만, 성서에서 지혜는 지속적으로 여성으로 그려진다. 자매, 어머니, 사랑하는 애인, 요리사와 여주인, 설교자, 판관, 해방자, 정의를 세우는 자, 그리고 세상의 질서를 세우고 빛을 밝히는 초월적 힘 등의 무수히 다양한 여성의 역할과 상징으로 나타나는 것이다.” (Elizabeth A. Johnson, *She Who Is: The Mystery of God in Feminist Theological Discourse* [New York: The Crossroad Publishing Company, 1998], p. 87.)

43 구체적으로 이 여신들이란 가나안의 사랑의 여신인 아스타테(Astarte), 메소포타미아의 여신 이슈타르(Ishtar), 이집트의 여신 마아트(Ma'at), 그리고 헬라화된 형태의 이집트 여신 이시스(Isis) 등이다. 존슨은 이 여신들 중에서 이시스가 기원전 1세기에 전 헬라 세계에 걸쳐 지배자와 피지배자 모두에게 추앙을 받던 신이며, 바로 이 여신이 특히 팔레스타인 밖에 살던 디아스포라 유대인들에게 커다란 도전과 위협이 되었을 것이라고 추정한다. 디아스포라 유대인들에게는 조상들의 전통적인 신앙에서 등을 돌려 이 이시스 여신의 숭배에 참여함으로써 얻게 되는 사회적 · 정치적 이득이 대단히 컸던 것이다. 따라서 존슨에 따르면, 팔레스타인 안팎에 있는 유대인들은 이 대중적이고도 강력한 이시스 여신의 특징을 소피아라는 인격체로 이전시켜 유대교 신앙의 전통을 지키고 이어나가려 했다. 즉, ‘인격화한 지혜(personified wisdom)’는 이러한 위협에 대한 정통 유대교의 대응이었다. (Johnson, *Ibid.*, pp. 88, 92.)

성육신과 삼위일체의 교리도 "현자와 지혜의 예언자로서의 예수"에 그 뿌리를 두고 있음을 주장한다. 존슨 역시 성육신과 성삼위일체라는 기독교의 핵심적 교리의 배후에는 예수를 하나님의 여성적 이미지인 지혜로 본 바탕이 있었기에 가능했다고 주장한다. 그렇다면 왜 그리고 어떻게 예수의 원(原) 전통인 지혜 전통이 '정통' 기독교 역사에서 지워졌을까? 존슨은 요한복음 이전의 기독교인들은 예수를 소피아와 연결시키는 것에 어려움을 느끼지 않았다고 말한다. 하지만 요한이 지혜(소피아)를 말씀(로고스)으로 대체한 것은 당시의 기독교 공동체가 가부장적 구조로 변모하고 있던 맥락과 일치한다는 것이다.[44] 즉 소피아가 억압되는 과정은 곧 교회 안에 성차별주의(sexism)가 성장하는 과정과 정비례한다. 존슨에 의하면 이후의 기독론은 소피아 대신 '로고스' 혹은 '아들'이라는 개념을 사용하게 되었고, 소피아는 예수의 어머니인 나사렛의 마리아에게 전가되었다.

피오렌자는 현자(賢者)이자 '지혜(소피아)의 예언자'로서의 예수는 우리의 삶 속에서 은혜로운 하나님을 찾고자 하는 우리의 끊임없는 노력을 중재해줄 뿐만 아니라, 종교적 다원주의와 정의의 문제를 함께 풀 수 있는 길을 찾게 해줄 것이라고 믿는다.[45] 하지만 적지 않은 학자들이 지

44 왜 요한이 소피아를 로고스로 바꾸어놓았는지에 관해 학자들은 다음과 같은 점을 제시한다. (1)「지혜서」라는 책에서 이미 로고스와 소피아를 하나님의 창조의 행위에 동등하게 설정한 바 있고, (2) 당시 생성하던 영지주의 그룹이 소피아를 채용함에 따라 점차 그 사용이 문제시되었을 것이며, (3) 당시 큰 영향력을 행사하던 철학자 필로(Philo)가 소피아의 여성적 이미지 때문에 그것을 비난했고, 그리고 (4) 아마도 기독교 사상가들이 예수의 성(性)이 남자였다는 사실 때문에 여성격인 소피아를 남성적 칭호로 바꾸어야 할 필요성을 느꼈을 것이라는 점 등이다.

45 Fiorenza, *Jesus: Miriam's Child, Sophia's Prophet*, pp. 139-141, 157; Fiorenza, "To Follow the Vision: The Jesus Movement as Basileia Movement," in *Liberating Eschatology: Essays in Honor of Letty M. Russell* (Louisville, Kentucky: Westminster John Knox Press, 1999), p. 133을 참조하라. 아시아 신학자 가운데 수

혜 전통의 위험성에 경고를 보낸다. 쇼트로프(Luise Schottroff)는 특히 여성신학자들이 소피아 기독론에 매혹되는 경향이 있는데 이는 잘못된 것이라고 비판한다. 왜냐하면 유대교의 지혜 전통은 이스라엘 남성 엘리트들의 이해를 대변하고 있으며, 따라서 여성신학에서 지혜 전통에 특권을 주는 행위는 예수의 하나님 나라 선포의 진정한 핵심인 '가난한 자들의 복음'을 무색케 하기 때문이다. 따라서 그는 지혜 전통이 아니라 '가난한 자들의 복음' 정신을 가장 잘 보존하고 있는 예언자적 전통이 여성신학의 출발점이 되어야 한다고 주장한다. 남미의 해방신학자 세군도(Juan Luis Segundo) 역시 지혜 전통의 위험성을 경고한다. 그에 의하면 지혜 문서는 명백히 비정치화되어 있으며, 개인주의화, 내재화되어 있다.

그러나 피오렌자는 기존의 지혜 전통이 예수의 하나님 나라 선포에 의해 번혁되었음을 지적한다. 특히 많은 경우 복음서에 담긴 지혜 전통은 당시 여성들의 것이었다고 할 수 있는 '보통사람들의 지혜(folk wisdom)'가 반영되어 있음을 강조한다. 사실 필자는 왜 지혜 전통이 예언자적 전통과 갈등 관계에 있는 것으로 보아야 하며, 또 왜 그것이 '가난한 자들의 복음'과 거리가 있는 것인지를 이해하기 어렵다. 쇼트로프의 주장에는 다음과 같은 두 가지 잘못된 전제가 깔려 있다. 첫째, 비록 예수를 예언자로 보아온 것이 기독교 역사에서 가장 지속적이고 친밀한 견해이긴 하지만, 엄밀한 의미에서 예수의 행태는 예언자의 행태라고

기르타라자(R. S. Sugirtharajah)가 현인으로서의 예수의 모습 속에서 아시아의 기독교인들이 종교 다원주의와 정의의 문제에 대응할 길을 찾을 수 있을 것이라고 화답한다. 왜냐하면 지혜 전통은 기독교에만 국한된 것이 아니라 모든 종교 문화권에서 발견되기 때문이다. '현자로서의 예수'는 다른 어떤 기독론적 묘사보다 덜 제국주의적이어서 아시아에서 종교 간의 대화의 출발점이자 가난한 자, 여성, 어린이, 그리고 사회적으로 박탈된 자들을 회복시키는 데 기여할 수 있을 것이라는 주장이다. (R. S. Sugirtharajah, ed., *Asian Faces of Jesus* [Maryknoll, New York: Orbis Books, 1993], p. 264.)

보기에 어려움이 크다는 점이다. 위더링톤의 지적처럼, 우리가 '예수=예언자'라고 안이하게 항등식화할 수 없는 이유는, 예수에게 가장 중요했던 귀신 추방을 이스라엘의 예언자들에게서는 찾아볼 수 없으며, 엘리야를 제외하고는 예언자들이 예수와 달리 제자나 후계자를 두지 않았고, 또한 예수의 말씀 가운데는 한 번도 전형적인 예언자의 말의 형태인 "주님의 말씀이니라(Thus says the Lord)"를 찾아볼 수 없기 때문이다. 둘째로, 보다 중요하게는, 만약 삶이라고 하는 투쟁 한복판에서의 생명과 창조성과 안위와 같은 지혜 전통의 대표적인 가치들이 (이것은 정확히 유대교와 기독교의 묵시주의적 전통과 대립하는 것인데) '가난한 자들의 복음'과 거리가 먼 것이라면, 도대체 무엇이 가난한 자들의 복음이라는 말인가? 살면서 먹는 것과, 좋은 친구를 사귀는 것과, 좋은 일들에서 기쁨을 얻는 것, 또한 금식보다는 잔치를 베풂으로써 삶을 즐기는 것과 같은 것들이 가난한 자들의 복음과 상관이 없는 것이라면 도대체 가난한 자들의 복음이란 무엇이란 말인가? 이제 제3세계의 신학자들, 특별히 여성신학자들은 삶 속에서 먹는 것과 좋은 친구를 사귐과 좋은 일들에서 기쁨을 얻는 것과 같은 '실용적'인 것들이 가난한 기층 여성들의 삶에서 얼마나 중요한 것인가를 강하게 대변하고 있다.[46] 여러 제3세계

46 예를 들어 미국의 우머니스트 신학자인 들로레스 윌리엄스(Delores S. Williams)는 남성들의 흑인해방신학을 비판하면서 다음과 같이 말한다. "해방은 궁극적인 것이다. 그러나 거기에 이르는 동안의 생존과 번영이 우리의 경험이 되어야 한다." 그는 여기서 가난하고 억눌린 사람들이 삶의 질을 높여 나갈 수 있는 자원이 없는 상황에서 삶의 질의 문제에 관해 묻고 있다. 윌리엄스는 흑인 여성들에게 중요한 것은 가정을 중심으로 한 '매일의 일들'이라고 말한다. (Delores S. Williams, *Sisters in the Wilderness: The Challenge of Womanist God-Talk* [Maryknoll, New York: Orbis Books, 1993]를 참조하라.) 아프리카의 여성들도 같은 주장을 한다. 아모아(Elisabeth S. Amoah)와 오두요예(Mercy A. Oduyoye)에 따르면 아프리카의 신화에는 '장차 오실 이(The Coming One)'와 같은 메시아적이고 유토피아적 기대는 낯선 것이며, 아프리카의 영성의 골자는 "사람들로 하여금 지금 여기에서 좋은 삶을 살게 해주어 그들

신학자들의 주장에서, 특히 여성신학자들의 주장에서 우리는 결코 지혜 전통이 '가난한 사람들의 복음'과 무관하다고 할 수 없음을 확인하게 된다. 굶지 않고, 목마르지 않으며, 마음을 터놓을 수 있는 이웃을 두고, 그리고 가끔 좋은 일들이 일어나는…… 험한 세상살이 속에서 좋은 삶(good life)에 대한 '소박한' 기대가 어떤 이들의 눈에는 '궁극적 관심'이 되기에 하찮은 것으로 보일지 모른다. 그러나 지금 굶주리고, 목마르며, 버림받고, 살면서 좋은 일이라고는 찾아볼 수 없는 사람들에게는 그

이 죽을 때 편안히 그들의 조상에게로 돌아가게 하는 것"이라고 말한다. (Elizabeth Amoah and Mercy Amba Oduyoye, "The Christ for African Women," in *With Passion and Compassion: Third World Women Doing Theology* [Maryknoll, New York: Orbis Books, 1990], pp. 37, 40.) 물론 이러한 '실용적 관점'은 샤머니즘을 통해 강력하게 표출된 한국 여성들의 '대중적 신앙'과도 긴밀히 연결되어 있다. 최만자가 이야기하는 것처럼 이러한 대중적 신앙은 민중의 일상의 삶에 뿌리를 내리고 있으며, 재난을 물리치고 복을 비는 매일의 삶의 필요성과 연관되어 있다. 샤머니즘은 미래의 언젠가 있을 구원이 아니라 살아가는 데 기본적으로 필요한 지금 이 세계의 문제에 관심하고 있다고 최만자는 말한다. 즉 샤머니즘 역시 실제적이며, 실용적인 문제에 관심하는 것이다. 정재식 역시 샤머니즘은 풍성한 추수와 자식(불행히도 아들만이지만), 육체적 건강과 물질적 풍요, 그리고 행운과 같이 이 세상적이며 실용주의적인 것들을 중심으로 한다고 말한다. (Choi Man Ja, "Feminine Images of God in Korean Traditional Religion," in *Frontiers in Asian Christian Theology: Emerging Trends*, [Maryknoll, New York: Orbis Books, 1994], pp. 82, 88.) 그렇다면 아마도, 정현경이 말하는 것처럼, 한국 여성들이 예수를 쉽게 받아들일 수 있었던 이유는 그가 귀신을 쫓고 병자들을 치유하는 예수였기 때문이었을 것이다. (Chung Hyun Kyung, "Who Is Jesus for Asian Women?" in *Asian Faces of Jesus* [Maryknoll, New York: Orbis Books, 1993], p. 236.) 물론 이에 대한 반론도 만만치 않다. 샤만(무당)이 개인적인 한과 구조적 악을 연결시키지 않았다는 점에서 예수를 '한의 사제'로 보는 것은 기존의 질서를 유지하는 데 기여할 수 있다는 반론이 그것이다. 하지만 필리핀의 여성신학자 파벨라(Virginia Fabella)는 이런 우려를 하는 사람들은 대부분 남성이며 총체적 인간 해방에서 영적 해방의 중요성을 간과하는 사람들이라고 반박한다. (Virginia Fabella, "A Common Methodology for Diverse Christologies?" in *With Passion and Compassion*, p. 112.)

런 '하찮아 보이는 것들'이 곧 '궁극적 관심사'다. 지혜 전통은 바로 이 '하찮아 보이는 것들' 속에서 하나님의 숨결과 은혜와 자비와 소망을 읽어내도록 우리를 인도한다.

만약 역사적 예수에 대한 제3의 탐구가 우리에게 주는 한 가지 선물이 있다면, 그것은 지금까지의 묵시론적이고 종말론적인 거대 역사 담론에서 눈을 돌려 '일상적'이고, '여성적'이며, '하찮아 보이는 것들' 속에서 생존과 생명과 평화를 위한, 총체적이고 근본적인 변혁을 추구하는 영성일 것이다. 압제와 저항, 혁명과 반혁명으로 얼룩졌던 '휘발성의 시대'가 가고 이제 보다 근원적이고 장기적인 변화가 요구되는 이 시기에 역사를 과거-현재-미래라는 단선적이고 직선적인 시간 관념 위에서 조급히 몰아가는 묵시주의적이고 종말론적인 패러다임은 이제 (적어도 잠정적으로) 폐기되어야 한다. 필자는 종말론과 지혜 사상이 서로 양립할 수 없는 것이라고 생각하지 않는다. 보그의 주장대로, 비종말론적인 예수의 요지는 종말론이 하나님 나라 전체를 지배하는 유일한 뉘앙스가 아니라는 것이었다. 이 세상 지금 그대로가 하나님의 나라가 아니라는 종말론적 믿음은, 기성질서의 내재화와 사회화를 추구하는 '관습적 지혜'를 뒤집는 '전복적 지혜'와 상충되지 않는다. 희망은 우리의 일상 안에 그것을 초월해 있다. 역사적 예수에 대한 '제3의 탐구'는 우리에게 그동안 억제되어왔던 토착적이며, 여성적이고, 그리고 원시적인 패러다임으로 돌아가 이 세계와 미래, 그리고 예수의 하나님 나라 복음을 다시 볼 수 있는 새로운 가능성을 우리에게 제공한다.

역사적 예수의 하나님 나라

그래서 박재순이 예수의 하나님 나라 운동을 '밥상 공동체'로 표현한 것은 대단히 적절한 일이다. 사실 박재순만큼 그렇게 '노골적'으로 먹고 마시는 것이 얼마나 민중에게 중요한 '궁극적인 관심사'인가를 신학적으로 강조한 사람은 없다. "함께 먹고 마시는 일이야말로 민중에 대한 사랑과 연대의 가장 구체적인 행동이면서도 가장 강력한 상징이다"라고 그는 말한다.[47] 그리고 이러한 구체적인 사랑과 연대의 사건이 벌어지는 곳이면 그 어디나 하나님의 나라라고 그는 말한다.

사실 북미의 예수 학자 가운데 박재순과 비슷한 주장을 하는 사람은 크로산이다. 그는 '치유(healing)'와 '먹기(eating)'라는 두 단어를 예수 운동의 핵심어로 결합하고 있다. 그에 의하면 예수의 하나님 나라는 "가장 밑바닥 민중들 사이에서 영적인 치유와 물질적 음식을 나누는 나눔의 평등주의"다. 그는 우리에게 '함께 식사함(commensality)'의 인류문화학적 중요성을 상기시킨다. 사람은 굶주림의 고통을 제거하기 위한 생리적 이유만으로 먹지 않는다는 것이다. 인류학자들은 한 사회 질서의 축소판으로 '식탁의 법칙'이 존재함을 지적한다. 예를 들어, 미국에서 흑인들의 민권운동이 시작되던 1960년대를 연상해보라. 흑인 청년 몇 사람이 의도적으로 한 식당의 흑인 금지 구역에 앉아 샌드위치와 콜라를 주문했다가 봉변을 당했다. 소위 현대화되고, 계몽되었으며, 민주적이라는 미국 사회에서도 누가 어디서 누구와 먹는지에 관한 법칙이 존재했던 것이다. 흑인들은 결코 백인들과 섞여서 식사할 수 없었다. 그렇게 '인종적으로 분리된 점심 식탁'은 다름 아닌 당시 미국 사회 전체의 축소판이었다. 그런데 크로산은 바로 그와 정반대의 '열린 식탁(open table)' 운동이 바로 예수의 하나님 나라 운동이었다고 말한다. 예수의 하나님 나라는 단지 상징적으로가 아니라 실제로 굶주린 사람들

47 Park Jae Soon, "Jesus' Table Community Movement and the Church," in *CTC Bulletin*, Vol. XI, No. 1, Jan.-Apr., 1992, p. 32.

이 함께 먹을 것을 나누는 사회저변의 열린 식탁 운동이었다는 것이다. 그런 의미에서 그는 익살스럽게도 하나님의 나라를 '포트락 왕국(potluck Kingdom)', 즉 각자 가진 음식을 내놓아 벌어지는 잔치와 같은 것이라고 말한다.

크로산은 하나님의 나라에 대한 기존의 패러다임, 즉 '현재 대 미래'라는 전통적 시간 구분에 '지배 계급(구체적으로는 가신 그룹과 학자층) 대 피지배 계급(구체적으로는 농민과 일반 민중)'이라고 하는 계급 구분을 투사하여 예수 시대 네 가지 유형의 하나님 나라를 도출한다.[48] 제1유형은 '미래적'(따라서 묵시주의적)이며 '지배 계급'의 것인데 다윗 왕국 혹은 메시아 왕국의 임박한 도래를 노래한 「솔로몬의 시(Psalms of Solomon)」 등이 그 예다. 제2유형은 같은 '미래적/묵시적'이면서도 농민과 같은 '피지배 계급'의 것인데, 모세와 여호수아를 내세운 세례요한과 같은 예언자 그룹이 그 예이다. 제3유형은 '현재적'(따라서 지혜적)이며 '지배 계급'의 것인데 이때 하나님 나라는 현자와 의로운 자와 덕망이 높은 현인들이 지금 들어갈 수 있는 어떤 것이다. 제4유형은 '현재적/지혜적'이면서 '피지배 계급'인 갈릴리 농민의 것인데 이것이 바로 예수의 하나님 나라 운동이었다는 것이다. 이 네 번째의 것이 바로 "가장 밑바닥의 민중들 사이에서 영적 치유와 물질적 음식을 나누는 나눔의 평등주의"라고 크로산은 결론짓는다.[49]

48 Crossan, *Jesus: A Revolutionary Biography*, p. 55.

49 크로산의 이러한 주장은 기본적으로 호슬리의 주장, 즉 "예수는 급진적인 평등주의 사회를 추구했다"는 주장을 발전시킨 것으로 보인다. 호슬리를 이해하기 위해서 먼저 타이센의 주장을 살펴보아야 하는데, 그는 1970년대 말에 처음으로 예수가 '급진적이고 카리스마적인 방랑 설교자(a radical charismatic itinerant preacher)'라고 주장했다. 타이센의 논지는 다음과 같다. 예수운동은 다음의 세 그룹, 즉 (1) 예수, (2) 예수를 닮으려 했던 방랑하는 카리스마적 신자들, 그리고 (3) 자신의 마을에 거주하면서 예수와 방랑하는 카리스마적 신자들에게 물질적 지원을 했던 동조자들로 구성

아우구스티누스 이래 중세 교회는 하나님 나라의 '나라(*basileia*)'를 영토, 구조, 제도, 혹은 기구와 같은 어떤 지정학적 실재로 이해했다. 그러나 달만(Gustav Dalmann)이 그리스어 '바실레이아'의 히브리어에 해당하는 '말쿠스(*malkuth*)'가 야훼와 결합하여서는 언제나 '하나님의 왕권적 통치(God's kingly rule)'를 의미한다고 밝힌 이래, 오늘날의

되어 있는데, 예수의 기본적 목표는 지역에 정착된 공동체를 건설하는 것이 아니라 급진적인 방랑 카리스마 운동이었다는 것이다. 이와 같은 타이센의 주장에 대해 호슬리는 예수의 목표가 방랑하는 카리스마파의 조직이 아니라 반대로 갈릴리 안에 지역적 공동체를 조직하려는 것이었다고 주장한다. 즉 예수의 가르침의 궁극적 대상은 그를 따라 떠도는 무리들이 아니라 각 마을에 살고 있는 일반 농민들이라는 것이다. 이것이 바로 예수는 '급진적인 평등주의 사회'를 건설하려 했다고 하는 호슬리의 주장의 근거다. 이렇게 본다면 크로산은 나름대로 타이센과 호슬리의 종합을 꾀하고 있는 듯하다. 흥미로운 것은 크로산이 타이센이 강조하는 '방랑하는 카리스마적 신자들'과 호슬리가 강조하는 '동조자' 간의 제휴를 강조한다는 점이다. 크로산에 따르면 방랑하는 전자의 그룹은 먹을 것이 필요한 사람들이었고, 정착하고 있던 후자의 그룹은 영적인 힘에 의한 치유가 필요한 사람들이었는데, 어떤 시점에 이르러 (그리고 예수에 의해) 이 둘이 결합되었다는 것이고 그것이 바로 예수운동의 '사회적 성격'이라는 것이다. 크로산은 예수 시대의 사회 경제적 분석을 통해 당시 방랑하는 카리스마적 신자들은 땅을 잃고 몰락한 농민이었다고 본다. 이들은 '가난한 자(the poor)'보다 더 가난한 '곤궁한 자(the destitute)'이다. 이에 비해 '동조자'들은 아직은 자신의 땅에서 그나마 생계를 유지하던, 몰락 직전의 농민들로 본다. 크로산은 예수운동이 바로 이 '곤궁한 자'들과 '가난한 자'들 사이에 난 절묘한 간극을 '나눔과 연대'라는 구체적 행동으로 메워나가며 하나님의 왕권적 통치를 실현해나가려 했던 운동으로 예수의 하나님 나라 운동을 이해하고 있다. 크로산에 의하면 예수의 이러한 하나님 나라 운동은 예수의 처형 이후에도 갈릴리 민중 사이에 더욱 강화되었으며, 이러한 전통은 예수의 '고난-죽음-부활'을 중심으로 교회를 발전시켜나갔던 예루살렘 중심의 교회와는 다른 전통이다. 또한 그에 의하면 전자의 전통이 살아 있는 것이 신약성서의 경전화 과정에서 도태된 '도마복음서'라는 것이다. 여기서 예수에게 붙여진 유일한 칭호는 '부활한 예수(resurrected Jesus)'가 아니라, 어제도 오늘도 그리고 내일도 지금 우리 가운데 살아 있는 하나님의 지혜인 '살아 있는 예수(living Jesus)'다. (이상 Crossan, *Who is Jesus?: Answers to Your Questions About the Historical Jesus* [Louisville, Kentucky: Westminster John Knox Press, 1996], pp. 83-91.)

대부분의 학자들은 '바실레이아'를 더 이상 영토적 개념으로 이해하지 않는다.[50] 또한 오늘날 대부분의 학자들은, 맥(Burton Mack)이 '바실레이아'가 예수 시대에 유대인만의 전유물이 아니라 전 헬레니즘 문명권 속에 널리 퍼진 '정치 권력에 관한 하나의 담론'임을 밝힌 이래, '바실레이아'를 완전히 종교적이면서 동시에 완전히 정치적인 개념으로 이해하고 있다.[51] 그런데 신약성서의 복음서 안에는 '미래적인 하나님 나라'와 '현재적인 하나님 나라'가 동시에 나타난다. 미래적인 나라는 우리가 "(들어) 가는"(마가 9:47) 나라다. 현재적인 나라는 지금 이곳에 임하는(마태 12:28), 그리고 예수에 의해 '이미' 이 땅에 시작되었으나 '아직' 완성되지 않은 나라이다. 이 나라는 하나의 과정, 상태, 성장을 의미하는 역동적인 나라다. 이 두 가지 나라 중 예수는 특히 이 땅에 임하는 현재적 하나님 나라를 강조했다. 바리새인들이 하나님의 나라가 언제

50 Fiorenza, "To Follow the Vision," p. 134. 그러니까 하나님의 나라는 '하나님의 주권이 실현되는 곳', '하나님의 뜻이 이루어지는 곳'이다. 헨델의 할렐루야에 나오는 "또 주가 길이 다스리시리"(출애굽기 15:18)가 하나님 나라를 가장 잘 표현한 문구의 하나일 것이다.

51 Burton Mack. "The Kingdom Sayings in Mark," in *Forum* 3, No. 1, 1987을 참조하라. 예를 들어, 피오렌자는 바실레이아의 정치적 의미를 의식적으로 강조하기 위해 그것을 '제국(empire)', '다스림(domain)', 혹은 '공화정(commonweal)'으로 번역한다. 즉 '하나님의 제국/공화정'은 '로마제국'에 대한 정치적 반대 개념인 것이다. (Fiorenza, "To Follow the Vision," pp. 132, 134-135.) 크로산도 "하나님의 나라는 로마 황제가 아니라 바로 하나님이 옥좌에 앉았을 때 이 세상이 어떻게 달라질 것인가"를 의미한다고 말한다. (Crossan, "Historical Jesus as Risen Lord," pp. 42, 44.) 한편, 보그는 하나님의 나라를 비정치적으로 해석하려는 학자들의 문제점을 다음과 같이 지적했다. (1) 예수가 젤롯당이 아니며 '그렇기 때문에' 비정치적이라는 추론('정치적'에 대한 좁은 개념 정의의 오류), (2) 예수는 하나님의 초자연적 개입을 통한 최후의 심판과 세상의 종말을 선포했기 때문에 사회적 혹은 정치적 문제에 당연히 무관심했을 것이라는 추론 (묵시론적, 종말론적 예수라는 오류), (3) 현대 예수 학자들의 개인주의적 성향, 그리고 (4) 현대 예수 학자들의 인종적, 성별, 계급적 한계 (백인, 남성, 중산층) 등이다. (Borg, *Jesus in Contemporary Scholarship*, p. 99.)

임하느냐고 묻자 예수는 "하나님의 나라는 (이미) 너희 가운데 있다"(누가 17:21)고 대답했다.

그런데 예수는 비유로만 하나님의 나라를 설명했다. 그는 철학적인 개념으로 하나님의 나라를 강론하지 않았다. 그는 하나님의 나라가 '보아라, 여기 있다' 또는 '저기 있다' 하고 말할 수 없는, 즉 눈으로 볼 수 있는 모습으로 오지 않는다고 했다(누가 17:20). 이 세상에 감추인 것, 신비한 것, 그래서 인간의 말로 직접 지칭할 수 없는 것이기에 예수는 늘 "하나님의 나라는 ~와 같으니"와 같은 비유로만 설명했다. 그런데 하나님 나라에 대한 많은 비유 가운데 필자는 마가 4:30-32/마태 13:31-32/누가 13:18-19/도마 20:1-4에 나오는 이른바 '겨자풀의 비유'가 오늘날 역사적 예수 연구의 성과에서 볼 때 가장 역사적 예수에게로 가까이 다가갈 수 있는 비유라고 생각한다.[52] 마가복음의 본문은 이렇다.

> 예수께서 말씀하셨다. 우리가 하나님의 나라를 어떻게 비길까? 또는 무슨 비유로 그것을 나타낼까? 겨자씨와 같으니, 그것은 땅에 심을 때에는 세상에 있는 어떤 씨보다도 더 작다. 그러나 심고 나면 자라서, 어떤 풀보다 더

52 '예수 세미나'의 학자들은 이중 도마의 비유가 가장 예수에게 가깝다고 판단하여 빨간색을 부여했다. 복음서의 구절들은 모두 분홍색을 받았다. 사실 도마복음은 예수 세미나에 의해 기존의 복음서들과 나란히 놓일 만큼 그 지위가 격상되었다. 신약성서의 복음서들과 달리 도마복음서는 예수의 말씀만을 모아놓은 일종의 어록집이다. 그런데 '예수 세미나'에 비판적인 학자들은 도마복음의 신빙성에 의문을 제기한다. 지금까지 도마복음서의 헬라어 원본은 주후 150년경 시리아의 에뎃사에서 왔다고 보고 있다. '예수 세미나'는 그것의 원본이 50년경에 기록된 것으로 추정되는 '원(原)도마복음'에서 왔다고 전제한다. 이에 대해 비판적인 학자들은 도마복음이 공관복음 이후에 기록된 것이며 역사적 예수를 탐구하는 자료로 사용하기에는 불확실하고 권위가 떨어진다고 반박한다. '예수 세미나' 역시 이 비유가 히브리/구약성서에 나오는, 유대인들의 전통적인 하나님 나라에 대한 이미지를 완전히 뒤집는, 그래서 가장 역사적 예수에게 다가설 수 있는 적합한 비유라고 보고 있다.

큰 가지들을 뻗어, 공중의 새들이 그 그늘에 깃들 수 있게 된다.

이 비유를 읽고 머릿속이 혼란스러워지지 않는다면, 2,000년 전 예수의 청중이 느꼈을 강한 충격을 포착하지 못한 것이리라. '하나님 나라'는 예수가 새로 시작한 이야기가 아니었다. 유대인들의 오랜 기다림이었고, 그 기대는 에스겔 17:22-23, 31:1-6과 다니엘 4:7-9, 19에 나오는 전통적 이미지로 축약되어 있었다. 에스겔 17:22-23의 본문은 다음과 같다.

주 야훼가 말한다. 내가 백향목 끝에 돋은 가지를 꺾어다가 심겠다. 내가 그 나무의 맨 꼭대기에 돋은 어린 가지들 가운데서 연한 가지를 하나 꺾어다가, 내가 직접 높이 우뚝 솟은 산 위에 심겠다…… 거기에서 가지가 뻗어 나오고, 열매를 맺으며, 아름다운 백향목이 될 것이다. 그때에는 온갖 새들이 그 나무에 깃들이고, 온갖 날짐승들이 그 가지 끝에서 보금자리를 만들 것이다.

히브리/구약성서에서 하나님 나라의 상징은 이 세상에서 가장 아름답고 위세 있는 백향목 혹은 송백(cedar)이다. 이름 그대로 향기 나는 이 나무는 성전이나 궁전을 짓는 데만 사용하던 최고급 나무였으며 권세와 호화로움을 상징한다. 예수 시대 이스라엘 사람들이 대망하던 (그리고 지금도 대망하고 있는) 하나님 나라는 바로 이런 나라였다. 구체적으로 다윗 왕조의 영화가 회복되는, 이스라엘 민족의 강성한 제국을 의미했다. 그리고 이 제국은 백향목과 같은 사람들, 즉 선택된 종교적 선민들만 들어갈 수 있는 나라였고, 그런 의미에서 미래의 나라였다.

그런데 예수는 '잡초' 같은 겨자풀에 고귀한 하나님 나라를 비유하고 있다. 많고 많은 식물 가운데 왜 '하필이면' 겨자풀인가? 겨자는 다년생

나무도 아니고 일년생 풀에 불과하다. 백향목처럼 자라 새들이 가지에 둥지를 틀 수도 없는, 그래서 마가복음의 표현대로 오직 "그 그늘에 깃들 수 있"는 풀에 불과하다. 더구나 겨자풀은 땅 위에 급속히 번지면서 토양을 망가뜨려서 이스라엘 농민들이 기피하던 식물이었다. 경우에 따라서는 3미터까지 성장하는 이 풀은 너무도 강인하고 억센 생명력으로 순식간에 사방으로 퍼지면서 다른 식물의 성장을 방해했다.[53] 그러니까 이 겨자풀이 번지면 그 일대는 그야말로 '쑥대밭'이 된다. 예수의 하나님 나라에 대한 비유는 이렇듯 당시 유대인들의 관습적인 사고와 지혜에 일대 '전복적인' 충격이었다. 예수의 하나님 나라는 과거 다윗 왕조와 같이 군사적 힘과 상업적 발전에 의해 지탱되는 정치적 메시아 왕국이 아니었다. 이 땅에 사는 무지랭이 잡초와 같은 인생들에게 주어진 현재의 나라였다. 그리고 그 잡초와 같은 인생들은 다름 아닌, 유대법에 의해 '죄인'이라고 불렸던 사람들이었다.

예수는 이런 하나님의 나라를 선포했을 뿐만 아니라 그 나라를 직접 몸으로 살았다. 당시 사회에서 버림받은 소위 '죄인들'과 함께 먹고 마신 것이다. 이것은 당시 유대 사회의 질서에 대한 커다란 모독이자 노골적 반란 행위였다. 1세기 팔레스타인 땅에서 누군가와 함께 식사를 한다는 것은 곧 그를 인정하며 그와 함께 삶, 즉 생명을 나눈다는 의미였다. 때문에 이는 당시 유대 종교의 법과 질서에 대한 전면적 도전 행위였다. 당시 유대 사회는 철저한 이분법적 사회였다.[54] '깨끗한 자 대 부

53 크로산은 "겨자씨는 부정하게 심기고 장소의 구별 없이 쉽게 자라기 때문에 통제하고 솎아내기 어려운 특성이 있다. 이것은 남의 자리를 탈취하는 위협적인 성격을 가지고 있다"고 말한다. (Crossan, *Who Is Jesus?*, p. 99.)

54 당시의 유대 사회는 정결법(purity code)에 기초한 일종의 카스트(caste) 사회였고, 피라미드 같은 카스트 맨 위를 제사장이 그 다음을 레위인이 그리고 사두개인과 바리새인이 차지하고 그 맨 밑에 '성기가 잘린 남자'가 위치하고 있었다. 이 카스트의 '밖'에, 말하자면 '아웃카스트'(outcaste, 불가촉천민)가 존재했다.

정한 자', '거룩한 자 대 속된 자', '의인 대 악인'의 구별에 근거한 사회였다. 물론 이러한 이분법은 바빌론 포로기 이후 풍전등화와 같은 민족의 위기 속에서 에스라와 느헤미야가 민족의 '순수성'을 지킴으로써 민족의 '정체성'을 보존해나가려는 민족갱신운동의 산물이었다. 말하자면 '딱딱한 율법주의의 껍질'로 연약한 속살과도 같은 민족의 생명을 이어나가려는 운동이었다. 문제는 이러한 이분법적 정결법이 수많은 '죄인들'을 구조적으로 양산한다는 것이었다. 당시의 '죄인들'은 오늘날 우리가 보통 말하는 죄인과 다르다. 당시의 '죄인들'은 대부분 가난한 사람들이었다. 생계를 유지하기 위해 율법이 요구하는 것을 다 지킬 수 없던 사람들이었다. 그 대표적인 것이 안식일 법이었다. 곳간에 먹을 것을 쌓아둔 사람이야 일주일에 하루 정도는 일하지 않고도 거룩하게 지킬 수 있었지만, 가진 것이라곤 몸밖에 없는 가난한 사람들은 굶주린 자식들을 먹여 살리기 위해서라도 안식일을 어기지 않을 수 없었다. 바로 이들이 겨자풀과 같은 인생, 즉 잡초와 같은 인생들이었다. 구체적으로 당시에 '죄인들'이라 불렸던 가난한 자, 눈먼 자, 절름발이, 앉은뱅이, 문둥이, 창녀, 세리, 귀신들린 사람들이었다. 예수는 온갖 사회적 · 종교적 비난을 무릅쓰고 이 '죄인들'과 함께 먹고 마셨다. 그들과 열린 식탁 친교를 가진 것이다. 생명의 밥상 공동체를 연 것이다. 그래서 예수의 적대자들은 예수를 '먹보'요 '술꾼'이요 '세리와 죄인의 친구'라고 비난했다. 하지만 이에 대한 예수의 답변은 명쾌했다. "나는 의인을 부르러 온 것이 아니라 죄인을 부르러 왔다." (마가 2:17) 여기서 '죄인'은 정확히 '소위 너희들이 말하는 죄인'이다. 예수는 인간이 세운 관습법의 기준에 의해 죄인으로 내몰린 사람들에게도 하나님의 은혜와 사랑과 자비는 똑같이 임한다고 선포했다. 그것이 바로 예수의 하나님의 나라였다. 유대의 종교 지도자들은 '죄인들'에게 이렇게 말했다. "아프냐? 네가 죄인이기 때문이다. 더 아파라!" 그러나 예수는 그들에게 이렇게 말했다. "아프냐? 네가 아프니 내가 아프다. 아프지 마라!"[55]

하나님 나라는 이 세상 속에 '겨자풀'처럼 번지는 것이다. 강인한 생명력으로 탐욕과 배척과 이권으로 가득 찬 이 세상 속으로 사정없이 밀고 들어가 나눔과 섬김과 치유와 사랑의 새 질서로 이 세상을 '쑥대밭'으로 만드는 것이 예수의 하나님 나라다. 그 나라를 선포하고 그 나라를 살다가 예수는 십자가에 못 박혔다. 하지만 예수를 잡아 죽인 사람들은 나쁜 사람들이 아니었다. 그들은 경건한 신앙인들이었다. 하지만 '닫힌' 경건주의자들이었다. 예수는 "진리를 알지니 진리가 너희를 자유케 하리라"(요한 8:32)고 했지만, 그들은 자신들이 믿는 진리를 위해서는 얼마든지 남을 죽일 수 있는 무자비한 사람들이었다. 하지만 예수는 부활했다. 세상이 그를 이길 수 없었던 것이다. 정말이지 하나님의 나라는 일단 시작되면 세상이 견디지 못하는 것이다.

* * *

오늘날 많은 기독교인의 삶은 예수의 삶을 닮지 않았다. 교회는 종종 '예수를 닮지 않은 그리스도'를 예배한다. 신학 강단에서 가르쳐지는 기독론은 종종 예수를 따르지 않기 위한 교묘한 신학적 알리바이로 둔갑한다. 그래서 우리는 하나님 나라라는 자신의 중심적 메시지로부터 '이혼' 당한 슬픈 예수를 본다. 물론 하나님 나라가 떨어져 나간 예수의 빈자리는 언제나 정치적 권력, 문화적 우월감, 종교적 완고함, 기존 질서에의 순응, 그리고 도피적 구원관이 메운다. 이제 다시금 우리는 이 땅에 오신 예수가 믿고 살았던 것을 믿을 때가 되었다.

중국 속담에 이런 말이 있다. "I hear and I forget; I see and I remember; I do and I understand"(나는 듣고 잊어버립니다. 보면 기

55 SBS 사극 '조선여형사 다모'의 대사를 패러디한 것이다.

억할 겁니다. 실천해보니 비로소 이해가 됩니다.)[56] 필자는 여기서 "행함이 없는 믿음은 죽은 것"(야고보 3:17)이라는, 신앙에 있어서 실천의 중요성을 말하고 싶은 게 아니다. 행함을 강조하는 말 속에는 여전히 믿음('예수 믿기')과 실천('예수 살기')이 마치 각각 별개의 것인 것처럼 전제되어 있다. 필자는 여기서 '예수 살기'(실천)가 '예수 믿기'(믿음)의 인식론적 근거가 된다는 것을, 즉 '예수 살기' 없이는 '예수 믿기'가 가능하지 않다는 것을 말하고 싶다. 예수처럼 살아야 예수를 알고 믿을 수 있다는 말을 하고 싶다.

사도 바울은 "내가 그리스도와 함께 십자가에 못 박혔나니 그런즉 이제는 내가 사는 것이 아니요 오직 내 안에 그리스도께서 사시는 것이라 이제 내가 육체 가운데 사는 것은 나를 사랑하사 나를 위하여 자기 자신을 버리신 하나님의 아들을 믿는 믿음 안에서 사는 것이라"(갈라디아서 2:20)고 했다. 영어 성경(Newly Revised Standard Version)을 보면 이 구절의 후반부는 "하나님의 아들을 믿는 믿음 안에서 사는 것"이 아니라 "하나님의 아들의 믿음으로(by faith of the Son of God)" 사는 것이라 번역되어 있다. 한글 성경은 여전히 하나님의 아들이 목적어로, 즉 믿음의 '대상'으로 나의 밖에 있다. 하지만 영어 성경에서는 나와 그리스도가 이미 하나가 되어 있다. 왜냐하면, "내가 그리스도와 함께 십자가에 못 박혔나니 그런즉 이제는 내가 사는 것이 아니요 오직 내 안에 그리스도께서 사시는 것"이기 때문이다. 이것이 자연스럽다. 그리고 이러한 신앙의 경지에 이르면 '예수 믿기'와 '예수 살기'는 별개가 아니다. '내 안에 예수가 있기' 때문이다. 내 속사람이 이미 그리스도로 대체되었기에 이제 그의 믿음이 나의 믿음이 되어 내가 살기 때문이다. 하나님 나

56 뉴욕 맨해튼의 한 초등학교에 걸려 있던 것이다. 영어로 번역되어 있었기 때문에 중국어 원문을 구하지 못했다. 다른 곳에서는 이 속담이 이렇게 변형되어 있었다. "Tell me, I will forget; Show me, I may remember; Involve me, I will understand."

라에 대해 그가 가졌던 믿음이 나의 믿음이 되어 내가 살기 때문이다.

'예수에 대한 믿음(faith in Jesus)'은 '예수의 믿음(faith of Jesus)'으로 이어지고 성숙되고 발전되어야 한다. 우리는 '예수 믿기'를 통해 '예수 살기'로 나아갈 수도 있고, '예수 살기'를 통해 '예수 믿기'로 이어질 수도 있다. 예수처럼 살지 못하면 예수는 이름뿐인 나의 주(Lord)이거나 자신의 이권을 합리화하는 제의적 상징일 뿐이다. 하지만 예수를 나의 주로 받아들이지 못하면 목숨까지도 내놓을 수 있는 헌신(devotion)이 나오지 못한다. '예수 믿기'와 '예수 살기', 그 둘은 원래 하나이며 변증법적 관계 안에 있다. '신앙의 그리스도'(예수 믿기)와 '역사의 예수'(예수 살기)가 택일의 문제가 아닌 것처럼 말이다.

미국 남북전쟁 때 '프레드릭스버그 대전투'라는 유명한 싸움이 있었다. 육탄전까지 치르고 수많은 부상자들을 중간에 남겨놓은 채 쌍방은 후퇴하여 대치하고 있었다. 이때 북군 병사 하나가 물통을 들고 달려 나갔다. 남군에서 사격이 시작되었다. 그러나 이 병사가 목숨을 걸고 남군, 북군 가리지 않고 부상자들에게 물을 마시게 하는 광경을 보고 사격은 중단되었다. 이를 계기로 쌍방은 한 시간 동안 휴전을 하기로 하고 서로 부상자 처리를 하게 되었다. 이때 한 남군 장교가 이 북군 병사에게 물었다. "What is your name?" 그러자 그가 대답했다. "My name is Christian!" 그에게 '크리스천'이라는 이름은 싸고 편리한 이름이 아니었다. 목숨을 건 이름이었다. 전 존재를 건 이름이었다. 그 병사에게는 '예수 믿기'와 '예수 살기'가 별개가 아니었던 것이다.

그리스도인으로 이 땅을 살아간다는 것, 그것은 바로 이러한 크리스천 정신을 가지고 탐욕과 배척과 이권으로 가득 찬 이 세상을 나눔과 섬김과 치유와 사랑의 '쑥대밭'으로 만드는, 그래서 이 나라와 세계와 역사의 새 미래를 열어가는, 신나고 영광스런 자리가 아닐까.

제9장

신자유주의 세계화의 종언

생명을 꿈꾸는 행복한 지역 교회

> 조류가 바뀌고 있다. 사상의 조류가 집산주의에 대한 믿음에서 벗어나 개인주의와 사적 시장에 대한 믿음으로 향하고 있다. 시대의 사조가 철의 장막 양쪽에서 이렇게 극적으로 바뀔 것이라고는, 정말 꿈도 꾸지 못했다.
>
> — 밀튼, 로즈 프리드먼[1]

약 30년 전 시카고대학의 밀튼 프리드먼(Milton Friedman)과 그의 아내 로즈 프리드먼(Rose Friedman)은 신자유주의가 지배하는 세상이 도래한 감회를 이렇게 표현했었다. 하지만 영원할 줄만 알았던 이 세상이 이렇게 빨리, 또한 이렇게 극적으로 바뀔 것이라고, 그들은 정말 꿈도 꾸지 못했을 것이다.

2008년 월가의 금융 위기로 신자유주의는 종언을 고했다. 미국의 역대 정권 가운데 가장 극단적인 신자유주의 노선을 걸었던 부시 대통령이 퇴임 전 가히 사회주의 정권을 방불케 하는 가장 반(反)시장적인 국가 개입 정책을 선택할 수밖에 없었던 것은, 그야말로 역사의 희극 중 희극이었다. 1929년 대공황 이후 최악의 금융 위기라는 이번 참사는 다시 한 번 우리에게 '규율받지 않는 시장'은 언제든지 거대한 탐욕과 투

1 Milton and Rose Friedman, *Free to Choose: A Personal Statement* (New York: A Harvest Book, 1980), p. ix.

기의 전쟁터로 변할 수 있음을 여실히 보여주었다. 충격은 오래갈 것이다. 그리고 신자유주의를 대체할 새로운 사상이 전면적으로 등장할 때까지, 세계는 신자유주의와 신정부 개입 이데올로기가 혼재하는, 혼돈과 불확실성의 긴 터널을 지나게 될 것이다.

2007년 봄 미국에서 서브프라임 모기지 사태가 터졌을 때만 해도 그 파장이 이렇게까지 클 줄 짐작한 사람은 많지 않았다. 위기의 씨앗은 눈앞의 고수익에 눈이 어두워진 금융기관들이 신용이 취약한 계층에게 마구잡이로 돈을 빌려준 것이었다. 심지어는 죽은 사람의 이름으로도 대출을 해주었다고 하니 그 도덕적 해이와 방종이 어땠는지 가히 짐작이 간다. 그런데 미국의 전체 주택담보대출 시장에서 겨우 9% 정도의 작은 비중밖에 차지하지 않는 서브프라임이 미국 전체, 나아가 세계를 집어삼키는 '괴물'로 변신하게 된 이유는 무엇인가? 그것은 역설적으로 미국이 그동안 글로벌 스탠더드라며 그토록 자랑하고 우리나라를 비롯한 세계에 강요해왔던 '자유 시장'과 '첨단 금융 기법' 때문이었다.

미국식 금융 자본주의는 1980년대 초 시작된 '레이거노믹스'로부터 본격화되었다. 레이거노믹스 아래서, 1929년 대공황 이전까지 세계 경제를 주물렀던 전업 투자은행(Investment Bank)들이 다시금 금융 자본주의의 주인공으로 부상했다.[2] 컴퓨터와 수학 및 공학의 발달까지 이뤄지면서 이들은 소위 파생 금융 상품이란 것을 만들어 그 규모를 50조 달러로 키웠다. 스스로는 첨단 금융 기법을 개발했다며 '리스크 제로'의

2 은행은 상업은행(commercial bank)과 투자은행(investment bank) 그리고 둘을 결합한 유니버설은행(universal bank)으로 나뉜다. 상업은행은 예금주에게 예금을 받아 기업이나 개인에게 돈을 빌려주는 은행을 말한다. 투자은행은 예금을 받지 않고 돈을 빌려 기업의 주식이나 채권을 거래한다. 증권회사와 유사하지만, 1933년 미국에서 상업은행 업무와 투자은행 업무를 동시에 하지 못하도록 하는 법률이 제정된 뒤 투자은행이라 불린다. 하지만 양쪽 업무를 모두 처리하는 시티그룹이나 도이치방크와 같은 은행은 유니버설 뱅크로 따로 분류된다.

환상에 취했다. 자기 자본의 100배에 달하는 돈을 빌려 이리저리 투자하는 위험천만한 짓도 서슴지 않았다. 그리고 세계화라는 이름으로 미국의 금융 자본은 각 나라의 국경을 맘대로 넘나들었고, 이들이 벌어들이는 돈은 제조업이 거덜난 미국을 세계 최강국으로 지탱시켜주었다. 물론 '카지노 자본주의'라는 비아냥거림을 받았지만 이에 아랑곳하지 않았다. 몇몇 사람들이 걱정스런 충고를 던졌지만, '자유로운 시장은 언제나 좋은 것이고 시장은 스스로 문제를 알아서 해결할 것'이라는 신자유주의 이데올로기 때문에 신경 써서 듣는 사람들은 거의 없었다. 하지만 방종과 거품의 대가는 너무나 컸다.[3] 이번 월가 몰락 사태의 뇌관 구실을 한 파생금융상품 CDS(Credit Default Swap)에서 볼 수 있듯이, 대형 투자은행들이 벌이는 머니게임 속에서 리스크는 결코 죽지 않고 시한폭탄처럼 이리저리 떠넘겨졌을 뿐이다.[4] 어쩌다 우리 모두가 이런 이상한 글로벌 시스템의 포로가 되었는가?

신자유주의 40년

제2차 세계대전 이후 세계 경제는 두 단계의 과정을 밟아왔다. 첫 단계는, 전후부터 1970년대 초반까지, 경제학자들이 소위 '산업 자본주의 (industrial capitalism)'의 황금기라 부르는 브레턴우즈 체제의 시기와, 두 번째는 고정환율제와 자본의 국제적 이동에 제약을 가하고 있던 이

3 허영춘, "미 금융 자본주의가 흔들린다", 『한국경제신문』 2008년 9월 22일.

4 최우성, "시장신화의 몰락 2 '머니게임'의 함정", 『한겨레신문』 2008년 9월 25일. 단순화한 CDS 모형은 A가 B에게 돈을 꿔준 뒤 그 돈을 받을 '권리'를 C에게 팔고, 다시 D, E, F……의 손에 무한정 떠돌아다니는 것으로, 최종적으로 그 권리를 손에 쥔 투자자의 운명은 정작 누군지도 모르는 이 B의 돈 갚을 능력에 달려 있다.

체제가 붕괴한 이후 지금까지, 즉 경제학자들이 '금융 자본주의(finance capitalism)' 단계라 부르는 시기다. 신자유주의 세계화는 이 금융 자본주의 단계와 연계되어 있다.

신자유주의 세계화 40년 간 세계 경제에 많은 변화가 일어났다. 그 중 가장 크고 위험한 변화는 금융 자본(finance capital)의 전면적 부상이다. 물론, 다국적 기업들은 아직도 세계 경제의 '근육과 뼈'를 이루는 중추적 세력이다.[5] 하지만 오늘날은 노조와 정부뿐만 아니라 다국적 기

5 1970년대 7천여 개이던 다국적 기업은 1990년에 4만 개로 늘어나는 등 가히 폭발적으로 성장했다. (UN Division of Transnational Corporations, *World Investment Report 1996.*) 다국적 기업들은 전 세계에 퍼져 있는 자신의 27만 개의 지사들에 의해 거미줄처럼 얽혀 있다. GDP 혹은 총매출액을 기준으로 본다면 GM은 태국이나 노르웨이보다 크고, 포드 자동차는 사우디아라비아보다 크며, 미츠비시는 폴란드보다 크고, 이토츠는 남아프리카보다 크며, Royal Dutch Shell은 그리스보다, 스미토모와 도요다와 월마트는 각각 말레이시아, 이스라엘, 그리고 콜롬비아보다 크다. 양적으로만 아니라 다국적 기업들은 우리의 삶도 질적으로 지배하고 있다. 우리가 무엇을 먹고, 무슨 일을 하고, 어떻게 우리의 자녀들을 키우며, 나아가 무엇을 거룩하게 여기는지 등에 이르기까지, 인류의 삶의 거의 모든 구석을 다국적 기업들이 지배하고 있다. 나아가 그들은 1886년 미국의 대법원이 산타클라라(Santa Clara County)와 남부태평양 철도회사(Southern Pacific Railroad) 사건의 판결에서 기업도 일반 시민과 동일한 헌법적 권리를 누린다고 판결한 이후, 이제 어엿한 '사람(person)'으로서의 권리를 누리게 됐다. 미국에서는 19세기 후반에 내려진 또 다른 판결에 의해 기업에 '인권'까지 부여했다. 이 말은 곧 기업이 '공공의' 기관으로부터 개인과 동일한 법적 지위를 누리며 오직 자신의 소유주들에게만 책임을 지는 '사적' 기관으로 변모했다는 것을 의미한다. (Kevin Danahar, *10 Reasons to Abolish the IMF & World Bank*, pp. 42-43을 참조하라.) 빌 모이어(Bill Moyer)의 〈Trading Democracy: NAFTA's Chapter 11〉이라는 다큐멘터리는(2002년 2월 5일 미국 PBS에서 방영), 이제 완전한 '사람'이 된 기업들이 특별히 '북미자유무역조약(NAFTA)'이 발효된 이후 어떻게 여러 주정부나 국가를 상대로 반환경적이고 반사회복지적인 정책을 강요할 수 있는 무소불위의 권능을 갖게 되었는지를 잘 보여주고 있다. 예를 들어 화학 독극물을 생산하는 MTBE라는 기업은 환경에 관한 법률을 시행하고 있는 캘리포니아 주정부를 상대로 소송을 벌여 9억7천만 달러의 승소 판결을 받아낸 적이 있다.

업들까지도 국제 금융 자본의 막강한 힘과 지배 아래 놓여 있다. 오늘날 국제 외환시장("forex" market)에서 어떤 가격에 돈이 사고 팔리느냐에 따라 다국적 기업의 정책은 물론, 우리가 1997년 아시아 경제 위기에서 경험했듯이, 한 국가 전체의 운명이 좌우된다.[6] 외환 시장은 이 세계에서 가장 규모가 큰 시장이다. 하루 거래량이 무려 1.5조 달러에 이르는데, 이것의 3-4일치 분량이 미국 경제의 연간 총생산량과 맞먹는 정도다. 한 때 국내 시장에 발이 묶여 있던 금융 자본은 이제 자기 맘대로 세상을 활보할 수 있는 시대를 맞이했다. 그러니까 1997년 이후 우리가 피부로 경험해온 신자유주의 세계화의 가장 핵심적 특징은, 사적으로 통제되는 금융 자본이 빠른 속도로(빛의 속도로), 예상할 수 없는 방향으로, 그리고 종종 대규모로 국경을 마음대로 넘나드는 현상을 말한다. 초국적 자본이 주도하는 세계화는, 조지 소로스(George Soros)의 표현대로, 사적 금융 자본의 경제적 · 정치적 승리를 의미한다.[7]

6 필자는 지금도 1997년 12월 2일에 한 은행 노동자가 매서운 서울의 겨울 거리 위에서 들고 있던 한 작은 피켓의 구호가 생각난다. 거기에 그는 "IMF = I'M Fired(?)"라고 써놓았다. 실제 '사회적 살인'으로 비유되는 이러한 대규모 실업 사태로 수많은 사람들이 줄지어 자살의 대열에 들어섰다. 경제 대공황을 경험했던 1929년 미국의 뉴욕도 예외는 아니었던가 보다. 당시 맨해튼에 있던 한 호텔에서는 숙박객이 투숙할 때 "어떤 방을 원하세요? '잠자는 방'이요 '뛰어내릴 방'이요?"라고 물어보았다는 전설이 지금도 전해져온다. (Charles R. Geisst, *100 Years of Wall Street* [New York: McGraw-Hill, 2000], p. 36.)

7 조지 소로스도 세계화란 자본의 자유로운 이동과 국제 금융 시장에 의한 민족 국가 경제의 점증하는 지배를 의미한다고 말한다. (George Soros, *On Globalization*, [New York: PublicAffairs, 2002], p. vii.) 그는 또 이렇게 말한다. "우리는 모두 전 지구적 자본주의 시스템의 한 부분으로 편입되었다. 이 시스템의 특징은 자유 무역이라기보다 자본의 자유로운 운동이다. 이 시스템은 금융 자본에 상당히 우호적이다. 이 시스템은 마치 하나의 거대한 순환 기관과 같은데, 자본을 중심부에 있는 금융 시장과 기관으로 빨아들인 다음, 주변부로 신용이나 포트폴리오와 같은 직접적 방식이나 다국적 기업을 통한 간접적 방식으로 배출하고 있다." (Soros, *The Crisis of Global*

초국적 금융 자본은 세계화의 엔진이다. 따라서 우리가 신자유주의 세계화가 지난 40년간 우리가 사는 이 세상을 어떻게 변화시켜왔는지를 보다 깊이 이해하려면 우리는 이 금융 자본의 성격과 특성에 대해서도 깊이 이해해야 한다. 소로스는 금융 자본을 '번영의 선구자'라고 치켜세웠다. 하지만 필자가 보기에 초국적 금융 자본은 부를 창출하는 번영의 선구자가 아니라 오히려 '부의 집중'을 가속화하는 맘몬, 즉 '돈 신(money-god)'이다. 예수께서는 "너희가 하나님과 재물(맘몬)을 겸하여 섬기지 못한다"(마태 6:24)고 말씀하셨다. 세계화 시대의 새 주인, 국제 금융 자본은 과연 어떤 얼굴을 하고 있으며, 우리의 세계를 어떤 세상으로 변화시켜왔던가?

첫째, 사적으로 통제되는 금융 자본은 '공공의 책임성'이 없다. 그것의 유일한 관심사는 최단 시일에 최고의 수익을 올리는 것뿐이다. 사적 금융 자본은 이문을 낼 수 있는 곳이면 땅 끝까지도 찾아간다. 하지만 자신의 기대가 거품으로 판명되었을 때 그것은 즉시, 우리가 IMF의 구제금융에서 익히 보았듯이, 그 비용과 손실을 '사회화'한다.[8] 자본 소유주와 투자가가 떠맡아야 할 부담을 납세자에게 떠넘기는 것이다. 그 피해가 고스란히 가난한 사람들에게 전가되는 것은 두말할 필요도 없다. 진정한 자유는 사회적 정의와 공공의 질서에 대한 책임을 전제하는 자유다.[9] 하지만 금융 자본은 '책임적 인격'이 아니다. 그래서 존 포비

Capitalism: Open Society Endangered [New York: PublicAffairs, 1998], p. xii.)

8 한국의 외환위기 직후 『뉴욕타임스』는(1998. 1. 8일자), "남한 경제에 대한 구조 작업은 마치 대중 스포츠 경기처럼 되어가고 있는데…… 여기에서 유일한 승자는 외국계 은행들뿐이다"라고 지적했다. 또한 "외국인들은 이 스포츠 게임에서 그동안 부채가 많았던 한국의 은행들에게 마구 돈을 빌려준 자신들의 행위에 대해서는 조금도 벌을 받지 않으며…… 앞으로도 외국계 은행들은 언제든지, IMF가 항상 구제금융을 할 준비가 되어 있는 이상, 싸구려 돈을 들고 필요한 사람들을 찾아다닐 것이다"라고 했다.

(John S. Pobee)가 초국적 금융 자본이 주도하는 세계화를 "닭을 밟고 서서 '오 자유'를 노래하며 춤추는 코끼리"에 비유한 것은 과장으로 들리지 않는다.[10]

둘째, 사적 금융 자본은 '투자'가 아니라 '투기'를 본업으로 한다. 독일의 사회학자 막스 베버(Max Weber)는 자본주의에 '정신'이 있음을 강조하면서 프로테스탄트 노동 윤리가 19세기 자본주의의 꽃을 피우게 한 원동력이었다고 주장했다. 하지만 에드워드 챈슬러(Edward Chancellor)에 의하면, 17세기 이후 자본주의를 이끌어온 첨병은 투기며, 자본주의 경제 안에서 도박꾼과 투기꾼과 금융인을 구분하는 경계선은 애매하기만 하다.[11] 실제로 오늘날 모든 산업 국가에서 투자는 생산 분야에서 금융 분야로 옮겨가고 있다.[12] 나아가 국제 외환 시장에서 거래되는 자본 가운데 2.5%만이 실물 경제에 쓰이고 있으며, 나머지 97.5%는, '약탈 자본주의'의 첨병으로 알려진 헤지 펀드(hedge fund)에 의해 주도되는 단기성 투기다. 물론 이런 식의 투기는 새로운 부의 창출에 기여하지 않는다. 누군가는 분명 돈을 벌지만, 새 일자리가 창출되지도, 공장이 새로 지어지지도, 그리고 작은 부품 하나가 만들어지지도 않는다.

9 이것이 에큐메니칼 운동이 추구해온 '책임사회론'의 한 핵심적 주장이다. '책임사회(Responsible Society)'에 관해서는 한국기독교교회협의회가 번역 · 출간한 『에큐메니칼 운동과 신학사전』(2001)을 참조하라.

10 John S. Pobee, "Theology in the Context of Globalization," in *Voices from the Third World*, Vol. XX, No. 2, December 1997, p. 71.

11 Edward Chacellor, ***Devil Take the Hindmost: A History of Financial Speculation*** (New York: Plum Book, 2000)을 참조하라.

12 이러한 추세는 오늘날 해외투자가 FDI(Foreign Direct Investment)에서 FPI(Foreign Portfolio Investment)로 옮겨가고 있는 것에서 잘 드러난다. 전자는 외국인이 타국에 들어가 그 나라 기업의 지분을 사거나, 회사 자체를 사거나, 아니면 아예 새로운 회사를 시작하는 경우이다. 후자는 외국인이 타국의 주식 시장에서 주식을 사고파는 경우다.

사실 현재 사회적으로 문제가 되고 있는 이른바 '고용 없는 성장'으로 인한 심각한 실업 문제도 자본이 자기의 이윤을 극대화하기 위해 고정 자본의 비율을 늘리는 경향과 무관하지 않다. 한마디로 초국적 금융 자본은 가난한 사람들에게 아무 도움을 주지 않는다. 도리어 투기에서 얻어진 잉여자본은 바하마, 케이만 아일랜드, 리베리아, 그리고 버뮤다와 같은, 소위 '조세 천국'으로 흘러 들어가 부정부패와 범죄의 온상이 되고 있다. 맘몬은 땀 흘려 노동하지 않는다. 도박을 할 뿐이다. 맘몬은 고통 받는 사람들의 생명을 살리려 "이제까지(안식일에까지) 일하시는"(요한 5:17) 예수의 하나님이 아니다.

셋째, 초국적 금융 자본은 우리가 사는 실제 세계와의 연관성을 상실했다. 브레턴우즈 시스템이 붕괴된 1970년대 초반 이후 세계 경제에서 일어난 변화 중 가장 주목할 만한 현상은 금융 경제와 실물 경제의 분리 현상이다. 금융 경제가 실물 경제보다 비대해졌으며, 실제의 생산과 교환활동에 복무해야 할 자본은 실물 경제로부터 분리되어 추상화되었다. 돈이 국가나 지역 공동체, 그리고 상품과 서비스와 같은 실제의 세계와 연관성을 상실한 것이다. 금융 자본과 실물 경제의 사이가 점점 멀어지면서 오늘날 실물 경제 밖에는 약 60조 달러 규모에 이르는 '카지노 경제권'이 존재하게 되었다. 브루노 케른(Bruno Kern)은 이것을 국제 금융 투기의 온상이 되는 "투기의 상부 구조"라고 불렀다.[13] 초국적 금융 자본은 가난한 사람들의 손이 닿지 않는 구름 저편에 있다. "주리고, 목마르고, 나그네 되고, 헐벗고, 병들고, 옥에 갇히는"(마태 25), 이 눈물과 땀과 고통의 세상으로부터 맘몬은 '초월'해 있는 것이다. "예나 지금이나" 눌리고 고통당하는 사람들 속에 살아계신 예수 그리스도와는 달

13 Bruno Kern, "A Colossus with Clay Feet: Is the World Economy about to Collapse?" in *Outside the Market No Salvation?*, p. 17.

리 말이다.[14]

넷째, 국제 금융 시스템은 부채를 창출함으로써 (가치가 아니라) 돈을 창출한다. 현재 급속하게 축적되고 있는 국제 금융 자산의 대부분은 빌려온 돈, 즉 부채다. 데이비드 코튼(David C. Korten)의 책 『기업이 세계를 지배할 때(*When Corporations Rule the World*)』는 이 점을 밝히 이해하는 데 많은 도움을 준다. 그는 여기서 현대 금융 자본주의 하에서 돈의 본질이 무엇이며 (돈은 이제 거의 순수한 추상물이 되고 있으며 화폐의 창조는 가치의 창조에서 분리되고 있다),[15] 어떻게 현재의

14 이진재의 시 '이 땅의 예수는 어디에'는 이렇게 눌리고 고통당하는 사람들 속에 항상 계시는 예수에 관해 노래한다. "동짓달 추운 겨울밤 / 조선족 이주 노동자가 / 서울 중심가에서 얼어 죽었다 / 불법 체류자 합법화 투쟁하는 / 외국인 노동자들도 / 자살로, 병으로 죽어가고 있다 / 이제 다시 크리스마스 계절이 / 가난한 자에게 복음을 / 눈먼 자에게 보게 함을 / 포로 되고 눌린 자에게 자유를 외치는데 /금년 성탄절에 예수님 오셔서 / "내가 주릴 때 먹을 것을 / 목마를 때에 마실 것을 주지 않았고 / 나그네 되었을 때에 외면했으며 / 헐벗었을 때에 옷을 주지 않았고 / 병들고 옥에 갇혔을 때에 돌보지 않았다" 하실 때 / "주여, 그때가 언제였나이까?" 반문할 수 있을까 / "지극히 낮은 자를 대접한 것이 내게 한 것이다" 하시면 / 우리는 무어라 변명할까 / 예나 지금이나 예수 그리스도는 / 눌리고 고통당하는 군중 속에 있다 / 외국인 이주 노동자 농성 현장에 / 노숙자 모여 사는 서울역 지하도 등에." (『한겨레신문』 2003년 12월 26일자에서 인용.)

15 코튼에 의하면, 돈은 인간의 중요한 욕구를 충족시키기 위해 창조된 인간의 가장 중요한 발명품 가운데 하나지만 각 단계의 개혁은 화폐를 물건의 실질적인 가치로부터 분리시키는 각각의 단계를 형성했다. 특히 1971년 8월 15일, 리처드 닉슨 대통령이 미국은 더 이상 금을 요구하는 국가에 달러를 교환해주지 않을 것이라는 결정을 전 세계에 선언한 이후, 달러는 여러 가지 숫자와 난해한 삽화가 찍힌, 미국 정부가 발한 고급 종잇조각 이상의 것이 아니게 되었다. 일단 컴퓨터가 널리 사용되자, 그 다음 단계는 종이를 제거하고 컴퓨터에 단순히 수치만을 저장하는 것이다. 동전과 지폐가 지속적으로 유통되고 있지만 갈수록 더 많은 세계 통화 거래가 컴퓨터 간의 직접적인 전자 이체로 이루어지고 있다. 화폐는 이제 거의 순수한 추상물이 되고 있으며 화폐의 창조는 가치의 창조에서 분리되고 있는 것이다. (이상 코튼, 『기업이 세계를 지배할 때』[세종서적, 1997], pp. 267-279를 참조하라.)

재무 체계가 실질 가치를 창조하지 않고도 부채의 창출을 통해 부를 창출하는지,[16] 그리고 어떻게 자산 가치의 증식을 통해 부를 창출하는지를 상세히 기술한다.[17] 그렇다면 이렇게 "순수한 추상물이 되어버린 부를

16 코튼에 의하면, 실질 가치를 창조하지 않고 부를 창조하는 방법의 하나는 부채를 창조하는 방법이고, 다른 하나는 자산 가치를 올리는 방법이다. 먼저 전통적인 교본을 이용해 재무 체제가 피라미드식으로 부채를 축적함에 따라 부를 창출하는지 예를 들어보자. A라는 농부가 1,000달러어치의 밀을 팔고 10%의 적립금을 유지하는 M이라는 은행에 그 돈을 저축했다고 치자. M은행은 B라는 사람에게 900달러를 대출해주고, B라는 사람은 N은행에 있는 자신의 계좌에 그 돈을 저축한다. 이제 A라는 사람은 M은행에 1,000달러의 현금 자산을 소유하고 있고, B라는 사람은 N은행에 900달러의 현금 자산을 소유하고 있다. 10%의 적립금을 유지하면, N은행은 C라는 사람에게 또 다른 810달러를 대출해줄 수 있고, C는 O은행에 그 돈을 저축하고, O은행은 D에게 729달러를 대출해줄 수 있다. 그리고 대출과 예금은 이런 식으로 계속된다. 실질적인 인간이 소비할 실질적인 생산물을 생산하여 벌어들인 본래의 저축액 1,000달러로 재무 체제는 부차적인 새로운 저축에서 최종적으로 9,000달러를 생성해낼 수 있었으며, 이 새로운 저축액은 그에 상응하는 새로운 부채 9,000달러를 생성한 데 따른 것이다. 이렇게 돈은 생산에 필요한 단 하나의 실질 가치도 없이 창조될 수 있다. 이 연쇄적인 거래에 개입된 은행들은 이제 새로운 대출금 9,000달러와 함께 밀 판매로 얻은 1,000달러의 원 저축액에 입각한 대출로 새로운 저축금 1만 달러를 소유하게 된다. 그들은 이제 계속적으로 발생하는 이자의 수령을 예상한다. 그 이자율을 6%라 치자. 이는 재무 체제가 최소한 연간 540달러에 달하는 수익을 올릴 것으로 예상할 수 있음을 의미하며, 이 수익은 재무 체제가 기본적으로 무로부터 창조해낸 돈에 따른 수익이다. 따라서 이 요인은 금융업을 너무나도 강력하고, 수익성 높은 사업으로 만드는 요인 중 하나로 작용한다. (이상 코튼, 위의 책, pp. 267-279.)

17 조엘 쿠르츠만은 그의 저서 『돈의 죽음(*The Death of Money*)』에서 뉴욕 주식 시장의 다우존스 산업 주가가 단 하루 만에 22.6%나 하락했던 1987년 10월 19일의 사건에 대하여 다음과 같이 기술한다. "만약 1987년 8월의 시장 수준에서 측정한다면, 투자자들은 2개월 조금 넘는 기간 동안 뉴욕 증권 거래소에서 1조 달러를 초과하는 손실을 낳은 셈이다…… 1조 달러는 2년 간 전 세계를 먹여 살릴 수 있을 뿐만 아니라 제3세계의 절대 빈곤층을 중산층으로 끌어올릴 수도 있는 금액이다. 이는 원자력 항공모함 1,000대를 살 수 있는 금액이다." 하지만 이 1조 달러는 단지 사람들이 '돈을 먹지 못한다'는 단순한 이유로 단 5초 동안도 세계를 먹여 살릴 수 없다. 주식 시장 가치의 붕괴는 단 한 톨의 쌀알만큼도 세계의 실질적인 식량 공급을 증가 혹은 감소

복제하면서 시장 투기를 통해 부의 환상을 창조하는" 현대 금융 자본주의 체제 아래서 그리스도인으로 살아간다는 것은 무엇을 의미하는가? 생산에 필요한 단 하나의 실질적 가치도 없이 돈을 창조할 수 있는, 그러니까 돈을 '무로부터 창조할 수 있는(*creatio ex nihilo?*)' 금융 자본주의 세계 속에서 세상을 창조하신 하나님을 믿는다는 것은 과연 무엇을 의미하는가? 이런 신학적 물음을 교회는 던져보기나 했는가? 과연 다음의 글을 읽으며 마음에 찔림이 없는 그리스도인이나 교회는 얼마나 될까?

> 잘나간다는 차이나 펀드나 남들 다 한다는 펀드 몇 개에 소액 자산을 쪼개 넣었다…… 복잡한 파생 상품 설명에 질리자, 호기롭게 그냥 질렀다. 잠깐은 재미도 봤다. 수익률 예상 조회를 해보면, 하루 만에도 몇 달치 은행 이자만큼이 붙어 있었다. 어디서 그런 돈이 오는지는 궁금하지 않았다. 중국 경제가 자동차를 팔아 돈을 버는지, 가짜 시멘트나 멜라민을 가득 탄 우유로 수익을 내는지는 고려 대상이 아니었다…… 펀드가 왜 돈을 벌어주는지에 대해서는 고민하지 않았다…… 물론 나는 개중 어설픈 개미 투자자였겠지만, 상당수 보통 사람들도 펀드 수익이 발생하는 근원을 따져보는 대신 펀드사 이름값에 휘둘렸을 것이다…… 그래서 그 결과는, 미국발 금융 대공황이

시키지도 않는다. 단지 특정 회사의 지분을 구매할 수 있는 가격만 변동시킬 뿐이다. 뿐만 아니라 주식 가치가 개인 투자자들에게는 잠재적인 구매력을 의미하는데도, 이 가치는 시장에 대한 모든 투자자들의 총구매력에 정확하게 반영되지 않는다. 이유는 단순하다. 증권으로는 많은 것을 살 수 없기 때문이다. 지금 우리가 보고 있는 것은 '시장 투기가 부의 환상을 창조하는 상황'이다. 이 환상은 그것을 가진 자들에게 실질적인 힘을 전달하나, 이는 단지 풍선이 부풀어 있는 때에 한해서만 가능하다. 재무 체제에서 결정은 점차 비전(秘傳)의 수학 공식에 입각하여 컴퓨터로 이루어지고 있다. 이 공식이 갖고 있는 단 하나의 목적은 순수한 추상물인 부를 복제하는 것이다. 코튼에 의하면, 이것이 바로 '자유 시장'에 지배되는 세계의 현실이다. 지금 세계적 재무 체제는 그 주인인 생산 경제의 살에 기생하는 약탈자가 되어가고 있다. (이상 코튼, 앞의 책, pp. 267-279.)

다. 보통 사람들이 이해하는 상품 생산과 거래를 제쳐두고 돈만으로 돈을 벌어들인다는 파생 상품의 수익 잔치는 거대한 사기극이었음이 들통 났다.[18]

과연 이 '거대한 사기극'으로부터 자유로운 그리스도인이나 교회는 얼마나 되는가? 시장이 미쳐 돌아가면서 이른바 '재테크'라는 이름으로 온통 불로소득을 쫓아다닐 때, 세계 외환 시장의 변동에 따라 '돈 놓고 돈 먹기' 식으로 한몫 잡겠다고 온 세상이 미쳐서 날뛸 때, 얼마나 많은 교회가 이렇게 '나의 풍족함을 위해 다른 이들에게 고통을 떠넘기는 일'이 다름 아닌 죄라고 설교하고 가르쳤는가? 아니 교회는 오히려 청빈(淸貧)이 아니라 청부(淸富)가 '성경적 원리'라고 가르치지는 않았던가?[19] 요즘은 지식인들이나 예술가뿐만 아니라 성직자들까지도 경쟁 시대에 뒤떨어져서는 안 된다는 집단적인 강박관념에 빠져 있는 것 같다. 예전에 비하면 정말로 넘치게 살면서도 현재의 삶의 수준을 유지하기 위해 끝없이 개발하고, 발전하고, 경쟁해야 한다고 설교를 한다. 그러니까 그리스도교의 복음은 '이 땅에서 성공, 죽어서 천당'이 되고 만다. '이 땅 위에 이루어지는 하나님의 나라'라는 예수의 복음은 잃어버렸다.

앞서 국제 금융 시스템은 부채를 창출함으로써 (가치가 아니라) 돈을 창출한다고 했다. 가난한 사람들에겐 빚이 '최악의 가난'이다. 하지만

18 정세라, "'판도라의 계좌'를 열며", 『한겨레신문』 2008년 9월 24일.

19 김이태 목사는 "오른손에는 장수가 있고 그의 왼손에는 부귀가 있나니" (잠언 3:16)를 근거로 부에 대한 '성경적 원리'를 가르친다. 김 목사에 의하면 "성경에는 믿음과 기도에 관한 말씀이 약 500번 나오는 데 반해 재물과 소유에 대한 말씀은 2,350번 나온다"며, "성경을 자세히 보면 청빈보다 청부를 더 강조하는 것을 알 수 있다"고 주장한다. 김 목사는 "아브라함이 포로가 된 조카 롯을 구하기 위해 400여 명의 사병들을 거느렸던 것을 볼 때 요즘 시대로 말하면 재벌"이라며, "우리가 가진 소원이 하나님의 뜻과 일치할 때 우리 또한 성경에서 약속한 부를 누릴 수 있다"고 주장했다. (『기독교초교파신문』 2008년 3월 16일.)

금융 자본의 세계화 시대에 빚은 일부의 사람들에게 번영의 밑천이 된다. 제3세계 외채는 이미 2조 달러를 넘어섰으며, 지금도 불어나고 있다. 60억 인류의 5분의 1이 하루 1달러 미만으로 살아가는 이 세상에서, 제3세계 모든 사람은, 갓난아이부터 노인에 이르기까지, 일인당 400달러 이상의 빚을 지고 있다. 예수께서는 "우리가 우리에게 빚진 모든 사람을 탕감하오니 우리 빚도 탕감하여" 달라고 기도하라 가르쳤다(누가 11:4a, 마태 6:12). 맘몬은 '주님이 가르치신 기도'와 정반대의 길을 가고 있다. 맘몬은 빚을 창출하고 모든 사람들에게 빚의 멍에를 지움으로써 자신을(돈을) 재생산한다.

다섯째, 금융 자본의 세계화는 정치적 민주주의에도 심각한 위협이 되고 있다. 국제 금융 시장은, 매일 엄청난 양의 거래가 이루어짐에도 불구하고, 아주 소수의 '전문인'들에 의해 움직이고 있다. 퀀텀 펀드(Quantum Fund), 제이 피 모건(J.P. Morgan), 골드만 삭스(Goldman Sachs), 솔로몬 브라더스(Salomon Brothers), 그리고 메릴 린치(Merrill Lynch)와 같은 주요 브로커들과 30-50개의 거대 은행들이 바로 그 전문인들이다. 정보통신 기술의 획기적인 발전 덕분에, 현재 전 세계에 걸쳐 약 2만 명을 넘지 않는 금융 전문인들이 하루 24시간 컴퓨터 앞에 앉아 빛의 속도로 돈을 사고판다. 과연 이것은 민주주의에 무엇을 의미하는가? 정치적 힘이 대중으로부터 전문가에게로, 다수로부터 소수에게로, 그리고 정치적 기관으로부터 경제적 기관으로 이전되었다는 것을 뜻한다. 존 캅(John B. Cobb, Jr.)이 지적했듯이, 정치적 힘이 공동의 선을 추구하고 공공의 의견에 영향을 받는 시스템으로부터 그와 무관한 시스템으로 옮겨간 것이다.[20] 신자유주의 세계화 시대에 정치적 권력은 주권자

20 John B. Cobb, Jr. "Can a Globalized Society be Sustainable?" in *Dialogue: A Journal of Theology*, Vol. 36, winter 1997, p. 11.

로부터 그리고 가난한 사람들로부터 점점 더 멀어져갔다. 모세는 하나님께서 이스라엘을 애굽 사람의 손에서 구원하시는 것을 보고, "여호와는 나의 힘이요 노래시며 나의 구원"(출애굽기 15:2)이라 노래했다. 성서의 하나님은 우리에게 능력을 주시는 하나님(God of empowerment)이다. 맘몬은 우리가 어렵게 얻은 작은 힘마저 빼앗아가 버린다. 그는 우리를 빈궁케 하는 맘몬(Mammon of impoverishment)이다.

여섯째, 초국적 금융 자본은 제1세계 선진국 사람들도 빈곤하게 만든다. 과거 1세계 자본주의에는 '인간의 얼굴'이 있었다. '포디즘(Fordism)'이라 알려진 대량 생산과 대량 소비의 '규모의 경제'는, 지속적인 생산성의 증가와 그로 인한 지속적인 임금의 증가 및 낮은 실업률 그리고 낮은 소비자 물가를 가능케 했다. 이것이 소비자들의 소비를 촉진시켜 역으로 기업을 다시 살찌우는 일종의 '화목한 수레바퀴' 체제를 가능케 했다. 그러나 금융 자본의 세계화 과정에서 이 체제는 바람과 함께 사라졌다. '좋았던 시절'이 가자 선진국의 중산층이 급속히 몰락했으며, 선진국들도 제3세계 국가들과 마찬가지로 싼 임금과 높은 생산성 및 노조 없는 기업 환경을 찾아다니는 다국적 기업들을 유치하기 위해 하나 둘 '저임금 노동력의 천국'으로 전락했다.[21] 그런데, 아이러니하게도, 선진국의 중산층은 이러한 변화의 희생자이자 동시에 원인 제공자이기도 하다. 화목한 수레바퀴 체제에서 주머니가 넉넉해진 선진국의 중산층은 그들의 여유 자금을 금융 시장에 투자했다. 하지만 바로 이 돈이 초국적 금융 자본으로 성장하여, 불행히도, 자신을 낳고 길러준 비옥한 토양이었던 사회적 복지와 화목한 수레바퀴 체제를 파괴하고 있는 것이다. 돈이 선을 악으로 갚았다고 해야 할까. 물론 여기서 선진국 중

21 사미르 아민은 이러한 현상을 '제1세계의 제3세계화'라 불렀다. (Samir Amin, "The Future of Global Polarisation," in *Voices from the Third World*, Vol. XXII, No. 2, December 1999, p. 12.)

산층 각 개인은 '죄인'이 아니다. 하지만 그들은 자신과 제3세계 가난한 사람들의 삶을 위협하는 '죄의 구조'에 얽혀 있다. 이른바 '20:80 사회'의 도래는 선진국 중산층의 자기 몰락이라는 슬픈 이야기의 다른 표현일 뿐이다. 성서는 "악을 악으로, 욕을 욕으로 갚지 말고 도리어 복을 빌라 이를 위하여 너희가 부르심을 받았으니 이는 복을 이어받게 하려 하심이라" (베드로전서 3:9)고 말씀한다. 맘몬은 선을 악으로 갚고, 있는 복도 차버리며, 후손에 복을 이어받지 못하게 한다.

마지막으로 일곱째, 국제 금융 시장은 근본적으로 불안정하며, 궁극적으로는 인간의 통제 밖에 있다. 국제 금융 시장에서 큰 재미를 봤다는 조지 소로스조차, 국제 금융 시장을 '시계 진자'가 아니라 크레인에 달린 거대한 '쇠공'에 비유한다.[22] 국제 금융 시장은, 안정과 불안정 사이를 일정한 리듬과 한계를 가지고 주기적으로 왕복하는 것이 아니라, 건물 철거 작업에 쓰이는 거대한 쇠공처럼 지구상의 국가 경제들을 하나씩 때려부쉈다. 초국적 금융 자본의 세계화 시대에 전 세계적으로 국가 금융위기 사태가 잇따르고 있는 것은 결코 우연이 아니다. 1973년부터 1995년까지 이미 11차례의 대규모 금융 위기가 있었으며, 이후에도 멕시코(2차례), 태국, 말레이시아, 인도네시아, 필리핀, 한국, 러시아, 미국, 브라질, 그리고 최근에 아르헨티나에 이르기까지, 이제 국가 금융부도 사태는 지구촌 경제의 '일상' 혹은 '전염병'이 되었다. 그리고 국제 금융 시장의 '큰 손'들조차 그들이 만들어놓은 시스템에 의해 피해를 보고 있다. 이 말은 국제 금융 시장은 자신을 만들고 또 자신으로부터 가장 큰 혜택을 누리는 사람들의 통제권으로부터도 벗어나 있을지도 모른다는 것을 암시한다. 불행히도 국제 금융 시장의 근본적인 불안정성은 시장의 붕괴 가능성마저도 예고한다. 사실 앞서 지적한 실물 경제와 금

22 George Soros, *The Crisis of Global Capitalism*, p. xvi.

융 가치 사이의 점증하는 격차가 비극적인 결말을 예고하는 것이기도 하다. 불길한 징조는 순수한 투기 행위에 혈안이 된 소주주들이 많아진다는 사실이다. 금융의 역사에서 소액 주주와 일반인들마저 투기에 휩쓸리기 시작하면 그것은 대체로 시장의 붕괴가 임박한 징조다.[23] 1929년 미국의 경제 대공황에서 드러났듯이, 시장의 붕괴는 주식 가격의 돌연한 대폭락뿐만 아니라 소액 투자자들의 '잘못된 희망'에서도 기인한다. 금융 시장이 소액 주주들의 '집단적 광기'에 이끌려가면 비참한 결말을 맞이하게 되는 것이다. 오늘날의 금융 시장은 마치 2,000년 전 팔레스타인의 거라사 지방에서 일어난 한 사건을 떠오르게 한다. 2,000마리 돼지 떼가 바다를 향하여 비탈로 내리달아 바다에서 몰사한 사건 말이다(마가 5:1-20). 이 시대의 맘몬은 그때 예수가 만나 추방한 '군대(legion)' 귀신과 같다. 맘몬은 수많은 사람들로 하여금, 정신을 잃고 바다를 향해 비탈로 내딛던 돼지 떼처럼, 투기의 바다로 내리닫게 하고 있다.

신자유주의 세계화 40년, 지구촌 경제는 마치 찰흙으로 빚어진 발 위에 서 있는 콜로수스 거인과 같은 모습이 되었다. 초국적 금융 자본이 지배하는 우리 시대에 과연 시장은 재앙적인 붕괴로부터 안전한가? 그렇다면 신자유주의 세계화 시대에 던져진 중요한 신학적 질문은, '교회 밖에도 구원이 있는가?'가 아니라, 과연 '시장 밖에도 구원이 있는가?' 하는 것이다. 과거의 독재자들은 '강압'으로 국민을 지배했다. 오늘날 맘몬은 돈에 대한 우리의 '사랑'을 무기로 우리를 지배한다. 아시아의 대표적인 신학자의 한 사람인 스리랑카의 알로이시우스 피에리스(Aloysius Pieris, S.J.)는 '가난으로부터의 자유(freedom from poverty)'가 '가난으로부터 오는 자유(freedom that comes from

23 William Greider, *One World, Ready or Not* (New York: Touchstone, 1997), p. 230.

poverty)'와 결합되지 않으면 우리는 맘몬과의 싸움에서 이길 수 없다고 말했다. 예수께서는 우리가 하나님과 맘몬을 동시에 섬길 수 없다고 단언했다. 그렇다면 신자유주의 세계화 시대에 참된 그리스도인으로 살아가기 위한 첫 걸음은, 빈곤의 신 맘몬으로부터 생명의 신 하나님께로 돌아서는 것이다. '회심'하는 것이다. '돈 신'에 대한 우리의 은밀한 사랑과 비겁한 굴종으로부터 영적 · 정신적으로 자유를 얻는 것이다. 이것이 신자유주의 세계화 시대에 요구되는 기독교적 영성(spirituality)이다. 이것이 지금 우리에게 요청되는 '가난의 영성'이다.

지난 40년 간 신자유주의 경제 체제의 세계화는 지구상의 모든 국가와 국민과 문화와 환경을 '시장의 지배' 아래 재편하는 과정이었다. 어떻게 보면 인류의 역사는 '시장을 도구로 가지고 있던 사회(society with market)'로부터 '시장이 중심이 되는 사회(market society)'로 이행해 왔다고 할 수 있다. 물론 시장은 거대한 창조적 에너지의 원천이다. 이윤 추구의 동기가 각 사람과 기업들로 하여금 무언가 새로운 것을 발명하고 그것을 대량으로 생산하게끔 인도하기 때문이다. 하지만 우리는 이러한 시장의 메커니즘이 너무도 큰 파괴와 고통을 수반하는 과정임도 잘 알고 있다. 시장은 근대 사회의 핵심적 기관이기 때문에 그것에 반대할 필요는 없지만, 그렇다고 인류의 대다수에게 고통과 죽음을 가져다주는 특정한 시장 체제를 우리가 무비판적으로 받아들일 수는 없는 일이다. 신자유주의 경제의 세계화 과정에서 '전능자'로 부상한 시장은 이제 본연의 위치로 돌아가야 한다. 시장의 역할은 최소화되어야 하며 원래 그랬던 것처럼 사회와 공동체의 지배하에 들어가야 한다. 그것을 '사회민주주의'라고 부르든 '민주자본주의'라고 부르든 중요한 것은 생산과 분배의 메커니즘인 시장이 인간 공동체의 공동의 이익을 위해 일해야 한다는 것이다. 하이에크는 자신이 '자생적 질서'라고 말한 시장이 그가 그토록 비판하려 했던 민족국가의 전체주의와 똑같이 '시장 전체주의'가 될 수 있음을 예견하지 못했다. 그는 시장이 인간의 자유의 화신이라고 여겼지 시장 역시 '타락할 수 있는' 사회적 기관이라는 것을 인식하지 못했던 것이다.

사실 신자유주의의 종언은 곧 시장에 대한 하이에크의 천진난만한 낙관주의와 사회 변혁에 대한 그의 허무주의적 비관론이 동반 몰락했음을 의미한다. 사회를 변혁하려는 인간의 창조적 역할을 '치명적 자만'이라 부르며 법과 전통의 이름으로 차디찬 냉소주의의 메시지를 보낸 하이에크는, 이 세계가 스스로를 해석하고, 스스로를 발전시키며, 스스로를 구원한다고 선언했다. 신자유주의의 몰락과 함께 이러한 자폐적 세속주의가, 우리 앞에 '또 다른 세계'가 가능하지도 또 필요하지도 않다는 완고한 교만이, 그러니까 '새 하늘과 새 땅'에 대한 불신앙이 결국 지고 만 것이다.

경제의 가장 기본적인 목표는 인간의 기본적인 필요를 충족시키는 것이다. 그렇다면 시장의 기능과 목표 역시 이와 동일해야 한다. 시장의 자유 그 자체가 경제의 목적이 되어서는 안 된다는 말이다. 시장은 인간의 이익에 봉사하는 수단이며 도구여야 한다. 시장이 사람을 위해 지어졌지 사람이 시장을 위해 지어진 것이 아니기 때문이다. 경제의 최우선 순위는 민중의 기본적 생존권을 보장하는 것이고 시장은 이를 위한 충실한 도구일 때에 그 의미가 있다. 물질적 재화는 생명을 유지하는 수단으로 간주되어야 한다. 교역과 투자는 그 자체가 목적이 아니라 평등과 좋은 직업 그리고 깨끗한 환경과 건강한 공동체를 만드는 수단으로 인식되어야 한다. 경제는 아리스토텔레스가 말한 대로 '오이코노미아(*oikonomia*)', 즉 돈의 축적이 목적인 경제가 아니라 인간 생명의 필요한 것들을 충족시키는 것이 우선이 되는 경제가 되어야 한다. 그리고 사실 이것이 바로 우리가 말하는 경제(經濟), 즉 경세제민(經世濟民, "세상을 경영하고 민중을 구하는 것")의 약자인 것이다. 바로 이런 경제가

"생명을 얻게 하고 더 풍성히 얻게 하려"(요한 10:10) 이 땅에 오신 예수 그리스도의 가르침과 일치한다고 필자는 믿는다.

대안은 있는가?

비판은 쉽다. 하지만 대안은 있는가? 울리히 두흐로(Ulrich Duchrow)의 말처럼, 우리는 기존의 민주적 통로와 공간을 통해 기존 시스템에 대한 저항을 계속하는 한편, 동시에 기존의 경제 시스템 자체를 근원적으로 대체할 수 있는 문명사적 대안을 스스로 창출하고 실천해나가야 한다.[24] 말하자면, 한손으로는 싸우면서, 다른 한손으로는 우리의 텃밭을 스스로 가꾸어나가야 하는 것이다. 다행히, 그동안 세계 곳곳을 활보하면서 무고한 사람들의 생명과 사회적 안전망을 무너뜨리던 초국적 금융 자본의 방종에 '긴급 브레이크'를 거는 일들이 시작되었으며, 고삐 풀린 금융 자본의 파괴 행위를 제어하기 위한 국제적 거버넌스 움직임이 강화되고 있다. 한국 교회는 세계 에큐메니칼 기구를 통해 지구촌 경제에 절실한 것은 투기에 기초하지 않은 금융 체제며, 과거에 그랬던 것처럼, 지역 경제의 이익에 복무하는 금융 체제임을 요구하고 주장해야 한다.

하지만 우리는 시장에 대한 국가의 개입을 강조하는 케인스주의로의 복귀가 신자유주의 경제 체제에 대한 유일한 대안이라는 생각에서 벗어

24 두흐로는 이러한 전략을 '동시 전략'이라고 부른다. 이는 기존 시스템에 대한 '상대적 길들이기'와 동시에 기존 시스템에 대한 '거부 및 작은 규모의 대안들'을 실천해 가는 것을 말한다. Ulrich Duchrow, *Alternatives to Global Capitalism: Drawn from Biblical History Designed for Political Action* (Utrecht, The Netherlands: International Books with Kairos Europa, 1995), p. 229 이하를 참조하라.

나아야 한다. 2008년 월가의 금융 위기 이후 많은 '진보적' 경제학자들이 초국적 금융 자본의 전횡을 통제하기 위한 국가의 시장 개입을 강조하며 케인스주의 경제로 돌아갈 것을 촉구하고 있다. 분명, 경제와 정치의 분리가 신자유주의의 핵심적 주장의 하나이기 때문에 이러한 생각은 정당한 것이다. 그럼에도 불구하고 우리는 우리의 관심을 금융 자본의 통제에만 국한해서는 안 되며, 마치 시장에 대한 국가의 통제권을 회복하는 것이 만병통치약인 것처럼 생각해서도 안 된다.[25] 월든 벨로(Walden Bello)의 지적대로, 우리는 과거 국가 주도형 자본주의 경제로 되돌아갈 수는 없는데, 왜냐하면, 우리가 이미 경험했듯이, 그 체제는 심각한 부의 불평등 분배와 환경 파괴라는 문제를 일으켰기 때문이다.[26] 사실 케인스주의는 다음의 두 가지 이유에서 더 이상 우리에게 근본적인 대안이 되지 못한다. 첫째, 투자가 곧 고용을 의미한다는 케인스주의의 가정은 이제 더 이상 유효하지 않으며, 둘째 무한한 경제 성장이 가능하다고 믿는 케인스주의의 근본적 전제 역시 생태학적으로 더 이상 수용될 수 없기 때문이다.[27] 우리에게는 신자유주의 경제 체제에 대한 보다 근원적인(radical) 그리고 현실적인(realistic) 문명사적 대안이 필요하다. 그것

25 멕시코의 한 대통령이 "오 불쌍한 멕시코, 그대는 하나님으로부터 너무 멀고 미국과는 너무 가깝구나"라고 탄식했던 것처럼, 오늘날 제3세계의 많은 '개혁적' 관료들은 그렇게 충실히 자기 국가의 이익을 대변하고 있는 것 같지 않다. 이른바 이들 개혁적 관료들의 다수가 하버드, 예일, 스탠포드와 같이 미국 정부와 금융계의 후원을 받고 있는 신자유주의 경제학의 학교들에서 공부했다는 사실은 결코 사소한 일이 아니다.

26 Walden Bello, *Dark Victory: The United States, Structural Adjustment and Global Poverty* (Pluto Press with Food First and Transnational Institute, 1994), p. 112.

27 나아가 케인스주의 경제학은 경제적 지식을 한 사회의 특권적 위치에 있는 중개인 혹은 엘리트 지식으로 전제한다는 점에서 온정주의적(paternalistic) 경제학이라고 비판받을 수 있다. Gomez F. Camacho, "The Market: The History and Anthropology of a Socio-Economic Institution," in *Outside the Market No Salvation?* eds., Dietmar Mieth and Marciano Vidal (Maryknoll, New York: Orbis Books, 1997), p. 5.

은 첫째로 경제의 '지역화', 둘째로 화석 연료에 기초한 현 인간 문명으로부터의 탈피, 그리고 셋째로 '생태 경제'로의 문명사적 전환이라고 필자는 생각한다.

첫째로, 신자유주의 세계화의 근원적 대안은 경제의 '지역화(localization)'에서 찾아져야 한다. 이 말은 지금의 팽창 지향적인 단일 지구촌 경제 모델을 버리고 세계 경제를 '작은 규모(small scale)'의 지역경제로 재편하고 다원화하며 그들 간의 평등하고 호혜적인 상호 협력 관계를 창출하는 것을 의미한다. 물리적으로 큰 시장이 더욱 효율적이며 따라서 번영의 증대에 더욱 효과적이라고 주장하는 사람들이 많다. 하지만 일찍이 슈마허(E. F. Schumacher)는 이러한 생각을 '거대망상증(giantism)'이라고 비판했으며, 언제나 자연 환경에 덜 유해한 작은 규모의 경제로 재편하는 것이 인류의 미래에 사활적인 과제라고 역설한 바 있다.[28] 대규모 시장 경제는 언제나 자원 집약적이며, 경제의 규모가 커질수록 비용은 당연히 증가한다. 요점은 자연 자원이 유한하기 때문에 인간의 경제 활동 규모도 반드시 그 한계 안에 제한되어야 한다는 점이다.[29] 물론 이것은 모든 종류의 교역을 즉각적으로 중단할 것을 요구하지 않는다. 예를 들어, 우리는 커피나 목화 등의 국제 무역에 전적으로 의존하고 있는 제3세계 가난한 국가들에게 하루아침에 모든 교역을 중단하라고 요구할 수는 없다. 요점은, 인간의 기초적인 필요가 가급적

28 E. F. Schumacher, *Small Is Beautiful: Economics as if People Mattered* (New York: Harper & Row, 1973), pp. 36, 67.

29 지구상의 모든 도시들은 극도로 자원 집약적이다. 예를 들어 도시에서 소비되는 식품은 그것의 수송을 위한 화석 연료의 소모와 공해의 발생을 수반하기 때문이다. 당연히 작은 규모의 시장은, 이러한 에너지를 소비하지 않아도 되기 때문에 환경 친화적인 것이다. 경제의 규모(scale)는 자연의 조절 능력과 재생산 능력과 조화를 이루어야 한다. 앞서 제5장에서 살펴보았듯이 지금까지 경제학에서 무시된 경제의 '규모'에 대한 관심은 무한한 경제 성장이 가능하다는 전제를 파기한다.

지역 경제의 차원에서 충족되어야 하며 교역은 불가피할 때에만 이루어져야 한다는 점이다. 여기서 반대하고 있는 것은 인간의 기초적인 필요를 충족시키는 데 필요하지 않은 원거리 무역이다.[30] 미국의 원주민 신학자 조지 팅커(George E. Tinker)가 말하듯이, 인간은 "한계 안에 사는 지혜", 즉 "창조 세계와의 조화와 균형을 유지하기 위해 인간의 필요에 제한을 가해야 한다는 깊은 영적 각성"을 배워야 한다.[31] 이것은 곧 인간에게 '모든 것이 가능하지 않다'는 것을 배워야 한다는 것을 의미한다. 현재와 같은 대규모의 인간 경제는 인류 역사에서 고작 500여 년밖에 되지 않은 것이며, 따라서 우리는 인류 역사의 대부분을 차지하는 작은 규모의 지역 자립 경제로 되돌아가야 한다. 하지만 이것이 정말로 가능한 이야기인가? 이미 너무 많은 사람들이 도농 간, 국가 간 교역에 의존하는 도시 문명 속에 살고 있지 아니한가? 이에 대해 노르베리-호지는 "인류가 모두 도시로 옮겨가기에는 우리의 수가 너무 많다"고 단언한다.[32] 실제 오늘날 인류의 대부분은 제3세계에 그리고 농촌의 땅 위에 살고 있다. 우리가 현재의 팽창적인 세계 단일경제 모델을 포기해야 하는 이유는 사람들을 도시로 보내기에는 너무 많은 사람들이 제3세계의 농촌에 살고 있기 때문이다. 신자유주의 세계화의 근원적인 대안은 '지

30 슈마허는, 산업화 이전 시대의 무역은 생계에 필수적인 품목을 위한 교역이 아니라 보석이나 사치품 그리고 향신료나 — 불행히도 — 노예와 같은 것들의 교역이었음을 지적한다. 두흐로 역시 인류의 역사에서 원거리 무역은 사람들의 기초적인 필요를 충족시키기 위한 교역이 아니라 사치품이나 전쟁 물자를 조달하기 위한 거래였음을 지적한다. 간디는 삶에 필요한 물품을 먼 곳에서가 아니라 자신의 지역에서 스스로 공급해야 한다고 말했고 이를 '스와데시(swadeshi)'라 불렀다.

31 George E. Tinker, "Liberation and Sustainability: Prolegomena to an American Indian Theology," in *Ecojustice Quarterly*, Vol. 15, No. 1, Winter 1994-1995, pp. 17-18.

32 Helena Norberg-Hodge, *Ancient Futures: Learning from Ladakh* (San Francisco: Sierra Club Books, 1991), p. 396.

역화'다. 친환경적인 작은 규모의 지역 경제들이 거대한 국제 시장의 폭력으로부터 보호되어야 하는 것이다.[33] 우리는 원래 우리의 땅과 함께 숨 쉬며 살았던 세계를 회복해야 한다.

둘째로, 세계 경제의 '지역화'와 함께 신자유주의 경제 체제에 대한 근원적인 대안은 화석 연료에 기초한 현재의 에너지 문명에서 탈피하는 것이다.[34] 기후 변화, 피크오일(peak oil), 그리고 자원의 고갈이라는 이른바 '전 지구적 삼중 위기(global triple crises)'로 온 생명이 위기에 처해 있는 이때, 우리는 위기 의식을 가지고 에너지 문명의 패러다임 전환을 위해 배가의 노력을 기울여야 한다.[35] 월가의 붕괴 이후 '시장의 실

33 물론 이것은 '보호주의(protectionism)'를 의미한다. 과거에 보호주의와 '지역주의(localism)'는 지식인들 사이에서 반(反)진보를 의미하는 '더러운 언어'로 간주되어 왔다. 그 이유는 과거의 지역주의가 종종 인종차별주의와 지역연고주의와 같은 창조적 상상력의 빈곤과 같은 것을 의미했기 때문이다. 하지만 이것은 절반의 진리에 불과하다. 현재의 1세계 선진국 국가들이 어떻게 선진국이 되었는지를 상기해보라. 노암 촘스키가 지적하는 대로, 영국으로부터 시작하여 오늘날 세계 최강국인 미국과 아시아의 신흥공업국에 이르기까지 그들은 "기존의 자유 시장 독트린에 대한 과감한 배반"으로 경제적 발전을 이룰 수 있었다. 사실 미국이야말로 "근대 보호주의의 모체이자 요새"다. 어쩌면 우리는 이제 새로운 형태의 지역주의를 필요로 한다고 할 수 있다. 새로운 지역주의는 한편으로는 각 지역경제의 온전성을 보호하면서도, 다른 한편으로는 인류의 문화적 다양성에 기초한 국제적 협력과 지원을 마다하지 않는 열린 지역주의가 될 것이다.

34 화석 연료는 고생대(古生代, paleozoic era)의 석탄기에 식물이 화석화되면서 그 안에 에너지가 포획된 것이기에 '매장된 햇빛(buried sunshine)'이라고 말할 수 있다. 현대 산업 사회는 지구의 역사에서 아주 긴 시간에 걸쳐 만들어진 화석 연료를 300년이라는 짧은 시간에 소진해가고 있다. 현대적인 잉여 경제(surplus economy)와 원료와 제품, 자본, 사람이 국경을 넘나들며 이동하는 세계화는 사실 자연의 흐름과 속도에 구애받지 않는 삶의 양식이며 이는 오직 이 '매장된 햇빛'을 사용함으로써만 가능하다. 이상 윤순진, "기후 변화가 요구하는 시대적 성찰," 〈2008 기독교환경운동 정책세미나〉 발제문. (2008.12.19.)

35 특히 '피크오일'에 대해서는 2008년 KBS가 방영한 다큐멘터리 3부작 〈호모 오일리쿠스〉를 참조하라. 사우디아라비아에 있는 세계 최대의 유전은 원유가 잘 올라오지

패'라는 말이 유행하고 있다. 시장의 실패란 시장 메커니즘으로는 효율적인 자원 분배가 이뤄질 수 없는 경우를 말한다. 그런데 월드워치연구소(World Watch Institute)의 레스터 브라운(Lester Brown)은 무엇이 시장의 '진정한' 실패인가를 우리에게 상기시켜주고 있다. 그에 의하면, 지금 무너지고 있는 것은 월가가 아니라 화석 연료를 기반으로 하고 있는 현 인간 문명 그 자체다. 그 핵심 원인은 시장 가격에 '진실'이 담겨 있지 않기 때문이다. 예를 들어 각종 석유 제품이나 고기의 시장 가격에는 지구 온난화나 사막화 등의 간접적인 비용이 반영돼 있지 않다. 마땅히 받아야 할 정당한 가격보다 싸게 공급되다 보니 당연히 자원이 고갈되고 과잉 개발된다. 이렇게 시장이 '잘못된 신호'를 보내는 바람에 석유와 육류의 소비가 많아지고 우리는 그 문화에 안주하게 되는 것이다. 이것이 바로 철저한 시장의 실패다.[36] 많은 오염 물질을 배출하는 정유 공장은 대기 오염이나 지구 온난화 등 사회적 비용을 일으키는 데도 불구하고 정유 가격에 이 비용을 포함시키지 않아 사회적으로 적정한 수준 이상의 소비를 초래할 수 있다. 문제는 누군가 이 비용을 반드시

않자 거대한 송수관을 땅 속에 묻어 물을 퍼 넣고 있었다. 전문가들은 석유 생산의 정점을 뜻하는 '피크오일'이 1971년이었을 것으로 추정한다. 1억5,000만 년에 걸쳐 만들어진 석유 자원을 인류는 겨우 150년 만에 거의 다 파 쓴 것이다. 이 다큐멘터리에 의하면 현재의 인류는 석유를 '입고' '쓰고' '마시는', 즉 석유에 중독된 인간, '호모 오일리쿠스'다. 지난 150년 간 인류 문명의 원동력이 된 석유는, 하지만 곧 인류의 기억 속에서 짧은 번영의 역사로 기억될지도 모른다고 이 다큐멘터리는 주장한다. (다큐 다시 보기: http://www.kbs.co.kr/1tv/sisa/homooilicus/vod/1550807_27687.html.)

36 브라운에 의하면, 현재의 이러한 자본주의 체제는 미국의 몰락한 에너지 재벌 엔론(Enron)에 비유할 수 있다. 엔론은 2001년 미국 내에서 일곱 번째로 가치 있는 기업으로 선정될 정도로 '잘 나가던' 기업이었다. 그런데 회계 감사관들이 꼼꼼하게 들여다보니 이 회사는 몇몇 비용을 장부에 기재하지 않았었다. 이 비용들이 포함되자 엔론은 갑자기 무가치한 회사가 되고 말았다. 한때 주당 90달러까지 나갔던 주가는 갑자기 1달러 이하로 폭락했다. 그리고 엔론은 파산했다. 현재의 경제 체제는 꼭 계산해야 할 비용을 장부에 기재하지 않는다는 점에서 엔론과 비슷하다고 브라운은 말한다.

부담하게 되어 있다는 점이다. '공짜 점심(free lunch)'은 없다. 언제, 누가 부담하는가만 정해지지 않았을 뿐이다. 그런데 지금 모두가 그리고 우리의 후손들까지 그 대가를 치러야 하는 때가 오고 말았다.[37]

미 국방부의 한 비밀 보고서는, 지금의 전 지구적인 기후 변화로 10여 년 후에는 지구 전체가 국지적으로 극심한 기상 이변과 기후 변동을 맞이하게 될 것이며, 이는 곧 전 지구적인 식량 및 에너지 수급의 혼란을 초래하여 국제적 분쟁을 격화시킬 것이고, 여기서 살아남고 이기기 위해 몇몇 국가들이 추가로 핵무장을 하게 될 것이라고 예측한 바 있다. (이 국가들 중에는 한국도 포함되어 있었다). 실로 지금 벌어지고 있는 여러 전쟁들은 본질상 석유를 둘러싼 열강의 경쟁이기도 하다.[38] 우리가

37 브라운은 정부가 세금 등으로 개입해 시장의 실패를 교정해야 한다고 강조한다. 휘발유 관련 세금을 지속적으로 올려 과수요를 막는 한편 대체 에너지 개발을 유도해야 한다는 것이다. 많은 학자들도 물품마다 '환경세' 혹은 '탄소세'를 매겨야 한다고 주장한다. 하지만 이것은 서민들 보고 죽으란 얘기는 아닌가? 많은 학자들은 환경세를 신설하되 소득세를 줄이는 식으로 세제를 개편한다면 소비자의 세금 부담이 늘어나지 않게 할 수 있다고 말한다. 그러니까 조세 체제를 환경세 위주로 바꾸자는 것이다. 소득세를 내리는 대신, 상품별로 오염 물질 발생 정도에 따라 탄소세를 매기자는 것이다. 지금 실제로 유럽 국가들을 중심으로 탄소세(환경세)를 부과하는 대신 소득세를 감면하는 내용의 세제 개편이 추진되고 있다. (벨기에, 덴마크, 핀란드, 독일, 이탈리아, 영국 등이 여기에 참여하고 있다.) 조세 수입의 50%를 환경 관련 세금으로 충당하자는 논의도 제기되고 있다. 한국에서도 학계를 중심으로 '환경세 인상 및 소득세 감면'을 포함한 '녹색 조세 개혁'의 필요성이 논의되고 있다. 필자는 이러한 세제 개편안이 한국 교회의 납세문제를 해결하는 한 돌파구일 수 있겠다고 생각한다. 성직자들이 근로소득세를 못 내겠다고 하면 대신 환경세를 내면 어떻겠는가!

38 미국의 이라크 전쟁도 그 본질은 석유 때문이다. 그래서 중동의 석유는 '축복이자 저주'라는 말이 나올 정도다. 평범한 돌섬에 불과한 釣魚島(중국명 댜오위다오) 혹은 尖閣(일본명 센카쿠)을 둘러싼 분쟁도 1970년대 이 섬 주변 대륙붕에 석유와 천연가스가 매장돼 있다는 사실이 알려진 이후에 벌어진 일이다. 이외 중국과 대만과 베트남 사이의 南沙(스프래틀리) 군도를 둘러싼 분쟁 등, 지구상에 석유를 둘러싼 분쟁은 수도 없이 많다.

세계화와 동전의 양면으로 진행되고 있는 군사화로 인해 세계 도처에서 벌어지고 있는 전쟁과 폭력의 문화에서 근본적으로 탈출하려면, 우리는 특정 지역에 묻혀 있는 석유 자원이 아니라 이 세상 누구에게나 하나님께서 골고루 내리시는 태양빛과 또 지구의 70%를 이루고 있는 물에 의존하는 에너지 문명으로 근본적인 패러다임 전환을 이루어야 한다.[39] 브라운도 환경 파괴, 화석 연료 사용으로 대변되는 현재의 경제 체제를 '플랜 A'라고 지칭하면서 이를 하루 빨리 '플랜 B'로 바꾸어야 한다고 호소한다. 이른바 플랜 B는 풍력, 태양력 등 재생 가능한 에너지를 기반으로 하는 경제 시스템을 말한다.[40] 이것은 실제 가능한 일이고, 여기에 교회가 할 일은 실로 무궁무진하다.[41]

필자는 이것이 실제로 가능한 일인지를 쿠바에서 배웠다. 필자가 2001년 쿠바를 방문했을 당시, 쿠바는 구소련과 동유럽 사회주의의 붕괴로 인한 모든 물자 공급의 중단과 자본주의 시장 경제의 세계화 및 미국의 경제 봉쇄 강화라는 이중적 충격 때문에 절체절명의 위기 상황에 처해 있었다.[42] 그런데 국제 사회가 쿠바인들의 집단 아사 사태를 염려

39 지구상에 1년 동안 들어오는 태양 에너지의 양은 인류 전체가 1년 간 사용하는 에너지의 1만5,000배나 된다. 이 고갈되지 않고, 깨끗하고, 안전한 에너지를 이용하기 위해 태양광 발전, 태양열 발전, 풍력 발전, 수력 발전, 바이오매스 발전, 조력 발전 등을 위한 기술이 이미 개발되어 사용되고 있다. 특히 풍력 발전은 덴마크에서 전체 전기 생산의 25%, 독일에서 5%를 차지하고 있으며, 전 지구적으로도 해마다 약 40%씩 증가하고 있다. 한국은 현재 식량의 80%, 에너지의 98%를 외국에서 수입하고 있다. 우리에게도 고갈되지 않는 에너지, 기후 변화를 일으키지 않는 에너지, 그리고 안전하고 깨끗한 에너지는 생존이 걸린 긴박한 문제인 것이다. (방송통신대학 이필렬 교수의 『이대대학원신문』 2004년 3월 3일자 1면 기고문에서.)

40 그의 책 *Plan B*는 2004년 번역되어 도요새에서 『플랜 B』로 출판되었다.

41 기독교환경운동연대의 각종 제안과 사업을 참조하라.(www.greenchrist.org)

42 한때 '라틴 아메리카 1위, 세계 11위'(1989년 UNDP의 생활수준 지표) 부국이었던 쿠바가 당시 한순간에 붕괴할 수 있는 경제적 위기를 맞게 된 원인은 설탕과 커피와 오렌지라는 환금작물을 동구권에 수출하고 대신 식료품을 수입하는 대외 의존적 국

할 정도로 극도의 위기에 처한 상황에서, 쿠바 정부는 1991년 9월 '평화 시의 국가 비상 사태'라는 것을 선포하고 생존을 위한 문명사적 대전환을 시도한다.[43] 그때 탄생한 것이 '도시를 경작하는 것', 즉 '도시 농업'이다.[44] 놀랍게도, '어쩔 수 없이' 시작된 이 도시 유기 농업은 기존의 대규모의 단작(單作)으로 피폐화되었던 땅의 생명력을 회복시켜주었고, 1959년 혁명 이후 빈곤 퇴치를 위해 육식과 수입밀 위주로 재편됐던 식단을 채식으로 바꾸는 부수적인 효과도 가져다주었다. 석유가 모자라 중국에서 한꺼번에 들여온 100여만 대의 자전거는 과거 고물 헝가리제 버스가 쏟아내던 매연을 일거에 청정 공기로 바꿔놓았다. 수입을 할 수 없게 된 의약품을 대신해 도시의 채소 농장 곳곳에서는 허브가 자라났

제 분업 체계에 편입되어 있었기 때문이었다. 국내 식량 자급률이 40% 정도밖에 되지 않던 쿠바는 당시의 위기로 수입 물자의 80% 이상을 공급받지 못하는 지경에까지 이르렀다. 사실 쿠바의 재정은 소련으로부터 지원받는 막대한 원조금과 보조금으로 유지되고 있었는데, 소련은 전략적 고려로 쿠바의 사탕수수를 국제 가격의 5.4배에 사들이고 매년 50억 달러의 원조를 쿠바에 쏟아부었었다. 하지만 소련이 붕괴하자 이런 원조 시스템은 무너졌고 사탕수수 가격은 폭락했으며 유류 공급도 끊겼다. 그 결과 화학 비료 연간 100만 톤과 화학 농약 연간 2만 톤 그리고 석유를 원료로 하는 화학 합성 물질이 절대적으로 부족하게 되었다. 더욱 심각한 것은 식료품과 의약품 공급의 중단이었다.

43 당시 카스트로는 시장과 경쟁 원리를 끌어들여 사회주의와 자본주의가 병행하는 '이중 경제'로의 이행을 모색했다. 그런데 이런 쿠바의 경제 실험은 경쟁의 원리를 도입하되 자유 방임과 같은 규제 완화를 실시하는 것이 아니라, 의료와 교육은 무상으로 제공하고 기초 생활 물자는 배급으로 염가에 의존한다는 기존의 원칙을 지키는 것이었다. 즉 사회주의의 장점인 사회 안전망을 유지한 채 '인간적 얼굴'의 구조 개혁을 추진한 것이다.

44 주위가 택지로 둘러싸여 뿔뿔이 흩어진 도시의 토지 조각들을 이용한 농업을 '도시 농업'이라고 한다. 일본의 농림수산부에서 일하는 요시다 타로가 쿠바를 방문하여 『생태도시 아바나의 탄생』이라는 책으로 그동안의 쿠바의 자구 노력을 상세히 소개했다. 이하 쿠바의 도시 농업에 대한 소개는 그의 책 곳곳에서 참고한 내용이다. 안철환이 옮기고 도서출판 들녘이 2004년 출판한 이 책을 참조하라.

으며, 태양 전지와 바이오 가스와 같은 자연 에너지가 시민 생활의 질을 향상시켰다. 놀랍게도 현재 인구 220만 명이 모여 사는 쿠바의 수도 아바나는 10년 전 최악의 식량 위기를 딛고 21세기 생태 도시의 새 모델로 떠올랐다.[45] 최악의 경제 위기에서 쿠바는 지구촌에서 가장 성공한 자급자족 환경 도시를 일궈내면서 세계적으로 자타가 공인하는 '유기 농업의 메카'로 불리게 된 것이다.[46] 실로 위기가 기회였다. 생태주의자나 환경경제학자라면 머릿속으로 그려볼 법한 이상적인 미래상이 지금 쿠바에서 현실로 펼쳐진 것이다.

사실 소수의 농민이 다수의 도시 주민을 먹여 살리는 근대 도시는 지난 150여 년 동안 경제 성장과 개발의 핵심적 아이디어였다. 하지만 이것은 더 많은 농약과 에너지 그리고 쓰레기를 의미했다. 쿠바의 수도 아바나는 우리 앞에 '지속 가능한 도시'라는 한 대안을 제안했다. 이 모델은, 풍요롭지는 않지만 외부의 물자 유입과 지원 없이도 스스로 생산하고 소비하고 처리하는 자족적 시스템이다. 이런 자급자족 모델은 농촌이 도시를 먹여 살리는 근대적 발전 도식을 깨뜨렸다는 점에서 하나의 커다란 '탈근대적' 혁명이다. 아마도 21세기 인류의 생존법이 바로 이

45 쿠바의 수도 아바나는 아메리카 대륙에서도 1514년에 건설이 시작된 가장 오랜 역사를 지닌 도시다. 1607년에 쿠바의 수도가 되었는데, 이는 뉴욕과 워싱턴보다도 훨씬 오래된 것이다.

46 쿠바의 도시 농업은 시내 한복판이라도 빈 땅이면 어디서든 농산물을 재배하고 그것도 모두 농약이나 화학 비료 없이 유기농으로 생산한다. 그 결과 지금 아바나 시 전체에는 가정 텃밭, 개인 농장, 기업 농장, 협동조합 농장, 자급 농장 등 8천 곳이 넘는 도시 농장과 텃밭이 있고 이를 3만 명 이상의 시민이 경작하고 있다. 이 도시 농지가 도시 전체 면적의 40%를 차지하는데, 거기서 220만 전 시민에게 공급할 정도의 채소가 생산된다. 현재 쿠바의 식량 자급률은 유기 농업 운동 시작 이전의 43%(1990년)보다 훨씬 높은 95%(2002년)를 달성했다. 같은 시기 똑같은 경제적 어려움을 겪은 북한에서 200여만 명의 인구가 기아로 쓰러진 데 비해 쿠바에서는 굶어 죽은 사람이 한 명도 발생하지 않았다.

안에 담겨 있는지도 모른다.[47] 한국의 전국귀농운동본부 김성훈 교수가 말하다시피, 지구와 인류가 화학적이고 자원 낭비형 농업의 한계에 직면해 있는 이때, 쿠바 유기 농업의 성공이야말로 '인류 미래의 밝은 희망'이다. 20세기가 억압과 수탈과 전쟁의 시기였다면 21세기는 인권과 생명과 평화의 시대여야 하고, 바로 이러한 생명과 평화의 시대를 열기 위한 바탕은 우리의 농업적 생활양식을 친환경 유기 농업으로 전환하는 것이라고 그는 강조한다. 필자가 쿠바의 성공 가운데 특별히 주목하는 것은 불필요한 장거리 수송에 따른 석유의 소비를 줄이고 도시 생태계의 환경을 개선하여 농산물 가격의 안정을 이뤘다는 사실이다. 쿠바는 탈석유 문명의 살아 있는 하나의 대안으로 거듭난 것이다. 석유와 같은 지하 자원은 언젠가 반드시 고갈된다. 이 점을 생각하면 아바나가 경험한 위기는 석유 문명에 바탕을 둔 이 세계의 모든 도시가 궁극적으로 직면하게 될 사태의 예고편에 불과하다. 쿠바는 특수한 정치 상황 때문에 그 미래를 우리보다 조금 일찍 경험한 것뿐이다. 이제는 우리가 그 미래를 경험할 차례다.

마지막 셋째로 신자유주의 경제 체제의 근원적인 대안은 생태 경제로의 전환이다. 사실 기후 변화로 극명하게 나타난 오늘날의 생태 위기

47 우리가 사는 인구 1천만의 '기생도시' 서울은 땅이 곧 돈인데 그 안에서 텃밭 채소를 만나기는 갈수록 어려워진다. 하지만 귀농운동과 같은 실험은 이미 시작되었다. 지속 가능한 친환경 유기 농업은 환경을 보존할 뿐만 아니라 삶의 질을 한 단계 높이며 나아가 농촌 사회의 활성화를 동시에 이룩한다. 이 운동의 중심에는 언제나 가족농이 있고 지역 사회 공동체가 있다. 이제까지의 대형 기업농 또는 국영 농장 중심의 생태 파괴적인 대량 생산과 유통 체제로는 인류와 자연 생태계를 구제할 수 없다. 이런 가족농 운동들이 이미 지구 곳곳에서 일어나고 있다. 미국과 캐나다의 '지역 사회 지원 농업(Community-Support Agriculture)' 운동과 '지역 사회 식품 안보(Community Food Security)' 운동 등이 그 대표적인 사례이며, 일본의 '지산지소(地産地消)' 운동과 한국의 신토불이(身土不二) 혹은 도농불이(都農不二) 운동 역시 이 범주에 속한다. 이런 도농 간 '신토불이 연대'는 한국 교회가 크게 기여할 수 있는 영역이기도 하다.

는 "자본주의 경제의 생태적 전환을 촉구하는 자연의 메시지"이다.[48] 원래 '생태(ecology)'라는 말과 '경제(economy)'라는 말은 '한 집단' 혹은 '생명 공간'을 뜻하는 그리스어 '오이코스(*oikos*)'에서 파생된 것으로, 그 둘은 따로 떼어 생각할 수 없는 하나다. 현재의 경제 위기로부터의 탈출은, 무한한 경제 성장이 가능하며 경제적 발전이 곧 빈곤으로부터의 탈출이라는 기존의 경제적 신앙과 가설들을 극복하는 것부터 시작되어야 한다. 고전적 자유주의든, 신자유주의든, 케인스주의든, 마르크스주의든, 비록 그들이 시장과 국가와 자본주의에 관해 서로 적대적인 견해를 가지고 있다 할지라도, 그들은 끝없는 '물질적 진보'를 정당화한다는 점에서 근본적으로 하나다. 그들은 모두 서구 계몽주의의 자식들이다.[49] 지금까지 경제적 '발전(development)'은 가난한 사람들을 해방하는 프로젝트라 여겨져왔다. 하지만 래리 라스무센(Larry L. Rasmussen)이 지적하듯이, 발전은 가난을 제거하지 않으며, 역사는 '따라잡기 발전'이 가능하지 않다.[50] 사실 헬레나 노르베리-호지(Helena

48 윤순진, "기후 변화가 요구하는 시대적 성찰," 〈2008 기독교환경운동 정책세미나〉 발제문. (2008.12.19.)

49 과거 소비에트 공산주의와 서구 자본주의의 대결은 근본적으로 서구 이데올로기 '한 식구 내의 분쟁'이었다고 볼 수 있다. 둘 다 '공장 굴뚝'을 근대화의 모델로 하는 쌍생의 이데올로기인 것이다. 마르크스-레닌주의와 자유 시장주의는 특히 둘 다 자연에 대해 프로메테우스적인 자세를 가졌다는 점에서 공통점이 있다. 존 그레이는, 이들이 인류의 문화적 다양성을 무시하고 인류를 어떤 단일한 보편적 문명으로 통합하려 했던 서구 계몽주의 프로젝트의 변종들에 불과하다고 지적한다. (John Gray, *False Dawn* [New York: The New Press, 1998], pp. 102, 215.)

50 세계 경제를 사다리에 비유하는 경향이 있다. 그래서 사다리 높은 곳에는 선진국들이 이미 올라가 있고 나머지 나라들은 그 뒤를 좇아 열심히 오르고 있다고 생각하게 된다. 이러한 생각 속에는 개발도상국들도 언젠가는 세계 경제 사다리의 윗자리에 오를 수 있을 것이라는 믿음이 전제되어 있다. 하지만 과거 세계은행(World Bank)의 총재로 일했던 로버트 맥나마라(Robert McNamara)는, "설사 가난한 나라의 경제 성장률이 두 배가 된다 하더라도, 오직 일곱 개의 나라가 100년 후에 부자 나라와의 갭을 좁

Norberg-Hodge)가 지적하는 것처럼, 서구가 말하는 '발전'이라는 개념은 이 지구상의 모든 사람들이 똑같은 것을 필요로 하고, 똑같은 음식을 먹어야 하며, 똑같이 생긴 집에서 살고, 또 똑같은 옷을 입어야 한다는 잘못된 문화적 전제 위에 세워진 것이다. 뿐만 아니라 지금까지 무한한 경제 발전이 가능한 것처럼 인식되어온 이유는, 경제를 자연에서 고립된 것처럼 그리고 인간의 경제 안에 자연이 한 하부 구조로 포함되어 있는 것처럼 생각해왔기 때문이다. 하지만, 앞에서 살펴본 생태경제학자 허먼 데일리(Herman E. Daly)가 강력히 주장하듯이, 경제란, 그 물리적 차원에서, "유한하고, 성장하지 않으며, 물질적으로 닫힌 지구의 에코 시스템 아래 존재하는 하나의 열린 하부 구조"로 재인식되어야 한다.[51] 간디가 남긴 말처럼, 우리의 지구는 모든 사람들의 필요(need)를 만족시키기에 충분하지만 모든 사람들의 욕심(greed)을 만족시키기에 충분하지 못하다. 때문에 가난의 문제 해결은, 데일리가 주장하듯이, 이미 실패한 것으로 드러났고 또한 환경적으로도 지탱하기 어려운 것으로 판명된 '양적 성장(quantitative growth)'에 의해서가 아니라, 분배 정의의 실현과 인구 증가의 억제와 같은 사회적 관계의 개혁, 즉 '질적 발전(qualitative development)'에 의해서 해결되어야 한다. 경제의 목표는 '무한한 빵(infinite bread)'이 아니라 '충분한 빵(enough bread)'이다. 경제의 슬로건 역시 '더 많은 것이 낫다(more is better)'에서 '충분한 것이 가장 좋은 것이다(enough is best)'로 바뀌어야 한다. 이것이 '일용할 양식(daily bread, *lo cotodiano*)'을 구하라고 가르치신 예수의

힐 수 있을 것이며, 1,000년이 지나야 그중 아홉 개 나라만이 미국의 수준에 도달할 것"이라고 말했다.

51 Herman E. Daly, "Sustainable Growth? No Thank You," in *The Case Against the Global Economy and For a Turn Toward the Local* (San Francisco: Sierra Club Books, 1996), p. 193.

정신과도 일맥상통한다.

결국 신자유주의 경제 체제의 근원적인 대안 체제는 생태 경제로 집약될 수 있다. 우리의 근원적이고 현실적인 대안은 무한한 경제 성장이 가능하며 경제적 발전이 곧 빈곤으로부터의 탈출이라는 기존의 경제적 신앙과 전제를 극복하는 것으로부터 시작되고 궁극적으로 거기서 완성된다. 더글러스 러미스(Douglas C. Lummis)는 『경제성장이 안되면 우리는 풍요롭지 못할 것인가』에서, 평소 우리가 얼마나 '성장', '빈곤', '발전'에 대한 몰상식을 상식이라 착각하며 살아왔는지 일깨워준다.[52] 그는 우리가 경제 발전이라고 부르는 것은 지구 위의 모든 인간과 자연을 산업 경제 시스템 속으로 집어넣으려는 것이라고 비판하면서, 그것은 구조적으로나 원칙적으로 불가능한데 왜냐하면 무엇보다도 모두가 경제 발전을 하겠다고 덤비면 지구가 견뎌내지를 못하기 때문이라는 점을 강조한다. 때문에 경제 성장을 문제 해결을 위한 만능약으로 처방해온 구시대를 끝내고, 대신 경제 성장보다 "훨씬 더 재미있는" '대항발전(counter-development)'을 추진해나가자고 제안한다. 이 대항발전의 첫 번째 목표는 '줄이는 발전'이다. 에너지 소비를 줄이고, 각자가 경제 활동에 쓰고 있는 시간을 줄이고, 가격이 붙은 것을 줄이는 것이다. 이 대항발전의 두 번째 목표는 경제 이외의 것을 발전시키는 것이다. 시장 이외의 모든 즐거움, 행동, 문화 등, 즉 경제 용어로 바꿔 말하면 교환 가치가 높은 것을 줄이고 사용 가치가 높은 것을 늘리는 것이다. 이반 일리치(Ivan Illich)가 그랬던가. 인류를 구원할 세 가지가 있다면 그것은 '도서관', '시', 그리고 '자전거'라고. 필자도 깊이 공감한다.

52 더글러스 러미스, 김종철 · 이반 역, 『경제성장이 안되면 우리는 풍요롭지 못할 것인가』(녹색평론사, 2002)를 참조하라.

작은 실천들

사실 거시적이고 구조적인 패러다임의 전환도 중요하지만 우리는 일상의 작은 실천에서 문명사적 대안을 실천할 수 있다. 신자유주의 경제체제에 대한 대안은 매일 우리의 '먹는 일'부터 시작할 수 있다. 모든 사람이 똑같은 음식을, 똑같이 빨리 먹는 '맥도날드 식문화'는 천편일률적인 글로벌 라이프스타일을 만들어가고 있으며, 세계 곳곳에서 이에 대한 대안으로 슬로푸드(Slow Food) 운동이 일어나고 있다.[53] 이러한 운동은 지구 환경을 살리기 위한 대안으로 '저소비 사회'로의 이행이 필요하다고 역설하는 월드워치연구소의 주장과도 깊은 연관성을 가지고 있다.[54] 세계 최대의 아이스크림 회사 배스킨 라빈스의 유일한 상속자이나 그 타고난 부와 명예를 뿌리치고, 대신 각종 유제품과 축산물에 대한 감춰진 진실을 세상에 알리는 환경운동가로 변신한 존 로빈스(John Robbins)의 책 등, 좋은 책들을 교회 안에서 함께 읽으며 각종 생명밥상 운동을 전개할 수 있을 것이다.[55]

경제 지역화의 핵심이 '안전한 먹을거리 문제를 중심으로 한 사회적 연대'를 이루는 것이라면, 지속 가능한 생태 소농 공동체를 꾸려내기 위한 지역 간 도농 연대가 지역 교회의 구체적 실천이 될 수 있을 것이다. 귀농 운동은 경제 논리로는 도저히 불가능한 운동이다. 신앙이 없으면 못 하는 운동이다. 천규석은 농가의 쌀 생산량과 소비자의 쌀 소비량을

53 이 슬로푸드 운동의 메카는 이탈리아의 브라 마을이라고 한다. 이 마을에 관한 기사는 『조선일보』 2004년 1월 1일자 A27면을 참조하라.

54 월드워치연구소는 매년 『지구환경보고서』를 출간하고 있다. 한국에서는 주로 도요새 출판사가 이를 번역해 출간하고 있다.

55 존 로빈스의 책은 한국에는 『음식혁명』(시공사, 2001)으로 번역되어 나왔다. 이외 브루스터 닌의 『누가 우리의 밥상을 지배하는가』(시대의 창, 2008), 가와기타 미노루의 『설탕의 세계사』(좋은책 만들기, 2003) 등이 도움이 된다.

비교적 정확히 예측하면서, 만약 60명의 회원을 가진 단체라면 젊은이 한두 명을 귀농시켜 농사를 짓게 하고 그것을 책임지고 소비하는 일이 가능하다고 제안한다. 그러니까 만약 600명의 교인을 둔 교회라면 10명의 젊은이들을 귀농시켜 쌀농사 600가마를 짓는 새로운 지역 도농 공동체를 꾸려내는 일이 충분히 가능한 것이다.[56]

또한 지역 경제의 활성화와 빈곤층 구제라는 '두 마리 토끼'를 한꺼번에 잡을 수 있는 대안 화폐 운동도 확산해나갈 수 있겠다. 1983년 캐나다의 컴퓨터 프로그래머인 마이클 린턴이 처음 시작한 이 운동은 우리나라에서는 1996년에 『녹색평론』이 이를 처음 소개한 이후 '미래를 내다보는 사람들의 모임'(미내사)의 '미래화폐(fm)' 운동을 효시로 현재 대전의 '한밭레츠'(한밭 LETS, Local Exchange & Trading System 혹은 지역교환거래체계) 등 전국에 30개 정도의 지역/대안화폐 운동으로 확산되고 있다.[57] 이 운동이 아직 중산층 중심에서 벗어나지 못하고 있다는 한계에도 불구하고 대안화폐 운동은 지역 공동체를 살리고 지구 환경 위기를 극복하는 한 대안으로 실험되고 개선되어가고 있다. 이런

56 이에 관해서는 천규석, 『쌀과 민주주의』(녹색평론사, 2004), pp. 68-90을 참조하라.

57 2000년 2월 정식으로 창립된 한밭레츠는 우리나라에서 가장 널리 유통되는 대안 화폐인데 현재 약 480여 명이 회원으로 가입해 있다고 한다. 화폐 단위는 '두루'로(1두루는 1원과 맞먹음) 회원 가맹점 간의 거래는 30% 이상 이 두루를 쓰도록 되어 있다고 하는데, 회원들은 이 두루를 장애인 공동체에 후원금으로 내놓기도 하고, 친구 결혼이나 친구 자녀 돌잔치의 부조로도 쓴다고 한다. 대부분의 지역 화폐가 창안자에게 집중되면 그 창안자가 그만두거나 자리를 옮기는 즉시 사라져버리는 폐단을 극복하기 위해 한밭레츠 사무실은 '두루지기'라고 불리는 주부 자원 봉사자들을 두어 제도적 영속의 길을 모색하고 있다. 한밭레츠는 앞으로 저소득층을 위한 영구 임대 아파트가 자리 잡고 있는 한 지역을 분리해, 보다 조직적인 실직자와 빈곤층 부조에 나설 계획이며, 한 대학을 단위로 한 지역 화폐 운동도 기획하고 있다. 이 운동에 관한 보다 자세한 내용은 『한국일보』 2003년 11월 29일 A23에서 자세히 소개된 적이 있다.

운동에 교인들 간의 상호 부조가 이미 보편화되고 있는 교회가 적극적으로 참여하면 커다란 진전을 이루어낼 수 있을 것이다. 그리고 이런 운동은 경제 위기로 학비에 시달리는 학생들을 위해 대학 안에서도 실시될 수 있을 것이다.

이른바 '착한 소비 운동' 혹은 '윤리적 소비 운동'도 교회가 앞장서서 전개할 수 있는 생활 운동이다. "Fair trade, not free trade!"를 표어로 공정 무역 상품을 소비하는 것은, 사실 가장 작은 실천으로 세상을 바꾸는 길이기도 하다. 무역 의존도가 높은 우리나라는 저개발국 생산품에 대한 책임 있는 거래를 더욱 본격화해야 한다. 대안무역은 저개발국 빈곤 퇴치의 한 대안이 되고 있다. 사실 대안무역의 원칙은 간단하다. 생산자에 대한 정당한 가격 지불, 직거래, 신뢰를 기초로 한 지속적인 거래, 그리고 건강한 노동 환경, 성 평등, 친환경 등이다.[58]

기독교 사회책임투자(Socially Responsible Investment, SRI) 운동도 적극적으로 확대해나갈 수 있는 생활 운동이다.[59] 우리는 기독교인의 예금이나 투자, 개체교회나 교단 총회의 연금 등도 모두 기독교적 정신에 입각한 책임적 투자가 되는지 감시해야 한다. 하나님께 드려진 헌금이 가난한 사람들과 자연의 생명을 해치는 데 사용되고 있지는 않는지, 교회의 지도자들은 파수꾼이 되어 감시해야 한다. 이와 연관해 '에큐메니칼 그라민은행' 설립도 생각해볼 수 있는 한 아이디어다. 이번에 미국에서 '서브' 프라임이 문제가 되었는데, 2006년 노벨 평화상 수상자인 무함마드 유누스(Muhammad Yunus) 그라민은행 총재는 "우리 고객은

58 신충섭, "세상을 바꾸는 대안무역", 『경향신문』 2008.10.17 일자.

59 이에 관해서는 한국오이코크레딧(www.oilocredit.or.kr)의 활동을 참조하고, 러셀 스팍스, 『사회책임투자: 세계적 혁명』(홍성사, 2007)을 참조하라. 특히 채수일, "신자유주의에 대한 교회의 대응: 돈으로 하는 에큐메니컬 운동", 『기독교사상』(2001/1)을 참조하라.

'서브 서브 서브' 프라임인데도, 우리에게 위기는 없다" 고 잘라 말한다. 잘 알다시피 그라민은행은 신용이 취약한 정도가 아니라 생전 돈을 만져보지도 못한 사람, 직업도 없는 사람, 그야말로 찢어지게 가난한 사람들만 골라서 대출을 해주는 금융 기관이다. 놀라운 것은 그라민은행의 가난한 고객들은 대출금을 너무나 잘 갚는다는 사실이다. 대출회수율이 98%에 이른다고 한다. 그라민은행과 같은 마이크로크레디트은행 수천 개가 세계 곳곳에서 지독하게 가난한 사람들이 열심히 돈을 갚는다는 것을 잘 보여주고 있다. 미국의 '서브' 프라임 대출과 그라민은행의 '서브 서브 서브' 프라임 대출의 차이는 간단하다. 미국의 은행은 이윤 극대화를 위한 은행이다. 그라민은행은 사람을 살리려고 사람에게 다가가는 은행이다. 예수의 하나님 나라가 정결법이라는 당대의 이데올로기에 의해 경계 밖으로 배제된 가난한 사람들('죄인들')에게 하나님의 사랑과 축복을 선언했듯이, 오늘날 신자유주의라는 이데올로기에 의해 신용(credit)의 경계 밖으로 밀려난 사람들에게 대출을 해주는 그라민은행은 어쩌면 예수의 하나님 나라 운동의 가장 현대적인 재현(再現)이 아닐까 필자는 생각한다. 혹 한국 교회가 이런 대안적 금융을 꿈꾸고, 제안하고, 교회가 가진 물적 자원을 통해 실현해볼 수 있을까? 한국의 개신교회가 가용한 자금이 가톨릭이나 불교에 비해 거의 10배에 이른다는 보도에 이러한 제안을 해본다. 물론 '꿈 같은' 얘기다.

* * *

오늘날, 만약 교회에 여전히 희망이 있다면 그것은 교회가 '기억의 공동체'임을 기억할 때다. 더글러스 러미스는 한 가지 더 우리에게 중요한 통찰을 이야기한다.[60] 인류 역사를 넓게 보면, 산업혁명 이후 인간이

60 러미스, 『경제성장이 안되면 우리는 풍요롭지 못할 것인가』, pp. 139-140.

하루를 살면서 관리된 10시간 또는 12시간을 매일 아침부터 저녁까지 계속해서 일한다는 것은 극히 부자연스러운 생활 방식이었다. 그런데 그것이 부자연스럽고, 부자유스러운 것이라는 것을 그것과 처음 마주친 대부분의 사람들은 곧바로 이해했다. 그래서 그러한 노동 생활에 편입되기 시작한 제1세대와 제2세대까지는 다양한 반대운동을 일으키고 저항했다. 왜냐하면 그 이전의 생활 방식에 대한 '기억'이 남아 있었기 때문이다. 하지만 그 이후의 세대에 이르러 어느덧 그 기억은 남아 있지 않게 되었다. 그들은 마치 세상이 원래부터 그렇게 짜인 것으로 알았기에 거기에 자신을 맞추기 시작했다. 투기를 통한 부의 환상을 창조하는 현대 금융 자본주의 아래서 교회가 한 가닥 희망이 되기 위해서는 우리가 이렇게 살지 않았던 세계를 기억할 수 있게 해야 한다. 성서는 하나님이 기억하는 분이며 신앙은 우리가 하나님께서 하신 일을 기억하는 것이라고 말한다.[61] 사도행전 2장과 4장에 초대 교회의 기억이 우리에

61 성서 전체를 통틀어 '기억하다'와 관련된 말은 모두 328번 나오는데, 성서는 '기억하다'로 시작해 '기억하다'로 끝난다 해도 과언이 아니다. 예를 들어 창세기 8장을 보면, 홍수로 땅을 멸망시킨 하나님이 땅 위의 물을 빼기로 결정하신 이유는, "노아와 방주에 함께 있는 모든…… 짐승을 기억"하셨기 때문이다. (창세기 8:1) 그리고 나서 무지개가 뜨면 "살과 피가 있는 모든 것들과 더불어 세운 언약"을 기억하시겠다고 말한다. (창세기 9:15-16) 출애굽기도 마찬가지다. 하나님이 출애굽이라는 대사역을 시작하신 이유는, "아브라함과 이삭과 야곱에게 세우신 언약을 기억"하셨기 때문이다. (출애굽기 2:24) 모세는 가나안 땅으로 가는 긴 여정에서 늘 이렇게 이스라엘 백성들에게 말했다. "너희는 이집트에서 곧 너희가 종살이하던 집에서 나온 날을 기억하여라." (출애굽기 13:3, 그리고 신명기 5:15, 7:18, 8:2, 9:7, 15:15, 16:3, 16:12, 24:18, 24:22 등) 구약성서의 맨 마지막 장에서 말라기는 하나님께서 모세를 통해 준 율례와 법도를 기억하라고 말한다. 예수께서도 기적을 보고도 믿지 못하는 사람들을 이렇게 질타하셨다. "너희는 아직도 깨닫지 못하느냐? 오천 명이 먹은 그 빵 다섯 개를 기억하지 못하느냐?" (마태 16:9-10) 최후의 만찬에서 빵을 떼어주시며 하신 말씀도 이것이었다. "이것은 너희를 위해서 주는 내 몸이다. 너희는 이것을 행하여 나를 기억하여라." (누가 22:19) 사도 바울도 마찬가지였다. 그의 복음은 디모데후서 2:8

게 전해져온다. 복음서에 예수의 하나님 나라 복음에 대한 기억이 우리에게 전해져온다. 히브리 성서에 고아와 과부와 나그네를 특별히 살피시는 야훼 하나님에 대한 기억이 고스란히 우리에게 전해져온다. 이런 '위험한 기억들(dangerous memories)'이 살아 있는 기억으로 날마다 교회에서 예배되고, 선포되고, 또 교육될 때 우리에게는 희망이 있다.

교회는 사도 계승권에 근거한 유기체의 교회만도 아니고, 영성을 독점한 신비적 교제의 교회만도 아니며, 말씀 선포에 의한 신앙의 사건화만도 아니다. 교회는 또한 도래하는 하나님 나라의 구원을 이 세계의 구조 안에서 증언하는 종말론적 선교 공동체다.[62] 이러한 교회는 '선포(kerygma)'와 '친교(koinonia)'와 '봉사(diakonia)'를 통해 이 땅에 샬롬의 평화를 이루어나가는 대안적 공동체다. 신자유주의가 종언을 고하고 지역(the local)이 인류 문명의 새로운 삶의 터전으로 떠오르는 이때, 교회는 자신이 속한 지역에서 새로운 인류의 문명과 희망을 잉태하는 '종말론적 씨알 공동체'로 살아가야 한다. 거기서 진정한 '지역 교회'로 거듭나야 한다. 지역 교회란 교회론적이고 동시에 생태적인 의미의 지역 교회다. 먼저 교회론적으로 지역 교회는 보편 교회의 파편이나 행정 단위가 아니라 그것의 구체적 구현이자 표현이다. 지역 교회의 친교(communion)로서의 보편 교회는 지역 교회 안에 존재하고 지역 교회가 기원상 실제의 교회인 것이다. 또한 생태적으로 지역은 생산과 소비가 통일된 '자급자족 지역'을 말한다. 사실 지속 불가능한 신자유주의

에 한마디로 "예수 그리스도를 기억하십시오"였다. 성서의 맨 마지막 요한계시록은 주께서 도둑같이 올 것이므로 이렇게 말한다. "기억하라. 네가 받고 들은 가르침을." (요한계시록 3:3) 이렇듯 성서에서 기억은 곧 믿음과 동의어이다. 믿지 못하는 것은 기억하지 못하기 때문이다. 데카르트는 이렇게 말했다. "나는 생각한다. 고로 나는 존재한다." 그리스도인은 이렇게 말하는 존재다. "우리는 기억한다. 그러므로 우리가 (교회로) 존재한다."

62 은준관, 『신학적 교회론』(한들출판사, 2005), p. 344.

시장 체제의 대안의 핵심은 생산과 소비가 통일된 자급자족의 지역이다. 이런 지역은 자동차 아닌 자전거로나 걸어서 왕래할 수 있는 지역을 말한다. 궁극적으로는 옛 마을 정도의 되도록 작은 지역이다. 지역 교회란 바로 이런 마을에 성육신한 교회를 말한다. 이런 의미의 지역 교회가 '심층 에큐메니칼 정신(deep ecumenism)'을 실천하며 살아야 한다. 세계 교회의 에큐메니칼 운동은 1961년 뉴델리 총회 이후 교회 중심적, 인간 중심적 패러다임에서 벗어나서 하나님의 창조 세계 전반에 깊이 관심하는 운동으로 발전해왔다. 이를 우주적(cosmic) 혹은 심층(deep) 에큐메니즘이라 부르는데, 그것은 폭에 있어서 전 지구적이며, 깊이에 있어서 하나님의 창조 세계 안에 있는 모든 생명에 관심을 기울인다. 이 운동은 모든 인간뿐만 아니라 지구상의 모든 생명에 화해와 정의와 치유와 평화를 가져다주는 운동이다. 교회란 지역에서 바로 이런 우주적 꿈을 꾸고 실천하며 살아가는 그리스도의 몸이어야 하는 것이다. 이 행복한 꿈을 한국의 그리스도 교회가 같이 꾸어볼 수 있을까.

:: 후기

"아담(사람)아, 네가 어디 있느냐?"

봄, 여름, 가을, 겨울, 그리고 봄…… 이렇듯 뚜렷하고 아름다웠던 한반도의 사계절은 언제부턴가 아열대성 기후로 바뀌고 있다. 삼한사온 현상이 사라진 지 오래고, 겨울은 짧아지고 여름이 길어지고 있으며, 수온의 상승으로 어종이 변하고 있다. 한반도의 온난화 속도는 전 세계 평균보다 두 배 이상 빠르게 진행되고 있다고 한다.[1]

사실 지구의 기후는 인간이 개입하기 전부터 커다란 변동을 겪어왔지만, 지금 우리는 인간에 의해 만들어진 기후 변화 혹은 '기후 붕괴'를 경험하고 있다. 18세기 중엽 산업혁명 이후 인류는 지구의 평균 기온을 0.8도나 상승시켰다.[2] 산업혁명 이래 더 많은 물질적 풍요와 편리를 지고의 가치로 추구해온 경제 성장 전략은 에너지 소비, 특히 화석 연료의

1 한반도의 연평균 기온은 1912년부터 2008년까지 96년간 1.7도 올라, 한반도의 온난화 속도가 전 세계 평균보다 두 배 이상 빠르게 진행되고 있는 것으로 나타났다. (비슷한 기간 전 지구 평균 기온은 0.74도 정도 상승했다.) 이에 따라 한반도의 기후가 아열대화하고 있으며, 겨울은 22-49일가량이 짧아지고 여름은 13-17일가량 길어졌다. 이런 진행 속도라면 머지않아 한반도의 생태계가 완전히 변화하고 열대성 질병이 확산되는 등 기후 변화의 폐해가 가시화될 것으로 보인다. ─ 이상 국립기상연구소, 「기후 변화 이해하기 II ─ 한반도 기후 변화의 현재와 미래」(2009년 5월 7일 발간)

2 지구의 기온이 1도씩 오를 때마다 어떤 재앙이 오는지에 관해서는 마크 라이너스, 이한중 역, 『6도의 악몽』(서울: 세종서적, 2008)을 참조하라.

소비와 긴밀히 연동되어 주요 온실 기체인 이산화탄소를 대량 배출했고 이것이 지금의 기후 변화의 원인이 되었다.[3]

문제는 우리에게 그리 시간이 많지 않다는 점이다. '세계 환경위기시계'는 2008년에 이미 9시 33분을 가리키고 있었다.[4] 2007년 3월에 열린 UN 산하 '국가간기후변화위원회(Intergovernmental Panel on Climate Change, IPCC)'는 앞으로 적절한 대응이 이루어지지 않으면 지구 온난화가 홍수 · 가뭄 · 질병 · 극단적 기후 변화를 동반한 대재앙을 발생시킬 것을 경고했었다. 지금과 같은 급격한 지구 온난화가 진행될 경우, 인간을 포함한 대부분의 지구 생명체에게 엄청난 재앙이 초래될 것은 명약관화한 일이다. 문제는 인류나 다른 생명체들이 이러한 격심한 변화에 대응하여 새로운 생존 방식을 찾기에 너무도 시간이 없다는 사실이다. 앞으로 10년 안에 인류가 생태적 문명 전환을 이뤄내지 못하면 우리에게는 미래가 없다고 말할 수 있다.

이렇게 인간에 의해 지구 생명의 역사상 여섯 번째 대 멸종이 시작되고 있다는 지금, 우리는 인간 중심적인 세계 이해에서 벗어나 창조 세계의 통전성 안에서 인간의 자유와 창조성을 다시 인식하는 근본적인 세계관의 변혁을 꾀해야 한다. 1967년 「생태적 위기의 역사적 뿌리」라는 한 편의 작은 논문에서 기독교의 '지독한 인간중심주의'가 오늘날 생태

3 2005년 현재 세계적으로 공급된 제1차 에너지는 114억 3,500만 TOE로 이는 1970년 대비 두 배가량 늘어난 것이다. 이 중 석유가 35.0%, 석탄 25.3%, 천연가스 20.7% 등 화석 연료가 차지하는 비중은 81.0%에 이르렀다. 화석 연료야말로 현대 자본주의 산업 경제의 핵심적 동력이면서 기후 변화의 주범인 것이다.

4 세계 환경 파괴에 따른 위기 정도를 나타내는 '환경위기시계'는 1992년 처음 조사를 시작한 이래 가장 위급한 상황이다. 1992년 7시 49분을 시작으로 지금까지 계속 인류 종말을 상징하는 12시를 향해 치닫고 있는데, 1997년에는 '매우 불안한 상태'를 의미하는 9시를 넘어섰으며(9시 4분), 2006년 9시 17분, 2007년에 9시 31분, 그리고 작년에 9시 33분을 가리키고 있다. (『서울신문』 2008년 9월 17일자 보도.)

파괴의 근본 원인이라고 지목하여 현대 기독교 신학의 대각성을 촉구한 린 화이트(Lynn White, Jr.)도 현재의 생태적 위기가 과학과 기술의 힘에 의해서 극복할 수 있는 성질의 것이 아니며 이 위기에 대한 본질적 대책은 다름 아닌 종교적인 것이 되어야 한다고 단언했다.[5]

화이트의 논문에 대한 반성으로 현대 기독교 신학에서 다양한 생태학적 논의가 시작되었다. 가장 처음 의미있는 노력을 한 사람은 예수회 신학자이며 과학자인 테이야르 드 샤르댕(Teilhard de Chardin)이었다. 그는 우주를 시공간 상의 일차적인 계시적 실재로 이해함으로써 과학과 종교 사이의 분열을 치유하는 데 관심을 기울였다. 비록 그의 진화에 대한 이해가 전적으로 인간에게 집중되어 있었고 또한 인간의 파괴적인 측면을 소홀히 다뤘다는 한계에도 불구하고 드 샤르댕은 우주를 살아 있는 하나의 유기체로 보았다는 점에서 이후 기독교 생태신학 발전에 많은 영감과 통찰을 주었다. 그에 이어 도미니크회 수사 매튜 폭스(Matthew Fox)가 창조 영성(creation spirituality)을 제안했다. 그는 인간이 속한 우주에 대한 경외심을 고양시키는 영성이 없다면 환경에 대한 경외심도 생기지 않을 것임을 역설하면서, 서구 기독교 역사에서 가려져왔거나 왜곡된 영성의 전통을 새로 조명했다. 그는 특히 11-13세기 독일 라인 지방에 살았던 네 명의 신비주의자에 주목하면서,[6]

5 Lynn White, Jr., "The Historical Roots of Our Ecological Crisis," in *Science* 155 (1967), pp. 1203-1207을 참조하라. 그는 이렇게 말한다. "Since the roots of our trouble are so largely religious, the remedy must also be essentially religious."

6 그들은 힐데가르트(Hildegard of Bingen), 멕틸드(Mechtild of Magdeburt), 줄리앙(Julian of Norwich), 그리고 마이스터 에크하르트(Meister Eckhart)이다. 이들에게 하나님은 아버지일 뿐 아니라 어머니다. 에크하르트는 하나님을 출산하는 어머니로, 줄리앙은 우주를 어머니이자 아버지인 하나님의 신성한 자궁으로 비유했다. 이들에게 육체와 영혼의 대립적 이원론적 사상은 찾아볼 수 없다. 심지어 에크하르트는 영혼은 육체를 사랑한다고도 말했다.

'원죄(original sin)'가 아니라 '원복(original blessing)'을 강조하는 창조 영성을 제안했다.[7] 비록 그의 창조 영성이 다양한 기독교 전통을 지나치게 단순화하고 또한 죄나 죽음과 같이 기독교 전통에서 중요하게 다뤄져온 문제들을 소홀히 여긴다는 비판에도 불구하고, 폭스의 창조 영성은 기독교 신학에 새로운 신-인간-자연 이해의 길을 열었다는 점에서 높이 평가할 만하다. 드 샤르댕과 폭스에 뒤이어 현대 기독교 신학에서 일어난 의미있는 생태학적 논의는, 이 책의 제5장에서 살펴본, 과정사상에 근거한 생태신학의 발전이었다. 화이트헤드(Alfred North Whitehead)의 과정사상은 모든 존재가 그 근원적인 특성상 관계적이라는 것을 전제하면서 모든 이원론적이고 기계론적인 사상에 도전했다. 유기체 철학이라고도 불리는 이 사상에 근거하여 캅(John B. Cobb, Jr.)과 그리핀(David Griffin)과 같은 신학자들이 전통적인 남성 신 개념을 거부하고 대신 신의 응답적이고 교감적이며 또한 고통을 나누는 사랑을 강조하는 과정신학을 발전시켰던 것이다.

이와 같은 흐름 안에서 특별히 우리의 주목을 끄는 것은 이 책의 제6장에서 살펴보았던 생태여성주의 신학의 발전이었다. 로즈마리 류터(Rosemary R. Ruether)가 1972년 처음으로 페미니즘과 환경 문제의 연관성을 시사한 이후, 여성신학자들은 생태계의 위기가 인간중심주의보다 더 깊은 이유, 즉 남성중심주의에 있음을 깨닫게 되었다. 생태여성주의는 여성에 대한 억압과 자연에 대한 억압이 두 개의 다른 억압이 아니라 '쌍둥이 억압'임을 지적하면서, 이 억압의 뿌리로 서구 사상 속에 있는 남성들의 이원론적 세계관을 지목했던 것이다. 류터는 이원론적 세

7 이에 관해서는 매튜 폭스, 황종렬 역, 『원복: 창조 영성 길라잡이』(서울: 분도출판사, 2001)를 참조하라. 폭스는 하나님을 어머니로 부르고 원죄의 중심성을 부인하며 페미니즘을 열렬히 찬양했다는 이유로 1988년 교황청으로부터 1년 동안 침묵을 강요받기도 했다.

계관이 본래 기독교적 세계관이 아니라고 말한다. 하지만 기독교가 이를 받아들였음을 인정한다. 바로 이 이원론적 사고로 인해 기독교 안에서는 교부들로부터 시작하여 육체에 대한 경멸, 여성에 대한 경멸적 사고가 시작됐다. 그리고 신을 저 위에 계신 초월적 존재로, 그리고 남성으로 인식하기 시작했다. 그 결과 남성을 여성보다 위에 있는 존재로 보는 계층적 이원론이 형성됐다. 그리고 '하나님(선)-천사-남자-여자-어린이-동물-식물-지구-악'으로 이어지는 '존재의 계층적 사슬(hierarchical chain of being)' 구조가 형성되게 되었다. 이 구조에 따르면, 하나님은 비물체적 영으로 이 존재사슬의 맨 위에 위치한다. 반대편에 있는 비영적인 물체는 열등한 것이며 인간에 의해 지배되어야 한다. 이 구조 안에서 인간은 자연보다 높은 위치에 놓임으로써 인간에 의한 자연의 지배와 소유의 길이 열리게 되었다. 결국 이러한 이원론적 계층구조가 여성과 자연을 공존과 상생의 대상이 아니라 지배와 소유의 대상으로 간주하는 정복적 사고를 낳았던 것이다.

류터와 함께 북미 생태여성주의 신학을 대표하는 샐리 맥페이그(Sallie McFague)는 새로운 은유(metaphor)에 근거하여 생태신학을 더욱 깊이 발전시켰다.[8] 놀랍게도 그는 새로운 은유로 이 세계 혹은 자연을 '하나님의 몸'으로 볼 것을 제안했다. 그에게 하나님의 창조는 '육체적인 사건'이다. 즉 우주는 하나님의 자궁으로부터 잉태되어 나온 것이다. 이것은 창조에 대한 '제작' 모델이 아니라 '출산' 모델이다. 제작 모

8 영문학을 전공한 문학소녀였던 맥페이그는 신학을 공부하면서 예수의 언어였던 '비유'에 관심을 가졌다. 처음에 예수의 비유를 연구하던 그녀는 이를 '은유' 연구로 발전시켜 『은유신학(*Metaphorical Theology*)』을 썼고, 지배적 은유를 '모델(model)'로 확장시켜 『하나님의 모델들(*The Models of God*)』을 집필했다. 이 과정에서 맥페이그는 모든 종교 언어의 본질을 '은유'로 보고 생태학적 위기 시대에 걸맞은 새로운 신론을 구성하는 데 전력을 기울였다.

델은 창조를 이미 완성된 것으로 보기 때문에 정적이다. 하지만 출산 모델은 동적이며, 계속 자라난다. 우주는 계속 생명을 유지하고, 자라고, 변화하고, 또 진화한다. 하나님은 이 우주의 "몸을 풀어주고" 이 우주에 생명을 주며 또한 자라나게 하는 힘의 근원이 된다. 우리의 우주는 하나님이 낳으신 아기가 되는 것이다.

맥페이그는 나아가 우리가 가진 하나님과 인간에 대한 잘못된 인습적 이해 때문에 지구와 생명체들에 대한 파괴를 계속한다고 지적한다. 잘못된 신관과 인간관이 우리의 잘못된 행동을 묵인하고 있고, 그렇다면 우리는 이러한 신관과 인간관을 해체하여 재구성할 필요가 있다는 것이다. 고전적 신학은 세상을 이원론적 시각에서 바라본다. 영/육, 하나님/세계, 정신/육체 등 서로 대립하는 이항대립적 가치들이다. 그리고 어느 한 쪽이 다른 한 쪽보다 우월한 것이다. 이러한 이원론적인 위계질서 맨 위에 있는 하나님은 이 세상의 '바깥에' 있다. 이것이 고전적 신학이 이해하는 초월이다. 그리고 이 하나님은 인간의 영혼 구원에만 관심이 있고 그 외의 일들에 대해서는 무관심하다. 또한 세상은 인간이 잠시 머물다가는 임시숙소와 같은 곳이다. 따라서 아껴 쓰고 청소하고 소중히 관리할 필요가 없다. 마음대로 착취하고 이용하다 떠나도 된다. 어차피 내 집이 아니니까 말이다. 절묘하게도 이러한 고전적 신학관은 고전주의 경제학에서 해석한 인간, 즉 인간은 욕망을 지닌 개인적 존재라고 보는 인간관과 잘 조화를 이루며 생태계의 파괴를 가속화하고 있다고 맥페이그는 지적한다.

때문에 맥페이그는 이제 우리가 보다 공동체적 인간 이해, 즉 인간을 '지구에 속한 존재'로 보는 인간관으로의 전환이 시급하다고 역설한다. 인간만이 중요한 존재가 아니다. 우주가 자신을 인식한 '우주의 자의식'이 바로 우리 인간이긴 하지만, 인간은 지구 '위'에 혹은 지구 '밖'에 군림하는 지배자가 아니다. 우리는 지구에 속해 있을 뿐만 아니라, 물,

식량, 토지, 그리고 기후 등에 철저히 의존하고 있다.[9] 우리는 지구 '안'에 다른 생명과 함께, 그 생명들 덕분에 존재한다. 그리고 이러한 인식 위에서 맥페이그는 매우 의미심장한 신학적 선언을 던진다. 그는, "하나님이 이 세계 속에 성육신해 계신다"고 말한다. 사실 이것은 우리가 가지고 있는 기존의 창조 및 성육신에 대한 이해를 뒤엎는 대단히 과감한 제안이다. 이정배가 지적하듯이, 그는 지금 하나님이 나사렛 예수 한 몸으로 육화되었다기보다는 온 세계 속에 육화되었다고 말하고 있는 것이다.[10] 이처럼 성육신에 토대를 둔 창조 이해에 의하면 하나님은 우주 안에 계시고, 인간과 삼라만상은 하나님을 드러내는 표시이며, 따라서 세계의 고통은 곧바로 하나님 자신의 고통과 상처가 된다. 사실 창조와 성육신을 하나로 보는 관점은 기독교 초기부터 있었는데, 한마디로 맥페이그에게 이 세계는 '하나님의 몸'이다. 물론 하나님과 세계는 동일하지 않다. 하지만 이 세계는 하나님의 몸의 육화인 것이다. 그렇다면 과연 이러한 신학적 모델의 변화는 우리의 삶과 신앙에 어떤 변화를 가져오는 것일까?

만약 우리가 이 세계를 하나님의 몸으로 이해한다면, 우리는 하나님을 '천상'이나 '사후'에서가 아니라 '지금 여기' 이 땅 위에서 만날 수 있다. 그리고 우리가 하나님을 이 우주와 세계 안에서 만날 수 있다면

9 "꿀벌이 지구에서 사라지고 난 뒤, 4년 안에 지구는 멸망한다"고 아인슈타인이 말했다. 그런데 최근 몇 년 사이에 지구촌 곳곳에서 꿀벌들이 급속히 사라지고 있다고 한다. 정확한 원인은 알 수 없지만 지구 온난화 등 생태계의 변화와 관련이 있는 것으로 보인다. 그런데 꿀벌이 사라지면 인간이 먹을 것이 사라진다. 인류가 먹는 모든 식품 가운데 3분의 1이 곤충의 수분 덕으로 생산된다. 이 중 80%를 꿀벌이 해낸다. 그러니까 인류가 21세기에 이르러 아무리 첨단 지식, 정보, 통신 사회를 이루어도, 한낱 미물에 지나지 않아 보이는 꿀벌의 도움이 없이는 인류는 결코 풍요로운 삶을 살 수 없는 것이다. 우리는 이렇게 생명의 그물망으로 깊이 연결되어 있다.

10 이정배, "기후 변화와 신학의 재구성—S. 맥페이그의 新刊을 중심하여", 〈2008 기독교환경운동 정책세미나〉 발제문.

그것은 곧 굶주린 이들을 먹이고 병든 자들을 치유하며 온실가스를 줄이는 것이 바로 세계 안에서 하나님을 사랑하고 하나님과 만나는 길이 되는 것이다. 하나님이 지금 여기 세계(지구) 안에 현존하기에 지구를 돌보는 것이 곧 하나님을 섬기고 사랑하는 일이 되는 것이다. 그래서 맥페이그에 의하면 신앙이란 "이 세계 안에 존재하는 자신의 삶 자체를 긍정하는 것"이다. 만약 우리가 맥페이그의 제안처럼 인간의 '생존 공간(*oikos*)'인 지구를 하나님 현존의 자리로 인식할 수 있다면 그것은 오늘날 심각한 생태 위기의 시대에 인류의 문명사적 전환을 제안할 수 있는 종교적 근거가 될 수 있을 것이다. 만약 우리가 세상을 기계가 아니라 하나님의 몸으로 다시 볼 수 있다면, 그동안 우리를 지배하던 잘못된 교리와 그리고 거기에 기생한 성장 이데올로기는 설 자리를 잃고 우리는 새로운 세계를 상상할 수 있는 영적인 자유와 눈을 얻을 수 있게 될 것이다.[11] 돌아보면, 생태계 위기의 뿌리가 종교적인 것처럼, 그 해결책도 종교적이고 도덕적인 것이어야 한다는 린 화이트의 주장은

11 사실 생태 위기가 요구하는 신학적 성찰의 자원은 풍부하다. 우리는 켈트 영성과 중세 기독교의 신비주의로 성찰의 영역을 확장할 수 있다. 최후의 만찬 때 예수의 품에 기대어 사랑받던 제자, 그래서 '하나님의 심장 박동 소리'를 직접 들었다는 요한의 전통에서 나온 켈트 영성에 우리는 다시 주목할 필요가 있다. (이에 관해서는 필립 뉴엘, 정미현 역, 『켈트 영성 이야기』[서울: 대한기독교서회, 2001]를 참조하라.) 갓 태어난 어린 아기의 얼굴에서 하나님의 형상을 본 펠라기우스, 가장 진정하게 인간적인 것이 가장 신적인 것이라고 말한 존 스코트, 그리고 하나님은 물질적 영역으로부터의 도피가 아니라 창조의 물질적 영역 가운데서 찾아질 수 있다고 말한 조지 마크라우드 등에게 흘러온 신학적 자원을 우리는 복권시킬 수 있다. 그래서 우리에게 하늘과 태양, 달과 별들의 빛 가운데에서 하나님의 은총을 말하고, 육체적인 것을 통해 영적인 것을 보며, 모든 생명 가운데서 생명으로써 하나님을 바라보는 눈이 형성되어야 한다. 이렇게 "우리의 숨결보다 더 우리에게 가까이 계시는 분"을 만날 수 있을 때 기독교의 신앙은 이 세계 안에 존재하는 자신의 삶 자체를 긍정하는 일이, 살아 있는 사실 자체에 대한 놀라움과 감사가 될 수 있으며, 궁극적으로 인간의 생존 공간인 지구를 하나님 현존의 자리로 인식할 수 있게 될 것이다.

참 옳았다.

우리의 이러한 종교적 세계관의 변화는 충분한 과학적 근거와 지지를 가지고 있다고 필자는 생각한다. 1632년 갈릴레오 갈릴레이가 그의 책 『대화』에서 지동설을 주장했을 때 당시 교회는 종교 재판을 걸어 그의 책을 금서로 지정했다. (교황은 무려 359년이 지난 1991년에 와서야 이 종교 재판이 잘못된 것임을 인정하고 공식 사과했다.) 그런데 갈릴레이의 지동설의 가장 중요한 인류 정신사적 의미는 무엇이었는가? 그것은 '지구중심주의'와 '인간중심주의'로부터의 탈피였다. 당시까지 서구인들의 의식 속에서 우주의 중심은 지구였고, 지구의 중심은 인간이었다. 그런데 그것이 아니라고 말한 것이다. 1859년 찰스 다윈이 「자연선택에 의한 종의 기원에 관하여」라는 논문을 발표했을 때 교회는 그의 얼굴을 원숭이의 몸에 덧붙여지는 캐리커처로 그리며 그를 조롱했다. 그런데 과연 다윈 진화론의 가장 중요한 인류 문명사적 의미는 무엇이었나? 그것 역시 '인간중심주의'에서의 탈피였다. 다윈은 인간이 원숭이로부터 진화했다고 주장하지 않았고 사회진화론을 말하지도 않았다. 다윈의 진화론의 메시지는 인간이 다른 모든 생명체 위에 군림하는 '창조의 면류관'이 아니라 다른 생명체들과 함께 얽혀 살아온 우주의 한 작은 생명체에 불과하다는 것이었다. 그의 생물학적 진화론의 정신사적 의미는 인간을 자연 '위'에 군림하는 어떤 특별한 존재로 보던 소위 정통적 기독교의 인간관을 거부하고, 인간을 자연 '안'에 그리고 자연과 '더불어' 사는 존재로 파악한 것이다. 그런데, 중요한 것은, 바로 이러한 인간관이 다름 아닌 본래 성서의 인간관이라는 점이다.

갈릴레이와 다윈은 인간이 우주의 중심이라는 서구 문명의 '숭고한 자존심'에 깊은 상처를 주었다. 지동설은 인간을 '우주의 중심'에서 추방했으며, 진화론은 인간이 '창조의 면류관'이 아니라 우주의 모든 생명체와 연관된 존재임을 이야기했다. 둘 다 우리 인간이 이 광활한 우주에서 그리 특별한 존재가 아닐 수 있다고 말한 것이다. 당시 교회는 이것을 신에 대한 반역으로 간주했다. 하지만 갈릴레이와 다윈의 과학적 발견은 오히려 성서 본래의 하나님을 발견하는 데 도움을 주었다고 필자는 생각한다. 인간중심주의로부터의 해방은 결코 신앙심을 축소시키는 게 아니다. 도리어 기독교 신앙의 지평을 확대해주고 풍요롭게 해준다. 지구중심주의로부터 벗어날 때 우리는 비로소 하나님이 인간만을 위한 하나님이 아니라 진정으로 온 우주 만물의 창조주임을 깨달을 수 있다. (사실 구약성서에 나오는 욥의 이야기가 바로 이것이 아니겠는가.)[12] 그리고 이 무한한 우주에서 그리고 아주 오래된 생명의 역사에서 인간이 아주 미미한 존재에 불과하다는 과학적 발견은 오히려 하나님의 위대함을 새삼 깨닫게 도와준다. 인간이 창조의 면류관이기 때문에 하나님의 사랑을 받는 것이 아니라, 우주 변두리의 아무것도 아닌 존재임에도 불구하고 하나님의 한없는 은총의 대상이기 때문이다.

사실 현대 우주 천문학의 발견은 갈릴레이와 다윈을 넘어 더욱 깊은 '우주적 신비주의'로 우리를 초대한다.[13] 이 광활한 우주가 우리와 한 '몸'이기 때문이다. 우리의 몸을 이루는 여러 원소 중 가장 중요한 것은 탄소 원자다. 그런데 모든 생명 현상에 필수적인 이 탄소 원자는 과연 어디서 온 걸까? 빅뱅 우주론에 의하면 우주 대폭발 직후 뜨거웠던 우주에서 생성될 수 있는 원소는 가장 기본적인 원소인 수소와 헬륨밖에 없

12 욥의 고난 이야기에서 우리는 하나님의 최대의 관심이 창조 세계 전체임을 알게 된다. 폭풍 가운데 임재하며 말씀하시는 하나님은 의인인 욥의 고난의 원인과 의미에 대해서가 아니라 창조 세계 전체에 대해 말씀하신다. 하나님은 고난받는 의로운 욥의 하나님만이 아니라 지구 공동체 전체의 하나님인 것이다.

13 우주 신비주의에 관해서는 특히 매튜 폭스, 송형만 옮김, 『우주 그리스도의 도래: 어머니 땅의 치유와 지구 르네상스의 탄생』(서울: 분도출판사, 2002)과 토마스 베리, 이영숙 옮김, 『토마스 베리의 위대한 과업: 미래로 향한 우리의 길』(서울: 대화문화아카데미, 2009) 등을 참조하라.

었다. 그런데 태양을 포함한 별은 그 중심에서 수소 폭탄이 연속적으로 터지는 것과 같은 수소 핵융합을 한다. 이 과정에서 모든 수소가 헬륨으로 전환된다. 이에 따라 별의 중심 온도는 더욱 높아지고 결국 헬륨 원자핵 세 개가 하나의 탄소 원자핵으로 융합된다. 이렇게 별들이 핵융합을 통해 탄소와 같은 중원소를 만들어내면 이후 그 별들은 초신성으로 폭발하여 사라진다. 성운이라 불리는 거대한 가스구름으로 흩어지는 것이다. 바로 이런 별들의 잔재가 우주 공간에 풍부한 수소와 함께 45억 년 전 태양계를 생성했다. 현재 우리 몸속에 있는 탄소 원자와 같은 원소들은 바로 이렇게 만들어져 우리 몸에 들어온 것이다. 우주의 나이가 140억 년, 태양과 지구의 나이 40억 년이라면, 우주가 생성된 후 100억 년의 긴 세월 동안 별들은 중원소를 만들며 지구와 인간 그리고 모든 생명의 탄생을 소리 없이 준비한 것이다. 그러니까 별들의 희생적 죽음이 생명을 잉태한 것이다. 때문에 '별 먼지(star dust)'와 내 몸이 원래 하나였음을 우리는 깨닫게 된다. 정말 어느 노래가사처럼 "저 별은 나의 별"이고 "저 별은 너의 별"이다. 저 별은 나의 몸이고 너의 몸인 것이다. 우주 천문학의 관점에서 볼 때 사람이라는 존재는 빅뱅의 우주에서 생겨난 수소가 자신을 만들어낸 우주와 신의 마음을 스스로 읽을 줄 아는 호모/지나 사피엔스(Homo/Gyna Sapiens)를 만들어낸 거대한 여정이었다. 바로 이런 우주에 대한 경외심이 우주 신비주의다. 우리는 이것의 결여로 생태계를 파괴하고 생명을 죽인다. 이런 신비주의의 결여로 생명을 하찮게 여긴다. 그렇다면 지구의 생태계를 파괴하게 만드는 것은 종교의 영향이 아니라 오히려 그것의 결핍이라고 말할 수 있다. 우리는 우주를 떠나서가 아니라 우주와 함께 하는 긴 순례의 길에 있다. 지금 우리는 우주에서 길을 잃은 것이 아니라 우주와 함께 길을 잃은 것이다.

영국의 역사가 아놀드 토인비(Arnold J. Toynbee)는 자연에 대한 인간의 우위를 주장하는 기독교의 가르침, 특히 창세기 1장 28절의 '땅을 정복하고 다스리라'는 신의 명령 때문에 지구에 대한 인간의 약탈이 시작되었다고 말한다.[14] 하지만 땅을 '정복하고(*kabas*)' '다스리라(*rada*)'는 말은 자연을 착취하고 지배하라는 뜻이 아니다. 어원적으로 볼 때 그것은 '일하고 봉사하고 지키고 돌보라'는 뜻으로 이해하는 것이 더 타당하다. 뿐만 아니라 성서에 있는 두 번째의 창조 이야기, 즉 에덴 동산의 이야기(창세기 2:4-3:24)를 보면, 인간은 땅을 다스리고 정복하는 지배자가 아니라 땅을 경작하는 겸손한 농부다.[15] 이 이야기에서 하나님은 '아담(Adam)' 즉 인간을 '아다마(*Adama*)' 곧 흙을 재료로 창조하신다. (그래서 우리는 아담을 '농부'로 그리고 아다마를 '농지'로도 번역할 수 있다. 즉 하나님은 농토에서 농부를 지은 것이다.) 에덴 동산에서 농부로서의 인간에게 주어진 하나님의 명령은 다스리고 정복하라가 아니라 '경작하라(*abad*)'다. 여기서 강조되는 것은 땅에 대한 인간의 소유와 지배가 아니라 땅에 대한 인간의 돌봄이다. 인간은 생태계의 주인이 아니라 겸손한 참여자요 관리자여야 하는 것이다. 사실 이것이 본래의 성서적 인간관이다.

그런데 이 아담이 하나님의 얼굴을 피해 동산 나무 사이에 숨었다. 에덴 동산에 있는 모든 나무의 열매는 먹고 싶은 대로 먹어도 좋으나 동산 한가운데 있는 선악과나무의 열매만은 먹어서는 안 된다는 하나님의

14 창세기 1:28의 '생육하고 번성하고 땅에 충만하기'와 '땅을 정복하기, 모든 생물을 다스리기'를 '하나님의 문화 명령'이라 부른다. 그런데 하나님은 인간에게만 생육하고 번성하고 땅에 충만하라는 복을 주신 것은 아니다. 창세기 1:20-22에 의하면 제5일째 창조의 날에 하나님은 바다의 물고기와 하늘의 새들을 지으시고 그들에게도 생육하고 번성하고 땅에 충만하라는 생명의 축복을 내려주신다.

15 창세기 1장과 2-3장의 두 창조 이야기에 대한 비교는 특별히 Theodore Hiebert, "The Human Vocation: Origins and Transformations in Christian Traditions," in ***Christianity and Ecology***, eds., Dieter T. Hessel and Rosemary R. Ruether (Cambridge, Massachusetts: Harvard University Press, 2000)를 참조하라.

명령을 어겼기 때문이다. 왜 하나님은 이런 금지 명령을 내렸을까? 전지전능한 하나님은 아담이 그것을 따먹을 줄 몰랐을까? 아셨다면 죄를 지으라고 '덫'을 놓으신 것일까? 모든 것이 허용되었지만 단 한 가지가 금지되었다. 모든 것이 위임되었지만 단 한 가지 제약이 주어졌다. 마치 '제왕 같은' 인간에게 한 가지 금기가 주어졌다. 그 명령은 동산의 주인이 누구인지 명확하게 선을 긋는 선언이었던 것이다.[16] 뱀의 유혹의 핵심이 무엇인가? 그것은, "너희가 그것을 먹는 날에는 너희 눈이 밝아져 하나님과 같이 되어 선악을 알 줄 하나님이 아심이니라" (창세기 3:5)였다. 핵심은 '하나님과 같이 된다'였다. 한마디로 아담은 신이 되고 싶었던 것이다. 한 가지를 제외하고 모든 것이 허용되었으나 마지막 그 한 가지 제약조차 싫었던 것이다. 동산의 주인이 되어 그것을 영원히 소유하고 싶었던 것이다.

금단의 열매를 따먹은 아담은 동산을 거니시는 하나님의 소리를 듣고 하나님의 얼굴을 피하여 동산의 나무 사이에 숨었다. 하나님은 아담을 부르시며 그에게 "네가 어디 있느냐" (창세기 3:9)고 물으신다. '아담아(사람아), 네가 어디 있느냐?'는 이 질문은 성서 전체에서 하나님이 인간을 향해 던진 최초의 질문이다. 지정학적 장소나 물리적 위치를 물은 것이 아니다. 인간이 서야 할 '신학적 자리'를 물은 것이다. 인간의 한계를 인정하고, 인간이 견지하고 유지했어야 하는 '관계적 자리'를 물었던 것이다. 당연히 지켜야 할 자신의 자리에서 벗어나 신이 되고자, 즉 소유자가 되고자 했던 탐욕의 인간을 다시금 본래의 겸손한 인간의 자리로 부

16 이경숙에 의하면, 선악과 금지 명령은 인간이 무엇이 자신에게 유익한지 혹은 해로운지 스스로 결정하는 일을 금지한 것이다. 즉, 자연은 인간의 자의에 따라 마음대로 처분될 수 없음을 선언한 것이다. 이경숙은 이 명령을 자연 파괴에 대한 금지 명령인 것으로 이해한다. 이경숙, "생태학적 여성신학의 관점에서 본 구약성서의 자연과 여성", 『구약성서의 하나님 · 역사 · 여성』(서울: 대한기독교서회, 2000)을 참조하라.

르는 것이다. 땅을 '경작하고 지키라'는 명령을 버리고 도시로, 문명의 한복판을 향해 내달리며, 자본 축적과 안락과 물질적 풍요만을 좇아 떠나버린 아담(사람/농부)에게 자신의 원래 자리가 어디냐고 묻는 질문이다. 하나님은 이 질문을 오늘 21세기 이른바 세계화 시대를 사는 우리 모두에게 던지신다. '아담아(사람아/농부야), 네가 어디 있느냐?' 이 세계와 자연의 소유주인 줄로 착각하고 끝도 없이 오만해진 우리 인간을 향해 하나님은 같은 질문을 다시 던지신다. 이 질문은 우리로 하여금 근대 휴머니즘의 오만함과 고전 신학의 경계짓기를 넘어 신과 인간과 자연의 관계에 대해 근원적으로 다시 성찰할 것을 촉구한다.

:: 참고 문헌

제1장

Bavel, Tarsicius J. Van, *The Rule of Saint Augustine: Masculine and Feminine Versions* (Kalamazoo, Michigan: Cistercian Publications, 1984).

Brown, Peter, Augustine of Hippo: *A Biography* (Berkeley: University of California Press, 1969).

Gonzalez, Justo L., *Faith & Wealth: A History of Early Christian Ideas on the Origin, Significance, and Use of Money* (New York: Harper & Row, Publishers, 1990).

McGuckin, J. A., "The Vine and the Elm Tree: The Patristic Interpretation of Jesus' Teachings on Wealth," *The Church and Wealth*, eds., W.J. Sheils and Diana Wood (Basil Blackwell, 1987).

Merdinger, Jane E., *Rome and the African Church in the Time of Augustine* (New Haven: Yale University Press, 1997).

Mullin, Redmond, *The Wealth of Christians* (Maryknoll, New York: Orbis Books, 1983).

Phan, Peter C., *Social Thought: Messages of the Fathers of the Church* (Wilmington, Delaware: Michael Glazier, Inc., 1984).

Ramsey, O. P., Boniface, *Beginning To Read the Fathers* (New York, Mahwah: Paulist Press, 1985).

Schmidt, Thomas E., *Hostility to Wealth in the Synoptic Gospels* (Sheffield, England: JSOT Press, 1987).

Wogaman, J. Philip, *Christian Ethics: A Historical Introduction* (Louisville, Kentucky: Westminster/John Knox Press, 1993).

제2장

Albes, Rubem A., "Christian Realism: Ideology of the Establishment," in *Christianity and Crisis*, September 17, 1993.

Assmann, Hugo, "The Improvement of Democracy in Latin America and the Debt Crisis," in *Liberation Theology and the Liberal Society*, ed., Michael Novak (Washington, D.C.: American Enterprise Institute for Public Policy Research, 1987).

Boff, Clodovis, "Methodology of the Theology of Liberation," in *Systematic Theology: Perspectives from Liberation Theology*, eds., Jon Sobrino and Ignacio Ellacuria (Maryknoll, New York: Orbis Books, 1993).

Boff, Leonardo, "Salvation and Liberation," in *Concilium* (New York: Herder and Herder, 1974).

______ and Clovodis Boff, *Introducing Liberation Theology* (Maryknoll, New York: Orbis Books, Second Printing, 1988).

______, "The Originality of the Theology of Liberation," in *The Future of Liberation Theology: Essays in Honor of Gustavo Gutierrez*, eds., Ellis, Marc H. and Otto Maduro (Maryknoll, New York: Orbis Books, 1989).

______, *Ecology & Liberation: A New Paradigm* (Maryknoll, New York: Orbis Books, 1995).

______, *Cry of the Earth, Cry of the Poor* (Maryknoll, New York: Orbis Books, 1997).

Braaten, Carl E., "The Kingdom of God and Life Everlasting," in *Christian Theology: An Introduction to Its Traditions and Tasks*, eds., Peter C. Hodgson and Robert H. King (Minneapolis: Fortress Press, 1994).

Brown, Robert McAfee, *The Bible Speaks to You* (Philadelphia: The Westminster Press, 1955).

______, *Theology in a New Key: Responding to Liberation Themes* (Philadelphia: The Westminster Press, 1978).

______, *Liberation Theology: An Introductory Guide* (Louisville, Kentucky: Westminster/John Knox Press, 1993).

Cobb, Jr., John B., "Liberation Theology and the Global Economy," in *Liberating the Future: God, Mammon and Theology*, ed., Joerg Rieger (Minneapolis: Fortress Press, 1998).

Comblin, Jose, "Freedom and Liberation as Theological Concepts," in *Concilium* (New York: Herder and Herder, 1974).

______, *Called for Freedom: The Changing Context of Liberation Theology* (Maryknoll, New York: Orbis Books, 1998).

Cone, James H., *Black Theology and Black Power* (Maryknoll, New York: Orbis Books, 1969).

Deloria, Jr., Vine, "A Native American Perspective on Liberation," in *Mission Trends*, No. 4, pp. 261-270.

Dorrien, Gary J., *Reconstructing the Common Good: Theology and the Social Order* (Maryknoll, New York: Orbis Books, 1990).

Dussel, Enrique "Domination-Liberation: A New Approach," in *Concilium* (1974).

Gebara, Ivone, "The Face of Transcendence as a Challenge to the Reading of the Bible in Latin America," in *Searching the Scriptures: Vol. 1, A Feminist Introduction*, ed., Elizabeth Schüssler Fiorenza (New York: Crossroad, 1993).

Geffre, Cluade, "Editorial: A Prophetic Theology," in *Concilium* (New York: Herder and Herder, 1974).

Gray, John, *False Dawn: The Delusions of Global Capitalism* (New York: The New Press, 1998).

Gutierrez, Gustavo, *A Theology of Liberation: History, Politics, and Salvation* (Maryknoll, New York: Orbis Books, 1973).

______, "Liberation Praxis and Christian Faith," in *Frontiers of Theology in Latin America*, ed., Rosino Gibellini (Maryknoll, New York: Orbis Books, 1979).

______, *The Power of the Poor in History: Selected Writings* (Maryknoll, New York: Orbis Books, 1983).

______, *The Truth Shall Make You Free: Confrontation* (Maryknoll, New York: Orbis Books, 1991).

______, "Liberation Theology and the Future of the Poor," in *Liberating the Future: God, Mammon and Theology*, ed., Joerg, Rieger (Minneapolis: Fortress Press, 1998).

______, *The God of Life* (Maryknoll, New York: Orbis Books, 1998).

______, *The Density of the Present: Selected Writings* (Maryknoll, New York: Orbis Books, 1999).

Hegel, G. W. F., *Philosophy of History* (1837) (New York: Dover Publications, 1956).

Hennelly, Alfred T., ed., *Liberation Theology: A Documentary History* (Maryknoll, New York: Orbis Books, 1990).

Hinkelammert, Franz J., *The Ideological Weapons of Death: A Theological Critique of Capitalism* (Maryknoll, New York: Orbis Books, 1977).

Katsiaficas, George, ed., *After the Fall: 1989 and the Future of Freedom* (New York: Routledge, 2001).

Kee, Alistair, *Marx and the Failure of Liberation Theology* (Philadelphia: Trinity Press International, 1990).

McCann, Dennis P., *Christian Realism & Liberation Theology: Practical Theologies in Creative Conflict* (Eugene, Oregon: Wipf and Stock Publishers, 2001).

______, "Option for the Poor: Rethinking a Catholic Tradition," in *The Preferential Option for the Poor*, ed., Richard J. Neuhaus (Grand Rapids, Michigan: William B. Eerdmans Publishing Co., 1988).

McGovern, Arthur F., *Liberation Theology and Its Critics: Toward an Assessment* (Maryknoll, New York: Orbis Books, 1989.)

Miguez Bonino, Jose, *Doing Theology in a Revolutionary Situation* (Philadelphia: Fortress Press, 1975).

______, "Love and Social Transformation in Liberation Theology," in The *Future of Liberation Theology: Essays in Honor of Gustavo Gutierrez*, eds., Ellis, Marc H. and Otto Maduro (Maryknoll, New York: Orbis Books, 1989).

Moltmann, Jürgen, "An Open Letter to Jose Miguez Bonino," in *Liberation*

Theology: A Documentary History, ed., Alfred T. Hennelly (Maryknoll, New York: Orbis Books, 1990).

______, *The Coming of God: Christian Eschatology* (Minneapolis: Fortress Press, 1996).

______, "Liberating and Anticipating the Future," in *Liberating Eschatology: Essays in Honor of Letty M. Russell*, eds., Margaret A. Farley and Serene Jones (Louisville, Kentucky: Westminster John Knox Press, 1999).

Moltmann, Jürgen, "Political Theology and Theology of Liberation," in *Liberating the Future: God, Mammon and Theology*, ed., Joerg Rieger (Minneapolis: Fortress Press, 1998).

Novak, Michael, *Will It Liberate?: Questions about Liberation Theology* (New York: Paulist Press, 1986).

______, ed., *Liberation Theology and the Liberal Society* (Washington, D.C.: American Enterprise Institute for Public Policy Research, 1987).

______, *The Spirit of Democratic Capitalism* (New York: A Touchstone Book, 1992).

______, *The Catholic Ethic and the Spirit of Capitalism* (New York: The Free Press, 1993).

______, "Political Economy in Our Time," in *Three In One: Essays on Democratic Capitalism, 1976-2000 — Michael Novak*, ed., Edward W. Younkins (New York: Rowman & Littlefield Publishers, Inc., 2001).

Pieris, Aloysius, *Love Meets Wisdom: A Christian Experience of Buddhism* (New Delhi: Intercultural Publications, 1988).

Richard, Pablo, "Liberation Theology in Latin America in Dialogue with Theologies from Africa, Asia and the Minorities in the United States: A Historical Perspective," in *Voices From the Third World*, Vol. XVIII No. 2, December 1995.

Rieger, Joerg, ed., *Liberating the Future: God, Mammon and Theology* (Minneapolis: Fortress Press, 1998).

Segundo, Juan L, "Capitalism-Socialism: A Theological Crux," in *Concilium* (New York: Herder and Herder, 1974).

______, "Two Theologies of Liberation," in *Liberation Theology: A Documentary History*, ed., Alfred T. Hennelly (Maryknoll, New York: Orbis Books, 1986).

Shiva, Vandana and Maria Mies, *Ecofeminism* (New Jersey: Fernwood Publications, 1993).

Sobrino, Jon, *Spirituality of Liberation: Toward Political Holiness* (Maryknoll, New York: Orbis Books, 1985).

______, and Ignacio Ellacuria, eds., *Systematic Theology: Perspectives from Liberation Theology* (Maryknoll, New York: Oribis Books, 1993).

______, *Jesus the Liberator: A View from the Victims* (Maryknoll, New York: Orbis Books, 2001).

______, "Central Position of the Reign of God in Liberation Theology," in *Systematic Theology: Perspectives from Liberation Theology* (Maryknoll, New York: Orbis Books, 1993).

Tinker, George, "The Full Circle of Liberation," in *Ecotheology: Voices from South and North*, ed., David G. Hallman (Geneva, Switzerland: WCC Publications/Maryknoll, New York: Orbis Books, 1994).

제3, 4장

Boff, Leonardo and Clovodis Boff, *Introducing Liberation Theology* (Maryknoll, New York: Orbis Books, Second Printing, 1988).

Brown, Robert McAfee, "Reinhold Niebuhr: His Theology in the 1980s," in *The Christian Century*, January 22, 1986.

Gutierrez, Gustavo, "New Things Today," in *The Density of the Present* (Maryknoll, New York: Orbis Books, 1999).

Hayek, F. A., *The Constitution of Liberty* (Chicago: The University of Chicago Press, 1960).

Long, D. Stephen, *Divine Economy: Theology and the Market* (London and New York: Routledge, 2000).

McCann, Dennis and Charles R. Strain, *Polity and Praxis: A Program for American Practical Theology* (New York: Winston Press, 1985).

______, *New Experiment in Democracy: The Challenge for American Catholicism* (Kansas City, MO: Sheed & Ward, 1987).

______, "Where Do We Go from Here?: Some Thoughts on Geoeconomics," in *On Moral Business: Classical and Contemporary Resources for Ethics in Economic Life* (Grand Rapids, Michigan: William B. Eerdmans Publishing Co., 1995).

______ and M. L. Brownsberger, "Management as a Social Practice," in *On Moral Business: Classical and Contemporary Resources for Ethics in Economic Life* (Grand Rapids, Michigan: William B. Eerdmans Publishing Co., 1995).

______, "Reforming Wisdom from the East," in *Christian Social Ethics in a Global Era* (Nashville: Abingdon Press, 1995).

______, *Christian Realism & Liberation Theology: Practical Theologies in Creative Conflict* (Eugene, Oregon: Wipf and Stock Publishers, 2001).

McGovern, Arthur F., *Liberation Theology and Its Critics: Toward an Assessment* (Maryknoll, New York: Orbis Books, 1989.)

Niebuhr, Reinhold, *Man's Nature and His Communities* (New York: Scribner, 1965).

______, "The Poverty of Asia and Communism," in A *Reinhold Niebuhr* Reader, ed., Charles C. Brown (Philadelphia: Trinity Press International, 1992).

Novak, Michael, *Belief and Unbelief: A Philosophy of Self-Knowledge* (New York: Macmillan, 1965).

______, *A Time to Build* (New York: Macmillan, 1967).

______, *American Philosophy and the Future: Essays for a New Generation* (New York: Scribner, 1968).

______, *A Theology for Radical Politics* (New York: Herder and Herder, 1969).

______, *The Experience of Nothingness* (New Brunswick: Transaction Publishers, 1970).

______, *Ascent of the Mountain, Flight of the Dove: An Invitation to Religious Studies* (New York: Harper & Row, Publishers, 1978).

______, ed., *Capitalism and Socialism: A Theological Inquiry* (Washington D.C.: American Enterprise Institute for Public Policy Research, 1978).

______, ed., *The Denigration of Capitalism: Six Points of View* (Washington D.C.: American Enterprise Institute for Public Policy Research, 1979).

______, ed., *Democracy and Mediating Structures: A Theological Inquiry* (Washington D.C.: The AEI Press, 1980).

______, ed., *Liberation South, Liberation North* (Washington D.C.: American Enterprise Institute for Public Policy Research, 1981).

______, *Toward a Theology of the Corporation* (Washington D.C.: American Enterprise Institute for Public Policy Research, 1981).

______, *Confession of a Catholic* (New York: Harper & Row, Publishers, 1983).

______, *Freedom with Justice: Catholic Social Thought and Liberal Institutions* (New York: Harper & Row, Publishers, 1984).

______, *Will It Liberate?: Questions about Liberation Theology* (New York: Paulist Press, 1986).

______, "Reinhold Niebuhr: Model for Neoconservatives," in *The Christian Century*, January 22, 1986.

______, ed., *Liberation Theology and the Liberal Society* (Washington, D.C.: American Enterprise Institute for Public Policy Research, 1987).

______, *Free Persons and the Common Good* (New York: Madison Books, 1989).

______, *This Hemisphere of Liberty: A Philosophy of the Americas* (Washington D.C.: The AEI Press, 1990).

______, *The Spirit of Democratic Capitalism* (New York: A Touchstone Book, 1992).

______, *The Catholic Ethic and the Spirit of Capitalism* (New York: The Free Press, 1993).

______, *Business As a Calling: Work and the Examined Life* (New York: The Free Press, 1996).

______, *The Future of the Corporation* (Washington D.C.: The AEI Press, 1996).

______, *The Fire of Invention: Civil Society and the Future of the Corporation* (New York: Rowman & Littlefield Publishers, Inc., 1997).

______, *On Corporate Governance: The Corporation As It Ought To Be*

(Washington D.C.: The AEI Press, 1997).
______ and Jana Novak, *Tell Me Why: A Father Answers His Daughter's Questions About God* (New York: Pocket Book, 1998).
______, "What the World Owes Judaism," in *Morals and Markets, Jonathan Sacks* (London: The Institute of Economic Affairs, 1999).
______, "The Love That Moves the Sun," in *A Free Society Reader: Principles for the New Millennium* (New York: Lexington Books, 2000).
______, "Truth and Liberty: The Present Crisis in Our Culture," in *A Free Society Reader: Principles for the New Millennium* (New York: Lexington Books, 2000).
______, "Economics as Humanism," in *Three in One: Essays on Democratic Capitalism, 1976-2000—Michael Novak* (New York: Rowman & Littlefield Publishers, Inc., 2001).
______, "Hayek: Practitioner of Social Justice? 'Social Justice Properly Understood,'" in *Three in One: Essays on Democratic Capitalism, 1976-2000—Michael Novak* (New York: Rowman & Littlefield Publishers, Inc., 2001).
______, "Political Economy in Our Time," in *Three in One: Essays on Democratic Capitalism, 1976-2000—Michael Novak* (New York: Rowman & Littlefield Publishers, Inc., 2001).
______, "The Silent Artillery of Communism," in *Three in One: Essays on Democratic Capitalism, 1976-2000—Michael Novak* (New York: Rowman & Littlefield Publishers, Inc., 2001).
______, "Controversial Engagements," in *Three in One: Essays on Democratic Capitalism, 1976-2000—Michael Novak* (New York: Rowman & Littlefield Publishers, Inc., 2001).
______, "Free Persons and the Common Good," in *Three in One: Essays on Democratic Capitalism, 1976-2000—Michael Novak* (New York: Rowman & Littlefield Publishers, Inc., 2001).
______, "On the Governability of Democracies," in *Three in One: Essays on Democratic Capitalism, 1976-2000—Michael Novak* (New York: Rowman

& Littlefield Publishers, Inc., 2001).

______, "Two Moral Ideals for Business," in *Three in One: Essays on Democratic Capitalism, 1976-2000—Michael Novak* (New York: Rowman & Littlefield Publishers, Inc., 2001).

______, "The Great Convergence," in *Three in One: Essays on Democratic Capitalism, 1976-2000—Michael Novak* (New York: Rowman & Littlefield Publishers, Inc., 2001).

______, "A Challenge to Business," in *Three in One: Essays on Democratic Capitalism, 1976-2000—Michael Novak* (New York: Rowman & Littlefield Publishers, Inc., 2001).

______, *On Two Wings: Humble Faith and Common Sense at the American Founding* (San Francisco: Encounter Books, 2002).

Rieger, Joerg, "Theology and Economics," in *Religious Studies Review*, Vol. 28, No. 3, July 2002.

Stackhouse, Max L., *The Ethics of Necropolis: An Essay on the Military-Industrial Complex and the Quest for a Just Peace* (Boston: Beacon Press, 1971).

______, *Ethics and the Urban Ethos: An Essay in Social Theory and Theological Reconstruction* (Boston: Beacon Press, 1972).

______, *Creeds, Society, and Human Rights: A Study in Three Cultures* (Grand Rapids, Michigan: W.B. Eerdmans Publishing Co., 1984).

______, *Public Theology and Political Economy: Christian Stewardship in Modern Society* (Grand Rapids, Michigan: Wm. B. Eerdmans Publishing Co., 1987).

______, "Protestantism and Poverty," in *The Preferential Option for the Poor*, ed., Richard J. Neuhaus (Grand Rapids, Michigan: William B. Eerdmans Publishing Co., 1988).

______, "The Hindu Ethic and Development: Western Views," in *On Moral Business: Classical and Contemporary Resources for Ethics in Economic Life* (Grand Rapids, Michigan: William B. Eerdmans Publishing Co., 1995).

______ and McCann, "A Postcommunist Manifesto," in *On Moral Business:*

Classical and Contemporary Resources for Ethics in Economic Life (Grand Rapids, Michigan: William B. Eerdmans Publishing Co., 1995).

______, "What Then Shall We Do? On Using Scripture in Economic Ethics," in *On Moral Business: Classical and Contemporary Resources for Ethics in Economic Life* (Grand Rapids, Michigan: William B. Eerdmans Publishing Co., 1995).

______, "The Ten Commandments," in *On Moral Business: Classical and Contemporary Resources for Ethics in Economic Life* (Grand Rapids, Michigan: William B. Eerdmans Publishing Co., 1995).

______ and Peter L. Berger, Dennis P. McCann, and M. Douglas Meeks. *Christian Social Ethics in a Global Era* (Nashville: Abingdon Press, 1995).

______ and Don S. Browning, eds., *God and Globalization Volume 2: The Spirit and the Modern Authorities* (Harrisburg, Pennsylvania: Trinity Press International, 2001).

Wink, Walter, *The Human Being: Jesus and the Enigma of the Son of the Man* (Minneapolis: Fortress Press, 2002).

제5장

Cobb, Jr., John B. and David Ray Griffin, *Process Theology: An Introductory Exposition* (Philadelphia: The Westminster Press, 1976).

______ and Charles Birch, *The Liberation of Life: From the Cell to the Community*, (New York: Cambridge University Press, 1981).

______, *Sustainability: Economics, Ecology & Justice* (Maryknoll, New York: Orbis Books, 1992).

______, *Sustaining the Common Good: A Christian Perspective on the Global Economy* (Cleveland, Ohio: The Pilgrim Press, 1994).

______, "Ecology, Science, and Religion: Toward a Postmodern Worldview," in *Readings in Ecology and Feminist Theology*, eds., Mary Heather MacKinnon and Moni McIntyre (Kansas City: Sheed & Ward, 1995).

______, "The Cosmos and God: The Dependence of Science on Faith," in *God,*

Cosmos, Nature and Creativity (Edinburgh: Scottish Academic Press, 1995).

______, "Liberation Theology and the Global Economy," in *Liberating the Future: God, Mammon and Theology*, ed., Joerg Rieger (Minneapolis: Fortress Press, 1998).

______, *The Earthist Challenge to Economism: A Theological Critique of the World Bank* (New York: St. Martin's Press, Inc., 1999).

______, "Christianity, Economics, and Ecology," in *Christianity and Ecology*, eds., Dieter T. Hessel and Rosemary R. Ruether (Cambridge, Massachusetts: Harvard University Press, 2000).

Daly, Herman E., ed., *Toward a Steady-State Economy* (San Francisco: W.H. Freeman, 1973).

______, *Steady-state Economics: The Economics of Biophysical Equilibrium and Moral Growth* (San Francisco: W.H. Freeman and Company, 1977).

______ and John B. Cobb, Jr., *For the Common Good: Redirecting the Economy toward Community, the Environment, and a Sustainable Future* (Boston: Beacon Press, 1989).

______ and Kenneth N. Townsend, *Valuing the Earth: Economics, Ecology, Ethics* (Cambridge, Massachusetts: MIT Press, 1993).

______, "Free Trade: The Perils of Deregulation," in *The Case Against the Global Economy and For a Turn Toward the Local*, eds., Jerry Mander and Edward Goldsmith (San Francisco: Sierra Club Books, 1996).

______, "Sustainable Growth? No Thank You," in *The Case Against the Global Economy and For a Turn Toward the Local*, eds., Jerry Mander and Edward Goldsmith (San Francisco: Sierra Club Books, 1996).

______, *Beyond Growth: The Economics of Sustainable Development* (Boston: Beacon Press, 1996).

Ellwood, Wayne, *The No-nonsense Guide to Globalization* (London: Verso, 2001).

French, Hilary, *Vanishing Borders: Protecting the Planet in the Age of Globalization* (New York: W.W. Norton & Company, 2000).

Hallman, David G., ed., *Ecotheology: Voices from South and North* (Maryknoll,

New York: Orbis Books; Geneva: WCC Publications, 1994).

Hiebert, Theodore, "The Human Vocation: Origins and Transformations in Christian Traditions," in *Christianity and Ecology*, eds., Dieter T. Hessel and Rosemary R. Ruether (Cambridge, Massachusetts: Harvard University Press, 2000).

Kwok, Pui-lan, "Ecology and the Recycling of Christianity," in *Ecology: Voices from the South and North*, ed., David G. Hallman (Geneva, Switzerland: WCC Publications / Maryknoll, New York: Orbis Books, 1994).

McFague, Sallie, *Life Abundant: Rethinking Theology and Economy for a Planet in Peril* (Minneapolis: Fortress Press, 2001).

Rasmussen, Larry L., "Theology of Life and Ecumenical Ethics," in *Ecotheology: Voices from South and North*, ed., David G. Hallman (Geneva, Switzerland: WCC Publications / Maryknoll, New York: Orbis Books, 1994).

______, *Earth Community Earth Ethics* (Maryknoll, New York: Orbis Books, 1998).

Ruether, Rosemary Radford and Dieter T. Hessel, eds., *Christianity an Ecology* (Cambridge: Harvard University Press, 2000).

Warren, Karen J., "Feminism and Ecology: Making Connections," in *Readings in Ecology and Feminist Theology*, eds., Mary Heather MacKinnon and Moni McIntyre (Kansas City: Sheed & Ward, 1995).

제6장

Abe, Masao, "Kenotic God and Dynamic Sunyata," in *The Emptying God: A Buddhist-Jewish-Christian Conversation*, eds., John B. Cobb, Jr. and Christopher Ives (Maryknoll, New York: Orbis Books, 1989).

Biehl, Janer and Peter Staudenmaier, *Ecofacism: Lessons from the German Experience* (San Francisco, CA: AK Press, 1995).

Braidotti, Rosi, et al., *Women, the Environment and Sustainable Development: Towards a Theoretical Synthesis* (London: Zed Books, 1994).

Call for Jubilee Year 1998, *African and Asian Spirituality Cosmic and Indigenous:*

New Awareness and Orientation, Consultation Statement, Colombo, June 18-25, 1992 (Quezon City, Philippines: Milcar Enterprises, 1992).

Cone, James H., "Whose Earth Is It, Anyway?," in *Risks of Faith: The Emergence of a Black Theology of Liberation, 1968-1998* (Boston: Beacon Press, 1999).

Defebure, Leo D. *The Buddha and the Christ: Explorations in Buddhist and Christian Dialogue* (Maryknoll, New York: Orbis Books, 1993).

Diamond, Irene and Gloria Feman Orenstein, eds., *Reweaving the World: The Emergence of Ecofeminism* (San Francisco: Sierra Club Books, 1990).

Duchrow, Ulrich, *Alternatives to Global Capitalism: Drawn from Biblical History, Designed for Political Action* (Utrecht, The Netherlands: International Books with Kairos Europa, 1995).

Halkes, Catherine, "The Rape of Mother Earth: Ecology and Patriarchy," in *The Power of Naming: A Concilium Reader in Feminist Liberation Theology*, ed., Elisabeth S. Fiorenza (Maryknoll, New York: Orbis Books, 1996).

Hayek, F. A., *The Fatal Conceit: The Errors of Socialism* (Routledge: The University of Chicago Press, 1988).

Hinsdale, Mary Ann, "Ecology, Feminism, and Theology," in *Readings in Ecology and Feminist Theology*, eds., Mary Heather MacKinnon and Moni McIntyre (Kansas City: Sheed & Ward, 1995).

Keller, Catherine, "Women against Wasting the World," in *Reweaving the World: The Emergence of Ecofeminism*, eds., Irene Diamond and Gloria Feman Orenstein (San Francisco: Sierra Club Books, 1990).

Kheel, Marti, "Ecofeminism and Deep Ecology," in *Reweaving the World: The Emergence of Ecofeminism*, eds., Irene Diamond and Gloria Feman Orenstein (San Francisco: Sierra Club Books, 1990).

Long, D. Stephen, *Divine Economy: Theology and the Market* (New York: Routledge, 2000).

MacKinnon, Mary Heather and Moni McIntyre, eds., *Readings in Ecology and Feminist Theology* (Kansas City: Sheed & Ward, 1995).

McFague, Sallie, *The Body of God: An Ecological Theology* (Minneapolis:

Fortress Press, 1993).
______, "Mother God," in *The Power of Naming: A Concilium Reader in Feminist Liberation Theology*, ed., Elisabeth S. Fiorenza (Maryknoll, New York: Orbis Books, 1996).
Merchant, Carolyn, "Ecofeminism and Feminist Theory," in *Reweaving the World: The Emergence of Ecofeminism*, eds., Irene Diamond and Gloria Feman Orenstein (San Francisco: Sierra Club Books, 1990).
______, *Radical Ecology: The Search for a Livable World* (New York: Routledge, 1992).
Norberg-Hodge, Helena, *Ancient Futures: Learning from Ladakh* (San Francisco: Sierra Club Books, 1991).
Riley, Shamara Shantu, "Ecology is Sistah's Issue Too: The Politics of Emergent Afrocentric Ecowomanism," in *Readings in Ecology and Feminist Theology*, eds., Mary Heather MacKinnon and Moni McIntyre (Kansas City: Sheed & Ward, 1995).
Ruether, Rosemary R., *Sexism and God-Talk: Toward a Feminist Theology* (Boston: Beacon Press, 1983).
______, *Gaia & God: An Ecofeminist Theology of Earth Healing* (HarperSan-Francisco, 1992).
______, and Douglas John Hall, *God and the Nations* (Minneapolis: Fortress Press, 1995).
______, "The Biblical Vision of the Ecological Crisis," in *Readings in Ecology and Feminist Theology*, eds., Mary Heather MacKinnon and Moni McIntyre (Kansas City: Sheed & Ward, 1995).
______, "Toward an Ecological-Feminist Theology of Nature," in *Readings in Ecology and Feminist Theology*, eds., Mary Heather MacKinnon and Moni McIntyre (Kansas City: Sheed & Ward, 1995).
______, ed., *Women Healing Earth: Third World Women on Ecology, Feminism*, and Religion (Maryknoll, New York: Orbis Books, 1996).
______, *Women and Redemption: A Theological History* (Minneapolis: Fortress Press, 1998).

Sands, Kathleen M.. *Escape from Paradise: Evil and Tragedy in Feminist Theology* (Minneapolis: Fortress Press, 1994).

Shiva, Vandana, "Development and Western Patriarchy," in *Reweaving the World: The Emergence of Ecofeminism*, eds., Irene Diamond and Gloria Feman Orenstein (San Francisco: Sierra Club Books, 1990)

______, and Maria Mies, *Ecofeminism* (New Jersey: Fernwood Publications, 1993).

Smith, Andrea, "Walking in Balance," in *Native American Religious Identity: Unforgotten Gods*, ed., Jace Weaver (Maryknoll, New York: Orbis Books, 1998).

Tinker, George, "An American Indian Theological Responses to Ecojustice," in *Defending Mother Earth: Native American Perspectives on Environmental Justice*, ed., Jace Weaver (Maryknoll, New York: Orbis Books, 1996).

Warren, Karen J., "Feminism and Ecology: Making Connections," in *Readings in Ecology and Feminist Theology*, eds., Mary Heather MacKinnon and Moni McIntyre (Kansas City: Sheed & Ward, 1995).

Zimmerman, Michael E., "Deep Ecology and Ecofeminism," in *Reweaving the World: The Emergence of Ecofeminism*, eds., Irene Diamond and Gloria Feman Orenstein (San Francisco: Sierra Club Books, 1990).

제7장

Borg, Marcus J., *Jesus in Contemporary Scholarship* (Harrisburg, Pennsylvania: Trinity Press International, 1994).

Ebenstein, Alan. *Friedrich Hayek: A Biography* (New York: Palgrave for St. Martin's Press, 2001).

Gilkey, Langdon, "Events, Meanings and the Current Tasks of Theology," in *Journal of the American Academy of Religion*, LIII/3, Vol. 53, December 1985.

Gray, John, *Hayek on Liberty* (New York: Routledge, 1984).

______, *False Dawn: The Delusions of Global Capitalism* (New York: The New

Press, 1998).

Hayek, F. A., *The Road to Serfdom* (Chicago: The University of Chicago Press, 1944).

______, *The Sensory Order: An Inquiry into the Foundations of Theoretical Psychology* (Chicago: The University of Chicago Press, 1952).

______, *The Constitution of Liberty* (Chicago: The University of Chicago Press, 1960).

______, *Law, Legislation and Liberty: Volume 1: Rules and Order* (Chicago: The University of Chicago Press, 1973).

______, *Law, Legislation and Liberty: Volume 2: The Mirage of Social Justice* (Chicago: The University of Chicago Press, 1976).

______, *Law, Legislation and Liberty: Volume 3: The Political Order of a Free People* (Chicago: The University of Chicago Press, 1979).

______, *A Conversation with Friedrich A. von Hayek: Science and Socialism* (Washington D. C.: American Enterprise Institute, 1979).

______, *The Fatal Conceit: The Errors of Socialism*, The Collected Works of F.A. Hayek, Volume 1, ed., W.W. Bartley III. (Routledge: The University of Chicago Press, 1988).

Hazlett, Thomas W., "The Road from Serfdom: F.A. Hayek interviewed by Thomas W. Hazlett," in *Reason* Magazine. trans., The Korea Center for Free Enterprise (cfe) (Seoul: cfe, 1997).

Joseph, M. P., "A New Language for Divinity: Critique of the Ideology of Market," in *DAGA Info*, No. 119, March 29, 2001.

Kapstein, Ethan B., *Governing the Global Economy International Finance and State* (Cambridge, Massachusetts: Harvard University Press, 1994).

Niebuhr, Reinhold, *Beyond Tragedy: Essays on the Christian Interpretation of History* (Salem, N. H.: Ayer Co., Publishers, 1984, originally published in 1937).

______, "Faith as the Sense of Meaning in Human Existence," in *Faith and Politics: A Commentary on Religious, Social and Political Thought in a Technological Age*, ed., Ronald H. Stone (New York: George Braziller, 1968).

Novak, Michael, "Hayek: Practitioner of Social Justice — 'Social Justice Properly Understood,'" in *Three in One: Essays on Democratic Capitalism, 1976-2000 — Michael Novak* (New York: Rowman & Littlefield Publishers, Inc., 2001).

Pieris, Aloysius, *Fire & Water: Basic Issues in Asian Buddhism and Christianity* (Maryknoll, New York: Orbis Books, 1996).

Polanyi, Karl, *The Great Transformation: The Political and Economic Origins of Our Time* (Boston: Beacon Press, 1957).

Raybould, John, *Hayek: A Commemorative Album*, Adam Smith Research Institute, trans. Byungho Kong (Seoul: The Korea Center for Free Enterprise, 1999).

Stiglitz, Joseph E., *Globalization and Its Discontents* (New York: W.W. Norton & Company, 2002).

Wainwright, Hilary, *Arguments for a New Left: Answering the Free market Right* (Cambridge: Blackwell, 1994).

Walker, Graham, *The Ethics of F.A. Hayek* (New York: University Press of America, 1986).

Wink, Walter, *The Human Being: Jesus and the Enigma of the Son of the Man* (Minneapolis: Fortress Press, 2002).

제8장

Allen, Charlotte, "The Search for a No-Frills Jesus," *The Atlantic Monthly* 228, December, 1996.

Amoah, Elizabeth and Mercy Amba Oduyoye, "The Christ for African Women," in *With Passion and Compassion: Third World Women Doing Theology* (Maryknoll, New York: Orbis Books, 1990).

Braaten, Carl E., "The Kingdom of God and Life Everlasting," in *Christian Theology: An Introduction to Its Traditions and Tasks*, eds., Peter C. Hodgson and Robert H. King (Minneapolis: Fortress Press, 1994).

Borg, Marcus J., *Jesus in Contemporary Scholarship* (Harrisburg,

Pennsylvania: Trinity Press International, 1994).
______, ed., *Jesus at 2000* (Boulder, Colorado: Westview Press, 1998).
______, and N. T. Wright, *The Meaning of Jesus: Two Visions* (Harper SanFrancisco, 1999).
Choi, Man Ja, "Feminine Images of God in Korean Traditional Religion," in *Frontiers in Asian Christian Theology: Emerging Trends*, (Maryknoll, New York: Orbis Books, 1994).
Chung, Hyun Kyung, "Who Is Jesus for Asian Women?" in *Asian Faces of Jesus* (Maryknoll, New York: Orbis Books, 1993).
Cook, Stephen L., *Prophecy & Apocalypticism: The Postexilic Social Setting* (Minneapolis: Fortress Press, 1995).
Crossan, John D., *The Historical Jesus: The Life of a Mediterranean Jewish Peasant* (HarperSanFrancisco, 1991).
______, "Almost the Whole Truth: An Odyssey," *The Fourth R*, Vol. 65 (Sept.-Oct., 1993).
______, *Jesus: A Revolutionary Biography* (HarperSanFrancisco, 1994).
______, *Who Killed Jesus?: Exposing the Roots of Anti-Semitism in the Gospel Story of the Death of Jesus* (HarperSanFrancisco, 1995).
______, *Who Is Jesus?: Answers to Your Questions About the Historical Jesus* (Louisville, Kentucky: Westminster John Knox Press, 1996).
______, *The Birth of Christianity: Discovering What Happened in the Years Immediately After the Execution of Jesus* (HarperSanFrancisco, 1998).
______ and Luke Timothy Johnson and Werner H. Helber, *The Jesus Controversy: Perspectives in Conflict* (Harrisburg, Pennsylvania: Trinity Press International, 1999).
Fabella, Virginia and Mercy A. Oduyoye, eds., *With Passion and Compassion: Third World Women Doing Theology* (Maryknoll, New York: Orbis Books, 1990).
Fiorenza, Elisabeth S., *Jesus: Miriam's Child, Sophia's Prophet: Critical Issues in Feminist Christology* (New York: Continuum, 1999).
______, "To Follow the Vision: The Jesus Movement as *Basileia* Movement," in

Liberating Eschatology: Essays in Honor of Letty M. Russell (Louisville, Kentucky: Westminster John Knox Press, 1999).

Funk, Robert W. and Roy W. Hoover and the Jesus Seminar, *The Five Gospels: What Did Jesus Really Say?* (HarperSanFrancisco, 1993).

______, *Honest to Jesus: Jesus for a New Millennium* (HarperSanFrancisco, 1996).

______ and the Jesus Seminar, *The Acts of Jesus: The Search for the Authentic Deeds of Jesus* (San Francisco: Harper Collins, 1998).

Johnson, Elizabeth A., *She Who Is: The Mystery of God in Feminist Theological Discourse* (New York: The Crossroad Publishing Company, 1998).

Keller, Catherine, *Apocalypse Now and Then: A Feminist Guide to the End of the World* (Boston: Beacon, 1996).

Koertner, Ulrich H. J., *The End of the World: A Theological Interpretation* (Louisville, Kentucky: Westminster John Knox Press, 1995).

Mack, Burton, "The Kingdom Sayings in Mark," in *Forum* 3, Nov. 1, 1987.

Moltmann, Jürgen, *The Coming of God: Christian Eschatology* (Minneapolis: Fortress Press, 1996).

Park, Jae Soon, "Jesus' Table Community Movement and the Church," in *CTC Bulletin*, Vol. XI, No. 1, January-April, 1992.

Segal, Alan F., *Rebecca's Children: Judaism and Christianity in the Roman World* (Cambridge, Massachusetts: Harvard University Press, 1986).

Segundo, Juan Luis, *An Evolutionary Approach to Jesus of Nazareth* (Maryknoll, New York: Orbis Books, 1988).

Sugirtharajah, R. S., ed., *Asian Faces of Jesus* (Maryknoll, New York: Orbis Books, 1993).

Williams, Delores S., *Sisters in the Wilderness: The Challenge of Womanist God-Talk* (Maryknoll, New York: Orbis Books, 1993).

Witherington III, Ben., *The Jesus Quest: The Third Search for the Jew of Nazareth* (Downers Grove, Illinois: InterVarsity Press, 1997).

______, *The Gospel Code: Novel Claims About Jesus, Mary Magdalene and Da Vinci* (Downers Grove, Illinois: InterVarsity Press, 2004).

제9장

Amin, Samir, "The Future of Global Polarisation," in *Voices from the Third World*, Vol. XXII, No. 2, December 1999.

Bello, Walden, *Dark Victory: The United States, Structural Adjustment and Global Poverty* (Pluto Press with Food First and Transnational Institute, 1994).

Camacho, Gomez F., "The Market: The History and Anthropology of a Socio-Economic Institution," in *Outside the Market No Salvation?* eds., Dietmar Mieth and Marciano Vidal (Maryknoll, New York: Orbis Books, 1997).

Chancellor, Edward, *Devil Take the Hindmost: A History of Financial Speculation* (New York: Plum Book, 2000).

Cobb, John B., "Can a Globalized Society be Sustainable?" in *Dialogue: A Journal of Theology*, Vol. 36, winter 1997.

Daly, Herman E., "Sustainable Growth? No Thank You," in *The Case Against the Global Economy and For a Turn Toward the Local* (San Francisco: Sierra Club Books, 1996).

Duchrow, Ulrich, *Alternatives to Global Capitalism: Drawn from Biblical History Designed for Political Action* (Utrecht, The Netherlands: International Books with Kairos Europa, 1995).

Friedman, Milton and Rose Friedman, *Free to Choose: A Personal Statement* (New York: A Harvest Book, 1980).

Geisst, Charles R., *100 Years of Wall Street* (New York: McGraw-Hill, 2000).

Greider, William, *One World, Ready or Not: The Manic Logic of Global Capitalism* (New York: Touchstone, 1997).

Gray, John, *The False Dawn: The Delusions of Global Capitalism* (New York: The New Press, 1998).

Kern, Bruno, "A Colossus with Clay Feet: Is the World Economy about to Collapse?" in *Outside the Market No Salvation?*, eds., Dietmar Mieth and Marciano Vidal (Maryknoll, New York: Orbis Books, 1997).

Korten, David C., *When Corporations Rule the World* (A Copublication of

Kumarian Press, Inc., and Berrett-Koehler Publishers, Inc., 1995).

Norberg-Hodge, Helena, *Ancient Futures: Learning from Ladakh* (San Francisco: Sierra Club Books, 1991).

Pobee, John S., "Theology in the Context of Globalization," in *Voices from the Third World*, Vol. XX, No. 2, December 1997.

Schasching, Johannes, S. J. "The Church and the Market," in *Religion & Liberty* (Grand Rapids, Michigan: Acton Institute).

Schumacher, E. F., *Small Is Beautiful: Economics as if People Mattered* (New York: Harper & Row, 1973).

Soros, George, *On Globalization* (New York: PublicAffairs, 2002).

______, *The Crisis of Global Capitalism: Open Society Endangered* (New York: PublicAffairs, 1998).

Tinker, George E., "Liberation and Sustainability: Prolegomena to an American Indian Theology," in *Ecojustice Quarterly*, Vol. 15, No. 1, Winter 1994-1995.

UN Division of Transnational Corporations, *World Investment Report* 1996.

:: 찾아보기

ㄴ

ㄷ

ㄹ

ㅅ

ㅈ

ㅊ

ㅋ

세계화 시대의 기독교 신학

-편견을 넘어서 소통으로-

펴낸날 | 1판 1쇄 2009년 10월 6일
2쇄 2011년 3월 15일
지은이 | 장윤재
펴낸이 | 최민숙
펴낸곳 | 이화여자대학교출판부
주소 | 서울시 서대문구 대현동 11-1(우120-750)
등록 | 1954년 7월 6일 제9-61호
전화 | 02-3277-2965(편집)
02-3277-3164, 362-6076(마케팅)
팩스 | 02-312-4312
전자우편 | press@ewha.ac.kr
인터넷서점 | www.ewhapress.com
책임편집 | 민지영
디자인 | 신성기획
찍은곳 | 네오프린텍

ISBN 978-89-7300-851-3 93230
값 20,000원